제 2 판

경찰윤리

경찰학의 윤리적 접근

이성용

박영사

제 2 판 머리말

2014년 첫 출간이후 과분한 사랑과 관심을 보여주신 많은 분들에게 고마움을 표한다.

한국연구재단의 인문저술 지원사업을 통해 3년간 저술 지원을 받았고, 2015년에는 대한민국학술원 우수학술도서로 선정되는 영예를 누릴 수 있었다. 그간 여러 대학에서 강의교재로 활용되었을 뿐만 아니라, 본인이 직접 이 책을 토대로 강의하는 경찰청 온라인 강좌를 2018년 개설하여 경찰관 상시교육에 활용 중이다. 2020년 경찰청에서는 '경찰정신'의 새로운 기틀을 만드는 데 본 교재의 내용을 반영하고 싶다는 연락이 있어 흔쾌히 수락하였다.

해묵은 철학적 이념이나 윤리보다는 우리사회의 '시대정신(Zeitgeist)'을 반영하는 주제로 이야기를 풀어내다보니 6년이 지난 지금, 일부 내용의 수정·보완이 불가피하였다.

여성경찰 입직과 경찰채용시험의 변화가 반영하였고, 2016년 신설된 청탁금지법 내용도 추가하였다. 노조원 시신탈취를 돕고 뒷돈 받은 경찰, 청와대 민정수석 아들의 의무경찰 특혜논란 등 달갑지 않은 사례도 외면할 수는 없었다.

개정판에서는 특히 '4차 산업혁명'을 대주제로 인공지능, 빅데이터 등의 화두를 경찰윤리적 관점에서 비판적으로 조명하였다. 아직 투박하고 성긴 초안이지만 시대적 중요성을 고려하여 별도의 장으로 서술하였다.

박수와 성원보다는 반론과 비판에 보다 감사하며 겸허히 다음 개정을 준비하고자 한다.

2020. 3.

저 자

머 리 말

결론부터 말하자면 이 책은 경찰활동을 통해 부딪히게 되는 다양한 도덕적 가치판단의 명확한 해답을 주지는 않는다. 도리어 이 책을 읽음으로써 지금껏 쉽게 지나쳤던 단순한 경찰의 일상적 사건에 대해서 보다 심각하게 고민하게 될지도 모른다. 만일 그렇다면 이 책의 집필의도는 충족된 것이다. 소크라테스와 플라톤을 이해하고 칸트를 들먹인다고 보다 도덕적 인간이 될 것이라 생각하지는 않는다. 윤리와 철학을 연구하고 강의하는 교수의 삶이 장삼이사의 그것보다 더 윤리적일지도 의문이다.

우리는 흔히 경찰이 법을 집행한다고 말하지만 보다 궁극적으로 경찰은 법으로 제도화된 정의의 집행자이자 수호자이다. 그들이 실천해야 하는 당위적 정의가 언제나 법률을 통해서 담보되는 것은 아니다. 나찌의 법률을 철저히 신봉했던 경찰국가의 옹호자들이나 자유를 찾아 국경을 뛰어넘는 시민들에게 총질을 하던 동독군인들, 그리고 우리는 유신의 경험을 통해 법이 얼마나 정의와 멀어질 수 있는지 경험하였다. 이에 경찰의 법을 논하기 전에 경찰의 궁극적 가치와 철학을 갈구해야 한다.

목차를 넘겨본 독자들은 이미 눈치챘겠지만 이 책에서 말하는 경찰윤리는 그저 부패와 청렴을 의미하는 것은 아니다. 제도화된 규범의 틀을 넘어서서 이미 경찰학 분야의 지배적 위치를 점하고 있는, 철학적 사고가 없는 방법론과 그로부터 도출되는 결과만을 신봉하는 양적 연구에 대한 대척점에서 경찰에 대한 성찰을 필요로 하는 많은 시대적 담론들을 다루어 보고자 시도하였다. 어떤 학문이건, 논쟁이건 실증적·존재론적 접근이 아닌 당위적 논쟁이 시작되는 지점에 이미 윤리학과 철학의 멍석은 펼쳐진 것이다.

본서는 학술 연구를 위한 담론을 제시하는 동시에 대학에서 경찰을 탐구하는 학부생들, 그리고 경찰실무에서 활동하는 경찰관들이 흥미롭게 읽을 수 있도록 비교적 간결하게 쓰고자 노력했다. 우리 대학에 경찰관련 학과들이 속속 생겨나고 경찰윤리가 이미 정규과목으로 자리 잡고 있음에도 윤리학의 일반이론이나 경찰윤리에 관한 외국의 몇몇 출판물들과 차별화되는 적정한 교재조차 마련되지 못한 현실을 개탄하였다. 본 저서가 먼지 쌓인 도서관 서고에 갇혀버린 윤리에 관한 낡은 종잇장들을 활기 넘치는 대학 강의실로 운반하는 논쟁과 토론의 적절한 도구가 되기를 희망한다.

또한, 경찰에 대한 윤리적 성찰을 실천적인 관점에서 풀어내고자 노력했다. 학계의 담론들은 현실의 세론들과 궤도를 같이하기 힘들다. 인문학자들의 깊은 성찰이 공허하게 폐쇄회로만을 맴돌고 대중들의 세론을 담아내지 못하고 있다. 이에 따라 윤리적 문제가 투영된 실무사례 영화나 책 속의 이야깃거리들을 여기저기 사례로 담아 놓았다. 혹시라도 책을 읽다가 졸음이 쏟아지거나 성긴 글발에 부아가 돋는다면 이것들로 잠시 위로받을 수 있기를 기대해 본다.

2014. 7.
저 자

차   례

제 3 장 | 조직윤리

제4장 | 개인윤리

제 5 장 | 4차 산업혁명시대의 경찰윤리

Edward Onslow Ford(1852-1901), Justice

| 제1장 |

경찰윤리의 기초

제1장 | 경찰윤리의 기초

왜 경찰의 윤리인가?

1. 경찰과 윤리

구약성서에 등장하는 바다괴물인 '리바이어던(Leviathan)'은 사회계약론의 창시자로 알려진 토마스 홉스(Thomas Hobbes, 1588~1679)를 통해 국가의 상징물로 재탄생되었다.[1] 책 표지에 묘사된 통치자는 수많은 개개의 시민들이 모자이크처럼 합체되어 가공된 상징체이다. 자연법에 따른 사회계약으로 시민들은 자신의 권리를 통치자에게 양도하고 반대급부로 권리를 보장받는 복지공동체(Commonwealth)가 완성된다. 이렇게 홉스에게서 이상적으로 구상된 국가는 현실세계에서 시민에게 상반된 두 갈래의 모습으로 형상화된다. 홉스의 기대처럼 시민들의 안전과

---

[1] Hobbes, Thomas: Leviathan, Erster und zweiter Teil(1651), Übersetzung von Mayer, Jacob Peter, Stuttgart, 1998.

권리를 보장해주는 수호천사의 모습으로 나타나기도 하고, 다른 한편으로는 안전이라는 휘장을 두른 채 불가침의 권력으로 시민들을 억압하는 본래의 괴수의 모습도 보여준다.

▲ 홉스의 리바이어던 표지

괴물 통치자의 손에 쥐어진 칼은 국가권력을 상징하며, 바로 경찰조직을 통해 구체화된다. 시민들에게 경찰은 통치자와 마찬가지로 상반된 두 유형으로 투영된다. 따뜻하고 감동적인 모습으로 시민들을 위해 헌신하던 경찰이 어느 순간에는 국가라는 거대한 괴물의 칼이 되어 폭력을 행사함으로써 시민들을 공포에 떨게 한다.

물론 국가의 질서를 유지하고 사회적 정의를 실현하기 위해서는 국가와 사회 구성원의 가치를 담은 규범이 존재해야 하고 그러한 규범을 현실화하기 위한 통제기제가 유지되어야 한다. 국가와 사회질서유지를 위한 최후의 수단이자 가장 강력한 도구는 폭력이고 이러한 폭력을 현실적으로 정당하게 행사할 수 있는 집단이 경찰이다. 정당한 폭력의 행사는 국가에 의해 합법적으로 부여된 권력을 의미한다. 국가로부터 그 권력을 부여받았다는 점에서 일응 경찰의 형식적인 정당성을 인정할 수 있을 것이다. 그러나 형식적인 정당성으로부터 언제나 실질적 정당성을 추론할 수 있는 것은 아니다. 국가권력 자체의 정당성이 의심받는 상황에서는 여기서 파생되는 경찰권력의 정당성에도 의문을 가질 수 있어야 한다. 경찰처럼 무장한 인간집단은 언제나 위협적인 존재이고, 엄격한 민주적 통제를 벗어난 경찰은 그들이 존재하지 않을 때 발생하는 무질서보다 훨씬 더 지독한 재앙을 불러올 수도 있다. 정치학자 R. J. 러멜은, 20세기에 1억 7천만 명의 국민이 자신의 정부에 의해 살

해되었다고 주장한다.[2]

1990년 경찰청 개청일에 제정된 경찰헌장은 경찰에게 국민의 신뢰를 바탕으로 오직 양심에 따라 법을 집행해야 한다고 선언하고 있다.

◉ 경찰헌장

우리는 조국 광복과 함께 태어나, 나라와 겨레를 위하여 충성을 다하며 오늘의 자유 민주 사회를 지켜온 대한민국 경찰이다.

우리는 개인의 자유와 권리를 보호하며 사회의 안녕과 질서를 유지하여, 모든 국민이 평안하고 행복한 삶을 누릴 수 있도록 해야 할 영예로운 책임을 지고 있다. 이에 우리는 맡은 바 임무를 충실히 수행할 것을 다짐하며, 우리가 나아갈 길을 밝혀 마음에 새기고자 한다.

1. 우리는 모든 사람의 인격을 존중하고 누구에게나 따뜻하게 봉사하는 친절한 경찰이다.

1. 우리는 정의의 이름으로 진실을 추구하며, 어떠한 불의나 불법과도 타협하지 않는 의로운 경찰이다.

1. <u>우리는 국민의 신뢰를 바탕으로 오직 양심에 따라 법을 집행하는 공정한 경찰이다.</u>

1. 우리는 건전한 상식 위에 전문지식을 갈고 닦아 맡은 일을 성실하게 수행하는 근면한 경찰이다.

1. 우리는 화합과 단결 속에 항상 규율을 지키며, 검소하게 생활하는 깨끗한 경찰이다.

특히 독재정권에서와 같이 경찰권 행사에 대한 국민적 합의가 결여된 상황에서 양심에 따른 법집행은 빛을 발하게 된다. 자신의 양심과 도덕적 가치에 근거해서 소신 있고 용기 있는 판단을 하는 경찰이 있는 반면, 내면에서 울리는 양심에 대한 고민 없이 현실상황에서 부여된 직무와 명령을 자신의 역사적 숙명으로 받아들이고 내면의 폭력성과

---

2 Steven Pinker(김한영 역), The Blank Slate, 사이언스북스, 2004, 581면.

결부시켜 시국사범들을 잔인하게 고문함으로써 시대적 죄인이 될 수도 있다.

● 영화 "박하사탕"(1999, 이창동 감독)
1984년 가을, 신참 보안형사인 주인공 김영호는 선배형사들의 구태를 답습하면서 광기서린 모습으로 시국사범들을 고문한다. 80년 광주에서 군인신분으로 여고생을 사살하면서 시대상황으로 인해 순수함을 잃어가던 주인공은 결국 꿈과 사랑, 야망을 모두 잃은 채 '나 다시 돌아갈래!'라는 명대사를 남기고 철길에 몸을 던진다.

비단 권력의 정당성이 문제되던 시대가 막을 내리더라도, 경찰은 언제나 갈등상황에서 가치판단의 문제와 직면하게 되고 자신이 정당하게 사용할 수 있는 권력의 한계를 스스로 설정하고 집행해야 하는 책임이 주어진다. 권력을 권위로 변화시키기 위해서는 윤리적 정당성이 요구되며 여기에 근거하여 경찰활동의 근거와 한계를 결정하는 것은 결국 도덕철학의 영역이 된다.

물론 모든 인간이 평온하게 공동체를 구성하면서 자신의 가치를 실현하는 이상적 사회에서 경찰의 존재가치는 없다. 그러나 그런 사회는 지금까지 존재한 바 없고, 앞으로도 결코 존재하지 않을 것이다. 사회학자 뒤르켐은 사회와 개인은 일대일로 대응할 수 없는 서로 다른 존재들이고, 이처럼 다른 존재들을 집단의 전체적 의식3을 통해 묶는 것은 불가능하며 따라서 이 과정에서 발생하는 일탈과 범죄는 지극히 정상적인 현상이라고 설명하기도 한다.4 이기적 본성을 지닌 인간들은 태어나면서부터 사회적 존재로서 더불어 살아가기 위한 도덕이나 윤리와 같은 규범적 체계를 필요로 한다. 윤리적 규범체계가 국가적 권위를 통해 강제력을 부여받게 되면 법의 모습으로 구체화 되고, 경찰은 법의

---

3 뒤르켐은 이를 집합의식(collective consciousness)이라고 명명하였다.
4 김광기 외, 대한민국은 도덕적인가, 동아시아, 2009, 119면.

집행을 통해 국가권력을 실현한다. 권력집단의 일원으로서 권력을 행사하는 경찰은 국가질서유지라는 순기능을 수행하기도 하지만, 필연적으로 시민의 권리침해와 권한남용이라는 문제와 직면한다. 사회가 이상적 모델에 가까울수록 경찰의 권한과 역할은 줄어들어야 한다. 결국 경찰은 최소한으로 요구되는 사회의 필요악으로서 도덕적 갈등상황을 피할 수 없는 숙명을 지니게 된다.

2. 경찰학으로서의 경찰윤리

경찰활동의 이해와 탐구에 있어서는 단순한 실정법의 해석을 넘어 필연적으로 도덕적 가치판단이나 규범적 접근이 요구된다. 융합학문으로서의 경찰학(Police Science)은 다양한 인접학문들의 접목을 통해서 경찰이라는 국가작용과 조직을 탐구하는 학문이다. 범죄의 원인과 대책을 고민하기도 하고, 보다 효율적인 인사관리와 조직관리, 범인의 검거와 실체진실을 밝히기 위한 논리적 추론, 자백을 받기 위해서 또 범죄자의 프로파일링을 위한 심리학적 기법들이 연구되기도 하며, 범죄증거의 인과관계를 확인하기 위한 자연과학적 지식이 활용되기도 한다.

이러한 접근은 결국, 경찰은 범죄를 보다 줄이고 사회질서를 유지해야 한다는 보편타당하게 여겨지는 당위적 명제에서 출발하여 사실적 탐구에 치중하게 된다. 인간이나 사회적 현상을 객관적으로 설명하는 과학적·기술적(descriptive) 학문은 특히 서양의 근대학문의 발달을 주도했을 뿐만 아니라 다른 영역에 비해서 훨씬 더 성공적이었다. 그러나 무엇이 옳고 그른 것인가, 사회적 정의가 무엇인지에 대한 본질적인 질문과 그 해답을 찾기 위한 노력을 회피해서는 안 된다. 물론 경찰의 정의에 관한 질문에 대해서 윤리와는 또 다른, 법을 통한 해답을 찾는 것이 불가능한 것은 아니다. 법학의 영역에서도 법의 실질적 발현형식과 그 사회적 영향을 가치중립적으로 탐구하는 법사회학이 있는 반면, 법

의 목적과 이상에 비추어 실정법을 비판하고 평가함으로써 법적 정의
를 탐구하는 정의에 대한 이론도 있다. 이러한 법학적 탐구 또한 (규범)
윤리학의 영역과 밀접하게 관련된다.[5]

> ### ● 사이코패스의 유전자
>
> 미국 캘리포니아 대학의 신경과학자인 짐 팔론(Jim Fallon)은 특별한 계기로 정신
> 병적 살인자(Psychopathic Killer)들의 뇌를 분석하였다. 연구를 통해 정신병적 살인
> 자들은 어머니로부터 물려받은 유전자적 특징과 특정한 시점에서 발생하는 뇌손상,
> 환경이라는 세 요소의 결합을 통해서 나타난다는 것을 확인하였다.
>
> (짐 팔론의 TED 강연은 http://www.ted.com에서 확인할 수 있다)

최근 범죄학에서는 DNA 분석을 통해 유전적 요인에 의한 잠재적
범죄자를 식별하는 연구들이 상당히 진척되고 있다고 한다. 아마도 이
러한 자연과학적 지식의 발달로 앞으로는 우리 사회에서 범죄의 잠재
성이 농후한 사람들과 운 좋게도 좋은 덕성을 가진 사람들을 출생시점
에서부터 명확히 분류하는 것이 가능할지도 모른다. 거짓말 탐지기보
다 더 정확한 뇌검사와 유전자 검사방식을 통해 연쇄살인 용의자에 대
한 프로파일링 작업이 진행되어 범죄자 검거가 보다 효율적으로 진행
될 수 있을 뿐만 아니라 최소한 이러한 유전적 문제를 가진 사람들을—
범죄적 성향이 발현하지 않도록—폭력적 환경으로부터 격리시키고 관
찰·감시하는 것이 사회적 안전망의 확대를 위해서 검토될지도 모른다.

이쯤에서 우리는 어떤 윤리적 문제가 대두될 수 있을지 쉽게 상상
해볼 수 있다. 경찰의 목적을 범죄의 효율적 예방과 사회의 안전 및 질
서유지라고 설정하고 이를 달성하기 위한 가치중립적인 수단만을 찾아
가다 보면 인간의 존엄이나 인격의 발현과 같은 본질적 가치를 자칫
간과하게 될 수도 있다. DNA와 뇌신경의 탐구와 같은 자연과학적 학

---

5 이종은, 정치와 윤리, 책세상, 2010, 99면.

문의 발전도 결국 옳고 그름의 본질적 문제에 직면할 수밖에 없고, 자연과학적 연구의 결과물을 국가정책을 통해 제도화시키는 과정에서 윤리적 가치에 대한 성찰이 필요하게 된다.

한번 과거를 돌아보자. 20세기 초 우생학자인 프랜시스 골턴(Francis Galton)은 덜 진화된 사람들의 번식을 억제하는 인간개량을 통해 인간을 진화시켜야 한다고 주장했다. 이후 캐나다, 스칸디나비아 국가들, 미국의 많은 주에서 범법자들이나 정신병 환자들에게 강제로 불임수술을 받게 하는 법이 통과되었고, 나치는 수백만의 유대인과 집시, 동성애자들의 대량학살을 정당화하는데 이런 연구를 사용하였다.6 공공의 이익과 정의, 윤리적 가치관의 충돌을 어떻게 해결할 것인지의 문제는 과학기술의 눈부신 발전 앞에서 경찰연구자들의 번민을 증폭시키고 있다.

◉ 낙태와 범죄율

2003년 예비 노벨상이라 불리는 존 베이츠 클라크 메달을 받고 포춘지 선정 '40대 미만의 혁신가 10인'에 선정된, 시카고 대학 경제학 교수 스티븐 레빗(Steven D. Levitt)은 2001년 충격적인 연구결과를 발표한다. 1990년대 초부터 계속된 — 어떤 전문가도 예상하지 못했던 — 미국 범죄율 하락의 가장 큰 원인은 윌슨과 켈링(Wilson & Kelling)이 주창한 Broken Window Theory나 뉴욕경찰국장인 브래튼의 역할이 아니라, 1973년 낙태를 합법화한 Roe v. Wade판결(410 U.S. 113)이라는 것이다. 그의 이론에 따르면 급격하게 증가한 낙태로 인해 1세대가 지난 90년대부터 범죄율이 급감한 것이다.

비록 인정하고 싶지 않더라도 빈곤하고 불우한 가정에서 태어난 아이들이 그렇지 않은 아이들에 비해 범죄자가 될 가능성이 높다는 사실은 경험적 연구를 통해 분명히 확인된다. 낙태를 하는 대부분의 여성들은 가난하고 미혼이며 비싼 불법시술을 받을 돈이 없거나 조건이 여의치 않은 불우한 환경의 전형이기에, 범죄자가 될 확률이 평균보다 훨씬 높은 이 아이들이 낙태합법화로 인해 태어나지 않게 되었고, 시간

---

6 Steven Pinker(김한영 역), The Blank Slate, 사이언스북스, 2004, 46면.

이 지나 이 아이들이 (만일 태어났더라면) 범죄세계에 발을 들여놓게 될 즈음, 범죄율이 감소했다고 한다.7

☞ 레빗교수가 범죄감소를 위한 낙태확대를 주장하는 것은 물론 아니다. 낙태가 미국 역사상 가장 중요한 범죄감소 요인이었다는 불쾌한 결과를 어떻게 정책적으로 고려하여 법제도에 반영할 것인지는 경제학자나 범죄학자의 몫이 아니다. 그들은 실제로 존재하는 현실세상을 보여줄 뿐이다. 우리가 지향해야 하는 이상적인 세상을 제시하고, 여기에 이런 결과물을 어떻게 적용할 것인지를 고민하는 것이 여기서 다루고자 하는 윤리와 정의의 영역이다.

---

7 Donohue John J./Levitt, Steven D., "The Impact of Legalized Abortion on Crime," Quarterly Journal of Ecomonics 116, no. 2, 2001, 379~420면. 범죄에 관한 그의 분석에 보다 관심이 있다면 그의 저서를 읽어보기를 권한다. Levitt, Steven D./Dubner, Stephen J., Freakonomics(Revised and Expanded): A Rogue Economist Explores the Hidden Side of Everything, 2005.

제 2 절　경찰윤리의 이론적 토대

1. 윤리학의 개관

　　이제 우리는 경찰의 활동과 그 조직을 대상으로 윤리적 문제들을 고민해 보고자 한다. 도덕이나 윤리의 문제는 비단 철학이나 윤리학과 같은 인문학에서만 다루어지는 것은 아니다. 윤리가 인간 공동체에서만 나타날 수 있다면, 개인과 개인들의 집합체를 연구대상으로 삼는 사회학은 윤리의 문제를 다루어야 하며 고전 사회학자들에게 중요한 탐구의 대상이었음은 물론이다.

　　철학이나 윤리학에서 다루는 윤리는 이른바 기본정신 혹은 원리로서의 윤리, 즉 도덕성(Sittlichkeit)을 의미하는데 비해, 사회학에서 다루는 윤리는 특정한 질서 혹은 제도로서의 윤리(Sitte)이다. 전자가 시간과 공간을 초월한 보편적 가치로서의 기준을 말한다면 후자는 일정한 시간과 장소를 전제로 구체적으로 나타나는 규범으로서 선악이나 당위의 판단과는 사뭇 다른 접근방식이다.[1] 법에 비유하여 본다면 사회학적 윤리는 실정법적 차원의 접근이 될 것이고 인문학적 윤리는 자연법적 접근에 해당한다고 볼 수 있다.

　　실제로 실정법에서는 국민에 대한 봉사자로서의 공직자의 윤리정립을 위해 「공직자윤리법」을 제정하여 시행하고 있는데 여기에서의 윤리는 부패척결이라는 목적을 위한 실질적 통제기제로서 사회학적 규범의 영역에서 고찰될 것이다. 경찰의 경우 이미 오래전부터 '경찰윤리' 내지 '경찰정신'이라는 명칭의 과목들이 개설되어 경찰교육기관에서 교육되고 있기는 하지만, 이러한 강좌들은 대부분 제도나 문화에 대한 가치판단을 외면한 채, 청렴과 부패척결의 실천을 위한 정신교육 강화로

---

1 A. Pieper(진교훈·유지한 역), 현대윤리학 입문, 철학과 현실사, 1999, 30면 이하.

구성되어 있어서 기술적 진술의 차원에 제한된다.

윤리적 가치판단이 아닌 윤리현상에만 주목하게 되면, 예를 들어 '安貧樂道'나 '貧而無怨' 같은 청렴의 가치들이 현대사회의 공직자들에게 왜 계속해서 적용되어야만 하는지 구체적 답을 제시할 수 없다. 안으로는 청렴을 강조하면서 밖으로는 공직자의 복지향상과 보수인상을 주장한다면 이율배반적이지 않은가.

한편 윤리이론에만 치중하여 구체적 현실을 도외시하면 추상적·사변적 차원에 그쳐 공허한 외침에 머물 수밖에 없다. "원리가 없는 도덕은 방향을 상실하기 쉽고, 도덕이 없는 원리는 관념의 유희"[2]가 될 것이므로, 제도로서의 윤리와 원리로서의 윤리는 함께 탐구되어야 하며 이 책의 전개 또한 그러하다.

전통적으로 윤리학은 당위에 관한 탐구, 즉 옳고 그름, 정의로운 것, 좋은 것에 대한 주장과 그에 대한 근거를 제시하는 규범윤리학(Normative Ethik)과 윤리어에 대한 형식적이고 구체적인 분석과 논증, 이를테면 '선하다, 옳다'라는 표현이 무엇을 의미하는가, 이것을 어떻게 인식할 수 있는 가에 관한 논증을 다루는 메타윤리학(Metaethik)으로 구분된다. 일반적으로 윤리학을 말할 때는 규범윤리학을 의미하게 되며 이는 다시금 이론윤리학과 실천윤리학으로 구분된다. 현대윤리학은 더 이상 인식하고 설명하는데 그치는 사변적인 관념학으로서 머무르지 않고 구체적이고 특수한 관계와 상황 속에서 인간행위를 탐구하는 실천윤리의 방향으로 나아가고 있다.

2. 경찰윤리의 범주와 지향

인간은 사회 속에서 관계를 형성하고 그 가운데에서도 '일'이라는

---

2 A. Pieper(진교훈·유지한 역), 현대윤리학 입문, 철학과 현실사, 1999, 66면; 박찬구, 개념과 주제로 본 우리들의 윤리학, 서광사, 2006, 27면.

매개를 통해 유대를 형성하며 자신의 정체성을 찾게 된다. 특히 전문화된 직업환경과 그 특성에 기초한 윤리이론의 적용, 이를테면 의료윤리, 기업윤리, 공직윤리, 법조윤리 등이 직업윤리의 영역에서 다루어진다. 경찰윤리는 이러한 직업윤리 특히 그 중에서도 공직윤리의 한 분야로서 전통적 윤리학에서 다루는 추상적·이론적 기준(abstrakt-theoretische Kriterien)을 구체적인 경찰상황에 대입해서 그 해결기준과 합리적 결정을 돕는 실천윤리학이 된다.

물론 실천윤리학도 이론윤리학의 기초에서 출발한다. 이론윤리에 대한 이해가 없이 체계적인 도덕적 숙고를 하는 것은 생각할 수도 없다. 경찰활동은 국가권력과 시민사회와의 관계를 기초로 형성되는 정의의 문제를 다루는 정치철학의 영역이며, 최근의 정치철학은 두 가지 주요한 관점으로 양분되는데 공리주의와 칸트의 도덕철학이 그것이다.[3] 경찰윤리학에 있어서도 그 시작은 윤리학의 기초, 특히 공리주의(utilitarianism)와 칸트의 의무론(deontology)으로부터 출발해야 한다. 이러한 구분은 영국의 철학자 브로드(C. D. Broad)가 윤리이론을 크게 의무론적 이론과 목적론적 이론으로 분류한데서 시작되었다.[4]

공리주의는 '행위의 옳고 그름이 언제나 본래적으로 좋거나 나쁜 결과들을 낳게 될 그 경향성에 의해 결정된다'는 목적론(teleological theory)에 해당하고 의무론은 특정한 행동은 그 결과와 상관없이 옳다는 칸트의 논법을 따른다.[5] 국가와 정치권력의 실천적 집행자라는 측면에서 경찰의 직무수행은 일응 의무론보다는 공리주의적 이념에 보다 친숙해 보인다. 그러나 어느 일방으로 치우친 윤리적 편향성은 이 책에서 살펴보는 것처럼 다양한 문제에 직면하게 될 수밖에 없으므로 양대이론의 조화를 통해 윤리적 정당성에 대한 고민을 풀어나가야만 한다.

---

3 마이클 센델(안진환·이수경 역), 왜 도덕인가?, 한국경제신문, 2010, 157면.
4 C. D. Broad(박찬구 역), 윤리학의 다섯 가지 유형, 철학과 현실사, 2000, 252면.
5 이종은, 정치와 윤리, 책세상, 2010, 108면.

3. 공리주의

가. 공리주의 시작

  에피쿠로스 학파 이후 서구에서 쾌락주의는 윤리학의 주목을 받지 못했다. 개인적 쾌락의 추구라는 목적 자체가 중세의 엄격한 종교적 윤리관으로부터 탄압을 받게 된 것이다. 그렇다면 인간 행복의 추구 그 자체가 옳지 않은 것이라고 말할 수 있을 것인가?

  고대 쾌락주의의 문제는 자기중심적·이기적인 목적에 있다고 말

할 수 있다. 이후 근대시민사회의 등장으로 쾌락은 사회전체의 행복이
라는 보다 고상하고 그럴듯한 목적론적 윤리이론으로 한층 진보되어
공리주의를 탄생시키게 된다. 공리주의는 흄(David Hume, 1711~1776)의
제안으로 영국의 정치사상가이자 법철학자인 벤담(J. Bentham, 1748~1832)
과 밀(John Stuart Mill 1806~1873)에 의해서 꽃을 피우게 되었는데 그 핵심
이론의 간결함으로 인해 정치철학이나 윤리학에 문외한인 일반인들조
차 쉽게 동의할 수 있을 만큼 강한 설득력을 가진다.

나. 고전적 공리주의

벤담과 밀의 고전적 공리주의는 세 가지 명제로 요약된다.

첫째, 어떠한 행위가 옳고 그른지는 그 행위의 결과에 의해서 판
단될 뿐이다. 최선의 결과를 가져오는 행위는 옳은 행위이다.

둘째, 결과를 평가하는데 있어서 판단기준이 되는 것은 행복과 불
행의 양이 된다. 불행을 최소화하고 행복의 양을 최대화하는 것이 옳은
행위이다.

셋째, 개개인의 행복은 똑같이 중요하므로 어떤 사람의 행복이 다
른 사람의 행복보다 특별한 것으로 간주되어서는 안 된다. 밀의 표현을
빌자면 다음과 같다. "어떤 행위가 옳은지를 결정하는 데 있어서 공리
주의의 표준이 되는 행복은, 행위자 자신의 행복이 아니라 관련된 모든
사람들의 행복을 일컫는다. 자신의 행복과 타인들의 행복 사이에서 결
정할 때, 공리주의는 도덕적 행위자가 이해관계가 없고 자비로운 관객
처럼 절대적으로 공정할 것을 요구한다."[6]

공리주의는 고통보다는 쾌락을 추구하는 인간의 본성을 가장 잘
투영하고 있으면서도 이를 개인이 아닌 공동체의 행복으로 확대시킴으
로써 개인적 도덕적 선택의 문제뿐만 아니라 법과 정책을 입안하고 집

---

6 제임스 레이첼즈(노혜련·김기덕·박소영 역), 도덕 철학의 기초, 나눔의 집, 2006,
199면.

행하는 정부에게 명쾌한 답을 제시해 준다. 정책의 결정과 집행에 있어서 그 준거가 되는 것은 '최대 다수에게 최대 행복'을 가져오는가의 여부이다. 법의 목적, 또 법을 통해 정책을 집행하는 정부의 목적은 도덕의 목적과 같은 것이며 이는 모든 시민의 일반적 복지를 증진시키는 것이다. 정치철학적 입장에서 경찰의 대응 또한 다르지 않다.

● 무질서 단속(가설적 상황)

부랑자와 주취자들로 인한 시민들의 불안과 불편이 증가되자 정부에서는 이들에 대한 강력한 대응을 추진하고자 한다. 특히 시민들이 자주 통행하는 기차역 주변에서의 노숙과 음주행위에 대하여 경범죄처벌법을 개정하여 경찰단속을 강화하고 지방자치단체와 협조하여 재활치료의 확대와 필요시 강제적 수용까지 시행하고자 한다.

90년대 뉴욕시에서 추진하였던 이른바 '깨진 창문이론'에 입각하여 경미한 질서위반 행위에 대한 강력한 대응으로 중대범죄의 발생률을 줄이고 쾌적하고 안전한 선진사회를 구현하고자 하는 것이다.

한편 시민단체에서는 무질서에 대한 과도한 단속과 개입은 시민들의 기본권과 자유를 침해하는 것이라며 자유민주주의 국가에서 용납될 수 없는 것이라고 비난하고 있다.

☞ 실제 2011년 경기침체로 미국에서 노숙자와 부랑자가 증가하자 일부 지방정부에서는 이들의 단속을 강화하는 조례를 제정하였다. 노스캐롤라이나 주 하이포인트시는 행인들에게 욕을 하거나 불편을 끼치는 걸인들을 단속하기 위해, 낮에 도심 보도에 눕거나 앉는 행위까지도 금지하고 있다. 플로리다주 세인트피터스버그시 조례에서도 노숙자를 겨냥하여 거리에 눕는 행위를 금지하는 내용을 새로 제정하여 일부 노숙자들이 시를 상대로 소송을 제기하기도 하였다.

앞에서 제시했던 피랍된 여객기를 요격할 것인가에 관한 문제, 노숙자·부랑자와 같은 사회적 무질서 행위에 대해서도 공리주의는 강경한 대응을 지지한다. 실제 벤담은 거리의 부랑자들이 시민들의 전체적인 공리에 반하기 때문에 극빈자들을 집단으로 관리하는 구호시설을 설치하고 그들의 노역을 통해 그 자금을 조달하는 방안을 제시하기도 하였다.[7] 공리주의에 대한 벤담의 이상은 형사처벌에 있어서 보다 분명하게 드러난다. 처벌로 사회나 범죄인이 겪어야 하는 부담이나 고통보다 범죄의 억제와 범인의 재활이라는 이점이 크다면 처벌이 정당화될 수 있다고 보았다. 형벌의 능률적 집행

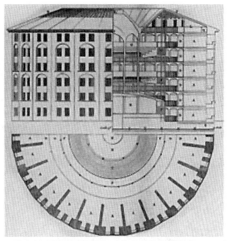

▲ 벤담이 구상하여 레벌리(Reveley)가 스케치한 판옵티콘 1791년

을 위해, 지금은 감시사회의 불편한 상징으로 여겨지는 '판옵티콘'을 처음 고안한 사람이 벤담이라는 사실도 그리 놀라운 것만은 아니다.

◉ "Kein mensch ist illegal(No one is illegal)."

불법체류 단속에 저항하는 범세계적 시민단체들의 이 구호는 독일에서 1997년부터 시작되어 전 세계로 퍼져나갔다. 이 시민운동은 1999년 독일에서 발생한 불법체류자 강제퇴거 사망사건을 통해 주목을 끌게 되었다. 그 해 5월 28일, 불법체류 혐의로 아프리카 수단으로 강제추방되던 아미르 아겝(Aamir Ageeb)은 강제추방을 집행하는 연방경찰(Bundesgrenzschutz)에게 거칠게 항의하면서 비행기 탑승을 거부하였고, 이에 경찰은 신체를 결박하고 헬멧을 착용시킨 상태에서 무릎 사이에 머리를 넣게 하였다. 비행기 이륙 직후, 아겝은 질식사하였고, 이를 계기로 불법체류자 강제추방에서의 무리한 경찰권 행사에 대한 비난이 촉발되었다.

한편 2019년 미국에서는 주 정부에 속한 미국 로스앤젤레스 경찰(LAPD)과 미연

---

7 Jeremy Bentham, Introduction to the Principles of Morals and Legislation, 1789, J. H. Burns and H.L.A. Hart, eds. Oxford University Press, 1996, chap. 1.

방 기관인 이민세관단속국(ICE)이 도널드 트럼프 대통령이 예고한 불법 이민자 단속 작전을 놓고 가시 돋친 설전을 벌였다.

마이클 무어 LA 경찰국장은 ICE가 남부 캘리포니아에서 이민자 140명을 체포하려 한다며 단속과 관련된 정보를 발설했다.

앞서 트럼프 대통령은 7월부터 대대적인 불법 이민자 단속 작전이 개시될 것이라고 예고했고, ICE 주변에서는 미전역에서 추방 명령이 내려진 2천여 명의 이민자가 표적이 될 것이라는 예상이 나왔다.

이른바 '불법체류자 보호 도시' 또는 '피난처 도시'임을 선포한 LA는 주 정부와 주 의회를 모두 민주당이 절대적 다수로 지배하고 있어 트럼프 행정부의 반 이민 정책에 줄곧 반대 의사를 굽히지 않았다.

☞ 만일 경찰력을 적극 동원하여 불법체류자를 단속하고 형사처벌하거나 국외추방할 경우, 상당한 경제적 효과뿐만 아니라 사회안전에도 기여할 수 있다면, 보다 강력한 단속과 규제는 타당할 것인가.

다. 첫 번째 문제제기: 권리, 정의와의 충돌

2008년 서울시청 앞 광장에서는 미국산 쇠고기 수입에 반대하는 대규모 촛불집회가 연일 개최되었다. 만일 벤담이 2008년의 서울시청 광장에서 광우병 촛불집회를 목격한다면 어떤 평가를 하게 될까? 수십억 분의 일에 불과한 광우병 감염확률과 질 좋은 수입산 쇠고기의 보급을 통해 국민들이 얻게 되는 행복을 고려해서 촛불집회의 타당성을 논박했을 뿐만 아니라, 다수 시민들의 행복을 저해하는 집회라는 집단행동과 여기에서 파생되는 무질서와 비효율성에 분노하지 않았을까? 다수의 이익과 소수의 이익을 단순히 비교하자면 소수의 집단적 의사표시인 집회는 언제나 희생되어야 한다. 이익의 비교를 통한 이런 결론에 쉽게 동의할 수 있을까.

여기에서 바로 공리주의의 문제를 확인할 수 있다. 다수의 복지와 이익을 위해 소수가 희생되어야 하고, 개인과 소수의 도덕적 권리를 무시할 뿐만 아니라 공정에 관한 도덕적 직관에 반하기 때문이다. 정의의 이상에 배치되는 공리주의의 문제를 다른 예를 통해 확인해 보자.

◉ 영화 "부당거래"(2010, 류승완 감독)

연쇄살인사건으로 온 국민이 충격의 도가니에 휩싸인다. 대통령까지 수사에 개입하고 국민들이 불안에 떠는 상황에서 유력한 용의자가 수사 도중 사고로 사망한다. 경찰청에서는 가짜 범인인 일명 '배우'를 만들어 민심을 잠재우고 사건을 마무리하고자 한다. 광역수사대 팀장 최철기는 상부의 승진보장 조건을 받아들이고 지능이 떨어지는 성폭행 전과자를 연쇄살인사건의 범죄자로 조작하여 사건을 마무리 한다.

　무고한 사람이 범죄의 혐의를 덮어쓰고 처벌받는 것은 분명 좋지 않은 결과이지만, 한 사람의 희생을 상쇄시킬 만한 보다 이로운 반대 이익도 생각할 수 있다. 그다지 사회적 기여가 크지 않은 성폭력 전과자의 작은 희생으로 모든 국민들이 다시금 평온한 일상으로 돌아갈 수 있고 경찰에 대한 보다 큰 신뢰를 가지게 될 수 있다면?

　국민들의 지지를 기반으로 경찰은 수사인력 증원과 첨단장비를 지원받고, 강력범죄 수사에 보다 충실하게 되고 공익에 기여하게 될 수도 있을 것이다. 그러나 보편적 직관만으로도 우리는 이러한 행위가 분명히 옳지 못한 일이라고 생각한다. 공리가 전부라는 도덕이론은 결코 정의에 부합되지 않기 때문이다.[8]

라. 두 번째 문제제기: 쾌락의 비교형량

　벤담의 공리주의의 다른 문제는 모든 쾌락을 질적으로 동일하다고 가정하고 그 양을 측정하는 것으로 최대다수의 최대행복을 결정할 수 있다는 점이다. 절도용의자를 추적하는 경찰관을 가정해보자. 구멍가게

---

8 제임스 레이첼즈(노혜련·김기덕·박소영 역), 도덕 철학의 기초, 나눔의 집, 2006, 199면.

에서 생활용품을 훔쳐 도주하는 범인을 뒤쫓는 경찰관이 있다. 범인은 높은 담을 유유히 뛰어넘어 내달리지만, 경찰관은 담장에서 뛰어내리다 발목이 부러져 더 이상 쫓을 수 없는 상황이 된다. 강도범은 미소로 경찰관을 조롱하면서 유유히 멀어져간다. 범인과의 거리로 볼 때 경찰관의 총기사용이 범인의 생명에 위험을 가져올 수 있다면 총기를 사용해야 할까?

단순계산으로는 구멍가게의 재산상의 손실보다 생명의 침해가 훨씬 더 큰 행복의 침해라고 볼 수도 있을 것이다. 그러나 도주한 절도범의 추가적 범행, 절도범죄에 대한 미온적 대처로 인한 사회적 무질서와 경제적 손실을 고려한다면 다른 계산방식이 나올 수 있을 법하다. 벤담의 공리주의적 사고에서는 생명의 가치를 계산하고 비교해야만 한다. 만일 경미한 절도가 아니라 수억원 상당의 은행강도라면 문제는 조금 더 복잡해 질 수 있겠다.

2008년 2월 10일 오후 8시 40분경 자신이 소유한 토지보상 문제로 숭례문에 시너를 붓고 불을 지른 사건이 발생했다. 화재로 인해 누각을 받치는 석축만 남긴 채 대한민국 국보 1호가 전소하였다. 다시는 복원이 불가능한 국보급 문화재에 불을 붙이려는 방화범에 대한 총기사용은 또 어떠한가? 어떻게 문화재나 생명에 대한 쾌락이나 행복의 양을 정확하게 측정하는 것이 가능할까?

◉ 흉악범 신상공개

2007년 잔혹한 수법으로 7명을 살해한 후, 검거되어 사형선고를 받은 강호순. 검거 후 일부 신문과 방송에서 얼굴이 공개되면서 흉악범의 신상공개에 관한 논란을 촉발했다. 신원을 공개한 언론사에서는 국민의 알권리 및 수사협조, 범죄예방, 사회적 응징 등을 신상공개의 논거로 제시했다.

☞ 언론의 경우, 조선일보와 중앙일보가 사진을 공개했으며, 방송도 SBS를 시작으로 KBS, MBC가 뉴스보도를 통해 강호순의 얼굴을 화면으로 보도했다. 반면 한

겨레나 한국일보는 비공개 입장을 유지하였다. 이후 2010년 「특정강력범죄의 처벌에 관한 특례법」 개정으로 흉악법 신상공개에 관한 법적 근거가 마련되었다.

흉악범의 여죄를 수사할 필요가 있는 경우 공개수사를 통해 신상을 노출하는 것은 형사소추라는 목적달성에 기여한다. 만일 여죄수사가 의미 없는 경우라면 흉악범의 신상공개의 명분을 사회적 응징이나 범죄예방에서 찾기는 쉽지 않을 듯하다. 특히 언론이 아닌 수사기관이라면 법적 응징이 아닌 사회적 응징차원에서 신상을 공개한다는 명분도 적절해 보이지 않고, 범죄예방의 효과도 충분히 검증되지 않았다. 검거된 범죄자에게는 심각한 응징이 되겠으나, 잠재적 범죄자들에게 신상공개가 범죄억지력을 가지고 있는지 근거도 불분명하다. 그럼에도 다수의 시민들이 흉악범의 신상공개를 찬성하는 이유는 파렴치한 인간의 얼굴을 확인해 보고 싶다는 일종의 호기심에서 비롯된 알권리로 해석함이 가장 설득력 있는 논거이다. 그렇지 않다면 도대체 왜 피해자의 가족도 아닌 다수의 시민이 범죄자의 얼굴을 확인하고자 하는가.

공리주의적 입장에서는 여기에서도 시민들의 만족이라는 쾌감을 찾아낼 수 있을 것이고, 그러한 쾌감의 극대화는 분명 범죄자의 프라이버시보다도 공익에 크게 기여한다고 주장할 수 있다. 공익의 크기만을 비교한다면 흉악범의 공개처형이나 태형도 그 쾌락의 양적 크기에서 당사자의 불이익을 압도할 수 있다.

마. 쾌락의 질적 차이: 밀

앞선 사례에서 나타나는 문제를 해결하기 위해 쾌락의 질적 차이를 주장한 공리주의의 또 다른 구원자는 밀이다. 밀은 벤담의 논리의 문제점을 고려하여 공리주의에서 쾌락의 양이 아닌 쾌락의 질을 고려해야 한다고 생각했다.

밀에게 있어서 중세의 마녀사냥과 같은 공개처형은 비록 양에 있어서는 공리적 셈법을 만족시킨다 할지라도 그 쾌락의 질에 있어서 비뚤어진 것으로 인식된다. "만족하는 돼지보다 만족하지 못하는 인간이, 만족하는 바보이기보다는 만족하지 못하는 소크라테스가 낫다. 만약 바보나 돼지가 다른 의견을 가진다면, 이는 그들이 자신의 측면에서만 생각하기 때문이다."9

밀이 말하는 질적 쾌락의 차이는, 결국 서로 다른 쾌락의 질적 가치를 인식하는 사람의 선택에 의해서 결정된다. 그러나 이러한 공리주의의 수정은, 결국 공리주의의 근본 전제의 문제점을 인정해야만 한다. 질적 차이의 판단을 위해서는 인간의 존엄, 평등이나 정의와 같은 도덕의 본질이 고려되어야 하기 때문에 쾌락만이 가치의 유일한 표준이라는 공리주의의 전제를 부정하는 것이다.10

바. 공리주의의 공헌

공리주의가 도덕의 본질을 도외시한다는 문제점이 있기는 하지만 사회운영의 원리로서 기능할 수 있다는 점에서, 정책을 입안하고 집행하는데 있어서는 상당히 유용하다고 하겠다. 벤담이 그의 저서를 '도덕 및 입법의 원리 서설(Introduction to the Principles of Morals and Legislation)'이라고 명명한 사실에서, 그가 개인적 윤리에 대한 관심이 아닌 공동체적 결정에 대한 판단의 준거를 제시하고자 했음을 확인할 수 있다. 절대주의와 중상주의에 기대어 유지되던 군주와 특권층의 정당성을 부정하고 보다 많은 사람에게 자유와 권리를 보장해 주고자 한 것은 사회진보에 대한 분명한 기여일 것이다.11

벤담은 아담 스미스의 영향을 받아 자유방임적 경제질서를 옹호했다. 중앙집권화된 강력한 정부를 좋아하지도 않았다. 정부의 간섭으로

---

9 J. S. Mill, Utilitarianism, New York: Liberal Arts Press, 1957, 14면.
10 박찬구, 개념과 주제로 본 우리들의 윤리학, 서광사, 2006, 96면.
11 이종은, 정치와 윤리, 책세상, 2010, 133면.

자연적 조화와 효율이 깨질 수 있다고 본 것이다. 그러나 경제적 측면의 조화가 모든 영역에서 생기는 것이 아니므로 경찰의 영역에서는 법과 정부의 개입으로 인공적 질서가 유지되어야 한다고 보았다. 범죄자의 처벌이라는 고통을 가하는 것이 사회전체를 위해서 나은 것이기 때문이다. 다만 범죄자에 대한 처벌은 그의 행위에 대한 응보적 결과가 아니라, 행위자에게 고통을 가져오는 처벌의 위하효과로 범죄예방이라는 보다 큰 공익적 효과를 기대할 수 있기 때문에 정당화된다.

공동체의 행복이라는 이익을 비교하고자 했던 공리주의는 법학, 특히 공법학(公法學)에서 입법이나 공권력행사의 정당성을 검토하기 위해 고려하는 대원칙인 '상당성의 원칙' 내지 '협의의 비례원칙'과도 관련된다. 상당성의 원칙은 국가권력의 행사에 있어서, 달성하고자 하는 법익과 침해되는 법익을 비교형량하여 그 정당성을 인정하는 것이다. 다만 법학적 관점에서는 비교형량 이전에 법익의 최소침해 원칙을 충족시키도록 함으로써 앞선 사례들의 딜레마를 어느 정도 회피할 수 있을 뿐만 아니라, 어떤 경우에도 생명간의 이익형량을 허용하지 않음으로써 의무론과의 규범적 조화를 시도하였다.

4. 의 무 론

◉ 영화 "The Dark Knight"(2008년, 크리스토퍼 놀란 감독)

도시를 탈출하는 일반시민과 교도소 흉악범들을 수송하는 각각의 선박에는 조커가 설치한 폭탄이 설치되어 있고, 다른 한쪽의 선박을 먼저 폭파시킬 수 있는 기폭장치가 각각의 선박에 승선한 시민과 흉악범들의 손에 쥐어져 있다. 정해진 시간까지 어느 한 선박도 폭파되지 않으면, 배들은 모두 자동으로 폭파된다. 선량한 시민들이 승선한 선박과 죄수들의 선박 중에서 누구의 배를 먼저 폭파시켜야 할까?

영화에서는 어느 누구도 기폭장치를 작동시키지 않고, 인간의 파멸을 지켜보고자 했던 조커의 계획은 결국 실패한다.

어떠한 상황에서건 해서는 안 되는 일이 경찰에게 존재하는가? 공공의 이익을 위해 사람을 고의적으로 살해하거나 고문하는 것은 가능한 것일까. 일반적 도덕규범에 대한 예외를 인정해야만 하는 딜레마 상황을 설정하거나, 실제 현실에서 찾는 것은 그다지 어렵지 않다. 이런 상황에서도 규범적 예외를 허용하지 않는 가장 간단한 방법은 신의 명령으로 해석하고 회피하는 것이다.[12] 반면 이론적 논증을 통해 도덕규범의 절대성을 설파한 윤리이론가로는 칸트(Immanuel Kant, 1724~1804)를 들 수 있다.

가. 보편적 입법원리로서의 준칙

칸트에게 있어서 도덕적 명령은 어떤 다른 목적을 달성하기 위한 수단이 아닌 그 자체가 목적인 무조건적인 명령이나 의무이다. 인간에게 부여되는 명령은 크게 두 가지로 구분할 수 있는데, 그 첫 번째인 가언적 명령에서는 어떤 목적을 달성하기 위해서 필요한 수단을 택하도록 요구한다. 만일 보다 많은 사람들의 구조를 위해 살인이나 고문을 행한다면 여기에서 살인이나 고문에 대한 도덕적 명령은 목적의 달성을 위한 전략적 지침에 불과하다.

반면 정언명령에 있어서는 달성하고자 하는 목적과 상관없이 행위를 해야 하는 의무가 존재한다. 도덕은 이러한 정언명령에 근거해야 하고 그 명령에 전제되는 상위의 목적이 있어서는 안 된다.

그렇다면 행위의 도덕적 허용성은 어떻게 판단해야 할까. 칸트는 말한다. "네 의지의 준칙이 항상 동시에 보편적인 입법의 원리로서 타당할 수 있도록 행위하라(Act only according to that maxim by which you can at the same time will so that it should become a universal law)."[13]

---

12 제임스 레이첼즈(노혜련·김기덕·박소영 역), 도덕 철학의 기초, 나눔의 집, 2006, 225면.

13 Christine M. Korsgaard, "Introduction," Immanuel Kant, Grundwork of the Metaphysics of Morals, Cambridge University Press, 1997, 421면.

보편적 원칙으로서의 규범을 확인하기 위해서는 모든 사람들이 언제나 그 규범에 따르는 것을 원하는지 자문해 보아야 한다. 만일 그렇다면 그 행위는 허용되는 것이다. 반면, 모든 사람들이 따를 것을 원하지 않는다면 윤리적으로 허용될 수 없는 것이다. 이러한 보편주의는 모든 인간을 동등하게 대우하고 자기와 같은 동일한 존재로 인식한다는 점에서 인간 존엄과 그 맥을 같이 한다.14 칸트는 거짓말을 예로 들어 보편적 원칙으로서 부도덕성을 설명한다. 돈을 갚을 능력이 안 되면서도 빌려야 할 처지에 놓인 사람이 돈을 갚겠다는 거짓 약속을 할 수 있을까? 칸트가 생각하는 보편적 준칙에 의하면 그렇지 않다. 그런 규범이 보편적 관행이 된다면 아무도 그런 약속을 믿지 못할 것이고 결국 아무도 돈을 빌려주지 않을 것이기 때문이다.15

그러나 거짓말에 대한 칸트의 완고한 주장이 설득력을 잃게 되는 사례들은 쉽게 생각할 수 있다.

◉ 마크 트웨인의 단편소설 '거짓말에 관하여(Was it Heaven? Or Hell?)'

전염성이 강한 장티푸스로 앓아 누워있는 딸을 대신하여 손녀딸을 양육하던 고모 할머니 헤스터와 한나는 거짓말을 하는 손녀딸을 속죄시키기 위해 딸의 침대 곁으로 데려간다. 이후 손녀딸은 병에 감염되어 생명을 잃게 되고, 두 할머니들은 거짓말이 어떤 경우에도 죄악이며 영혼을 타락시킨다고 굳게 믿고 있었지만, 병으로 죽어가는 자신의 딸 앞에서 그녀의 유일한 희망인 손녀딸이 세상을 떠났음을 말하지 못하고 거짓말을 하고 만다. 할머니들을 심판하기 위해 나타난 천사에게조차 할머니들은 비록 구원받지 못하더라도 후회없는 행동이었음을 고백하게 된다.

이 소설에서 신의 최후의 심판을 전하기 직전 잠시 사라지는 천사의 모습은, 타인의 영혼을 위해 자신의 영혼을 희생하는 노파들의 도덕성에 대한 신의 번민을 상징하고 있다.

---

14 박찬구, 개념과 주제로 본 우리들의 윤리학, 서광사, 2006, 129면.
15 제임스 레이첼즈, 앞의 책, 228면; 마이클 센델(이창신 역), 정의란 무엇인가, 김영사, 2010, 169면.

칸트의 도덕규범의 절대성은 현실적 상황에서 쉽게 무너지고 있지만 그 기본사상의 중요성을 결코 간과해서는 안 된다. 도덕적 이유가 타당하려면 모든 사람에게 보편적으로 항상 구속력이 있어야 한다는 점이 특히 그렇다. 앞서 소설 속 상황과 같이 누구나 거짓말을 할 것이고, 우리 모두가 이를 보편적 준칙으로서 용인할 수 있는 상황이라면 이는 칸트의 틀에서조차 허용될 수 있지 않을까? 그러나 정의로운 목적 앞의 거짓말이 언제나 허용될 수는 없다.

◉ 경찰관의 거짓말(가설적 사례)

각막이식수술을 받지 못해 아들이 시력을 잃게 되자, 교통경찰관 A는 장기이식관리센터에 자신의 장기기증희망등록을 하고 운전면허증에도 기증의사를 표시하였다. 장기기증의 필요성을 절감한 그는 교통사고현장에서 이송 도중 사망하는 사고자의 유가족에게 환자가 임종 직전 장기기증의 유언을 했다고 거짓말을 하고 유가족들이 각막기증에 동의하도록 설득한다. 가까이에서 아들의 고통을 지켜 볼 때마다, A는 자신의 행위가 우리 사회를 위한 최선임을 확신한다.

☞ 보건복지부 질병관리본부 2017년 통계에 따르면 우리나라 각막이식 대기자는 2,109명이며 평균 대기일은 2,564일이나 되지만 안구기증자는 2017년 한 해 202명에 불과하다. 각막은 혈관조직이 없어 사후 24시간 이내에 적출 및 이식이 가능하다.

나. 수단이 아닌 목적으로 대하라

칸트의 정언명령의 또 다른 공식은, 모든 인간은 절대적 가치를 가지는 인격체로서 절대로 수단으로 대하지 말고 목적으로 대하라는 것이다. 동물을 포함한 모든 사물은 목적을 위한 수단으로서만 가치가 있고 그 가치를 부여하는 것은 인간의 목적이다. 그럼으로써 인간은 "존엄성"을 가진 이성적 행위자로서 스스로 결정을 내리고 목표를 설정할 수 있으며 이성에 따라 행동할 수 있는 자유로운 행위자

가 된다.16

● 위장수사관의 범죄

수사관 B는 다수의 테러범죄 혐의를 받고 있는 극우 테러집단을 소탕하기 위해 수년간의 노력으로 신분을 위장하여 잠입하는데 성공하였다. 이 범죄조직은 앞으로도 다중 테러범죄를 수차례 계획하고 있는 것으로 추정되나, 경찰은 아직까지 이에 대한 구체적인 정보를 파악하지 못하고 있다.

위장한 신분으로 조직 내에서 테러범죄에 대한 증거를 수집하고 예상되는 테러범죄를 예방하기 위해서는 조직원들로부터 신뢰를 얻어야만 한다. 어느날 B는 적대적 관계에 있는 다른 테러범을 살해하라는 임무를 부여받게 되고 이를 거부할 경우 조직 내에서 지금까지 노력한 모든 신뢰관계가 무너질 상황에 처하게 된다. 테러조직을 분쇄하고 예상되는 테러범죄를 무산시키기 위해 B는 살인을 해야만 할까.

테러집단의 신뢰를 얻기 위한 위장수사관의 살인행위는, 비록 테러를 방지하기 위한 숭고한 목적이 존재한다고 하더라도 대상자를 목적이 아닌 테러방지의 수단으로 만듦으로써 칸트의 정언명령에 명백히 위배된다. 사실 인간을 수단화해서는 안 된다는 칸트의 정언명령은 굳이 이성적인 논증이 아니더라도 사례를 통해 직관적으로 충분히 확인할 수 있다.

리처드 도킨스가 "만들어진 신"17이라는 그의 저서에서 인용하고 있는 가설을 보자.

● 마크 하우저의 철길가설

하버드의 진화심리학 교수인 하우저는 실험자들에게 두 가지 질문을 던진다.

첫째, "고장으로 멈추지 않는 열차가 철길 위의 인부 다섯 명을 향해서 달려가고

---

16 제임스 레이첼즈, 앞의 책, 241면.
17 리처드 도킨스(이한음 역), 만들어진 신, 김영사, 2007, 337~341면.

있다. 당신은 선로변경 레버를 당겨 열차의 방향을 바꿀 수 있지만 이 경우 다른 선로에 있는 한 명의 인부가 희생된다. 당신은 레버를 당길 것인가?"

둘째, "마찬가지로 고장난 열차가 다섯 명의 인부를 향해 달리고 있다. 철길 위 육교에 있는 당신만이 커다란 물건을 집어던져 열차를 탈선시켜 생명을 구할 수 있다. 마침 당신 앞 난간에 기대어 앉은 덩치 큰 남자가 있고 그를 떠밀어 희생시키면 다섯 명의 생명을 구할 수 있다. 그 자를 떠밀어야 하는가?"

당신이 칸트의 정언명령을 이론적으로 이해하지 못하더라도 위 실험의 결과는 충분히 예측할 수 있다. 대다수의 실험대상은 첫 번째 질문에는 레버를 당기겠다고 답했지만, 두 번째 질문에서는 난간에 기댄 자를 떠민다고 답하지 못했다.

다수와 소수의 생명 중 어느 쪽의 생명이 더 소중한지를 결정함에 있어서 공리주의적 입장에서 논리적 판단을 하게 되면 두 경우 모두 다섯 명의 생명을 살리는 용단을 내려야 할 것이다. 5대 1의 생명의 비교라는 동일한 상황이기 때문이다. 그럼에도 왜 우리는 첫 번째 사례에서와 달리 두 번째 사례에서는 선뜻 다섯 명의 생명을 위해 육교에 앉은 한 명의 생명을 희생시키지 못하는가?

인간을 절대적 존엄을 가진 이성으로서 자발적 동의 없이는 절대 수단화시키지 말라는 칸트의 주장을 곱씹어 보자. 칸트에게 있어 두 사례는 전혀 다르다. 첫 번째 사례에서 레버를 당겨 희생되는 한 명의 인부는 다른 다섯의 생명을 구하기 위한 수단이 아니다. 단지 선로의 변경이 수단일 뿐이며 희생자는 운 나쁘게 그곳에 있던 것이고, 더 많은 생명들을 구하기 위한 불가피한 선택을 통한 희생이다.

반면 다섯의 생명을 구하기 위해 떠밀려 떨어지게 되는 자는 명백히 다른 생명의 구출을 위한 적극적 수단이 되는 것이므로 칸트의 도덕법칙에 따라 허용될 수 없다.

그렇다면 인간을 수단으로 대하지 말라는 칸트의 정언명령은 칸트가 고안한 것이라기보다는, 이미 우리의 도덕적 감성으로 내재되어 있는 것을 그가 논리적으로 확인한 것뿐이다. 정서적 반응을 조절하는 대뇌의 전두엽에 손상을 입어 이성적 판단만을 하게 되는 환자들은, 두 번째 실험에서 일반인들과 정반대의 결론을 내린다는 사실이 이에 대한 보다 명확한 근거가 된다.

다. 악행에 대한 책임과 처벌

공리주의와는 달리, 칸트는 범죄자에 대한 처벌을 교화의 목적이나 사회적 이익이 아닌 "자신의 악행에 대한 책임"이라는 응보에서 찾고 있다. 범죄자가 스스로의 이성적인 행동에 의해 무고한 사람에게 해악을 가져오면 이로 인한 책임을 부담하는 것이 당연하다.

그렇다면 칸트는, 시한폭탄을 설치하고 위치를 발설하지 않는 테러리스트에 대한 고문을 허용할 것인가? 칸트의 답변을 직접 들을 수는 없겠지만, 비록 고문을 가하는 상황에 이르러서도 이성적 주체로서 고문을 감수할 것인지 아니면 자백을 할 것인지 결정할 수 있는 목적으로서의 주체적 지위를 상실하는 것이 아니므로 정언명령에 반하는 것은 아닐 것이다. 사례를 조금 비틀어서 살펴보자.

> ◉ 미국 ABC 방송의 법정드라마 '보스턴 리걸(Boston Legal)' 중
>
> 어린이 유괴사건의 범인, 그리고 아이의 행방을 추적하던 형사가 범인의 행방에 대해 입을 열지 않는 그의 친척의 팔을 부러뜨려 고문하면서 범인을 찾아내고 아이를 구출한다. 가혹행위로 기소되어 법정에 서게 된 형사를 변호하게 된 변호사 앨런 쇼어는 다음과 같은 최후변론으로 배심원들의 무죄평결을 이끌어 낸다.
>
> "검사는 제 의뢰인이 법 위에 있다고 말하는데 이 나라의 법은 언제나 인본주의라는 공동체의 기준에 따라 변화했습니다. 배심원 여러분들도 공동체로서 고민해 보십시오. 그게 선한 일이었는지 말입니다.
>
> (구출되어 방청석에 앉아 있는 아이를 가리키며) 저 아이는 행복합니다. 살아있

습니다. 저 부모들도 분명 행복할 겁니다. 제 의뢰인은 한 생명을 구했습니다. 저 아이가 당신의 아이라면 필요한 것은 무슨 짓이든지 경찰이 하기를 원하지 않겠습니까? 이 경관은 자신의 할 일을 했습니다. 우리의 정부가, 우리의 군대가, 우리의 검찰총장이, 심지어는 우리의 대법원이 가끔은 괜찮다고 한 방법을 사용해서요. 가끔(sometimes) … 상황에 따라서 고문은 괜찮습니다. 단지 떠들고 다니지는 마시고요."

사례에서 고문을 당하는 범죄자의 친척은, 이성적 결정에 의해 범죄행위에 대한 책임을 부담하는 사람은 아니다. 또 인격적 주체로서 친지의 도피처를 경찰에게 말해야 할 어떤 의무도 부담하지 않는다. 칸트의 입장에서 보자면 그는 아이의 생명을 구하기 위한, 단지 수단으로서 고문의 대상이 되었을 뿐이므로 이는 결코 용납될 수 없는 행위이다.

라. 의무론의 공헌

딜레마적 상황에서 명확한 판단기준을 제시할 수 없는 이와 같은 문제점에도 불구하고 칸트의 논증을 쉽게 포기해서는 안 된다. 그 기본 사상으로서 이성적 존재가치의 절대성을 인정하고 합리성을 존중하는 칸트의 이론은 공리주의에서 간과한 인간 존엄의 가치를 구체화하고 제도화하는데 공헌했을 뿐만 아니라, 경찰의 권한행사의 한계를 설정하는 최후의 기준으로서 지금도 기능하고 있기 때문이다.

우리 법제도에서 생명과 생명의 법익형량을 인정하지 않고, 앞서 독일의 사례에서처럼 피랍 여객기 격추명령의 법제화와 같은 문제를 제도적 규범화의 영역 밖으로 밀어냄으로써, 우리로 하여금 끊임없이 도덕적 정언명령에 번민하도록 한 칸트에게 저자는 경의를 표하고자 한다.

1. 사회계약설과 강제규범

칸트가 선험적인 이성에 근거한 도덕적 기초를 주장한 것에 반해, 17세기 영국 철학자이자 사회사상가인 토마스 홉스는, 인간들의 사회적 삶에서 자신들의 이익을 얻기 위한 도덕적인 규칙들이 생성된다고 보았다. 그에 따르면, 도덕적 정의는 인간들이 이익을 추구하는 삶의 과정에서 발생하는 문제들을 해결하기 위한 것이다. 이기적인 인간은 자연상태에서 자신들의 이익을 추구하기 위해 필연적으로 충돌할 수밖에 없다.

인의(仁義)를 기반으로 하는 유교사상가 공자조차도 '예기·단궁(禮記·檀弓)'편에서 자하(子夏)가 부모의 원수를 만나면 어떻게 해야 하느냐고 묻자, "저잣거리나 조정에서 만나면 무기를 가지러 갈 새 없이 곧바로 싸울 것"이라며 예외적인 사적 폭력을 용인한다.

◉ 파피용호의 경찰1

경찰은 사회라는 인간관계의 결합체 속에서만 존재가치가 있고, 존재하여야만 한다. 베르나르 베르베르의 소설 '파피용'을 보자.

거대한 우주범선을 타고 천 년간의 우주여행을 떠나는 14만 4천명의 지구인들 중에 경찰은 존재하지 않는다. 인간의 공동체생활에 불가결한 모든 종류의 직업을 가진 인류를 선발하면서도 경찰의 존재가치는 인정받지 못했다. 그러나 우주여행을 하면서 이 파피용호에서 발생하는 범죄와 무질서로 인해 결국은 규율을 강제하는 경찰의 역할자가 등장하고 만다.

---

1 베르나르 베르베르(전미연 역), 파피용, 열린책들, 2007.

가. 자연상태 vs. 합리적 공생

소설 '파피용'에서 평화를 찾기 위해 우주로 항해하는 새로운 인간들도 결국은 이기적인 충돌로 인해 자멸하게 된다. 사회규칙과 이를 유지하기 위한 경찰도, 법원도 없는 자연상태에서 인간이 결코 평화를 찾을 수 없는 것은 네 가지 기본적 전제에서 비롯된다.[2]

우선 인간의 욕구가 평등하기 때문에 모든 인간들의 동일한 욕구충족을 갈망하게 된다는 사실, 이러한 욕구의 충족은 제한적으로 공급될 수밖에 없다는 희소성, 비록 약간의 힘의 차이는 있을 지라도 누구나, 언제나 우월한 힘과 권력으로 다른 사람들을 지배하고 자신의 욕구를 채울 수 있는 원천적 힘의 불균형이 존재하지 않는다는 인간능력의 평등, 그리고 이러한 경쟁관계에서 결국 다른 사람들을 위해 자신을 희생하는 이타주의는 제한적일 수밖에 없다는 것이다.

결국 인간은 '만인 대 만인의 투쟁(war of everyone against everyone)' 상태를 극복하기 위해 국가와 계약을 맺고 자신의 권리를 국가에게 양도함으로써 타인들과의 합리적 공생에 합의하게 된다.

사회계약설은 왕의 권위가 신에게서 부여된 것이라는 왕권신수설을 부정하고, 국가의 권위는 국민들과의 계약을 통해 확립된 것이므로 국민의 안전한 생활과 질서유지에 대한 책임을 져야 하며 아무리 혹독한 전제군주의 통치도 무질서한 전쟁의 혼돈상태보다는 바람직하다고 본다.

나. 사회계약설에서의 도덕

사회계약설은 한편으로는 국가의 목적을 설명하면서 다른 한편으로는 도덕성을 설명한다. 도덕은 삶을 보다 바람직하게 만드는 규칙들

---

2 제임스 레이첼즈(노혜련 · 김기덕 · 박소영 역), 도덕 철학의 기초, 나눔의 집, 2006, 256면.

의 총합이 되는 것이다. 사회계약설에서의 도덕은 사람들간의 관계를 규율하기 위한 규칙이고 사회구성원이 모두 서로의 이익을 위해 이러한 규칙에 복종한다는 합리적인 판단으로 동의하는 것으로 형성된다.

즉 도덕은 당위의 문제라기보다는 자기이익을 추구하는 인간들 사이에 발생하는 실질적인 문제를 해결하기 위한 해답이다. 칸트의 의무론과 반대로 선험적인 가치가 아니라 사회와 개인의 이

▲ 인간사회의 전제

익을 위한 규칙이며 이를 지켜야 하는 이유는, 지키지 않게 되면 이익에 반하기 때문이다. 법으로 승화된 규칙을 지키지 않는 범법자는 자신의 의무를 저버림으로써 사회관계에서 보호받을 수 없으며, 유일한 제재수단인 처벌을 통해서 응징을 받게 되고 주권자는 질서를 유지한다.

다. 이기주의와 그 한계

사회계약설은 자신의 이익을 추구하는 이기적 인간들이 개개의 이익을 추구하기 위해 집단을 형성하고 자신들의 권리를 권력자에게 양도한다는 이성적 이기주의에 기반한 사회사상이다. 물론 이기주의적 시각에 있어서도, 본래 인간사회를 낙관적 시각에서 바라보면서 자기이익의 추구가 갈등과 투쟁이 아닌 '보이지 않는 손'에 의한 최대의 이익을 가져올 것이라는 아담 스미스의 관점이 있는 반면, 절대적 권한을 가지고 법을 집행하는 주권자가 필요하다는 홉스의 상반된 견해가 있다. 사회계약설은 후자의 입장에서 어떠한 독재 체제도 카오스적 무정부상태보다는 나은 것이라고 본다.

홉스의 사회계약설이 국가권력의 이론적 기초를 마련하고 여기에

기반하여 로크나 루소의 민주주의 사상이 꽃을 피울 수 있었지만, 윤리적 관점에서는 자신의 이익이라는 목적을 위해서만 규범의 준수가 필요하고 결국 정의나 도덕, 옳음의 문제를 목적론적 측면에서만 접근한다는 한계를 지닌다.

이 점에서 홉스는 마치 플라톤의 「국가론」에서 소크라테스의 대화상대로 등장하는 플라톤의 형 글라우콘(Glaukon)을 연상시킨다. 그는 '타인에게 해를 입히는 것은 좋은 것이고 해를 입는 것은 나쁜 것이며, 인간은 언제나 강자의 입장에서 해를 입힐 수 없는 처지이므로 최선의 경우와 최악의 경우의 중간적 입장에서 서로 피해를 주지 않으려는 약정(nomos)을 하게 된다. 이것이 정의의 기원이고 본질이다.3 정의란 더 강한 자의 편익일 뿐이며 불의와 불의의 타협책일 뿐이다'라고 주장한다.

글라우콘의 형 아데이만토스(Adeimantos)는 다른 측면에서 정의를 말한다. '도덕률에 따라 정의롭게 사는 것은 정의 자체를 찬양해서라기보다는 그것이 가져오는 결과 때문이다. 선한 일을 하면 평판이 좋아지고 좋은 배필을 만나 훌륭한 결혼을 할 수도 있다. 그럼에도 사람들이 악과 불의에 경도되는 것은 정의와 덕을 지키기 위해 드는 수고로움에 비해 손쉽게 어떤 결과물을 얻기 때문이다.'4

글라우콘과 아데이만토스의 견해에 대해 소크라테스는 정의는 이기적 요구에 의한 것이 아니라 공동체의 올바른 상태를 담보하는 보다 더 큰 선재된 '이성'의 명령이라고 반박한다.

사회계약설의 이기적 도덕관에 대해서도 우리는 유사한 반론을 펼칠 수 있다. 단지 합리적 이기주의에 따라 사회계약이 지켜져야 한다면, 도덕적인 삶이 자기 자신에게 아무런 이익도 가져다주지 못하는 상황에서는 도덕률을 따라 사회계약을 준수할 하등의 이유가 존재하지

---

3 플라톤(이환 역), 국가론, 돋을새김, 2006, 45면.
4 위의 책, 48면.

않기 때문이다.

2. 죄수의 딜레마: 규범준수의 동의

가. 합리적 선택과 최악의 결과

　법률과 같은 사회적 규칙의 강제적 준수는 자신의 이익에 반하는 것처럼 보일지라도, 궁극적으로 이익을 가져온다는 것은 비단 사회계약설의 논증이 아니더라도 죄수의 딜레마(prisoner's dilemma) 상황을 통해서 확인할 수 있다.[5]

---

5 1950년 랜드 회사의 과학자인 플러드(Flood)와 드레셔(Dresher)는 게임이론을 적용한 딜레마를 발견해 냈고, 이 회사의 자문역인 터커(Tucker)는 스탠퍼드 대학 심리학과에서 진행한 강연에서 죄수의 사례를 적용하여 대중들이 쉽게 이해할 수 있는 이른바 '죄수의 딜레마'를 발전시켰다. 윌리엄 파운드스톤(박우석 역), 죄수의 딜레마, ㈜양문, 2004, 176면.

◉ 죄수의 딜레마

함께 범죄를 저지른 공범 A와 B는 동시에 검거되었다. 검거직전 공범들은 끝까지 묵비권을 행사하기로 굳게 약속하였다. 둘은 서로의 의사소통이 불가능한 독방에 수감된 채로 심문을 받게 된다.

수사관은 공범의 죄를 입증할 수 없는 상황이고, 둘 다 묵비권을 행사하게 되면 경미한 다른 범죄로 각기 1년의 형을 받게 된다. 만일 B의 범죄를 A가 증언하고 B는 계속 묵비권을 행사하면, B는 5년형을 받게 되고, A는 석방된다. 반대로 A의 범죄를 B가 증언하고 A는 계속 묵비권을 행사하면, A는 5년형을, B는 석방된다.[6] 공범이 모두 자백을 하게 되면 둘 다 3년형을 받게 된다.

물론 의사소통의 단절로 상대방이 어떤 진술을 할 것인지 서로 알수 없는 상황이다.

이 상황에서는 논리적 추론을 통해 합리적 선택이 가능하다. A의 합리적 선택은 B의 자백과 무관하게 자백을 하는 것이다. 구체적으로 살펴보자. B가 자백한다는 가정 하에, A에게는 두 가지의 경우의 수가 존재한다. A도 마찬가지로 자백하게 되면 A는 3년형을, 자백을 하지 않으면 5년형을 받게 된다. 따라서 A는 자백을 하는 것이 유리하다. 반면 B가 묵비권을 행사할 것이라는 가정 하에, A가 자백을 하면 A만 석방될 수 있고, B처럼 묵비권을 행사하면 1년형을 받는다. 따라서 A는 어떤 경우에도 자백하는 것이 유리하다.

그러나 문제는 다른 조사실에 감금된 B도 똑같은 상황에서 합리적 선택을 한다는 점이다. 그렇게 되면 A와 마찬가지로 자백을 선택할 것이고, 결국 자신의 입장에서 가장 합리적인 선택으로 자백을 하게 된 A와 B는 모두 3년형을 받게 된다. 이에 반해 공범들이 묵비권을 행사하기로 한 애초의 약속을 모두 지켰더라면 둘 다 1년형을 받을 뿐이다.

---

6 미국의 유죄답변교섭(plea bargaining)제도는 범죄자가 자신의 죄를 시인하는 경우 형을 감경받을 수 있도록 한다.

A \ B	자 백	묵비권
자 백	3년/3년	석방/5년
묵비권	5년/석방	1년/1년

이 상황에서는 개별적인 최선의 합리적 선택이 최악의 결과를 가져오게 된다. 공범의 형량의 합이라는 집합적 결과로 측정해 보면, 모두 묵비권을 행사하면 공범들은 도합 2년의 형을 살게 되어 가장 합리적인 결과를, 일방만이 자백하게 되면 도합 5년형의 결과가, 그리고 각기 최선의 선택을 따라 모두 자백을 하면 도합 6년형을 받는다.

나. 사회질서유지와 규칙따르기

아담 스미스는 이기주의적 입장에서 법과 규범준수에 대한 국가적 강제가 없더라도 사회가 조화롭게 운영될 수 있을 것이라 생각했다.[7] 다른 사람의 행동에 따라 자신의 이익이 영향을 받게 되는 사회적 관계 속에서 질서를 유지하고 규칙을 준수할 것인지의 선택은 죄수의 딜레마와 동일한 상황으로 볼 수 있다.

다른 사람에 상관없이 자신의 이익만을 따르는 것(이기적 삶)은 죄수의 딜레마에서의 자백과 유사하고, 다른 사람과 균형을 맞추고, 사회적 규칙을 지키는 것(자비로운 삶)은 죄수의 딜레마의 묵비권 행사에 비교될 수 있다. 여기에서 공동체의 최선의 선택은 모두가 약속한 사회적 규칙(묵비권의 행사)을 준수하는 것이다. 다른 사람들이 모두 사회적 규칙을 준수함에도 불구하고 혼자만이 이를 따르지 않는 것은 이른바 무임승차자로서 법을 어기는 행위가 되고 자기 개인에게는 최선의 합리적 선택일 수 있으나, 결국 사회적 총합으로 볼 때는 모든 사람들이 규칙

---

7 박찬구, 개념과 주제로 본 우리들의 윤리학, 서광사, 2006, 64면.

을 무시하게 됨으로 말미암아 무질서의 혼돈상황(홉스의 자연상태)이라는 최악의 결과를 가져온다.[8]

나 \ 타인	이기적 삶	자비로운 삶
이기적 삶	홉스의 자연상태	나의 최선의 상황 (무임승차)
자비로운 삶	나의 최악의 상황 (얼간이)	일상적 도덕 (규칙에의 순종)

● 납치범의 몸값 요구

2007년 아프가니스탄 선교활동에 나섰던 모 교회 신도23명은 탈레반에 납치돼 2명이 살해되고 다른 21명은 억류 42일 만에 풀려났다. 정부는 선교단 구출을 위해 특별기를 동원하고 수십 억원의 몸값을 마련했다(서울신문 2011. 4. 27.자 사설). 유가족들은 재외국민 보호의무 소홀에 따른 3억 5천만원의 국가배상 청구소송까지 제기했지만, 법원은 이를 받아들이지 않았다.

죄수의 딜레마에 따르자면 몸값을 지불하는 것은 다른 유괴범들을 고무하여 유괴사건을 부추길 수 있다. 만일 아무도 몸값을 내지 않는다면(규칙에 대한 순종), 더 이상의 유괴란 없을 것이다. 그러나 이 사례에서 무고한 시민을 구하기 위해 몸값을 지불하는 행위는 비난받지 않는다. 사람들은 유괴범을 비난할 뿐이다. 그 몸값 지불행위에 대해서 침묵하기만 한다면 …

3. 사회규범으로서의 법

가. 사회규범과 윤리

인간의 공동생활영역인 사회는 그 구성원들에게 어떠한 행위를 해

---

8 제임스 레이첼즈(노혜련·김기덕·박소영 역), 도덕 철학의 기초, 나눔의 집, 2006, 264~266면.

야 하고 어떠한 행위를 해서는 안 된다는 행동규칙을 제공한다. 사회구성원이 공유하는 이 규칙을 사회규범이라 한다. 사회학에서 다루는 사회규범은 정의나 도덕 또는 윤리9와는 다른 개념이다. 사회규범에서의 옳고 그름은 도덕적인 그것과는 다르다. 전자는 통계적 의미에서의 평균과 다름을 의미하고 후자는 타인의 행동과 무관하게 선험적으로 판단될 수 있는 보편적인 가치판단이므로 '다름'이 아닌 '틀림'이 된다.

예를 들어보자. 과거 근무강도에 비해 적은 보수를 받는다는 인식이 강한 경찰조직에서는 시간외 수당을 편법으로 수령하는 것이 관행처럼 인식되어 있었다. 심지어 경찰기관별로 배정된 시간외 수당이 연말까지 소진되지 않는 경우, 편법적 수당신청을 내부적으로 독려하기도 했다.10 당시의 경찰조직에서는 부족한 봉급의 보전차원에서 편법으로 시간외 수당을 받는 것이 평균적이고 일반적인 사회규범이 될 수도 있었다. 그러나 윤리적 측면에서 보자면, 실제 일을 하지 않음에도 편법으로 국가예산을 사용하는 것은 정의롭지 못하다.

나. 강제적 규범의 필요

윤리나 도덕, 그 밖의 비공식적 사회규범은 비강제적 성격을 지니고 그 위반에 대해서는 양심의 가책이나 구성원들의 비난으로 그치게 되나, 공식적 권위에 의해서 탄생하게 되는 법의 효력은 국가의 강제력에 의해서 보장된다. 물론 맹자의 생각처럼 인간의 본성이 선하고 이것이 사회공동체 속에서 자발적 질서로 승화될 수 있다면, 법률과 같은 강제적 규칙과 그 집행은 필요 없을지도 모른다.

여기에 대한 반박을 우리는 이미 사회계약설의 논변을 통해서 살

---

9 피터 싱어가 그의 저서인 실천 윤리학(철학과 현실사, 1997, 19면)에서 윤리와 도덕을 상호교환 가능한 단어로 사용한 것처럼, 여기서도 도덕과 윤리의 개념은 구분하지 않는다.
10 최근에는 CCTV와 지문인식기 등을 통해서 공무원의 초과수당 편법수령에 대한 통제를 강화하고 있다.

펴본 바 있다. 보다 사실적인 증거를 보여주길 원하는가? 인간의 본성을 탐구한 하버드 대학 핑커교수는 다음과 같이 설명한다.

무장한 권위자에 의한 판결은 지금까지 선보인 폭력감소 방법 중 가장 효과적이고 일반적이다. 다른 사람의 손에 죽는 남자의 비율이 10퍼센트에서 60퍼센트에 달하는 국가 이전 사회의 놀라운 살인사건 발생률이 한 증거이다. 또 다른 증거는 법의 손길이 미치지 않는 지역에서는 거의 항상 폭력적인 문화가 출현한다는 사실이다.

중앙 집권적 권력의 성장은 중세 이후 유럽 사회의 살인 사건 발생률을 100분의 1로 감소시킨 원인이었다. 미국에서는 19세기 전반에서 후반에 이르는 동안 도시의 범죄율이 급격히 감소했는데, 그것은 각 도시에 전문적인 경찰력이 편성된 시기와 일치한다.[11]

결론적으로 인간은 본성상 사회적이기는 하지만, 다른 인간들로부터의 공격에 대한 위험을 염려하지 않을 정도로 사회적이지는 않다. 폭력을 막기 위한 조직의 탄생은 결국 폭력집단의 전쟁으로 악화될 뿐이다. 따라서 로크(John Loke)의 말처럼 '확립되고, 확정되고, 그리고 알려져 있는 법, 권위 있는 판사에 의해서 해석되고, 판사의 결정을 수행하기에 충분한 힘으로 뒷받침되어 있는 법이 필요하다.[12]

법의 존재이유가 폭력의 예방에만 있는 것은 아니다. 사회생활에서 발생하는 시민들간의 다양한 분쟁을 신속하게 해결하기 위해서는 확정된 의사결정 절차가 반드시 요구되고, 공개되고 표준화된 법에 의한 분쟁의 해결절차는 강한 공정성을 담보하게 된다.

법을 지켜야만 하는 이유는 경제적 관점에서도 찾을 수 있다. 법의 강제적 효력유지를 위해서는 위법행위를 찾아내고 이를 제재해야 하는데, 이러한 사법기관의 유지를 위해서 공동체는 비용을 부담해야

---

11 Steven Pinker(김한영 역), The Blank Slate, 사이언스북스, 2004, 578면.
12 피터 싱어(황경식·김성동 역), 실천 윤리학, 철학과 현실사, 1997, 347면.

하고, 위법이 높아질수록 공동체의 법 집행비용은 증가하게 된다.[13]

다. 법의 윤리적 한계

지금 설명한 것처럼 단지 폭력을 예방하고, 분쟁을 해결하고, 경제적 이익을 위해 법이 '필요'하다고 해서, 결코 법이 '옳음'이나 '정당'하다는 결론으로 연결되는 것은 아니다. 많은 경우 법은 윤리적인 정당성과 관련한 가치판단을 포함하지만, 언제나 그런 것은 아니다.

예를 들어 우리의 도로교통법은 오토바이 같은 이륜자동차의 고속도로 통행을 금지하고 있다. 다른 많은 나라에서는 허용되고 있음에도 우리나라에서 법으로 금지되는 이런 행위는 비도덕적이거나 정의롭지 못하다는 가치판단의 문제가 아니다. 우리 사회의 운전문화와 교통사고의 위험성을 고려하고 자동차의 안전을 위한 강제적 사회약속일 따름이다. 물론 이런 규칙의 강제적 적용은 시민의 인권 침해와 무관하지 않고, 결국 법적 관점에서 기본권 침해의 정도와 도로의 안전이라는 이익의 상호비교를 통해 규범적 정당성에 대한 가치판단이 추가적으로 진행되어야 한다.[14]

> ⬤ 고속도로에서의 경찰의 오토바이 기습시위
>
> 2007년 평택~안성간 고속도로에서는 오토바이의 자동차전용도로 통행을 요구하며 대형 오토바이 5대가 진입하여 30여분간 시위성 질주를 하였다. 여기에 참가한 서울경찰청 소속 모 경사는 징계를 통해 파면되었으나, 이후 소청심사를 통해 정직 3개월의 징계로 감경되었다.
>
> (YTN 2007. 6. 26. 보도)

---

13 앞의 책, 348면.
14 2011. 11. 30. 헌법재판소는 긴급자동차를 제외한 이륜자동차의 고속도로 통행을 금지하는 도로교통법 제154조 제6호가 합헌이라고 결정하였다.

고속도로에서의 이륜자동차 주행은 도로교통법이라는 강제법률을 위반한 위법행위이지만, 그 행위자체가 윤리적 비난의 대상이 될 수는 없다. 언제든 법의 개정을 통해 허용될 수 있는 시간적·장소적 제약을 받는 약속일 따름이다. 경찰관의 위법행위가 파면이라는 중징계의 대상이 된 것은 규칙위반 '행위반가치'의 심각성 때문이 아니라, 법을 준수하기로 서약하고 법을 집행해야 하는 경찰관이 의도적으로 현행 법률에 위법한 행동으로 저항했다는 부적절한 '의도'에 관한 문제이다. 경찰관이 법에 대한 비판적 의사표시와 같은 소극적 저항을 넘어 위법행위로서 적극적으로 저항하는 것은 결코 허용될 수 없다.

이처럼 윤리와 무관한 법의 영역이 있는 반면, 법이 들어올 수 없는 윤리의 영역도 존재한다. 헌법재판소는 2009년 형법상 혼인빙자간음죄가 위헌이라고 결정했고, 2012년부터는 역사속의 범죄로 완전히 사라지게 되었다. 당시 헌법재판소 결정의 주된 이유 중 하나는 개인의 성적인 사생활에 국가가 과도하게 간섭할 수 없다는 것이다. 성인이 어떤 성행위와 사랑을 하든 원칙적으로 개인의 자유이고, 단지 명백한 사회적 해악을 끼칠 때만 법이 개입해야 한다.

여기서 우리는 법이 도덕의 영역으로 너무 깊게 발을 들여놓을 수 없음을 확인할 수 있다. 혹여나 헌법재판소의 결정에 개인감정으로 지나치게 기뻐하는 남성들이 있을지 몰라 한 가지 경고를 남기고자 한다. 형사처벌과는 별개로 혼인빙자간음행위는 민사적 불법행위로서 위자료 지급의 의무가 있다는 것을 잊지 말아야 한다.[15]

---

15 2011년 수원지방법원은 유부남의 혼인빙자간음에 대한 손해배상 청구소송에서 1억 4,800만원을 지급하라는 일부 승소판결을 내렸다.

4. 시민불복종

가. 논의의 전제

법의 준수는 공동체의 존속을 위해 필요할 뿐만 아니라, 시민의 미덕이기도 하다. 그렇다면 법은 언제나 예외없이 지켜져야만 하는 것인가? 만일 법과 정의가 충돌하는 경우에도 우리는 법을 지켜내야만 하는가? 일찍이 소크라테스는 '악법도 법이다'라는 명언을 통해서 법의 준수를 강조하였지만, 여기서는 시민불복종에 대한 논의를 통해서 법 준수의 예외를 인정할 수 있는지, 있다면 어디까지인지 살펴보기로 하자.

이러한 논의는 법집행의 권한을 가진 경찰을 연구함에 있어 특히 큰 의미를 가진다. 시민불복종의 정당성이 인정된다면 반대로 경찰의 법집행은 부정의하게 되고 더 이상의 경찰권을 행사할 수 없기 때문이다. 나아가서 시민불복종에 경찰관도 시민으로서 참여할 수 있는지도 고민해 볼 수 있다.

우선 시민의 저항이 쉽게 정당화될 수 있는 경우로, 프랑스 혁명처럼 민주적 정당성이 결여된 왕권중심 국가나 독재권력의 압제에 대한 저항을 생각할 수 있다. 근대 시민불복종의 고전적인 사례로 제시되는 인도독립운동에서의 간디(Mohandas K. Gandhi)의 저항과 마틴 루터 킹(Martin Luther King, Jr)의 미국 시민권 운동은, 모두 공적이고 양심적이며 비폭력적으로 법 준수를 거부하였다. 그러나 간디가 영국의 지배권 자체를 부정하면서 다른 권위를 인정하지 않은 반면, 마틴 루터는 미국의 제도와 합법성을 거부한 것이 아니고 복종할 의무가 없다고 판단한 특정한 법과 정책들에 대해서만 저항했다는 점에서 차이가 있다.[16]

역사적 관점에서의 고찰이라면 모를까 현재 우리의 시점에서 간디의 반체제적 시민불복종의 정당성 문제는 큰 쟁점이 될 수 없을 것이

---

16 제임스 레이첼즈(노혜련·김기덕·박소영 역), 도덕 철학의 기초, 나눔의 집, 2006, 272면.

다. 따라서 여기서는 우리의 시대적 상황에 맞는 시민불복종의 문제, 즉 시민적 논의를 제기하고 확정하기 위한, 평화적이고 민주적인 의사결정에 따른 법률이 제정된 상황에서의 시민불복종 문제를 다루고자 한다.

나. 시민불복종의 정당화 요건

민주주의 사회에서 다수에 의해 결정된 법에 대한 불복종이 어떤 경우에 정당화될 수 있는가? 정당화의 명분은 크게 두 가지 관점에서 찾을 수 있다. 그 첫 번째는 '시민불복종으로 반대하고 있는 결정이 다수의 의견을 진실하게 반영하고 있지 못한 경우(예를 들어 특정 이익집단이나 부패하고 부정한 입법자들에 의해 부정한 법률이 제정되는 상황), 두 번째는 설사 다수의 의견을 진실하게 반영한 법률이 제정되더라도 그 내용의 부정의가 명확한 경우이다.17

간디나 마틴 루터 킹, 함석헌에 이르기까지 위대한 사상가들에게 영감을 주었고 시민불복종이란 용어의 주창자이기도 한 헨리 데이빗 소로우(Henry David Thoreau)는 그의 저서 '시민의 불복종(Civil disobedience)'에서 다음과 같이 묻는다.

"불의의 법들이 존재한다. 우리는 그 법을 준수하는 것으로 만족할 것인가, 아니면 그 법을 개정하려고 노력하면서 개정에 성공할 때까지는 그 법을 준수할 것인가, 아니면 당장이라도 그 법을 어길 것인가?"18

> ◉ 유신헌법의 제정
> 1972년 11월 21일 비상계엄령 하에 실시된 국민투표에서 투표율 92.9%에 찬성 91.5%로 우리 헌정사의 부끄러운 한 페이지를 남긴 유신헌법이 탄생한다. 유신헌법

---

17 피터 싱어(황경식·김성동 역), 실천 윤리학, 철학과 현실사, 1997, 354면.
18 헨리 데이빗 소로우(강승영 역), 시민의 불복종, 은행나무, 2011, 36면.

은 삼권분립, 견제와 균형이라는 의회민주주의의 기본원칙에 대한 전면부정과 대통령에 대한 권력집중, 반대세력의 비판에 대한 원천봉쇄라는 특징을 가진다.

다. 시민불복종의 수단

시민불복종의 요건이 충족되는 상황에서 어떤 수단을 통한 저항이 정당한가? 소로우는 소극적 저항을 통한 시민불복종을 지지하였고, 실제로 멕시코 전쟁에 반대하며 인두세 납부를 거부하여 투옥되었다.

소극적 저항형식으로서의 현대적 시민불복종의 표준적 형태는 자신들의 의사표시를 위한 시위나 연좌 등이다. 실정법적 관점에서는 집회 및 시위에 관한 법률에 위반되는 불법행위가 될 수 있다. 그럼에도 부당한 법제도를 전제로 이에 항거하는 소극적 저항은 다수를 강제하려는 의도 없이, 다수에게 알리려는 시도이고, 많은 유권자들이 그 문제에 대하여 매우 심각하게 생각할 수 있도록 설득하기 위한 수단에 그치는 한, 정당하다는 피터 싱어의 견해에 동의하지 않을 수 없다.

다만 소극적 저항으로 인해 법집행을 위한 추가적 비용이 발생하게 되므로 (물론 위법행위에 대한 경찰개입 또한 사회질서유지를 위한 최소한에 그치는 한, 정의에 반하지 않는다), 시민은 법의 힘에 저항해서는 안 되고, 그 처벌을 받아들임으로써 자신들의 진지성과 법의 통치, 민주주의의 기본원칙들에 대한 존중을 표현해야 한다. 시민불복종에 있어서는 중단하고자 하는 악의 크기와 불복종 행위를 통해 법과 민주주의에 가할 타격을 신중하게 저울질 해야 한다.[19]

---

19 피터 싱어(황경식·김성동 역), 실천 윤리학, 철학과 현실사, 1997, 355면. 시민불복종에 대한 사상가들의 견해를 좀 더 확인하고자 한다면, 박홍순 저, 히스토리아 대논쟁 3, 서해문집, 2008을 참조하기를 권한다.

◉ 故 노회찬 의원의 '떡값 검사' 명단폭로

　국회의원 노회찬은 2005년 8월 국회 법사위 회의에 앞서 삼성그룹으로부터 떡값을 받은 것으로 알려진 안기부 X파일 속 전·현직 검사 7명의 실명을 공개하였다. 이 X파일은 1997년 대선을 앞두고 당시 안기부 직원이 불법도청한 자료로서, <중앙일보> 회장인 홍석현 씨와 삼성그룹 부회장인 이학수 씨가 특정 후보에게 정치자금을 제공하는 한편, 전·현직 검찰 고위 간부에게 '떡값'을 주는 계획을 세우는 내용이 들어 있었다.

　노 의원이 보도자료를 홈페이지에 게재해 통신비밀보호법상 통신비밀을 침해한 행위에 대해서 1심 법원은 유죄를, 2심 법원은 면책특권에 해당한다며 무죄를 선고했고, 대법원이 원심을 파기함에 따라 2011. 10. 28. 서울중앙지법은 파기환송심에서 징역 4월에 집행유예 1년, 자격정지 1년을 선고했다.

　한편 명단에 포함된 검찰간부 출신 변호사 2명이 제기한 손해배상 청구소송에서 서울고법은 노 의원 행위의 공익성을 인정, 원고패소 판결을 하였다.

　수사당시 노 의원은 기자회견을 통해, "검찰은 떡값 전달을 지시한 이건희 회장이나 떡값을 받은 검사 누구도 조사하지 않았다. 검찰기소를 오히려 환영한다. 이건희 회장을 법정에 세워 진실을 규명하겠다"고 밝혔다.

　※ 노회찬은 드루킹으로부터 불법 정치자금을 수수했다는 의혹이 제기되어 특검 수사가 진행되던 2018년 7월 23일 오전 9시 38분 신당동 한 아파트의 17층과 18층 사이에서 투신하여 스스로 생을 마감하였다.

라. 2008 촛불집회와 시민불복종

1) 촛불집회의 의의

　2008년 4월 17일, 한미 소고기 협상이 타결되자, 5월 2일 서울 청계광장에서 수천 명이 촛불집회를 시작하였다. 당초 중·고생들이 중심이 된 촛불집회는 이후 20대 대학생들과 이른바 '넥타이 부대', 주부와 장년층까지 가세하기에 이른다. 그러던 5월 24일, 촛불집회가 가두시위로 이어지게 되자 경찰과의 충돌이 불가피해지고, 결국 5월 31일에는 경찰이 물대포를 동원하고 228명을 연행하는 사태로 확산되면서 경찰의 과잉진압에 대한 비난이 증폭되었다.[20] 경찰은 집시법을 엄격하게 해석하여 야간집회를 불법집회로 규정하고[21] 주최자의 사법처리를 공언하면서도, 가두시위로 변화되기 전까지 촛불집회를 묵인하는 입장을 취하였다.

2002년 시작된 촛불집회는 시민운동의 패러다임에 큰 변화를 가져왔다. 인터넷을 통한 정보화의 영향력이 급격하게 확산되면서 온라인을 통해 대중들이 중요한 정치적 의제를 스스로 만들어 내고, 이를 오프라인으로 끌고 나와 '직접 민주주의의 투쟁'을 시작한 것이다. 촛불집회가 새로운 운동으로 평가받을 수 있는 것은 비폭력적인 방식, 인터넷을 통한 대중의 자기조직화에 기인한다고 하겠다.[22] 80년대, 90년대 시위가 일부 운동진영이나 특정 단체의 전유물인 것에 반해, 촛불집회에 참가하는 참여대중은 다양한 분포를 나타내고 있다.[23]

또한 기존의 집회가 '연사와 청중'으로 구분되어 일 방향으로 진행되면서 수동적 대중들은 구호를 따라 외치는 것에 만족해야 했던 반면, 당시의 촛불집회는 자발적인 참가자 모두가 행사의 주체로 자리매김하고 있다.[24] 촛불집회를 주최하는 주최 측은 사실상 네티즌들을 규합한다기보다는 대화와 소통의 장을 마련해 주는 방식으로 그 역할이 변모

---

20 "촛불시위 한달 집중 분석 해보니 ….", 2008. 6. 2. 세계일보.
21 저자는 2008년 발표한 논문을 통해 당시 집시법 상의 야간집회 금지규정의 위헌성을 지적한 바 있다(이성용, 촛불집회에 대한 법적 고찰, 경찰법연구 제6권 제1호, 2008, 35~36면). 2009년에 이르러 헌법재판소는 야간옥외집회 금지조항에 대한 헌법불합치 결정을 내렸다.
22 김원, 사회운동의 새로운 구성방식에 대한 연구, 담론 201, 8(2), 2005, 133면.
23 2008. 5. 17. 청계광장 광우병 촛불집회에는 연예인들이 대거 참석했을 뿐만 아니라, 10대들과 386 기성세대들도 가세했다(한겨레, 2008. 5. 18).
24 "거친 구호가 사라진 자리엔 시민들의 열띤 자유발언과 노래가 채워졌다…. 6시 50분께 집회가 본격적으로 시작되면서 시민들은 다함께 함성을 질렀다. 모두가 하나였다…. 무대 뒤편에는 100여명이 넘는 자유발언 신청자들이 몰려 '왜 발언 기회를 안 주냐'며 항의하는 모습까지 연출됐다"(광우병 촛불집회에 대한 한겨레, 2008. 5. 18. 보도).

하고 있다.

집회 및 시위에 관한 법률이 집회 주최자에 대한 행사진행의 책임을 강조하고 있는 반면, 촛불집회 문화는 몇몇의 주최자에 의해서 진행되는 것이 아닌, '아래로부터' 움직이는 성격을 띠고 있다.25 실제로 2008년 5월 초 광우병 촛불집회 신고를 위해 종로경찰서를 방문한 '정책반대시위연대'의 안 모 씨는 '행사에 얼마나 참여할 것 같나'라는 신문기자의 질문에 '정확한 통계는 못 내겠지만 몇 백 명은 넘어설 것 같다'고 대답했으나, 이날 청계천에 모여든 숫자는 1만 명을 상회했다.

2) 시민불복종과 경찰대응

한국의 시민사회에서 이러한 촛불집회 등장은 자발성에 기초하는 네티즌들이 한국사회의 신주류로 등장하면서 참여민주주의의 발전을 이끄는 계기를 만들었다는 점에서 그 의의를 찾을 수 있을 뿐만 아니라, 기존의 저항적·폭력적 집회문화를, 촛불이라는 새로운 표현양식을 통한 무언의 평화적 집단 의사표출로 변모시켰다. 촛불집회는 분명히 제도적 민주주의의 무기력에 대응한 '거리의 시민불복종'의 성격을 나타냈다.26

그러나 2008년 5월 24일 이후, 그간 평화적인 시위로 개최되던 촛불집회가 거리시위로 변화되어, 차도를 점거하고 청와대로 향하면서 경찰과 충돌하는 상황이 발생했다. 경찰에서는 물대포를 사용하며, 경찰특공대가 투입되기에 이르렀고, 시위대와 경찰 사이에 크고 작은 마찰과 폭행이 발생하였다. 경찰의 대응방식 및 이에 대한 비판을 별론으로 하더라도, 초기의 평화적 촛불집회가 점차 폭력적으로 변질되면서, 더 이상 소로우나 싱어의 관점에서 정당화가 가능한 소극적 저항으로서의 시민불복종의 의미는 퇴색되었다.

만일 폭력적 시위로 변질되지 않는다면, 아무리 많은 군중이 집결

---

25 김원, 사회운동의 새로운 구성방식에 대한 연구, 담론 201, 8(2), 2005, 139면.
26 김호기, 대한민국은 도덕적인가, 동아시아, 2009, 242면.

하여 의사표현을 한다고 하더라도, 그것은 정책결정자와 정치적 차원에서 우려할 사안일 뿐, 공공의 안녕과 질서를 담당하는 경찰의 임무는 객관적인 입장에서 국민들의 의사표현의 자유를 적극적으로 보장해 주는 것이다. 평화적인 의사표현이 가능하도록 적극적으로 보장해 주고, 시민들의 요구에 정부가 적극적으로 반응하였다면, 촛불집회의 과격화는 미연에 어느 정도 예방할 수 있지 않았는가 하는 아쉬움이 남을 수밖에 없다.

혹시라도 광우병 우려가 근거 없다는 과학적 믿음으로 평화적인 촛불집회를 비판하고 싶다면, 아래 격언을 기억했으면 한다.

> "나는 당신의 견해에 동의하지 않는다. 그러나 당신이 그 견해 때문에 박해를 받는다면 나는 당신 편에 서서 싸우겠다."
>
> — 볼테르(M. Arouet de Voltaire)

마. 2009 용산참사와 시민불복종

1) 개 요

2009년 1월 19일, 세입자와 전철련(전국철거민연합회) 회원 등 30여 명이 보상비 갈등문제로 서울 용산구 한강로 소재 남일당 건물 옥상을 점거, 망루를 짓고 시너를 준비한 채 화염병과 돌을 던지며 경찰진압에 저항하였다. 다음 날인 1월 20일 새벽, 경찰은 컨테이너에 경찰특공대를 태워 옥상으로 올려 보내 진압작전을 펼쳤으나, 이 과정에서 발생한 화재로 경찰특공대원 1명을 포함한 6명의 사망자가 발생했다. 2010년 11월 11일 대법원은 진압작전에서 경찰관을 사망케 한 혐의(특수공무집행방해치사상)로 기소된 철거민 농성자 7명에게 징역 4~5년의 실형을, 다른 2명에게는 집행유예를 선고한 2심을 확정했다.

2) 국가책임

서울시 도시정비사업을 위한 무리한 겨울철 강제철거, 그리고 POLICIA라는 방패를 들고 시위현장을 활개 치며 직접 물대포를 쏘아대는 철거용역을 묵인하고, 상황인식에 대한 경솔한 판단과 무리한 진압작전으로 희생을 막지 못한 경찰의 직무수행 ….

당연히 국가에게는 반성과 책임이 요구된다. 안타깝게도 용산참사가 철거현장에서 발생한 최초의 사고는 아니다. 그 이전에도 철거투쟁 현장에서만 이미 35명의 값진 목숨이 희생되었다고 한다. 물론 이전의 참사는 대부분 철거 용역원들과 철거민들간의 폭력행사과정에서 발생한 사고였고, 이로 인해 철거 용역원들의 무자비한 폭력에 대한 비난이 끊임없이 제기되어 왔다.

이런 연유로 저자는 철거현장에서 위험방지를 위한 경찰의 보다 적극적인 개입을 주장하여 왔다.27 사적 분쟁에 대해서는 경찰이 개입하지 않는 것이 원칙이나, 분쟁이 폭력으로 이어진다면 이를 예방하고 제지하는 것은 경찰의 본연의 역할이기 때문이다. 철거현장에서 불법이나 폭력이 발생한다면, 경찰개입의 당위성과 필요성은 당연히 인정된다. 물론 용산참사와 같이 그 집행절차상의 하자가 있었다면, 결코 그 책임이 회피될 수 없다.

3) 시민불복종의 한계

상황을 악화시킨 국가의 책임은 별론으로 하고, 용산참사를 정당한 시민불복종이라고 보기 어려운 분명한 한계가 있다. 당시 농성자들은 화염병 400개, 염산병 40여개, 쇠파이프 250여개, 대형새총 20개, 1톤이 넘는 시너 등으로 무장하고 있었다. 이점에서 소로우나 싱어가 말하는 부당한 법제도에 대한 항거로서의 정당성은 찾기 어렵다.

---

27 이성용, 타자집행에 의한 대집행의 법적 문제, 경찰법연구 제8권 제1호, 2010, 3~27면.

유감스럽게도 철거현장의 인명사고에는 철거민들의 극한적 상황을 폭력적 저항으로 부추기는 조직이 개입된다. 그 투쟁방식도 철거민들을 선동하여 망루를 설치하고, 화염병·돌·염산을 투척하고 사제총을 쏘며 저항한다는 점에

▲2009 용산참사

서 천편일률적이다. 여기에 현혹되어 생계를 포기하고 폭력을 휘두르던 철거민들은, 어느새 범법자가 되어 그 폭력투쟁의 악순환에서 헤어나올 수 없게 된다. 극한적 상황에 처한 선량한 소시민에게 복면을 씌우고 화염병과 염산을 쥐어주면서 위험한 폭력을 교사하는 것이 정말 그들을 돕는 길이며 공정한 사회를 위한 정당한 시민운동일까.28

법과 제도의 틀에서 해결되지 않은 극단적 불이익을 수인해야만 하는 소외계층이 존재한다면, 제도적 틀에서 이들의 문제를 해결하기 위한 대안을 마련하는 것이 궁극적인 사태의 해결책이고, 이를 위해 사회적 약자는 약간의 사회적 비용발생을 감수하더라도 이를 이슈화하기 위한 시위와 농성의 정당한 권리를 가진다.

그러나 우리의 헌법질서와 민주적 절차에 대한 존중을 부정해서는 안 된다. 이 점에서 용산참사는, 타인에 대한 물리력 행사라기보다는 자신의 희생을 전제로 진행되는 크레인 고공농성과 성격을 달리한다. 물론 크레인 농성도 타 경제주체의 경제활동에 지장을 초래하는, 실정법상 불법행위이다. 부분적 부정의에 대항하는 시민불복종이라 할지라도 비폭력적으로 행사되어야만 한다는 롤스의 주장을 곱씹어야 한다.29

---

28 용산참사를 소재로 한 2011년 다큐멘터리 영화 '두 개의 문'은 경찰진압 과정에서 나타난 국가권력의 과오를 비판하고 있지만, 극단적 시민폭력의 정당성 문제에 관해서는 침묵하고 있다는 점에서 편향적 한계를 지닌다.

29 Rawls, A Theory of Justice, 1971, 364~368면.

단일헌법과 민족국가를 지지하는
1817년 독일 Wartburg
대학생과 교수들의 시위

| 제2장 |

국가윤리

제2장 | 국가윤리

제1절 국가강제의 경찰독점

1. 강제력 독점(Gewaltmonopol)

정치와 종교가 혼재되어 있던 지배체제가 해체되고, 새로운 국가질서를 확립하게 되는 근대국가가 탄생하면서, 국민들의 안전보장이 국가의 임무로서 구체화되었다. 국가과제로서의 치안(Innere Sicherheit)은 내적 평온상태의 유지를 그 목적으로 한다. 즉 국민 개개인의 안전과 기타 법익의 보호 및 법적인 평온함을 보장하는 것이 국가의 기능이다.[1]

여기서 국가의 강제력 독점(Gewaltmonopol)은 중세의 지배체제로부터 근대국가를 구별하는 기준이기도 하다.[2] 강제력 독점의 개념은 독일

---

1 Gramm, Privatisierung und notwendige Staatsaufgaben, 2000, 114면.
2 Quaritsch, Staat und Souveränität, 1970, 37면, Götz, Innere Sicherheit, in: Isensee/Kirchhof, Handbuch des Staatsrechts III, 1988, §79, Rn. 8.

어인 'Gewaltmonopol'에서 비롯되었으며, 영어로는 'Monopoly of the legitimate use of physical force'로 번역될 수 있다. 우리의 일부 법학자들은 독일문헌을 해석하면서 이를 '권력 독점'이라고 소개하기도 했으나, Gewaltmonopol은 입법, 사법, 행정 등 국가의 독점적 권력 중 입법이나, 사법, 일반 행정기능을 제외한, 경찰권을 통한 국민에 대한 직접적인 물리력 행사를 의미하는 협의의 개념으로 '강제력 독점'이나 '폭력 독점'으로 해석되어야 한다.

가. 보댕과 홉스

강제력 독점의 개념은 절대군주제 당시 국가학의 범주에서 그 유래를 찾을 수 있다. 특히 보댕(Bodin)의 주권론에 따르면, 국가의 강제력 독점이야말로 주권국가를 나타내는 표지가 된다.3 국가권력의 통합이 이루어지려면, 필연적으로 국가이외의 다른 주체가 독자적인 명령권과 강제적 권능을 보유하는 것이 금지되어야 한다.

국가권력 개념의 구체화는 이후 홉스(Hobbes)의 이론에서 발전된다. 그는 "국민들이 국가권력 아래에 있을 때만, 평화로운 공존관계가 유지될 수 있다"고 한다. 그러나 개개인의 국민들이 아무런 조건 없이 강제력 행사를 포기하는 것은 아니다. 국가가 평온유지의 임무를 도외시 할 경우, 그 국민들에게 더 이상의 국가권력에 대한 복종을 요구할 수 없다. 그러나 홉스는 현실적으로 국가가 국민 개개인을 모든 위험으로부터 완벽하게 보호할 수 없음을 인식하고, 국가의 임무와 존립의 정당성을 전체적인 질서유지와 효율적인 국민안위에서 찾았다.4

홉스의 이론이 보댕보다 더 발전된 점은, 국가의 독점적 권력의 관념을 국가의 행동과제, 형성적 임무와 결부시킨 점이다.5 즉, 국가는

---

3 Bodin, Über den Staat, 1994, 8면.

4 Hobbes, Leviathan, 1998, 17장, 151면 이하; Isensee, Grundrecht auf Sicherheit, 1983, 3면 이하.

5 Bracher, Gefahrenabwehr durch Private, 1987, 106면; Schulte, Gefahrenabwehr

그 주권을 확보하는 것에 안주하고, 주권을 향유하는 것에 그치는 것이 아니라, 국민을 보호하기 위해서 이 주권을 행사해야만 한다. 그럼에도 보댕과 홉스의 사상은 국민들을 제3자의 침해로부터 보호하는 것에 천착했을 뿐, 침해대상인 국가로부터 보호되어야 한다는 측면을 간과하고 있다. 평온한 상태 창출을 위한, 그럼에도 법에 구속되지 않는 국가권력의 정당화를 통해 이러한 사상은 결국, 절대국가 생성으로 귀결된다.[6]

나. 로크, 루소 그리고 칸트

국가침해로부터 국민들이 보호받아야 한다는 관념은 이후 로크(Locke)를 통해서 구체화된다. 그의 사상에 의하면, 평화로운 질서가 유지되고, 국가라는 거대한 괴수(Leviathan)가 국민들 상호간의 불안감을 잠식시키는 만큼, 국가 그 자체는 공포의 대상이 된다.

안전의 수호자는 도리어 공포의 대상으로 바뀐다. 새로운 자유에 대한 요구는 국가침해로부터의 보호를 의미한다. 국가침해로부터의 보호는 자유를 의미한다. 그는 국가로부터 국민의 권리를 보호하기 위해, 대의제, 권력분립, 국가권력의 천부적 자연법 및 스스로 창출한 실정법에의 기속 등을 주장했다.[7] 그의 국가계약설 또한 국가에 의한 강제력 독점이 전제되어 있다. 계약을 체결하는 국민들은 강제권을 포기하게 된다. 다만, 법이 그들에게 자연법과 성문법 질서를 유지하는 임무를 부과하는 경우에만 강제력을 행사할 수 있다.[8]

루소(Rousseau) 또한 국가권력을 통해 인간의 자유가 침해될 잠재

---

durch private Sicherheitskräfte im Lichte des staatlichen Gewaltmonopols, DVBl. 1995, 132면.

6 Isensee, Grundrecht auf Sicherheit, 1983, 5면; Bracher, Gefahrenabwehr durch Private, 1987, 107면; Jeand'heur, Von der Gefahrenabwehr als staatlicher Angelegenheit zum Einsatz privater Sicherheitskräfte, AöR 1994, 114면.

7 Isensee, Grundrecht auf Sicherheit, 1983, 5면 이하.

8 Locke, Second Treatise of Govement, 1952, 7장 88절, 49면.

적 위험성을 경고한다. 그는 폭력과 지배로부터 보호받기 위해서는 자유롭고 평등한 인간들간의 계약을 통해서 생명과 자유, 재산권을 보장받아야 한다고 믿었다. 그의 사상의 기저에는 민주주의가 존재하였으나, 그의 주권관념은 홉스나 로크의 그것과 일치한다.9

한편, 칸트(Kant)는 그의 法學論의 많은 부분을 홉스, 로크, 루소의 사상에 결부시키고 있다. 그에 따르면, 강제력 행사는 국가에 의해서 독점되어야 하며, 이것은 국민들의 평온의무와 결부된다.10

다. 막스 베버

앞서 언급된 개념들을 명확히 하기 위해 막스 베버(Max Weber)의 국가개념을 검토할 필요가 있다. 베버에 의하면, 국가는 "특정된 지역 내에서 질서확립을 위한 정당화된 물리적 강제력 행사를 성공적으로 행사하고 있는 인간 공동체"이다.11

'강제력 독점'에서의 '강제력'은 국가에 의한 물리적 강제력을 의미하며, 넓은 개념의 국가권력을 말하는 것은 아니다. 강제력 독점은 국가에 의한 권력 독점의 한 부분이다. 국가는 강제력 독점 이외에도, 입법, 조세, 사법에서 독점적인 권력을 행사한다.12

국가주권 및 그와 결부된 시원적 강제력 행사권자로서의 국가적 요청은 절대국가 시기를 거쳐 이후 유럽 국가들에서 실질적으로 확립되었고, 모든 국가질서의 근간으로서 인정되었다.13 그럼에도 국가주권 및 그와 결부된 국가의 강제력 독점은 국가에 의한 안전의 보장이라는

---

9 Brugger, Gewährleistung von Freiheit und Sicherheit im Lichte unterschiedlicher Staats- und Verfassungsverständnisse, in: Veröffentlichungen der Vereinigung der Deutschen Staatsrechtslehre, 63편, 2004, 117면 이하.

10 위의 책, 118면.

11 Weber, Wirtschaft und Gesellschaft, 1972, 29면.

12 Merten, Konstruktionsprinzipien staatlicher Gewalt im Verfassungsstaat der Bundesrepublik, in: Randelzhofer/Süß, Konsens und Konflikt, 1986, 325면, Götz, Innere Sicherheit, in: Isensee/Kirchhof, Handbuch des Staatsrechts Ⅲ, 1988, Rn. 29.

13 Bracher, Gefahrenabwehr durch Private, 1987, 107면.

측면에서 볼 때, 독립적인 목적이 아니라, 평온의 유지라는 국가적 과제를 수행하기 위한 필수불가결한 수단일 뿐이다.14 국가의 보호의무(Staatliche Schutzpflicht)는 결국 국민들이 일반적인 안전유지를 위해 국가에 의한 강제력 독점을 수용한 것에 대한 보상이라고 할 수 있다. 이러한 수용을 통해 국민들간에는 물리력 행사나 강제명령이 억제되며, 분쟁이 발생할 경우 법의 범주에서만 해결할 것이 요구된다.15

2. 경찰권력(Police Power)

경찰개념의 어원인 고대 그리스의 politeia, 이후 라틴어로 변화된 politia는 국가에 의한 질서로서 시민의 모든 생활을 그 대상으로 한다. 즉 국가권력에 의한 무한정한 법정립과 법집행을 의미하며 기본적 속성으로서 공공복리를 위한 규제와 강제를 행하는 것이었다.16 강제력에 의한 국가권력의 실현이라는 추상적(실질적) 경찰의 의미는 비교제도적 관점에서 볼 때, 주요 국가들에서 19세기에 탄생하는 전문적인 근대적 경찰조직을 통해서 비로소 구체화된다.

1829년 영국 수도경찰청(Metropolitan Police Service)의 탄생, 그리고 1830년대 미국에서 태동하는 도시경찰, 1848년 프로이센의 베를린 경찰조직(Schutzmannschaft)의 탄생이 그것이다. 그러나 그 경찰권의 기초는 영미법계와 대륙법계에서 차이를 보인다. 독일이나 프랑스로 대표되는 대륙법계 국가들에서는 국가가 독점하고 있는 강제력의 실질적 행사주체로서 경찰이 국가권력을 상징하는 의미를 가진다. 우리나라에서 전통적으로 나타나는 관존민비(官尊民卑)적 행태와 공직자에 대한 경

---

14 Gusy, Rechtsgüterschutz als Staatsaufgabe, DÖV 1996, 575면; Huber, Wahrnehmung von Aufgaben im Bereich der Gefahrenabwehr durch das Sicherheits- und Bewachungsgewerbe, 2000, 130면.
15 Calliess, Sicherheit im freiheitlichen Rechtsstaat, ZRP 2002, 3면 이하.
16 전용찬, 미국헌법상의 Police Power의 의미와 제한, 경찰학연구, 2001 창간호, 27~28면.

외감도 여기에서 비롯된다고 생각된다.

한편 영국에서 나타나는 경찰권은 국가권력에서 도출되기보다는 시민들의 합의에 기초한다고 보겠다. 색슨족의 지배하에 통치기제로 등장한 10호반(tything)과 그 집합체인 100호반(hundreds)에서 시민들의 안전을 담보하기 위한 Constable이 등장하고, 이 Constable은 국가권력의 위임이라기보다는, 시민들의 자발적 동의와 합의하에 시민들로부터 경찰권을 이양받게 된다.

사실상 시민들의 필요에 의해 인위적으로 탄생한 국가인 미국에서도 마찬가지로 경찰권은 시민과 대립관계에 있는 국가로부터 위임받은 것이라기보다는, 시민들이 자신의 안전을 위해 스스로 탄생시킨 권력 조직이라고 볼 수 있다.

이처럼 상이하게 태동된 경찰권은 그 강제적 행사에 대한 시민들의 수용력에서도 다르게 나타난다. 시민들로부터 직접 위임받지 못한 대륙법계에서의 강제적 경찰권은 필연적으로 시민들의 거부감과 저항을 가져올 수 있지만, 영미법계처럼 시민들로부터 파생된 경찰권에 대한 순종은 당연한 시민의 의무로 여겨지며, 저항은 용인될 수 없다.

미국에서 경찰이 불법시위에 참여한 하원의원과 시장을 체포하는 다음 사례를 보자.

◉ 시위현장에서 체포된 연방의원과 시장

　2011년 7월, 10선 경력의 미국 민주당 연방 하원의원 루이스 구티에레즈(58, 일리노이) 의원은 백악관 앞에서 불법이민자 추방에 항의하는 연좌시위 도중 경찰에 의해 등 뒤로 수갑이 채워져 연행되었다. 4월에는 연방의사당 앞에서 예산안 관련 시위를 벌이던 빈센트 그레이 워싱턴 DC 시장도 의회 경찰에게 몸수색을 당한 뒤 수갑이 채워진 채 연행되었다.

(2011. 7. 28. 문화일보)

▲ 의회경찰에 연행되는 워싱턴 시장(출처: www.politico.com)

물론 이런 경찰권 행사가 가능한 것은 우선 철저히 분권화되어 있는 미국의 경찰권력에 기인한다고 볼 수 있다. 워싱턴에서 불법시위를 벌이는 타 주의 하원의원이나, 의회경찰 관할권 내에서 시위를 벌이는 워싱턴 시장에 대해 관할 경찰이 경찰권 발동을 주저할 하등의 이유가 없다. 또 다른 측면에서 보자면 시민으로부터 직접 도출된 미국의 경찰권은 그 집행에 있어서 의회권력이나 여타의 행정권력에 위축될 이유가 없다. 시민들에 의해 선출된 자치단체장으로부터 직접 임명되거나, 선출직 경찰관리자에 의해 통제되는 경찰권 그 자체에 충분한 민주적 정당성의 연결고리가 있기 때문이다.

반면 대륙법계에서는 일반적으로 시민들의 의사와 무관하게 직접 국가권력에 의해 경찰관리자와 그 산하 경찰공무원이 임명되므로, 이들의 경찰권 행사에 대해 시민들은 자발적 동의보다는 국가권력에 의한 부당한 통제라는 거부감을 갖기 쉽다.

3. 국가상징으로서의 경찰제복

● 출퇴근시 제복착용

경찰청장에 부임한 A는 주민들의 체감치안을 높이고 직원들의 적극적인 근무를 독려하기 위해 출퇴근시에 가급적 대중교통을 이용할 것과 제복을 착용하고 출퇴근 할 것을 지시하였다. 그러나 이러한 지시에 불응하여 직원들은 계속해서 사복을 입고 출근, 직장에서 제복으로 갈아입었다. 출퇴근 시간이나 일과 후에 공공장소에서 제복을 착용하고 있는 경찰관들이 자주 눈에 띈다면, 시민들은 경찰의 존재를 인식하고 보다 안전하다고 생각할 수 있을 뿐만 아니라 필요시 경찰관의 도움을 쉽게 받을 수 있다는 것이 A의 지론이다. 그럼에도 직원들은 이에 반발한다. A의 지시는 부당한 것인가? 왜 직원들은 이에 따르지 않는 것인가?[17]

가. 제복의 의미

경찰은 근무 중에 제복을 입는 것을 원칙으로 한다. 물론 근무상황에 따라 사복착용이 허용되는 부서(예를 들어 정보나 수사부서)도 있으나, 공식적인 모임이나 행사에서는 모두 정복을 착용하도록 하고 있으며 모든 경찰관은 제복을 지급받는다. 경찰의 제복은 유럽식 전통에 따라 짙은 감색을 띠는 것이 일반적이다.

예외적으로 독일의 경우, 각 주마다 제각기 사용하던 제복을 1974년 내무장관연석회의에서 녹색 상의에 베이지색 하의로 통일하였으나, 2003년 함부르크 경찰이 유럽식 전통에 따라 감색으로 제복을 변경한 것을 시작으로 점차 감색제복으로 변화하고 있다. 경찰을 지칭하는 속칭으로 'Cop'이라는 표현이 있는데, 이는 뉴욕 경찰관 제복에 달려있는 구리단추(copper)에서 유래한다고 알려져 있다.[18]

---

17 1990년대 중반 경찰청에서 실제 이러한 지시가 하달되었다.
18 다른 견해로는 '붙잡다'를 의미하는 라틴어인 'capere'에서 유래했다는 설이 있다.

제복은 조직과 개인을 연결시키는 분명하고 엄격한 상징이다. 또한 제복은 그 조직이 수호하고 추구하는 가치의 상징이다. 제복을 입은 개인은 조직의 가치를 위해 헌신해야 한다. 조직은 개인의 그러한 헌신을 전제로 개인을 조직의 이름으로 보호한다. 제복을 매개로 한 조직과 개인의 유기적인 신실한 관계가 축적되면, 제복은 그 자체로 개인과 조직 모두에게 자부심이자 긍지가 된다. 경찰관에게 제복은 국가에 대한 헌신의 확실한 상징물이다. 제복을 착용함으로써 경찰은 그 자체로 국가를 상징할 뿐만 아니라 국가에 대한 헌신과 더불어, 부정의로부터 약자를 보호하는 소명을 엄숙하게 받아들이게 된다.

나. 효율성과 상징성

중세의 복장은 특정신분과 사회적 지위를 상징하는 것이었지만, 현대사회에서의 의복은 개인화와 자아표현을 의미한다. 개성과 주관을 중요시하는 현대사회에서의 복식문화와 통일된 제복을 입어야만 하는 경찰의 전통은 서로 상충될 수밖에 없다.

그럼에도 경찰의 제복착용 의무는 기능적인 측면과 상징성의 두 가지로부터 도출된다.[19] 전자는 경찰공무원의 활동을 모든 시민에게 인식시키고, 경찰관을 시민과 구분할 수 있으며, 이를 통해 시민을 효과적으로 보호하고 안전을 제공할 수 있을 뿐만 아니라, 기능적 측면에서도 업무수행에 보다 적합하다는(ergonomisch) 실질적 유용성에 중점을 둔다. 상징적 관점에서는 경찰제복을 착용하는 사람이, 모든 시민에게 그들의 권리를 보장해주고 사회적 평화를 지키고 법질서를 유지시키는 업무를 수행하는 국가의 대변자임을 의미하는 것이다.

과거 외근순찰을 하는 경찰관들은 무겁고 활동하기에 불편한 정모를 착용하고 근무하였으나, 현재는 업무의 효율성을 중시하여 야구모자 스타일의 Cap을 착용하고 있다. 법질서를 수호하는 국가상징으로서

---

19 Franke, Polizeiethik, 2004, 23면.

▲ 독일·영국·프랑스 경찰제복과 경찰모

의 경찰의 권위를 나타내기 위해서는 조금 불편하더라도 정모를 착용하는 것이 바람직할 것임에도, 기능적 측면만을 지나치게 고려하여 야구모자를 쓰게 한 것은 아닌지 의구심이 들기도 한다. 편리함보다 법질서 수호자로서의 상징성을 강조하는 서구경찰의 제복착용 전통은 이점에서 우리에게 시사하는 바가 크다.

직장의 근무수칙보다 개인의 가치관을 중요시하고, 자아실현의 가치를 직무수행의무보다 높이 평가하는 현대적 가치체계가 경찰공무원에게도 그대로 적용될 수는 없다. 이럴 경우 자칫 극단적인 개인화와 자유화의 늪에서 직무수행에 적용되는 규율이 해체될 수도 있기 때문이다. 반면 제복을 입는다고 해서, 구성원들의 자유로운 사고와 인식이 고정되거나 획일화 되지 않도록 우리가 더욱 경계해야만 한다. 경찰관의 제복이 경찰관들의 사상과 표현을 가로막는 걸림돌이 되어서는 안 된다.

"병사들이 입고 있는 것을 사람들은 '제복'이라고 부른다. 그들이 제복으로 감추고 있는 것은 획일적인 것이 아니기를!"20 니체는 획일적인 사상, 고정된 관념, 기성조직에 얽매인 조직의 일원은 참된 정신

---

20 프리드리히 니체(황문수 역), 짜라투스트라는 이렇게 말했다, 2001, 86면.

적 투쟁을 할 수 없다고 말하고 있다.

다. 긍지의 상징인가 강요된 굴레인가

제복을 착용하는 조직인에게 있어서 제복이 자랑스럽게 여겨지지 않는다면, 나아가서 다른 사람에게 제복을 착용하는 모습을 보이는 것이 부끄럽게 여겨진다면 삶을 영위하기 위한 직장으로서의 의미만을 가질 뿐, 자아실현이라는 더 이상의 직업적 의미를 찾는 것은 어렵다. 특정 조직의 제복을 자랑스럽게 만드는 것은 그 조직 구성원들의 몫이다.

사실 경찰관들이 근무시간 이외에 제복착용을 주저하는 것은 타인의 시선을 받기 쉽고, 따라서 많은 행동의 제약을 받게 되기 때문이다. 제복을 착용하고 있는 중에는 누구에게든 자신의 신분을 노출하게 되고, 경찰관의 직분에 충실할 수밖에 없다. 물론 출퇴근 시간이나 일과시간이 아니더라도 범죄가 발생하거나 경찰이 필요한 경우라면, 제복착용에 무관하게 개입하여 문제를 해결하는 것이 당연한 경찰의 의무일 것이다. 일과 후 굳이 제복을 갈아입지 않고도 직장동료들이나 친구들과 어울려 식사를 하고, 호프집에서 약간의 음주를 하는 모습은 경찰제복의 긍지와 상징을 훼손하는 것일까.

또 다른 문제는 경찰이 제복을 착용하고 외부에서 활동하는 경우, 이에 상응하는 장구를 휴대해야 한다는 대전제에 있다. 경찰장구 없이 제복만을 착용한 채, 범죄에 직면한 시민의 구조요청에 무력하게 대응하는 제복경찰의 모습은 경찰의 이미지를 실추시킬 수도 있다. 경찰의 제복이 상징적 의미만을 가진 채, 그 실질적 기능을 다하지 못하는 상황이라면 결코 바람직할 수 없다. 경찰관이 제복을 입고 있음은 경찰임무를 수행하기 위한 준비가 되어 있음을 의미하는 것이다.

군인은 군복을 입고 사회에 나오더라도 전투에 투입될 준비가 되어 있을 필요는 없다. 군복은 사회에서 하나의 상징적 의미만을 가지기 때문이다. 이와 달리 경찰관이 제복을 착용하고 있는 것은 상징과 기능을 함께 의미하고 있다.

제복과 이에 상응하는 장구가 갖추어졌을 경우, 출퇴근시 이를 착용하는 것이 불가능한 것도 아닐 뿐만 아니라, 시민사회의 일원으로서 시민에게 친근감을 줄 수 있고, 안정감을 부여한다는 면에서 장점이 있음은 사실이다. 그러나 이 경우 출퇴근 시간이 근무시간에 포함되어야 할 뿐만 아니라, 이에 상응하는 시간외 수당 지급 등 제도적 정비가 선행되어야 한다. 또 강압적 지시에 의해서 시행될 것이 아니라 자랑스럽게 제복을 입을 수 있도록 시민의 신뢰를 바탕으로 자발적인 동의로부터 출발해야 할 것이다.

4. 저항권과 경찰

가. 개 관

국민의 기본적 인권을 침해하는 부당한 국가권력에 대해 저항할 수 있는 권리를 의미하는 저항권은 헌법의 규정여부에 관계없이 국민주권에 근거한 자연법의 요청이다. 저항권의 행사는 실정법과의 충돌을 의미하기 때문에 최후의 자구수단으로서만 예외적으로 인정된다. 독일의 경우 기본법 제20조 제4항에서 이를 명문으로 규정하고 있다.[21]

근대적 의미의 저항권은 로크에 의해서 확립되었는데, 그가 말하는 저항권은 혁명권(Right of Revolution)이자 반란권(Right of Rebellion)을 의미한다. 로크의 저항권은 미국 독립혁명을 통해 구현되었고, 프랑스 혁명 초기 혁명세력이 작성한 프랑스 인권선언에도 반영되었다. 현재의 미국 수정헌법 제2조가 인민에게 총기소지의 헌법적 권리를 인정하고 있는 것도 대륙법계 국가들과는 달리 국가의 강제력 독점으로 침해

---

21 홍성찬, 법학원론, 2010, 420면.

받지 않는 시민들의 자위권과 저항권을 인정하고 있는 것이다.22 물론 국가권력에 대한 저항사상은 서구에서만 나타나는 것은 아니다. 맹자는 '왕이 큰 과오가 있으면 간(諫)하고, 반복해도 듣지 않으면 갈아 치운다'는 천명사상을 내세웠고, 정도전은 이를 역성혁명론으로 해석하여 조선건국의 이념적 기초를 마련했다.23

저항권은 정당성에 근거하여 실정법에 도전하는 행위이며, 자연법사상에 근거한다. 자연법사상에 따르면, 인간의 기본권이 국가이전에 이미 존재하던 것이고 국가는 법을 통해 이를 확인하는 것일 뿐이다. 따라서 악법은 법이 아니고 인간과 자연질서에 배치되는 법은 당연히 거부할 수 있다. 그럼에도 헌법학자들은 저항권을 최후의 비상수단으로서, 민주·법치국가의 기본질서 내지 기본권의 본질을 전면적으로 부정하는 공권력에 대한 합법적인 대응수단이 더 이상 없는 경우에만 인정하고 있다.

물론 국가권력에 도전하는 저항권은 실력행사를 포함할 수밖에 없으나 이 경우에도 비례의 원칙에 따라 목적달성에 필요한 최소한의 정도로 제한된다. 우리의 대법원은 저항권의 실정법적 근거가 없어 재판규범으로 적용할 수 없다고 보고 있으며,24 헌법재판소는 직접 저항권에 근거하지는 않았지만 저항권을 인정하는 취지의 판결을 한 바 있다.25

나. 시민불복종과의 관계

앞서 우리는 경찰윤리의 이론적 기초를 살펴보면서 강제규범으로서의 법의 정립과 그 준수의 당위성, 나아가 법을 지키지 않는 것이 정당화될 수 있는 경우로서 시민불복종과 그 구체적인 적용사례 및 한계

---

22 이성용, 민간 총기의 규제법리와 제도적 개선방안, 경찰법연구 제10권 제2호, 2012, 86면.
23 오승철, 저항권이론의 재조명, 민주법학, 2009, 178~181면.
24 대법원 1980. 5. 20. 선고 80도306 판결.
25 헌재 1997. 9. 25. 선고 97헌가4 결정.

를 검토한 바 있다. 실정법에 대한 정당한 항거라는 점에서 저항권은 시민불복종과 궤를 같이 한다.

그러나 저항권은 자연법이론에서 도출되어 헌법 도그마를 통해서 정립된 법개념으로서, 부정한 절대권력에 대한 전면적 거부이자 필요 최소한의 물리적 강제까지도 용인하는 혁명이다. 그러나 최소한 형식적 민주주의가 확립된 사회질서에서 저항권은 교과서에서나 나옴직한 관념적 권리로 그 의미가 퇴색되었다. 법학자 오승철은 이를 박제된 저항권으로 표현하면서 평가절하하기도 한다.[26]

저항권이 법적 권리로서 자연법에 근거하여 국가강제력 독점에 반하는 예외적인 시민의 폭력행사를 합법화하고자 하는 시도라면, 시민불복종은 정치적 관념으로서 실정법 위반에 개의치 않고 정치윤리에 기대어 그 정당성을 찾는다는 점에서 관점을 달리한다. 저항권과 달리 시민불복종은 국가권력을 통해 규율되는 사회생활 일상에서의 부당함에 대하여 수시로 나타날 수 있다는 점에서, 국가권력 자체에 대한 부정이 아니라는 점에서 보다 설득력 있고 유용하다.[27]

다. 저항권은 경찰에게도 유효한가?

과거사에 대한 회고나 교과서에서만 논의되고 있는 저항권을 경찰이라는 조직, 경찰관에게 그대로 적용할 것인가? 아쉽게도 여기에 관해서 아직 어느 누구도 명쾌한 해답을 제시해 주지 못했다. 부당한 권력과 독재 치하에서 실정법과 사회질서를 수호하는 임무를 부여받은 경찰은 자신에게 주어진 무기와 권력을 반대방향으로 향하게 할 수 있는 것인가? 후세인이 통치하는 이라크나 카다피 독재하의 리비아처럼 헌정질서의 문란이 누가 보더라도 명약관화한 상황이라면 가능할 것이다.

---

26 오승철, 저항권이론의 재조명, 민주법학, 2009, 185~187면.
27 물론 법학에서도 카우프만(Kaufmann)처럼 저항권을 큰 저항과 작은 저항으로 구분하고 부정의한 법률에 대한 시민불복종 행위를 작은 저항의 일환으로 보는 견해도 있다. 허영 교수가 이 입장을 취하고 있다, 오승철, 앞의 글, 192면.

그러나 헌정질서 파괴와 권력의 부당성에 대한 의문과 논란이 제기될 수 있는 상황이라면, 그 판단은 개인의 신념이나 소신에 따르기보다는 가능한 보수적인 관점에서 헌법재판소, 사법부와 같은 독립적 기관의 권위적 판단에 따라야 한다. 따라서 현재적 관점에서의 저항권 행사는 상당히 제약될 수밖에 없다.

헌법과 민주주의에 대한 명백한 형식적 절차의 파괴, 이를테면 입법기관의 무력화나 법원독립의 부정, 조직적 부정선거 등이 아닌 한, 국가권력의 과잉행사나 남용과 같은 내용상의 실질적 헌법위반에 대해서는 판단을 조심스럽게 유보해야 한다. 후자에 있어서는 국가권력에 대한 단호한 거부가 아닌, 비판적인 복종의 자세를 취하면서 부당함을 표현하고 논쟁할 수 있는 용기가 필요하다고 생각된다.

● 광주민주화항쟁 속의 안병하 전남도경국장

육군사관학교 8기생으로 5.16 혁명당시 경찰이 된 안병하 씨는 1979년 2월 20일부터 전남도경국장으로 근무하면서 광주민주화항쟁의 진압을 담당하는 경찰지휘관으로 역사의 소용돌이 중심에 서게 된다. 1980년 5월 27일 안병하 국장은 직무유기 혐의로 보안사 동빙고 분실로 끌려가 고문까지 당하면서 불명예 퇴직한 후, 후유증인 신부전증으로 1988년 숨을 거둘 때까지 당시의 일에 대해서 함구했다.

후일 밝혀진 바에 따르면, 그는 5.18 당시 시위대를 저지하는 명령을 내리면서도 '설혹 경찰의 희생이 발생하더라도 절대 시위대의 희생자가 발생하지 않도록 하며, 주동자 이외에는 연행하지 말고 특히 학내에서의 연행을 금지할 것, 경찰봉 사용 시에도 반말과 욕설을 금지하고 주동자 구금 시, 식사 등에 유의하면서 지휘보고 할 것'을 지시하였다고 한다.

5.18 이후 계엄사에서는 경찰병력의 무장을 지시했지만 안 국장은 '광주시민에게 총을 쏠 수는 없으며 경찰이 역사의 죄인이 되어서는 안 된다'고 이를 거부하였다. 2005년 11월 24일 안병하 씨의 유해는 서울 국립현충원 경찰묘역으로 이장되었고 2006년 경찰청의 경찰 60년사 편찬을 통해 역사적 재평가를 받는다.

1. 무엇을 해야 하는가?

가. 유럽대륙에서의 경찰직무: 탈경찰화

근대국가가 형성되기 이전에도 인류생존을 위한 사회공동체 속에서 경찰작용은 공동체 존속에 핵심적으로 기능했다. 이후 국가권력체가 형성되면서 권력을 집행하기 위한 수단으로 체계적인 경찰조직이 만들어지고 발전되었으며, 따라서 그 본연의 기능은 국가공동체의 내적 기능을 유지하기 위한 권력의 행사이다.

이후 국가발전에 따라 그 기능이 점차 세분화·전문화 되면서 독일이나 프랑스 등 유럽대륙에서 경찰의 핵심기능은 크게, 사회적 일탈행위인 범죄에 대한 제재, 그리고 사회안전과 공공기능의 유지 등으로 대별되었다. 법적 측면에서 본다면 전자는 이른바 사후진압적 수사를, 후자는 공공의 안녕·질서에 대한 위험방지의 행정경찰적 사무이다.

이처럼 경찰의 직무를 법테두리에서 명쾌하게 규정하고자 하는 노력은 절대권력자의 권능을 '법에 의한 지배(Rule of Law)'라는 민주적 이념에 따라 제한하기 위함이며, '경찰국가(Polizeistaat)'[1]에서 '법치국가'로의 전환을 위한 역사의 진보이기도 한다.

이런 배경에서 보자면 경찰의 역할 및 기능의 최소화는 시민의 자유와 덕성을 고양하기 위한 방편이 될 수 있다. 역사적 경험을 통해 유럽시민들은, 군대처럼 제복을 착용한 경찰들이 시민사회의 생활영역으로 침입하는 것에 대한 상당한 거부감을 보이게 된 것이다.

---

[1] 법치국가의 성립 이전, 국가권력을 내정(內政) 전반에 걸쳐 경찰권에 의하여 마음대로 행사하였던 형태의 국가를 의미한다.

우리나라의 많은 경찰학 문헌에서 독일법의 변천과정을 토대로, 공공의 복리증진을 포함한 넓은 의미의 경찰에서 소극적 위험방지라는 좁은 의미의 경찰로 그 개념축소를 설명하고 있는 것도 이런 이유이다. 심지어 보건·환경·위생·건축 등 국가복리증진을 위한 행정에 수반되는 위험예방사무2도 통상적 관념의 경찰조직이 아닌 일반 행정기관에 전적으로 부여함으로써 경찰(조직)의 직무를 축소시키기 위해 노력해 왔다.

이런 사례는 우리나라에서도 쉽게 찾아볼 수 있다. 과거 경찰조직은 전당포나 고물상과 같은 업종의 영업허가, 규제 및 취소업무 뿐만 아니라 출판물의 검열까지 담당하였다.3 서구식 민주적 경찰제도가 정착되지 못한 중국에서 호정경찰이라는 이름으로 성·시에 설치된 공안파출소에서 호적관리, 호구동태파악 등의 호적사무를 수행하고 있는 것도 아직 축소되지 못한 경찰의 직무를 보여준다.4

독일에서는 이러한 경찰사무의 축소를 '탈경찰화' 과정으로 표현하고 있다. 첫 번째 탈경찰화는 18세기 이후 현대적 의미의 실질적 경찰개념의 등장과 함께 나타난 것으로 계몽주의와 절대 봉건국가권력의 제한에서 비롯된 경찰임무영역에서의 복리증진의 탈락이 그것이다. 이를 계기로 경찰은 적극적 복리와 구분되는 소극적 위험방지에 집중하게 된다.5

두 번째 탈경찰화는 2차대전 이후 독일경찰에서 나타나는 특징으로 연합군의 독일경찰에 대한 탈나치화(entnazifizieren), 민주화(demokratisieren), 문민화(entmilitarisieren), 분권화(dezentralisieren) 작업에 기인한다. 미국과 영국의 주둔지역을 중심으로 기존의 위험방지라는 개념으로 통합되어

---

2 이를 우리문헌에서는 '협의의 행정경찰'이라고 한다.

3 1988. 10. 12.자 한겨레 신문에 따르면, 86년 5월부터 치안본부는 특별수사대 140명, 단속전담반 691명으로 구성된 불온간행물전담반을 설치·운영하면서, 2,318건을 적발하고 1,196명을 검거, 이 중 271명을 구속했다.

4 한종욱 외 11인, 비교경찰론, 수사연구사, 2006, 611면.

5 Knemeyer, Polizei- und Ordnungsrecht, 11. Aufl., 2007, 4면.

있는 경찰업무가 집행경찰과 일반질서행정청으로 구분되고, 이에 따라 경찰의 권한은 급박한 경우에 있어서의 위험방지, 범죄와 질서위반행위에 대한 수사, 집행원조 등으로 국한되었다. 1990년대 이후의 세 번째 탈경찰화는 국가, 자치단체, 지역사회단체들간의 안전과 범죄예방에 대한 책임의 새로운 배분으로서 경찰임무의 민영화와 직접 관련된다.6

나. 영·미의 경찰직무

대륙법계 국가에서 경찰직무의 축소를 통해 국가공동체에서의 경찰역할을 축소하고 법치의 영역으로 제한하고자 노력한 반면, 시민들로부터 직접 위임받은 강제력, 즉 민주적 정당성의 고리가 주민으로부터 직접적으로 연결되어 있는 영미권 경찰은 도리어 법집행기관이자 동시에 사회봉사자로서 시민들의 다양한 욕구를 충족시키는 역할을 수행했다.

실제 수행되는 경찰업무에 대한 기술적(descriptive) 접근방식을 통해 살펴보면, 이른바 'Crime fighting'이라고 표현되는 강제적 법집행(Law Enforcement)의 사무는 사실상 경찰활동의 일부에 지나지 않는다는 것이 영미학자들의 연구결과를 통해서도 확인되고 있다.7 과거 야경국가에서는 국가의 역할이 시민보호로만 한정되어 있었던 반면, 현대국가에서는 복리증진이 강조되고 있는 것처럼 경찰의 역할도 법 집행뿐만 아니라 사회복지적 기능으로 볼 수 있다는 것이다.8

1) 범죄투사(The crimefighter)

영미권의 경찰연구가들은 다양한 관점에서 경찰의 역할을 조망한다. 가장 고전적인 경찰역할 모델은 범죄투사(Crimefighter)로서, 고전적 사회계약에 근거해서 물리적 강제력을 기초로 질서를 유지하는 역할이

---

6 Knemeyer, 위의 책, 2007, 14면 이하.

7 Bayley, Police for the Future, 1994, ch. 2.

8 Kleinig, The Ethics of Policing, 1996, 23면.

다. 마치 국방의 임무를 수행하는 군인들이 피아(彼我)를 구분하는 것처럼, 고전적 범죄투사모델에서의 경찰은 범죄자들을 'the bad guys'로, 경찰과 준법시민을 'the good guy'로 이분화한다. 따라서 범죄의 경중이나 범죄자의 교화는 큰 의미를 가지지 않는다. 심지어 경찰들조차 그들이 실제로 현장에서 수행하는 실제 직무의 일부에 불과한 이 역할을 그들의 핵심역할로 인식하고 있다.[9]

2) 긴급조력자(The emergency operator)

코헨(Cohen)은 평화를 지키고 긴급한 사회적 서비스를 제공하는 것을 경찰의 역할로 규정한다.[10] 공적 직무를 수행하는 공공기관 중 24시간 전 관할에서 시민의 주변을 돌면서 순찰을 하는 조직은 경찰이 유일하다. 소방공무원이나 응급구조요원들도 24시간 직무를 수행하기는 하지만 상시 출동태세를 갖추는 것과 일상근무가 24시간 예외 없이 유지되는 것은 다른 의미다. 다음의 예를 보자.

> ◉ 불결한 식당
>
> 이른 새벽 해장국 판매를 준비하던 식당 주인과 종업원은 해장국 솥단지 안에 죽은 쥐가 있는 것을 발견했다. 오전 영업을 그르칠 것을 우려한 식당주인은 죽은 쥐를 살짝 건져내고 해장국을 다시 끓여 팔고자 한다. 그러나 양심의 가책을 느낀 식당 종업원은 주인 몰래 관할 기관에 전화하여 식당의 비위생 문제를 신고하고 판매를 중지시키고자 한다.
>
> 식품위생을 관장하는 정부부처는 보건복지부이고, 현장에서의 규제와 단속은 관할 지방자치단체에 위임되어 있다. 종업원은 이른 새벽시간 구청에 신고를 해야 할까, 아니면 경찰에 신고해야 할까.

---

9 Kleinig, 위의 책, 25면.

10 Cohen, Authority: The Limits of Discretion, in Elliston and Feldberg(eds), Moral Issues in Police Work, pp. 27~41.

1995년 6월 29일 오후 5시 52분경 서울 서초동 소재 지상5층 지하4층의 삼풍백화점이 부실공사 등의 원인으로 20여 초만에 갑자기 붕괴되어 사망 501명, 실종6명, 부상자 937명의 인명피해가 발생했다. 이미 오전부터 심각한 붕괴의 조짐이 있었으나 경영진이 영업을 강행한 것으로 확인되었다. 급박한 붕괴의 위험이 예견되는 상황이라면 신고접수기관은 건축물의 안전을 담당하는 구청 건축과인가 아니면 경찰인가.11

위 질문에 대한 정답을 찾는 것은 그다지 어렵지 않다. 식품위생이든 건축물의 안전이든, 이를 담당하는 주무기관이 별도로 존재하더라도 급박한 위험상황에서의 즉각적인 개입이 가능한 공적 조직은 경찰이 유일하다. 특히 생명이나 신체의 위험상황과 직접적으로 연결되고 ─ 비위생 식품의 압류나 백화점 고객들의 강제대피와 같은 ─ 물리적 개입이 요구되는 경우라면 더욱 그러하다. 소방기관도 마찬가지로 생명·신체 등의 위험제거를 주 임무로 하고 있으나, 직무수행을 위한 대인적 강제력 행사는 제한적이다. 예를 들어 화재현장에서 대물적 위험의 제거는 소방기관의 직무이나, 화재현장 접근이나 진입을 차단하는 대인적 강제조치는 주로 경찰에 의해 수행된다.

3) 사회적 집행자(The social enforcer)

비트너(Bittner)는 모든 종류의 공동체의 문제발생에 대해서 강제력을 통한 해결이 필요한 경우로 경찰역할을 규정한다.12 시위현장이나 교통사고 발생으로 인한 혼잡상황 등에서도 예외 없이 경찰이 개입하

---

11 아쉽게도 재난 및 안전관리기본법에서는 일반 경찰을 제외한 소방기관과 해양경찰만을 긴급구조기관으로 규정하고 있다. 경찰의 역할에 대한 통찰적 사고가 결여된 채, 법조문에만 집착한 입법의 결과이다.

12 Bittner, The Capacity to Use Force as the Core of the Police Role, in Elliston and Feldberg(eds), Moral Issues in Police Work, 1985, p. 21.

는 이유이다.

● 민사문제에 대한 경찰개입

대규모 콘서트 현장에서 A는 들고 있던 커피를 실수로 쏟아 옆좌석에 앉아 있는 B의 고가의 밍크코트를 훼손시켰다. B는 자신의 코트에 대한 변상을 요구했으나, A는 도리어 콘서트 현장에 어울리지도 않는 밍크코트를 입고 나타난 B를 질책하면서 자리를 떠나려고 한다.

A를 붙잡지 못하면 피해변상을 받을 길이 없는 B는 A로부터 변상을 받고자 경찰에 신고하였다. 과실손괴를 범죄로 처벌하지 않는 상황에서 경찰은 A의 신원을 확인해서 B에게 알려줄 수 있을까?

이 사례는 비록 민사사안일지라도 경찰의 개입이 필요한 경우이다. 다만 아직 우리나라에서는 경찰이 여기에 개입할 수 있는 법률적 근거가 마련되지 못하고 있어서, 비트너가 말하는 사회적 문제발생에 대한 강제개입자로서의 역할공동화(空洞化)현상이 나타난다.[13]

사법경찰과 행정경찰의 권한과 직무를 엄격히 구분하는 대륙법계에서는 공공의 안녕과 질서를 위한 경찰의 강제력 행사를 행정경찰권의 발동으로 보는데, 범죄와 무관한 사회적 위험에 대한 강제적 개입이라는 점에서 여기서 말하는 '사회적 집행자'와 유사점을 가진다.

4) 사회적 평화유지자(The social peacekeeper)

영국 앵글로 색슨족의 지배당시 왕의 평화(king's peace)라는 관념에서 출발한 이 용어는 점차 특정 왕의 통치시대나 지역을 초월하는 영속적인 개념으로 확대되었는데, 왕의 평화를 깨뜨리는 것이 바로 범죄이고 규제대상이었다. 왕의 평화는 공화주의적 사회에서 비로소 공중

---

13 독일 경찰법에서는 '법원에 의한 권리구제가 적시에 행해질 수 없고, 경찰의 개입 없이는 사인의 권리의 실현이 불가능하거나 현저히 곤란한 경우, 경찰이 私權의 보호를 행한다'고 규정하고 있다.

의 평화(public peace)로 변화되었고 그의 수호자가 경찰이다.14 공중의 평화유지임무는 범죄에 대한 대응을 포함해서 사회적 평온을 깨뜨리는 다양한 갈등상황에 대한 개입을 요구하므로, 앞서 설명한 범죄투사나 사회적 집행자의 임무를 모두 포섭한다고 볼 수 있다.

특히 범죄투사모델이나 사회적 집행자모델이 경찰의 역할보다는 경찰의 권한에 주목했던 반면, 사회적 평화유지자모델은 '권한'이 아닌 '직무'에 중점을 두는 통찰이 돋보인다. 경찰의 '권한'은 경찰의 '직무'를 수행하기 위한 수단적 의미이며, '임무'의 수행에 필요한 '권한'을 어느 수준까지 인정할 것인지는 공동체 구성원들의 민주적 합의에 따라 결정되는 것이지 '직무'로부터 직접적으로 도출되는 것은 아니다.15

권한보다 직무에 포커스를 맞추게 되면 범죄나 무질서에 대한 개입뿐만 아니라 사회적 삶의 질 향상을 위한 광범위한 사회적 봉사가 경찰의 목적이 된다. 여기에서 경찰은 복잡하고 다변화하는 사회환경에 능동적으로 대처하면서 사회갈등을 해결하는 '문제해결자(problem solver)'가 되어야 한다. 이른바 '지역사회 경찰활동(Community policing)'의 프레임에서 나타나는 경찰의 사회적 역할과 지역주민에 대한 관심증가도 같은 맥락에서 이해될 수 있다.

문제해결자로서의 경찰역할의 강조는 문제지향적 경찰활동(Problem oriented policing)16에서 보다 두드러진다. 사실 지역사회 경찰활동과 문제지향 경찰활동은 지역주민의 참여가 강조된다는 점에서 유사성을 가지나, 전자는 지역주민과의 관계개선에 보다 중점을, 후자는 범죄에 관련된 문제해결에 중점을 둔다. 전자는 또한 지역주민의 적극적 참여를 통해 발견되는 지역문제에 관심을 가지는 반면, 후자는 경찰이 보다 주

---

14 Kleinig, The Ethics of Policing, 1996, 27면.
15 예를 들어 범죄예방의 경찰직무를 수행하는 것과, 이를 목적으로 하는 불심자에 대해서 강제적 검문과 같은 경찰의 권한은 별개이다. 범죄예방의 직무수행을 위해 어느 정도의 강제권이 필요한지는 그 사회의 시대적, 장소적 배경에 따라 달리 결정될 수 있다.
16 http://www.popcenter.org

도적으로 지역의 문제점을 찾고 주민의 참여를 유도하며 동시에 타 정부기관과의 협력을 강조한다는 점에서 차이를 보인다.

다. 경찰에 대한 유럽대륙과 영·미의 시각차

프랑스는 절대왕정시대를 통해서, 독일은 나치의 통치를 겪으면서 경찰국가를 경험하고 국가활동에서 경찰의 역할을 축소하는데 무게중심을 두어왔다. 그렇기 때문에 제복을 착용하고 무기를 휴대한 경찰의 활동이 확대되는 것을 우려하고 부정적인 시각을 보이는 경향이 있다. 반면 이러한 왜곡된 경험을 하지 못한 채, 민주적 정치체제를 비교적 순탄하게 이어온 영미에서는 시민들의 봉사자로서의 경찰의 역할을 강조하면서 시민사회와의 협력을 기대한다.

이러한 시각차는 경찰권력의 기초가, 전자는 고전적 사회계약에 근거한 국가권력으로부터 직접 도출되는 반면, 후자는 지역주민들의 자발적 동의에 따른 직접적 의지로부터 생성된다는 점에서 발생한다. 물론 사회계약에서도 시민들의 동의에 따른 권력의 양도가 전제되지만, 이는 관념적으로 추론된 것일 뿐, 현실에서는 어떤 시민도 이러한 (사회) 계약서에 서명하지는 않는다.

보다 구체적인 예를 들어보자. 영·미의 시각에서 보자면 지역에서 명망있는 인사나 경찰간부가 경찰서장 또는 고위 경찰직을 수행해야 하고, 여기에 지역주민들의 자발적 동의는 당연히 따른다.[17] 하지만 대륙법계에서는 지역주민의 의사와 무관하게 중앙의 정부권력에 의해 직

---

17 기존 삼원체제를 폐지하고 2012년 새롭게 바뀐 영국의 자치경찰의 관리체계를 보자. 지역주민의 선거에 의해 선출된 지역치안위원장(Police and Crime Commissioner)은 지방경찰청장 및 차장의 임면권을 행사하고 경찰예산이나 치안계획을 수립한다. 지자체에서 파견한 선출직 대표와 독립위원으로 구성된 지역치안평의회(Police and Crime Panel)는 경찰예산 및 지방경찰청장의 임명에 대한 거부권을 행사하고, 지역치안위원장에 대하여 출석요구, 업무에 대한 주민소환투표를 통해 견제기능을 수행한다. 김학경·이성기, 영국지방자치경찰의 새로운 패러다임, 경찰학연구 제12권 제1호, 2012, pp. 159~161.

접 임명된 자가 특정지역의 치안을 책임진다. 우리나라도 물론 그렇다. 과거 평양감사나 신관사또 부임에 주민들의 의사가 반영될 수 있었겠는가? 현재의 상황도 다르지 않다. 지역주민들은 자기 고장에 임명된 경찰서장에 대한 어떠한 견제나 영향력도 행사할 수 없으며, 부임된 경찰서장도 그 지역에 생전 처음 발을 딛는 경우가 비일비재하다. 과연 그들의 관심은 지역주민에 있을까 아니면 임명권자에게 있을까.

앞서 설명한 바 있는 탈경찰화 현상이 유럽대륙에만 국한되는 것은 아니다. 영미에서도 마찬가지로 지역사회 치안확보에서의 경찰역할의 한계를 인식하고 주민의 치안참여를 강조하는 탈경찰화(또는 비경찰화) 현상이 나타나고 있다. 다만 권한을 중심으로 경찰을 고찰하고자 하는 대륙법계에서는 경찰권의 축소과정에서 나타나는 탈경찰화를 기존 경찰의 독점적 '권한'을 민간에게 이양하는 것으로 보는 반면, 영미에서는 치안에 대한 '책임의 배분과 참여'를 강조하는 점에서 약간의 차이를 보인다.

라. 적극적 경찰역할과 정체성의 상실

일제의 지배경험에서 비롯된 권위주의적 경찰모델에 대한 반동으로 그간 우리 경찰은 공정한 법집행과 더불어 시민에 대한 친절과 봉사를 최상의 경찰덕목으로 강조하면서 영미식으로의 변화를 추진하였다. 이를 통해 경찰에 대한 기존의 불신을 어느 정도 극복하면서 시민들의 신뢰를 회복하는데 상당한 진전을 가져왔다. 그러나 영미식 경찰모델에서 강조되는 사회봉사자로의 경찰역할에 대한 지나친 몰입은 자칫 경찰의 정체성을 의심받게 할 수도 있다.

◉ "차량 고장나면 112로 신고하세요"

1999년 전북경찰은 운행중 발생하기 쉬운 타이어 펑크나 부주의로 인한 배터리 방전, 연료 소진 등 경미한 차량 고장에 대해서는 신고받은 즉시 출동, 차량을 무상

    1999년 경찰청장에 임명된 이무영은 기존 경찰에 대한 시민들의
인식전환을 위해 경찰개혁을 표방하면서 획기적인 시책들을 선보였고,
그 중 대표적인 것이 권위적·고압적 이미지를 불식하고 감동 주는 봉
사경찰을 구현하는 것이다. 그 당시 각 경찰관서에서는 경쟁적으로 자
동차 타이어 갈아주기, 파출소 우산 빌려주기, 경찰관서 내 청소년 공
부방 설치 등 이미지 개선사업을 벌였다. 이로 인해 경찰 이미지 개선
에 큰 기여를 했지만, 경찰의 직무인 치안과 무관한 활동에 경찰력을
경쟁적으로 소모해야만 했다.

    예를 들어, 차량이 고속주행하는 도로상에서 발생하는 타이어 펑
크와 같은 위험상황에서는 경찰이 교통안전을 위한 차량통제 내지 견
인 등의 업무를 수행하여야 할 것이나, 타이어 교환이나 차량정비는 운
전자의 의무일 뿐만 아니라, 도리어 정비소홀에 따른 법적 책임까지도
부담해야만 한다.

    경찰공공재를 자동차 정비와 같은 사경제 영역에서 무상서비스로
제공하는 것은, 도로교통법에 따라 자비부담으로 자신의 승용차를 사
전에 철저히 정비·관리하는 준법운전자에게 부당한 간접피해를 가져
온다. 경찰이 개인 차량의 타이어 교체를 할 경우, 당연히 순찰활동 시
간이 그만큼 줄어들게 된다. 공부방이나 우산대여 등도 마찬가지다.

치안과 직접 관련이 없는 분야에 경찰기관의 시설이나 장비를 활용하는 것은 재고의 여지가 있다. 남는 유휴시설이나 인력을 활용하는 것이라면, 시설과 인력의 재편을 통해 국가예산 절감하는 것이 보다 합리적이지 않을까.

물론 문제지향적 경찰활동(POP)의 차원에서 본다면, 청소년 비행예방을 위한 장기과제로서 공부방이나 여가시설의 설치가 고려될 수 있을 것이나, 유관기관이나 지역사회단체와 협력해서 해결해야 할 문제이지 경찰이 직접 공부방을 설치하고 과외공부를 시키는 것은 바람직하지 않다.

물론 개인적 차원에서 경찰공무원이 사회봉사활동을 하는 것은 분명히 칭송받아야 할 덕목이다. 그러나 조직적 측면에서 치안, 즉 공공의 안녕 및 질서와 무관한 사회봉사 영역으로 무한히 그 직무를 확장하는 것은 경찰의 정체성을 혼란스럽게 만든다. 경찰은 소극적 차원에서 사회공동체의 안전유지를 담당하고, 공공복리 증진의 영역에서는 그 직무를 수행하는 별도의 정부기관이 기능해야 한다.

◉ 공공기관의 잠금해제 서비스?

출입문이 닫히면 통상 자동적으로 잠기게 되는 독일에서는 열쇠를 소지하지 않고 외출해서 집으로 들어갈 수 없게 되면, 큰 비용을 지불하고 잠금해제 용역(Schlüsseldienst)을 불러야 한다. 저자도 독일 유학시절 두 번이나 열쇠소지를 잊은 채 출입문을 닫는 바람에 약 200유로에 가까운 서비스 비용을 지불해야 했다. 만일 회사나 공동주택 출입문의 열쇠를 분실하는 경우,

▲ 독일의 잠금해제 서비스(출처 picture-alliance/chromorange)

자신의 부담으로 시정장치를 전면 교체해야만 한다. 관련 협회의 추산에 따르면 이로

인해 매년 1억 유로의 지출이 발생한다.18

우리나라에서는 그간 문이 잠기게 되면 소방서에서 긴급출동해서 무상으로 문을 열어주는 서비스를 제공하였다. 소방의 직무도 경찰과 마찬가지로 긴급구조인데, 긴급하지도 않은 상황에서 주거자의 과실로 잠긴 문까지 열어줘야 할까. 공적비용을 지출하여 열쇠업자들의 정당한 영업권에 장애를 가져오는 것이 정당한 직무일까?

긴급한 출동이 아닐 경우 그 비용을 사용자에게 청구하는 건 어떨까?

다행히 2011년부터는 119 신고가 취객의 요구나 단순 문잠김, 타박상 등 응급이 아닌 환자의 신고, 만성질환자의 정기적 병원 방문 요청 등 긴급한 상황이 아닌 경우, 구조·구급요청을 거절하고 있다.

동물 관련 신고의 경우 인명피해 위험이 있는 멧돼지, 뱀 등이 출현했을 시에는 출동을 하지만 긴급을 요하지 않는 사안은 동물구호단체로 연결해 준다.

2010년 한해 119 구조대의 문잠김 출동 건수는 2만6,633건으로 전체 구조출동 건수(28만1,743건)의 9.5%에 이른다. 119 구급대의 주취자(酒醉者) 이송 건수는 1만7,692건으로 전체 환자이송 건수(148만1,379건)의 1.2%를 차지한다.

(2011. 5. 17. 한국일보)

2012년 9월, 태풍 산바(SANBA)가 수도권을 상륙해 비바람이 몰아치던 날, 국회 정문 앞에서 비를 맞으며 휠체어를 타고 1인 시위를 하는 장애인에게 우산을 씌워주던 경찰관의 모습이 트위터를 통해 퍼지면서 시민들에게 잔잔한 감동을 주었다.

경찰관의 훌륭한 행동은 개인윤리로서 높이 평가되어야 한다. 하지만 조직윤리의 차원에서 볼 때, 비오는 날 시위관리에 참가하는 경찰관들이 시위대를 위해 우산을 준비하는 것은 옳지 못하다. 경찰조직의 차원에서 본다면, 타이어를 보다 손쉽게 교체해 주거나 우산을 빌려주는 사회적 편익의 증대로 경찰역할을 확대하고 이미지를 제고하려 하기보다는, 차라리 심폐소생술이나 응급의료 교육확대를 통해 사

---

18 http://www.welt.de/finanzen/article10499057/Ausgesperrt-Schluss-mit-dem-teuren-Schluesseldienst.html

고현장에서 보다 많은 생명을 구하는 본연의 안전활동에 집중해야 하지 않을까.

2. 재 량

◉ 더 리더(Der Vorleser)－책 읽어 주는 남자

독일 훔볼트 대학의 저명한 법학교수인 베른하르트 슈링크가 쓴 소설 '더 리더－책 읽어주는 남자' 속의 한나는 2차대전 당시 나치의 유대인수용소의 여자감시원으로 근무한다. 이송중인 유대인 여성들이 감금된 교회에서 화재로 모두 타죽고 있는데도 문을 열어주지 않아 결국 그녀는 18년의 실형을 선고받는다. 명령권자들이 모두 도주한 상황에서, 감금되어 있는 죄수들을 풀어줄 권한이 자신에게는 없노라고 굳게 믿는 문맹자 한나는 법정에서 도리어 법관에게 "만일 당신이 그 상황에 처했다면 어떻게 할 수 있겠냐"고 반문한다.

국가권력의 집행자인 경찰은 그 직무수행에 있어 시민들의 권리를 보호하기 위해 필연적으로 또 다른 시민의 권리를 제한해야 한다. 범죄자를 체포하고 압수·수색을 하거나 시위 군중을 강제로 해산, 물대포를 쏘기도 하며, 주행하는 차량을 정지시켜 음주측정을 요구하고, 경우에 따라서는 최후의 수단으로서 인명의 살상을 감수하고 총기를 사용해야만 한다.

공동체의 존속과 평화를 위해 불가피하게 발생하는 시민들의 권리침해는, 경찰의 자의에 의해서 집행될 수 없도록 법률에 의한 통제를 받게 된다. 이 경우 경찰의 수사에 있어서는 형사소송법이, 공공의 안녕·질서를 지키는 직무수행에 있어서는 경찰관직무집행법이 대표적인 규범으로서 기능한다.

따라서 경찰의 권리침해 행위는 법에 의한 규율을 받는 법집행(Law enforcement)행위이며, 이는 헌법상의 평등원칙에 따라 모든 시민들에게 공평하게 적용되어야 한다. 그러나 경찰의 법집행이 언제나 예외 없이 법률에 따라 엄격하게 적용되는 것은 가능하지도 않을 뿐만 아니라, 결코 바람직하지도 않다.

가. 전문가 집단의 필요조건: 재량

설사 엄격하게 법을 적용한다고 하더라도 추상적으로 규정된 법률 조항을 구체적인 사실에 대입함에 있어서는 불가피하게 경찰관의 전문적 지식을 필요로 한다. 여기에서의 전문적 지식은 전문가를 전제로 하며, 추상적 법률에 대한 정확한 해석과, 이를 어떻게 현실에 대응시킬 것인지 현실문제에 대한 정확한 인식, 예를 들어 지금 도주하는 자가 실제 범죄를 저지른 법률상의 현행범에 해당하는가에 관한 즉시적 판단이 요구된다.

클라이니히에 따르면, 이러한 경찰의 다양한 전문적 직무판단이 재량(discretion)이며, 재량이야말로 전문가적 의사결정의 핵심이고, 전문 가집단은 그 직무를 수행함에 있어서 단순한 규칙이나 절차를 따르는 것이 아니라 사실관계에 대한 전문적 지식과 기술을 통한 합리적 판단으로 도출한 독자적 결정을 필요로 한다. 경찰재량의 필요성은 경찰이 전문가 집단이거나 최소한 그래야 한다는 것을 증명한다.[19]

영미권에서 이처럼 경찰의 재량을 중요하게 여기는 것은 대륙법계처럼 체계적인 성문의 규정이 마련되지 않아, 경찰의 합리적인 판단이 보다 중요시되기 때문이다. 또 다른 원인은 경찰 법집행의 핵심적인 영역인 강제수사에 있어서 대륙법계와는 달리 경찰의 독자적인 수사권을 폭넓게 인정하고 있기 때문이다.

나. 결정재량과 선택재량

대륙법계 경찰이 수사에 있어서 검찰의 통제를 받아야 하고, 성문

---

19 Kleinig, The Ethics of Policing, 1996, 81면.

법에 의한 엄격한 규범이 정비되어 있다는 사실이 그 재량의 범위를 일정부분 제약하는 것은 사실이지만, 그 필요와 당위 자체를 부인하는 것은 아니다. 독일 경찰법에서는 경찰권의 재량을 선택재량과 결정재량으로 구분하여 설명한다. 경찰권을 발동할 것인지 하지 않을 것인지 여부(Whether)를 판단하는 것이 결정재량의 영역이고, 경찰권을 어떻게 행할 것인지(How)에 관한 재량이 선택재량이다.

예를 들어 사법경찰은 뇌물범죄처럼 신고보다는 인지를 통해 수사를 개시해야 하는 범죄에 있어서, 미약한 범죄혐의가 있는 용의자를 피의자로 입건해서 정식으로 수사를 개시할 것인지, 아니면 범죄혐의가 불충분하므로 피내사자로서 용의선상에 올려둔 채, 사건을 종결할 것인지를 자체적으로 판단하는 결정재량을 가진다.[20] 한편 수사개시를 결정(결정재량의 행사)한 후, 수사를 진행함에 있어서 피의자의 범위를 어디까지 할 것인지, 긴급체포와 압수수색영장 발부를 통한 강제수사를 진행할 것인지, 아니면 임의수사의 형식으로 수사를 진행할 것인지, 용의자의 체포시점을 언제로 할 것인지, 체포장소를 주거지로 할 것인지 아니면 직장으로 할 것인지 등의 다양한 선택재량을 가진다.

그러나 경찰이 결정재량과 선택재량을 가진다는 의미가 범죄수사의 개시나 진행에 있어서 전적으로 자의적인 판단을 할 수 있다는 의미는 결코 아니다. 예를 들어 범죄혐의가 명백함에도 수사를 개시하지 않는 경우 징계와 같은 내부책임을 지게 될 뿐만 아니라, 명백한 재량의 일탈·남용이 있게 되면 그 위법성에 대해서 법원의 심사가 가능하다.

다. 무관용원칙과 수사재량

1969년 스탠포드 대학의 짐바르도(Zimbardo)는 뉴욕 브롱크스와 팔로 알토 거리에 차량을 방치하고, 평범하던 시민들이 공격적으로 변

---

20 2011년 개정된 형사소송법 제196조는 사법경찰관에 대해서 독자적인 수사개시권을 인정하고 있다.

화하는 과정을 관찰하였다. 실험결과를 토대로 윌슨과 켈링은 '깨진 유리창이론(Broken Window Theory)'을 발전시켰다.[21] 이 이론의 실천전략으로서 뉴욕에서 브래튼 경찰국장에 의해 등장한 '무관용 경찰활동(Zero Tolerance Policing)은 무임승차나 주취행위 등 경미한 위법행위에 대하여 엄격한 처벌을 통해 법질서를 유지하는 것을 그 내용으로 한다.

살인·강도·강간처럼 중한 강력범죄 수사에 있어서 경찰의 재량은 최소한으로 축소된다. 그러나 경미한 범죄에 대한 무관용원칙에 입각한 경찰대응은 경찰재량과 근본적 충돌을 가져오게 된다.[22] 경찰수사에서 관용이 존재할 수 없다면, 모든 법위반 행위에 대해서 즉각적인 개입과 제지를 통해 법원의 심판대에 올려야 한다는 의미이고, 경찰은 전문가적 재량을 상실한 기계적인 법의 집행자가 되어야 한다는 조금은 비약적인 결론에 도달할 수 있다.

도리어 수사학 문헌에서는 수사의 대원칙으로서 수사의 상당성을 언급한다. 예를 들어 갑이 길에 떨어진 100원짜리 동전을 줍고도 당국에 신고하지 않고 횡령할 경우, 이를 인지하고 점유이탈물횡령죄로 입건하고 경찰서에 출석을 요구한 사법경찰관 을의 행위는 타당할 것인가? 이 경우 갑의 범죄는 극히 경미한 범죄이므로 사법경찰관 을의 출석요구는 범죄인지권의 남용에 해당되어 적법하지 않을 뿐만 아니라,[23] 윤리적 정당성도 결여되어 있다.

◉ 붕어빵 대학생의 502원 전기절도

김씨는 광주 동구 계림동 K아파트 입구에서 붕어빵 장사를 하면서 아파트 관리사무소의 허락 없이 전기를 끌어쓰다가 이날 주민 신고로 경찰에 붙잡혔다. 김씨가

---

21 Wilson/Kelling, Broken Windows, Atlantic Monthly, March 1982, 29~38면.
22 이기춘, 깨어진 창이론(Broken-Window-Theory)과 무관용경찰활동(Zero-Torelance-Policing)의 경찰법적 문제점에 관한 고찰, 토지공법연구 제34집, 2006, 182면; 손재영, 경찰법, 2012, 155면.
23 박노섭·이동희, 수사론, 2010, 83면.

붕어빵 장사에 나선 것은 지난해 12월 28일. 대출받은 학자금 150만원을 갚기 위해서였다. 시골에서 농사를 짓는 부모에게 차마 손을 벌릴 수 없었던 김씨는 친구들과 주변 사람들을 찾아다니며 어렵게 마련한 70여 만원으로 붕어빵 기계와 밀가루 등을 구입했다.

그러나 김씨는 야간에 불을 밝힐 8만원 상당의 밧데리를 구입할 돈이 없어 인근 아파트 지하실에서 전기를 끌어다 썼다. 김씨가 9일 동안 60W 전구를 켜기 위해 사용한 전력은 3.2kW로 요금은 502원.

김씨의 사연을 전해들은 이 아파트 관리소장 김모씨(39)는 "대학 졸업반인 데다 학비를 마련하기 위해 전기를 사용한 김씨의 사정이 딱해 선처를 바란다"며 경찰서를 찾아가 합의서를 제출했다. 경찰도 불법으로 사용한 전기료가 소액인 데다 김씨가 전과가 없는 점 등을 들어 검찰에 가벼운 처벌을 바라는 의견서를 냈다.

(2002. 1. 11. 동아일보)

경찰실무에서는 '훈계방면' 즉 훈방을 통해 일상생활에서 가벼운 죄를 범한 사람을 단속하지 않는다.[24] 경범죄처벌법 위반과 같은 경미한 범죄행위에 대해서 경찰서장의 즉결심판 청구와 같은 형사특별절차나 검찰송치와 같은 적법절차 대신 훈방을 통해 사건을 종결하는 것이다. 훈방은 실정법에 근거가 없이 관행적으로 인정된 것이긴 하지만, 법원의 판례를 통해서 경찰수사의 재량으로 인정되고 있다.[25] 다만 여기서 재차 강조되어야 할 것은 훈방이 사법경찰의 자의적인 권한행사가 되어서는 안 된다는 점이다.

일반인의 합리적 상식에 따라 경찰의 재량으로 인정되는 범위 이

---

24 김형훈, 생활안전외근론, 경찰대학, 2006, 133면.
25 "사법경찰관리는 일체의 모든 범죄혐의에 관하여 검사에게 인지보고 하고 그 지휘에 따라 수사를 할 따름이며 피의자에 대한 기소 불기소 등 처분은 전혀 검사만이 할 수 있고 사법경찰관리에게는 입건 수사하거나 또는 형사사건으로 입건하지 아니하고 훈계 방면하는 등에 관하여 아무 재량권도 없다는 취지의 소론 논지는 독자적 견해로서 채용할 수 없으므로 상고논지는 그 이유 없다"(대법원 1982. 6. 8. 선고 82도117 판결).

내여야 할 것이며, 따라서 이러한 재량의 행사는, 전문의와 같은 전문 가집단 구성원들이 복잡하고 이론적인 전문적 지식과 신념에 따라 주관적으로 판단하는 것과는 달리, 공동체의 의사결정을 위임받아 대신 수행하는 위임적 재량일 따름이다.

특히 경찰조직 규모의 방대함, 그리고 계층제 구조는 개별적 경찰 재량을 축소시킬 뿐만 아니라 그 행사에 있어서 일정한 재량준칙의 제정을 요구하게 된다. 경미범죄를 저지른 시민이 피의자가 될 것인지의 여부가 '오늘 어떤 경찰관을 만날 것인지'의 운명적 문제로 치부되어서는 안 된다. 재량행사의 준칙이라는 측면에서 '법집행의 엄격성'을 강조하거나 경미범죄에 대한 적극적 대응을 독려하는 것이 문제되지는 않을 것이나, 어떠한 예외도 없다는 투의 극단적 '무관용 원칙'은 바람직하지 못하다.

◉ 장발장과 경찰

빅토르 위고의 소설 레미제라블에 등장하는 자베르 경감은 엄격하게 법을 집행하는 고지식한 경찰의 전형적 모습이다. 그러나 소설에서는 장발장과 자베르의 대립이 선과 악의 대립으로 비춰진다.

엄격한 법의 잣대만을 내세워 너무나도 인간적인 장발장을 심판하고자 쫓아다니던 자베르는 결국

▲ 오노레 도미에(1808~1879)작

마지막 순간에 자신의 인생을 바쳐 추구한 법집행의 의미를 상실한 채 장발장을 놓아주고 자신의 인생을 스스로 마감하고야 만다.

법전에 씌여진 문구만을 좇다가 그보다 높은 공동체의 가치나 인간의 존엄을 놓치는 우를 범할 수도 있다.

라. 행정경찰로서의 재량

1) 편의주의

수사업무는 형사소추를 목적으로 하므로 종국적으로 검찰을 경유하여 사법부에 의한 심리가 진행되는 반면, 행정경찰작용은 공공의 안녕과 질서유지를 목적으로 하는 위험방지 차원의 경찰권 행사이고, 당사자에 의한 권리구제(행정소송)나 피해보상(국가배상)의 소송이 제기되지 않는 한, 독자적인 행정권의 행사로서 그 재량권도 넓게 인정된다. 특히 권한행사에 있어서 범죄의 발생과 이에 따른 처벌로 요약되는 사법경찰업무와는 달리 '공공의 안녕·질서'나 '위험'과 같은 추상적인 법개념(Unbestimmter Rechtsbegriff)을 사용하고 있어, 현실상황에서의 적용, 즉 구체적 '상황'에서 공공의 안녕에 대한 위험이 있는지를 판단함에 있어서 경찰판단의 재량영역이 광범위하다. 앞서 제시한 2009년 용산참사 당시, 경찰은 공공의 안녕에 대한 급박한 위험이 존재한다는 판단으로 진압작전을 개시한 것이고, 이러한 전문적 판단영역에 대한 사법심사는 상당히 제약된다.

원칙적으로 범죄발생시 경찰은 '반드시' 수사를 해야만 하는데, 이를 '합법주의(Legalitätsprinzip)'라고 한다. 반면 위험방지의 영역에서는 '반드시'가 아닌 '할 수 있다'는 재량의 영역이며, 이를 '편의주의(Opprotunitätsprinzip)'라고 한다. 즉 경찰은 위험방지의 직무를 수행하는 행정경찰의 활동에 있어서, 위험방지를 위해 조치를 취할 것인지(결정재량)를 결정하고, 다시금 구체적으로 어떤 조치를 취할 것인지를 선택(선택재량)하게 된다.

예를 들어 공원에 위험한 개가 활보한다는 신고를 경찰이 접하게 되더라도, 현장에서 판단한 결과 위험성이 없는 애완견이고 주인에 의해 목줄이 묶여져 있는 상황이라면, 신고자의 의사와 무관하게 아무런 조치를 취하지 않아도 무방하다. 만일 실제로 광견이 활보하고 있는 상황, 즉 사실상의 위험이 발생했다면, 어떤 조치를 취할 것인지, 예를 들어 공원을 폐쇄하고 광견을 생포할 것인지, 현장에서 총기를 사용하여 즉시 사살할 것인지, 동물보호협회에 연락해서 마취총을 사용하도록 할 것인지를 판단해야 한다.

보다 확대하자면 다중이용시설에 폭탄을 설치했다는 협박전화신고가 접수되더라도, 경찰은 발신지 추적 및 발신자의 음성상태(진실성 및 미성년 여부판단), 유사한 협박전화의 발생빈도, 테러발생 위험성에 대한 전반적 치안상황 등을 종합적으로 고려한 위험가능성 검토를 통해 다중이용시설의 폐쇄여부를 독단적으로 결정해야 하는 것이지, 협박신고가 접수되었다고 무조건 백화점이나 호텔 등의 영업장 폐쇄조치를 취할 수는 없다. 반대로 전문적 경찰판단에 따른 위험성이 확인된다면, 그 조치로 인해 아무리 경제적 파장이 크더라도 이를 감수하고 조치를 시행해야 한다. 생명과 신체의 위험은 원칙적으로 어떤 경제적 비용보다도 우선하기 때문이다.

◉ 프리메라리가 폭파위협으로 축구경기중단

스페인 프로축구 명문구단 레알 마드리드가 홈구장 폭탄테러 경고를 받아 경기를 중단하는 불상사가 벌어졌다. 2004년 12월 13일 마드리드 산티아고 베르나베우 스타디움에서 열린 레알 마드리드와 레알 소시에다드의 프리메라리가 정규시즌 15차전이 폭탄테러 위협으로 종료 3분을 남기고 중단됐다. 경찰은 선수와 7만여명의 관중을 퇴장시키고 폭탄 탐지견 등을 동원해 1시간 동안 경기장을 수색했지만 폭발물은 없었던 것으로 밝혀졌다.

이날 소동은 바스크 분리주의자 무장단체(ETA)가 바스크지역 일간지 가라에 전화를 걸어 "오전 5시(한국시각) 베르나베우 스타디움을 폭파하겠다"고 위협하면서 시작됐다. ETA는 2002년 5월 레알 마드리드와 FC바르셀로나의 챔피언스리그 준결승 도중 베르나베우 스타디움 근처에서 차량폭탄을 터뜨려 17명을 다치게 한 적이 있다.

스페인 내무부의 한 관계자는 "당시로서는 폭파 경고가 충분히 믿을 만한 것이었

이처럼 행정경찰영역에서의 광범위한 경찰재량은 단순한 법률의 적용이나 매뉴얼에 따른 경찰조치에 한계가 있음을 의미하고, 전문가 집단으로서 경찰의 프로화를 요구한다. 따라서 위험발생에 대한 경찰 개입의 결과가 부정적인 경우(인질구조작전에서 인질사망 등), 경찰개입여부와 투입수단의 적정성에 대한 판단은, 단순히 매뉴얼을 잘 따랐는지가 아니라 상황변수들을 충분히 인식하고 고려하였으며 이를 토대로 합리적인 전문가적 판단을 제대로 했는지가 기준이 된다.

2) 경찰재량의 사례

가) 환경시위

● 동강 살리기 시위

1998년 저자가 서울지방경찰청 기동대 중대장으로 재직 시, 한강 고수부지에서 몇 명의 환경단체 회원들이 '동강을 살리자'는 글을 적은 돛을 단 작은 배를 띄우고자 시도하였다. 관할 경찰서 경비과장은 서울지방경찰청의 지시에 따라 신고되지 않은 불법시위에 해당한다며 이를 제지하였고, 환경단체 회원들의 거센 항의가 이어졌으며 환경부장관이 직접 관할서 경비과장에게 전화하여 돛단배를 띄울 수 있도록 허용해 줄 것을 요청하였음에도, 서울지방경찰청에서는 이를 허용하지 않았다.

그러나 경찰의 제지에 불응하고 환경단체 회원들은 돛단배를 출항시켰고, 배는 아무런 제지도 없이 유유히 한강을 따라 흘러 내려갔다. 그날 저녁 TV 프라임뉴스에서는 강변에 유유히 떠가는 돛단배의 영상을 음악과 함께 멋진 화면으로 편집하여 방송하였고, '동강을 살리자'는 환경단체의 시위는 성공적으로 이루어졌다. 과연 이러한 평화로운 퍼포먼스 형식의 의사표현을 법률의 잣대로만 재단하여, 금지하는 것인 경찰의 임무인가?

특정한 의사를 표현하기 위한 방식으로서 돛단배를 한강에 띄우려는 환경단체와 이를 저지하려는 경찰. 집회 및 시위에 관한 법률에서는 물론 사전신고를 원칙으로 하고 있고, 이에 대한 제재조항을 마련하고 있으나, 이를 적용하기에 앞서 우리는 왜 이런 규칙을 만들어야 했는지 먼저 고민해야만 한다.

집시법의 적용여부가 명백하지 않은 새로운 퍼포먼스 방식의 시위에도 사전신고의 엄격한 잣대가 고려되어야만 할까. 여기에 적용될 수 있는 법 격언으로서 '의심스러울 때는 자유로(in dubio pro libertate)'를 떠올려 보자. 헌법상의 기본권인 집회나 시위를 제한하는 것은 이로 인해 타인에 대한 피해가 명백한 경우라야 한다. 시위진압 지휘자로서 근무하던 저자는 왜 평온한 돛단배의 출항을 저지해야만 하는지 의문이었다.

경찰이 수상레저안전법에 따른 수상안전을 목적으로 돛단배 출항을 저지하려 했던 것일까?26 만일 정부가 당시 동강개발을 적극 추진하지 않고 환경보호에 보다 관심이 많았다고 하더라도 시위를 저지하려 했을까?

나) 자동차·자전거 시위

다른 사례로 자동차를 이용한 시위를 생각해 보자. 2005년에 경찰청에서 제정한 집회 및 시위에 관한 법률 운용 매뉴얼에서는, 집시법상 집회·시위가 다수인의 집회·행진을 전제한 법이고, 다수차량을 동원하여 공공장소를 운행하는 소위 '자동차 시위'는 극심한 교통 불편은 물론 공공의 안녕·질서에 위해를 가져올 것이 예상되므로 입법취지상 집회신고 대상이 아니라는 이유로 신고서 자체를 반려시키도록 하고 있다.

입법취지상 신고의 대상이 되지 않으면 해서는 안 되는 일일까?

---

26 사실 수상레저안전법은 사건 이후인 2000년에 제정되었다.

물론 공도상에서 자동차를 이용한 시위가 도로교통의 위험을 가져오거나 교통소통을 방해한다면 당연히 사전금지조치 뿐만 아니라, 강행시이에 대한 제재가 뒤따라야 한다. 문제는 일률적·전면적으로 자동차를 이용한 시위를 금지시키는데 있다. 시위 참가자의 수, 시위장소, 시위 방식 등을 종합적으로 고려해서 위험성이 인정될 시, 시위금지통고를 하는 것이 바람직한 경찰재량의 행사다.[27]

심지어 이 매뉴얼에서는 자전거를 이용한 시위도 같은 이유로 법률의 적용대상에서 제외시키고 원칙적으로 금지한다. 자전거 시위도 자동차 시위와 마찬가지로, 극심한 교통 불편은 물론 공공의 안녕·질서에 위해를 가져올 것이 예상된다는 것인데, 광장이나 공원 또는 자전거 도로에서 수인이 모여서 자전거 시위를 한다는 것이 과연 공공의 안녕·질서에 위해가 되는 시위인지 의문을 제기하지 않을 수 없다. 어떤 경우에도 재량준칙으로서의 매뉴얼이 경찰의 합리적 재량을 제한해서는 안 된다.

다) 교통위반단속

◉ 교통경찰의 무관용원칙

서울에서 교외로 연결되는 국도변에서 단속근무를 하는 교통경찰관 A는 어떤 경우에도 교통규칙은 엄격하게 적용되어야 하고, 이를 위반하는 경우는 예외 없이 도로교통법에 따른 범칙금을 부과해야 하며, 이처럼 무관용원칙이 관철되어야만 교통사고를 미연에 예방하고 도로교통의 안전이 유지될 수 있다고 확신한다.

주말인 오늘도 A는 가족과 함께 교외로 드라이브를 가는 경미한 신호위반차량과 과속차량에 대해 범칙금 통지서를 발부하고 있다.

---

27 독일의 경우에도 시위에 당연히 자동차, 자전거, 선박, 동물 등을 이용하여 움직이는 것을 포함하고 있다(Köhler/Dürig-Friedl, Demonstrations- und Versammlungsrecht, 20면).

사례에서처럼 다중의 교통소통에 피해를 가져올 개연성이 있는 위반행위라 할지라도, 교통위반이 강력범죄처럼 시대와 장소를 초월하여 적용되는 자연법은 아니다. 동일한 장소에서 동일한 시간대에 발생하는 모든 교통위반행위에 대해서 동일한 벌칙이 적용될 필요는 없다. 여기에 경찰재량이 개입할 수 있다. 범칙금의 발부는 범죄에 대한 응보가 아니라 위험방지를 위한 경고의 성격이 강하다. 가족과 함께 야외나들이를 떠나는 가장의 권위를 존중해 주는 동시에, 가족의 안전을 위해 보다 안전운전할 것을 구두나 지도장으로 당부하는 정도로도 범칙금보다 나은 계도의 효과를 가져올 수 있는지 판단할 수 있는 것이 교통경찰의 재량이고 프로경찰의 행동이다.

런던 중심가에서 처음 관광을 하게 되면 보행자들이 빨간 신호등을 무시하고 도로를 건너는 모습에 놀란다. 바쁘고 복잡한 도심에서 차량이 없으면 굳이 신호를 기다리고 있을 이유도 없고, 사람이 언제나 차보다 우선한다는 인본중심의 유럽의 전통이 있기 때문이다.

새벽 3시, 차는 물론 인적조차 없는 아파트 단지 앞 신호등에서 우리는 횡단보도의 녹색불이 켜지기를 기다려야 할까. 교통규칙은 질서를 위한 규칙이고 질서는 다중의 공존을 전제로 한다. 아무런 위험도 없고 누구에게도 피해를 주지 않는 상황에도 교통규칙은 지켜져야 하는가. 최소한 나는 기다리지 않겠다. 물론 어떤 전조등 불빛도 보이지 않고, 아직 이성적 판단을 기대하기 어려운 작은 아이가 내 손을 잡고 있는 것도 아니라는 전제하에만 말이다.

경찰재량이 다른 행정분야와 달리 경찰공무원 개개인에게 경찰직무수행에 있어서 활동방식에 대한 넓은 판단의 영역을 인정하고 있지만, 여기에는 분명한 제한이 존재하고 재량이 그 제한된 울타리를 넘어서는 순간, 일탈·남용의 문제가 등장하고, 그 정당성에 대한 윤리적 비난과 더불어 법의 영역에서 위법에 대한 책임까지 부담해야 한다. 여기에서는 경찰 권한행사에서 불가피하게 발생하는 시민의 권리침해와 그 충돌로 인해 발생할 수 있는 몇 가지 딜레마들을 살펴보기로 한다.

1. 경찰강제권의 한계: 고문금지 원칙의 상대화 논쟁[1]

가. 문제제기

경찰이 시민을 고문하는 것이 허용될 수 있는가? 우리의 윤리적 가치체계는 쉽게 '아니오'라는 대답을 이끌어 낼 것이다. 개인의 의사를 강제적인 수단으로 억압하는 행위는 인간의 존엄성을 침해하는 것으로서 우리가 절대 용납할 수 없음은, 굳이 헌법을 끌어들이지 않더라도 쉽게 동의할 수 있다.

그럼에도 범죄와 테러에 대응해야 하는 현실의 상황은 그렇게 간단하지 않다. 9.11 사태 이후 테러방지라는 미명하에 미국은 아프가니스탄, 관타나모 베이기지, 아부 그라이브 수용소에서 세계의 비판에도 불구하고 공공연한 고문을 자행하였다. 폭력성이 덜하지만 여전히 강

---

1 이하의 내용은 저자가 법적 관점에서 발표한 논문(이성용, 긴급구조적 고문에 관한 독일의 논쟁과 그 시사점, 경찰학연구 제8권 제4호, 2009, 107~129면)을 윤리적 관점에서 재조명한 것이다.

압적인 이런 고문기법은 'torture lite'라고 불리며, 영국정보당국이 아일랜드 공화군의 지휘구조를 알아내거나 이스라엘이 팔레스타인인들의 자살폭탄 공격을 막는데 사용되었다. 뉴스위크의 여론조사에 따르면 미국 국민들의 44%는 고문행위가 때로는 중요한 정보획득 방법으로 정당화된다고 생각하지만 다른 51%는 정당화되지 못한다고 생각하고 있다.[2]

고문의 절대적 금지에 대한 딜레마는 소위 '시한폭탄 시나리오(ticking time bomb scenario)'로 집약될 수 있다. 만일 도심에 시한폭탄을 설치하고 이미 작동시킨 행위가 명백한 테러리스트가 검거되었으나, 시한폭탄의 위치를 발설치 않는다면, 최후의 수단으로 고문이 허용될 수 있는가 하는 것이다. 이에 대해 하버드 로스쿨의 더쇼위츠(Dershowitz) 교수는 '테러리스트에 대한 고문은 불가피하고 정당화될 수 있으며, 이에 대한 절차적 보장으로 고문영장(torture warrant)제도를 도입해야 한다'고 주장한다.[3] 이미 1996년 이스라엘 대법원에서는 다중에 대한 테러를 제지하는데 필요하다면, 검거된 테러리스트에 대한 폭력이 허용된다고 판결을 한 바 있다.[4]

테러가 아니더라도 납치나 유괴범죄와 같이 피해자의 기본권 침해가 진행되고 있는 범죄에서는 시한폭탄 시나리오와 동일한 딜레마가 발생할 수 있다. 예를 들어 다수의 어린아이들을 유괴·감금한 범죄자

---

2 http://www.newsweek.com/id/51198

3 Dershowitz, Alan M., "Want to torture? Get a warrant," San Francisco Chronicle, 2002. 1. 22.

4 Israeli Supreme Court, sitting as High Court of Justice, Decision HCJ804/96, Muhammad Abd al-Aziz Hamdan v. General Security Service. 이 판결 이후, 수감 중이던 팔레스타인인 10여 명이 사망한 후에 이루어진 이스라엘 대법원의 1999. 6. 9. 판결(Israeli Supreme Court, sitting as High Court of Justice, Decision H. C. 5100/94)이 테러범에 대한 강제력 행사를 절대적으로 배제하는 것은 아니다. 96년 판결에서는 별도의 법적 수권 없이 정당방위에 의한 고문을 허용하였으나 99년 판결에서는 시한폭탄상황의 경우 공권력발동에 대한 명확한 수권이 필요하다는 입장으로 바뀌었을 따름이다. http://www.derechos.org/human-rights/mena/doc/torture.html, 검색일자 2008. 2. 13.

가 탈출에 성공한 한 어린이의 진술로 검거되었으나, 외국에 성적 노리개로 팔려나갈 상황에 놓여 있는 다른 아이들의 행방이 묘연하고 범인이 진술을 거부한다면 어린아이들을 구하기 위한 고문은 정당화 될 수 있을까?5

◉ 야콥 유괴살인 사건

2002년 9월 30일 독일 프랑크푸르트, 11세의 야콥(Jakob)을 유괴하고 살해한 개프겐(Gäfgen)은 경찰에 검거되었으나, 경찰의 계속되는 심문에도 야콥이 살해된 사실과 유기장소를 밝히지 않았다. 경찰은 이미 피의자가 몸값을 받은 당일, 벤츠 승용차를 구입한 사실을 확인하였고, 그의 주거지에서 남은 몸값과 납치계획에 관한 메모를 발견하였다.

피의사실을 확인했음에도 아직 피해자가 사망한 사실을 모른 채, 시간이 경과됨에 따라 그 생명이 위험하다고 판단한 경찰은 프랑크푸르트 경찰청 부청장인 다쉬너(Daschner)의 지시에 따라, "피해자의 소재를 자백하지 않으면 아직

▲ 법정에 선 살인범 마그누스 개프겐(Magnus Gäfgen)

경험해보지 못한 고통을 가하겠다"고 피의자를 협박했고, 두려움을 느낀 피의자는 결국 살해사실과 피해자의 유기장소를 자백했다.

협박을 지시한 경찰관은 결국 프랑크푸르트 지방법원에 기소되어 유죄가 확정되었고,6 유괴범 개프겐에게는 2007년 종신형이 선고되었다.7

2005년 개프겐은 자신의 저서를 출간했으며, 2006년 자신의 이름으로 범죄피해아동을 지원하기 위한 재단을 설립하고자 했으나, 주정부는 선량한 풍속에 반한다

---

5 Gintzel, Die unlösbare Pflichtenkollision – ein Betrag zur Folterdiskussion und zugleich eine Abgrenzung von Verwaltungszwang und Aussageerpressung, Die Polizei, 2004, 249면.

6 LG Frankfurt a.M., Urt. v. 20. 12. 2004, NJW 2005, S. 692.

7 http://www.spiegel.de/panorama/justiz/0,1518,508077,00.html

며 이를 허용하지 않았다. 그는 2011년, 주정부를 피고로 하는 고문피해배상 소송에서 3,000유로를 지급받는다.

칸트의 의무론을 설명하면서, 이미 이와 유사한 가상적 시나리오인 미국 드라마 보스턴 리걸(Boston Legal)의 사례를 소개한 바 있다. 드라마의 플롯과는 달리 독일의 실제사례에서 안타깝게도 피해자의 생명을 구하는 것은 실패했지만, 만일 경찰이 고문을 통해 무고한 생명을 구했다면 실제 판결결과가 어떠했을지 궁금해진다.

사건발생 후 독일의 여론조사 기관인 Forsa의 조사결과에 의하면, 독일국민의 63%가 경찰의 행동을 지지했고, 32%만이 경찰을 처벌해야 한다고 응답했다.[8]

이미 고문과 관련한 많은 선행연구가 있었으나, 대부분 위와 같은 현실적인 딜레마를 외면한 채, 엄격한 고문금지만을 주장하는데 그쳐왔다. 객관적인 제3자의 입장에서 고문을 절대적으로 금지해야 한다는 명제에 동의하는 것은 쉬운 일이지만, 사례에서 보듯이 국가라는 이름으로 극한 상황에서 현실적인 판단을 해야 하는 법집행자들에게는 아무런 해결책도 제시하지 못하는 탁상공론에 불과할 수도 있다.

나. 논의의 전제

피랍자의 생명이 유괴범의 진술에 달려 있는 상황에서, 고문의 절대적 금지 내지 상대적 허용을 논의하기 위해서 브루거(Brugger)는 다음과 같은 전제를 제시한다.[9]

첫째, 무고한 사람의 생명과 신체의 완전성에 대한 명백하고 직접적이고 현저한 위험이 존재해야 하며,

---

8 http://www.spiegel.de/politik/deutschland/0,1518,237826,00.html

9 Brugger, Vom unbedingten Verbot der Folter zum bedingten Recht auf Folter?, JZ 2000, 167면.

둘째, 그 위험을 야기하였고 그 행위에 대해 책임을 져야 하는 자가 특정될 수 있어야 한다.

셋째, 이 책임자는 그 위험을 제거할 수 있는 유일한 사람이며, 그러한 의무가 존재한다.

마지막으로 그의 신체에 대한 강제력 행사가 위험제거를 위한 유일한 수단이어야 한다.

다. 무엇이 고문인가?

1984년 12월 10일 국제연합의「고문 및 그 밖의 잔혹한, 비인도적인 또는 굴욕적인 대우나 처벌의 방지에 관한 협약」10 제1조 제1항은 고문을 다음과 같이 정의하고 있다.

"고문이라 함은 공무원이나 그 밖의 공무 수행자가 직접 또는 이러한 자의 교사·동의·묵인 아래, 어떤 개인이나 제3자로부터 정보나 자백을 얻어내기 위한 목적으로, 개인이나 제3자가 실행하였거나 실행한 혐의가 있는 행위에 대하여 처벌을 하기 위한 목적으로, 개인이나 제3자를 협박·강요할 목적으로, 또는 모든 종류의 차별에 기초한 이유로, 개인에게 고의로 극심한 신체적·정신적 고통을 가하는 행위를 말한다. 다만, 합법적 제재조치로부터 초래되거나, 이에 내재하거나 이에 부수되는 고통은 고문에 포함되지 아니한다."

법사학적 연구와 고문방지에 관한 각종 국제적 협약11을 고려할 때, 일반적으로 고문을 법적으로 인정하기 위해서는 다음 세 가지 구성요소가 요구된다.

첫째, 공무원이나 국가기관의 위임을 받은 자라는 특정한 행위자

---

10 Convention against Torture and Other Cruel, Inhuman or Degrading Treatment or Punishment, 1984년 12월 10일 제39차 유엔총회에서 채택됨. 이하에서는 '고문방지협약'이라 한다.
11 UN의 고문방지협약 외에 고문방지와 관련한 국제협약으로는 1966년 국제연합의「시민적·정치적 권리에 관한 국제규약(B규약)」, 1987년 채택된 유럽고문방지협약, 1985년 미주고문방지협약 등이 있다.

의 신분이 요구된다.

둘째, 중대한 신체적·정신적 학대와 같은 행위의 심각성.

마지막으로 주관적인 요소로서 목적과 수단의 연결성을 필요로 하는데, 이는 자백이나 진술을 획득하기 위한 전형적인 절차적 수단으로 학대행위가 발생함을 의미한다.[12] 그러나 최근에는 절차적 수단이라는 주관적인 요소가 점차 고문의 개념에서 배제되고 있다. 즉, 정보의 취득이나 자백의 강요와 같은 목적에 상관없이, 국가기관이나 국가의 용인 하에 타인에 의한 의도적인 신체적, 정신적인 학대가 있을 경우 고문이 인정된다.[13]

통상적으로 고문은 잔혹성과 고통의 강도를 기준으로 기타의 잔혹한, 비인도적인 또는 굴욕적인 대우와 구분된다.[14] 그러나 고문은 신체적으로 극심한 고통을 가하는 행위뿐만 아니라 정신적인 고통을 수반하는 고의적 잔혹행위를 포함하므로, 비록 신체에 대한 직접적인 고통이 가해지지 않았다 할지라도, 상대방에게 극심한 신체적 고통을 입게될 것이라는 협박을 통해 그 의사를 완전히 억압하고, 저항할 수 없도록 협박하는 행위도 고문의 범주에 포섭될 수 있다.

예를 들어 시한폭탄 시나리오 상황에서 폭탄을 설치한 테러리스트에게 그의 가족을 차례로 사살하는 장면을 실시간 동영상으로 보여주면서 자백을 강요하는 것은, 설사 그 동영상이 트릭에 불과한 것일지라도 정신적 고통을 통해 의사를 억압하는 고문에 해당한다.

라. 경찰의무의 충돌과 경찰재량

사회계약에 따른 국가 강제력 독점으로부터 국가 기관인 경찰에게는 국민의 생명과 신체를 안전하게 보호해야 할 의무가 존재한다. 인질

---

12 Jerouschek/Kölbel, Folter von Staats wegen, JZ 2003, 614면; Rüping/Jerouschek, Grundriss der Strafrechtsgeschichte, 4. Aufl. 2002, Rn. 79 ff.

13 BGHSt 46, 303.

14 최태현, 고문금지에 관한 실체적 국제법규범의 발전, 인권과 국제법, 1989, 281면.

상황은 특히 피해자의 생명, 신체, 인간의 존엄이 심각하게 침해받는 상황으로서 이를 제거하기 위한 적극적인 조치가 요구되고, 경찰이 할 수 있는 조치가 충분히 있었음에도 부작위로 방관하고 이를 실행하지 않는 것은 재량의 범위를 넘는 것으로 허용될 수 없다.[15] 물론 원칙적으로 경찰이 이러한 의무를 어떻게(How) 수행할 것인지는 국가의 고유한 책임영역이므로 독자적으로 결정할 수 있다. 독일의 슐라이어 사례를 보자.

◉ 독일 슐라이어 납치사건

2008년 독일영화 '바더마인호프 콤플렉스(Der Baader-Meinhof Komplex)'로도 소개된 바 있는 독일 적군파(RAF) 테러리스트들은 1977년 9월, 경호원과 운전사를 살해하고 당시 서독 경영자협회 회장인 슐라이어를 납치, 독일정부에 좌익 테러리스트 11명의 석방을 요구했다. 그러나 독일정부는 테러리스트의 요구에 굴복하지 않고 협상을 시도하였다. 한 달 뒤 이들은 다시금 팔레스타인 해방전선 테러리스트들을 사주해 독일 루프트한자 소속 민간여객기를 납치해 소말리아 모가디슈 공항에 착륙시켰다.

1972년 뮌헨 올림픽 당시 검은 9월단의 테러로 인해, 이스라엘 선수단인질 9명 전원 사망이라는 혹독한 경험을 하고 나서, 최정예 경찰특수부대인 GSG-9을 준비한 독일정부는, 모가디슈 공항으로 GSG요원들을 급파, 진압작전을 감행하여 인질들을 전원 구출했다. 테러리스트들은 이에 대한 보복으로 결국 슐라이어를 살해했다. 정부가 인질범들의 요구에 응하지 않자, 당시 슐라이어의 아들은 테러리스트가 요구한 죄수들 석방의 가처분을 구하는 헌법재판을 청구했지만 독일 헌법재판소는 이를 받아들이지 않았다.[16]

---

15 헌법학에서는 국가의무에 대한 이러한 심사기준을 과소금지의 원칙(Untermaßverbot)으로 제시한다. 더 자세히는 정문식, 안전에 관한 기본권의 헌법상 근거와 위헌심사 기준, 법과 정책연구 제7집 제1호, 2007. 6, 217면 이하.
16 BVerfGE 46, 160 f.

마. 고문의 상대화 논쟁

독일법원은 야콥을 구하기 위한 경찰의 가혹행위를 정당하다고 보지 않았다. 피의자에 대한 가혹행위로 기소된 경찰관들 중 직접 협박을 가한 경찰관은 독일형법(StGB) 제240조의 강요죄로, 협박을 지시했던 부청장은 동법 제357조 '부하직원범죄의 유혹죄'(Verleitung eines Untergebenen zu einer Straftat)로 프랑크푸르트 지방법원에서 각각 벌금형의 집행유예가 확정되었다.17 사실인정 과정에서 법원은, 당시 고문이 피해자를 구하기 위한 경찰의 최후의 유일한 수단이었음을 인정하지 않았다. 또한 독일 기본법 제1조에서 규정한 인간의 존엄은 절대적으로 보장되며, 이에 대한 예외가 인정되면 그 절대적 보장이 무너지게 되고, 피해자의 기본권과 가해자의 기본권간의 비교형량이 가능해짐으로써 절대적 고문금지의 원칙이 흔들리게 될 것을 우려하면서, 정당방위나 긴급피난에 의한 위법성 조각의 가능성도 부정하였다.

학자들은, 어떤 경우에도 고문은 허용될 수 없다는 입장과, 경우에 따라 예외를 인정할 수 있다는 입장으로 나뉜다. 절대적 금지의 입장에서는 고문의 예외를 인정할 경우, 국가의 고문을 정당화할 수 있는 길을 열어 줌으로써, 우리 사회에서 고문을 절대적으로 금지하고 있던 댐(Dam)의 붕괴로 연결될 수 있으므로 그 상대적 허용을 부정해야 한다는 것이다. 고문을 통한 신체에 대한 유형력의 행사는 가해자를 정보획득을 위한 도구로 전락시키는 인간의 존엄을 심각하게 침해하는 행위로서 어떠한 경우에도 정당화 될 수 없다고 본다.18

반면, 고문이 예외적으로 허용될 수 있다는 견해가 있다. 고문은

---

17 LG Frankfurt a.M., Urt. v. 20. 12. 2004, NJW 2005, 692면.

18 Haurand/Vahle, Rechtliche Aspekte der Gafahrenabwehr in Entführungsfällen, NVwZ, 2003, 518면 이하; Jeßberger, "Wenn du nicht redest, füge ich Dir große Schmerzen zu," Jura 2003, 713면; Norouzi, Folter in Nothilfe-geboten?!, JA 2005, 309면 이하.

수사에서 자백을 획득하기 위한 '심문으로서의 고문(inquisitorische Folter)'
과 위험방지를 위한 긴급구조적 고문(Rettungsfolter) 내지 예방적 고문
(präventivfolter)으로 구분되어야 하며, 전자는 절대적으로 금지되어야 할
것이나 후자의 경우는 예외적으로 허용되어야 한다고 본다. 유괴사건
에서 국가는, 가해자에 대한 고문을 금지함으로써 소극적으로 가해자
신체의 완전성과 인간의 존엄을 존중하여야 하는 헌법적 의무와, 피해
자의 생명에 대한 기본권을 보호하고, 감금상황에 처한 피해자의 인간
존엄성을 적극적으로 보호해야 하는 의무의 충돌상황을 직면하게 된
다. 이러한 의무의 충돌상황에서 원칙적으로 소극적인 부작위에 의한
인간 존중의무는 적극적인 행위에 의한 인간 존엄의 보호와 동격의 가
치를 가지며 결코 소극적인 부작위가 우월한 위치에 있는 것은 아니라
고 한다.19

바. 고문의 상대화는 허용되어야 하는가?

고문행위를 국가의 정당한 수단으로 인정하려는 입장에는 동의하기
어렵다. 경우에 따라 인질범에 대한 경찰의 의도적 총기사살이 정당화될
수 있는 것은, 위험을 제거해야할 의무를 이행하지 않는 가해자에 대하
여 의무이행의 상태를 실현하기 위한 최후 수단이기 때문이지만, 고문의
경우와는 달리 총기사살에서는 가해자를 도구로 사용하는 것이 아니다.

만일, 국가작용으로서의 고문이 허용될 수 있거나 정당화 될 수
있다면, 최소침해의 원칙에 입각한 고문의 절차적 보장이 이루어져야
하고, 법률유보의 원칙에 따라 뜨거운 감자는 입법의 영역으로 던져지
게 될 것이다. 결국 더쇼위츠(Dershowitz)의 주장처럼 법의 영역에서 고
문영장 제도를 만들어 변호인과 의사의 참관 하에 고문이 실행되는, 법
치국가에서 결코 수용할 수 없는 상황이 발생하게 될 것이다.

---

19 Wittreck, Menschenwürde und Folterverbot, DÖV 2003, 880면; Götz, Das Urteil
gegen Daschner im Lichte der Wertordung des Grundgesetzes, NJW 2005, 955면.

그러나 고문이 결코 국가의 정당한 수단이 될 수 없을지라도, 위급상황에서 고문을 행한 경찰관 개인에 대한 윤리적 정당성의 문제는 달리 판단할 필요가 있다. 긴급구조적 고문행위를, 죽어가는 사람을 구하기 위하여 타인의 신장을 강제로 적출하는 행위와 비교하면서 윤리적 제한을 강조하는 견해도 있으나,[20] 신장의 강제적출은 위험상황을 야기한 책임이 전혀 없고, 위험을 제거해야할 아무런 의무도 없는 이성적인 존재에 대한 수단화로서 윤리적으로 용납될 여지가 없다.

반면 진술강제의 경우, 가해자에게는 위험을 야기하고 현재에도 위험을 제거할 의무가 존재하며, 또한 그 위험을 제거할 수 있는 유일한 사람으로서, 피해자를 위험에서 구출하도록 조력하고 준법의 영역으로 회귀할 것인지, 가혹행위의 고통과 극단의 형사처벌을 감수하면서 탈법의 영역에 머무를 것인지 이성적인 선택의 결정권이 존재하고 있기 때문에, 인간의 수단화를 경고하는 칸트의 도덕법칙도 이 경우에는 적용되지 않을 것이다.[21]

우리나라도 테러의 위협으로부터 더 이상 자유롭지 못하며, 빈번하게 발생하는 유괴나 납치범죄는 언제든지 이러한 딜레마가 현실화될 수 있음을 의미한다. 절대적 고문금지 원칙에 대한 상대화 논의 자체가 더 이상 금기시되어서는 안 된다. 인권과 공공의 안전이라는 이해충돌 상황에서 가장 고결하게 품위를 유지하는 방식은 탁상머리에서 점잖게 인권의 손을 들어주는 것이다.

그러나 그들의 조언이 생명의 구조라는 긴박한 현장상황에 직접 처하게 되는 경찰에게 어떤 의미를 주는가. 시한폭탄 시나리오 상황에서 단지 진술거부권과 변호인 선임권을 고지하고 최선의 설득노력만한 채로 최악의 결과까지도 담담히 기다리는 경찰과, 윤리적·법적 비난을 무릅쓰고서라도 무고한 생명을 구하기 위해 고문이라는 금기의

---

20 박상기, 형법총론, 박영사, 2007, 198면 이하.
21 형사책임에 관한 칸트의 입장에 관해서는 Enders, Der Staat in Not, DÖV 2007, 1042면.

벽을 스스로 넘어서는 경찰 중 누가 더 윤리적 인간인가.

야콥 유괴사건 수사의 책임자인 다쉬너 부청장은 언론 인터뷰에서 다음과 같이 말한다.

"아직까지 아무도 나에게 이런 상황에 대처할 수 있는 대안을 제시하지 못하고 있다. 내 행동에 대해 전혀 후회가 없으며 다시금 그런 상황에 처하게 되더라도 똑같이 행동할 수밖에 없다."[22]

2. 보호이익의 한계: 선량한 풍속도 경찰이 보호해야 하는가?

가. 선량한 풍속으로서의 공공질서(Öffentliche Ordnung)

◉ 스와핑의 경찰단속

서울 강남구의 한 번화가에 위치한 '커플 테마 클럽'은 개업 후 성업 중으로 클럽 안에서는 유사 성행위는 물론 그룹섹스, 스와핑 등 실제 성행위도 아무런 거리낌 없이 이뤄지고 있다. 인터넷으로 성인인증을 하고 가입한 회원만 출입을 허용하는 이 클럽은 홈페이지를 통해 "성과 관련한 어떤 금기도 금기시한다"며 자극적인 홍보까지 버젓이 하고 있다.

인터넷 등을 통해 오프라인상 비공개 모임을 갖고 스와핑 등을 하다 경찰에 적발된 사례는 있지만 이같이 클럽에서 공공연하게 음란행위를 한 사실이 밝혀진 것은 처음이다.

이같이 사회적 파장이 큰 사안임에도 '음란클럽'에 대해 실정법상 단속할 만한 근거가 마땅찮아 경찰도 고민에 빠졌다. 현행법상 당사자의 합의만 있다면 스와핑 등의 행위는 공연음란죄나 성매매특별법으로 처벌이 불가능해 음란행위를 한 손님을 처벌하기는 어렵고, 경범죄의 '과다노출' 정도를 적용할 수는 있지만 장소를 제공한 업주에 대한 처벌은 사실상 어렵다는 게 법조계 다수의 판단이다.

(2009. 6. 30. 서울경제)

공동체적 사회생활의 존속을 위해서는 질서가 유지되어야만 한다.

---

22 Frankfurter Allgemeine, 2003. 6. 3.

질서는 독재자의 공포를 통해서도 유지될 수 있을 것이나, 법치국가에서의 질서는 법에 의한 체계적 규율상태, 즉 법질서를 통해서 유지됨이 상식이다. 그러나 법이 언제나 사회의 급속한 발전에 보폭을 맞추어 따라가지는 못한다.

예를 들어 2011년 11월 1일 개정된 「풍속영업의 규제에 관한 법률 시행령」에서는 풍속영업의 범위에 청소년보호법상의 청소년 출입과 고용금지 업소를 포함시켰다. 이른바 신종 유흥업소인 키스방, 인형체험방 등에서의 음란·퇴폐행위에 대한 경찰단속을 강화하기 위함이다. 이 개정안이 시행되는 2012년 이전에는 영업행위에 대한 직접적 규제가 아니라 신종 유흥업소의 간판광고 위반이나 전단 살포 등에 대한 간접적인 단속만이 실시되었다.

이처럼 법이 아직 규율하지 못하거나 규율을 포기한 사회의 지배적 가치관에 대해서 국가, 특히 경찰기관의 적극적인 개입의 허용여부가 문제될 수 있다. 경찰법학에서는 선량한 풍속(gute Sitte)이라는 불문의 가치규범을 '공공의 질서'라 규정하고 경찰직무를 통해 지켜져야 하는 보호이익으로서 인정해 왔다.

즉 우리가 여기서 논의하고자 하는 공공의 질서는 일상용어로서의 '법질서'와는 전혀 다른 개념이다. 법에 의해서 지켜지도록 규율된 질서가 아니라, 불문의 가치규범인 미풍양속으로서의 질서이다. 미풍양속에 대한 경찰개입의 당위성이 문제되는 원인은, 법질서 위반행위가 성문법에 의해서 명확하게 규율되는 반면, 풍속질서는 시대와 장소적 상황에 따라 그 가치가 지속적으로 변화되고 있으며, 국가나 사회의 안전과 무관한 영역이기 때문이다.

▲ 경찰의 미니스커트 단속 모습

과거 경찰의 모습을 떠올려 보자. 60년대 경찰은 막대자를 들고 다니면서 남성들의 장발을 단속하고 여성들의 미니스커트의 길

▲UN 성냥과 고야의 〈나체의 마야〉

이를 재는 것이 경찰이 지켜내야 하는 사회질서라고 믿었을 터이다. 도대체 짧은 치마나 장발머리는 사회안전에 어떤 위험을 가져오는가.

1970년 대법원은 어느 가정집에서나 쉽게 찾아 볼 수 있었던 UN 성냥에 인쇄된 스페인 화가 고야의 작품 '나체의 마야'를 음화로 판단, 성냥제조사인 유엔화학공업사에 음화 제조판매 혐의로 벌금 5만원을 부과했다.[23]

지금에 와서 보자면 어이없는 판결일 수도 있겠지만 당시의 대법관들은 선량한 풍속에 대한 도전이라고 보았던 것이고, 이 법 관념을 그대로 따르자면, 순찰경찰들은 부지런히 중국음식점이나 복덕방에 널려 있을 성냥갑들을 압수해야 한다.

역사적 문제만이 아니라 동시대의 선량한 가치도 지역적 상대성을 가진다. 독일에서는 도심공원 내에 FKK라는 나체 일광욕장을 쉽게 접할 수 있고, 사우나도 남녀가 나체로 함께 들어가는 혼탕이 보편적이다. 저자도 독일에 체류하면서 가족과 함께 독일 사우나 문화를 오래 향유했지만, 음란함이나 도덕적 불쾌감이 아닌 타인을 의식하지 않는 그 자유로움과 개방성에 대해 도리어 호감을 가질 수 있었다. 반면 우리나라에서는 2005년 강원도에서 고성, 강릉 두 곳에 누드비치 조성을 구상하였으나 주민반대로 무산되었고, 2009년 제주도가 외국 관광객 유치를 위해 추진했던 누드비치도 결국 좌절되었다.

앞에서 소개한 스와핑이 은밀한 사적 영역을 넘어서 인터넷이나

---

23 대법원 1970. 10. 30. 선고 70도1879 판결.

유흥업소 등에서 공공연히 나타나는, 선량한 풍속에 반하는 공공질서의 문제가 되면 국가는 더 이상 이를 수인하지 않고 공동체의 선량한 질서를 유지하기 위해 개입할 필요가 있다.

여기서 나타나는 또 다른 문제는 국가개입이 경찰이라는 무력집단을 통해 관철되어야 하는가이다. 영미의 경찰연구에서 나타나는 것처럼 경찰의 임무가 넓은 의미의 공동체의 평화유지라고 한다면, 선량한 풍속에 대한 경찰개입도 보다 수월하게 인정될 수 있다. 그러나 역사적 경험을 통해 볼 때, 미풍양속에 대한 경찰개입은 그다지 시민의 신뢰를 받지 못하고 독재정치의 사회적 억압에서 잉태된 사회에 대한 불필요한 통제로 치부되는 경향이 짙었다.

'경찰'이라는 개념과 풍속을 의미하는 '공공의 질서'라는 용어의 결합에 있어서는 특별한 주의가 요구된다. 독일 프랑크푸르트 시에서 공공질서 유지를 담당하는 자치공무원들은, 법률에서 규정하는 '질서경찰'(ordnungspolizei)이라는 명칭을 포기하고 2005년 이후 '도시경찰(Stadtpolizei)'로 불린다. 법치국가를 대체해서 1930년대 등장한 경찰국가 친위대 소속 경찰이 바로 '질서경찰'이라는 이름을 사용하면서 시민사회에 불필요하게 깊숙이 자리매김한 부정적 이미지에 기인한 것이다.

나. 공공질서 위반에 대한 공적 개입

구지(Gusy)는 공공의 질서위반의 발생요건을 다음의 세 단계로 나타내고 있다.

첫째, 대상행위에 대하여 법률로 규정되지 않으면서도 경험적으로 확정할 수 있는 사회규범(Sozialnorm)이 존재하여야 한다.

둘째, 사회규범은 질서있는 공동생활을 위하여 불가결한 것이어야 한다. 즉 단순한 과반수가 아니라 명백하고 분명한 다수에 의해서 지지되는 것이라야 한다.

셋째, 이러한 사회규범에 대한 공개적 침해가 존재해야 한다. 따라서 지극히 사적인 영역에서 공공의 영역으로 발현되지 않는 사회규범의 침해는 공공질서에 해당하지 않는다. 예를 들어 스와핑의 경우, 공중의 영역으로 등장하지 않은 채, 지극히 사적으로 이루어지는 한, 비록 도덕률이나 사회적 가치체계에 반하는 행위라 하더라도 경찰개입이 문제되는 공공의 질서에 해당하는 것은 아니다.

물론 공공영역으로의 발현은 비단 행위자체를 통해서만이 아니라 공표나 광고를 통해서 인지될 수 있는 것으로 족하다.[24] 타인이나 공중에 직접적인 위해를 가져오지 않는 행위라 하더라도 국가는 서사적 유기체로서 국가공동체의 존속과 건강한 발전을 위해서, 자연법과 무관한 전통적 사회규범 유지에 개입할 수 있다.

타 문화권에서 허용되는 나체 해수욕장이나 혼탕사우나의 영업에 대해서도 사회공동체의 합의를 전제로 일정부분 개입할 수 있는 것이다. 가장 전통적이고 명확하게 나타나는 개입방식은 법제정 절차를 통해서 이를 금지시키고 특정한 제재를 마련하는 방식이다. 이렇게 실정법을 통하게 되면 사법기관에 의한 개입이 형식적 정당성을 쉽게 획득할 수 있다.

그러나 법적 개입은 사회 가치관의 변화를 쉽게 반영하기 어렵다. 변화를 허용하는 열린 사회에 있어서 다양한 가치관의 표출이 인정됨에 따라 법에 의해 윤리적 최소한을 확정하는 것은 어렵기도 하거니와 거의 불가능하기까지 하다.[25] 이에 행동의 자유에 대한 규범적 한계로서의 도덕률의 실질적 무의미성이 주장되고 있다.[26]

사회공동체의 가치관에 명백히 반함에도 불구하고 아직 실정법 불비로 사법적 개입이 어려운 경우, '선량한 풍속의 보호'를 이유로 개입

24 Gusy, Polizei- und Ordnungsrecht, 7. Aufl., 2009, 97면.
25 Lisken/Denninger, in Handbuch des Polizeirechts, 4. Aufl., 2007, 143면.
26 Jarass/Pieroth, GG, 5. Aufl., 2000, Art. 2, Rn. 16; Murswiek, in: Sachs, Grundgesetz Kommentar, 1998, Art. 2, Rn. 99.

할 수 있을까. 술 취한 주취자가 법질서에 위험을 초래하게 되면 경찰은 직접 개입하여 보호조치를 취하거나 경범죄처벌법 등의 법률에 근거해서 즉결심판 등 법적 강제조치를 취할 수 있게 된다.

그러나 보다 먼저, 이른바 선제적 개입방식을 통해 '술 먹지 않고 집에 일찍 들어가서 가족과 함께 지내기' 운동을 경찰이 주도적으로 하는 것이 가능할까. 청소년 선도를 위해 밤늦게까지 배회하는 청소년들의 귀가를 종용하는 것은 어디까지 허용될 수 있을까.

선량한 풍속에 대한 경찰개입의 문제는 비단 형식적 경찰조직인 경찰청의 문제만은 아니다. 사회의 보편적 가치규범의 파괴는 선정성이나 폭력성을 가진 공중파 방송매체나 인터넷, SNS 등을 통해 확산되기도 하며, 법률이 개입하기 어려운 각종 비윤리적 영업형태로도 나타난다. 최근에 등장하는 인형체험방, 멀티방, 대화방, 키스방, 귀청소방, 전립선 마사지방 등 일반인의 상상력을 뛰어넘는 다양한 영업방식을 상상해보라.

이러한 다양한 방식의 풍속침해 문제는, 보편적 경찰조직이 아닌 이른바 협의의 행정경찰, 즉 일반 행정부처에서 대응해야 하며, 우리는 이를 업무영역에 따라 방송경찰, 영업경찰 등으로 명명할 수 있다. 이 장에서 다루고 있는 경찰은 경찰제복 구성원의 집합체가 아닌, 행정 전 분야에서 사실상 선량한 풍속의 존치를 위해 개입하는 넓은 의미의 경찰을 말한다.

다. 유럽의 공공질서와 경찰개입 사례

공공의 질서는 그 개념적 정의에서 볼 수 있듯이 도덕적 가치의 영역으로서 시대적 상황에 따라 변화되며,27 이러한 변화의 추이를 사회적 관점에서 확정하기 위한 방식은 판례를 통한 사법부의 해석이다.

---

27 Erbel, *Öffentliche Sicherheit und Ordnung*, DVBl, 2001, 1715면; *Fechner*, „*Öffentliche Ordnung*," −*Renaissance eines Begriffs?*, JuS 2003, 734면.

공공질서와 관련한 독일의 판례들을 검토해 보면 국가개입에 대한 긍정과 부정의 어지러운 교차를 통해 사회가치관에 대한 국가개입이 얼마나 고민스러운 것인지를 짐작케 한다.

1912년 3월 12일, 올덴부르크 고등행정법원(OVG Oldenburg)에서는 사회민주주의의 상징으로서 붉은 기를 게양하는 것이 공공의 질서에 반하는 것으로 보았으며, 동 법원의 1931년 4월 20일 판결에서는 풍속에 대한 위험으로부터 보호하기 위해 18세 미만의 청소년들의 댄스축제 참여를 금지하는 명령이 정당하다고 판시하였다.28

1954년 5월 18일 뮌스터 고등행정법원(OVG Münster)의 판결에 따르면, 성매매영업은 경찰상 위험의 존재로 인해 공공의 질서에 반하는 것이다.29 한편 연방대법원에서는 공공지역에서의 콘돔자동판매기 설치금지가 풍속과 예절(Sitte und Anstand)에 근거하여 허용된다고 보았다.30 코블렌쯔 고등행정법원(OVG Koblenz)에서는 스웨덴의 세계적 영화감독 잉그마르 베르그만(Ingmar Bergmann)의 작품인 '침묵(Das Schweigen)'이 성행위 장면으로 인해 상영금지되는 것을 승인하였으며,31 연방행정법원(Bundesverwaltungsgericht)은 초대 연방대통령인 호이스(Heuß)의 사망에 따른 국가추모기간 중, 댄스축제 금지의 정당화를 공공의 질서에 근거하였다.32

한편 공공의 질서를 부정한 판례로, 상의를 탈의한 여성권투가 공공의 안녕이나 질서에 대한 침해를 가져오지 않으므로 구 영업법 제60조a에 근거하여 금지될 수 없다는 칼스루에(Kahlsruhe) 행정법원의 판결

---

28 Kugelmann, Polizei- und Ordnungsrecht, 2. Aufl., 2011, 91면 이하. 공공의 질서에 관한 이하의 판례들도 Kugelmann의 저서를 통해 확인하였다.
29 OVGE 8, 320.
30 BGHS 13, 16. 콘돔자동판매기 설치의 공공질서 위반에 대한 현대적 해석으로는 손재영, 경찰법상의 보호법익, 경북대학교 법학연구원 법학논고 제36집, 2011, 308면 이하.
31 OVG RP, DVBl, 1966, 576.
32 BVerwG, DVBl, 1970, 504.

이 있다.33 특히 동 판결에서는 기본법 제1조 제1항에 근거하여 가능한 인간존엄성에 부합하는 행위를 할 것을 강요할 수는 없다고 하였다.

돈을 내고 작은 방에 들어가서 창을 통해 여성의 탈의를 구경하는 핍쇼(Peep-Show)영업의 허용여부에 관하여, 연방행정법원은 지속적으로 영업법상 선량한 풍속에 반한다는 입장을 유지하고 있는데, 그 논증에 있어서 사회윤리적 가치관과 특히 인간의 존엄이라는 헌법적 가치를 연결시키고 있다. 핍쇼는 공연자인 여성을 대상물로 비인격화하고 있으며, 인간의 존엄은 객관적으로 처분할 수 없는 가치로서 당사자의 동의가 고려되지 않는다고 본다.34 지배적인 사회윤리적 신념은 가치공동체의 모든 구성원에게 통용되어야 하는 것은 아니며, 홍등가에서의 영업도 허용하지 않았다.35 반면 뮌헨 행정법원(VG München)에서는 핍쇼가 톨레랑스의 영역에 있어 법질서에서 수인될 수 있다고 상반된 판시를 한 바 있다.36

특정공간에서 벌어지는 시뮬레이션 살인게임인 "Laserdrome"에 대하여 독일의 각 주들은 이를 금지하는 판례들을 내놓았는데, 코블렌쯔 고등행정법원, 뮌스터 고등행정법원 등은 공공의 질서에 대한 침해를 그 근거로 보았다.37 한편 노르트라인 베스트팔렌 고등행정법원(OVG NW)에서는 인간의 존엄을 보장하는 기본법 제1조를 그 근거로 제시하고 있다는 점에서 눈길을 끈다. 시뮬레이션 살인행위를 통해 인간을 객체화하는 것은 기본법 제1조에서 표방하는 인간상에 배치되므로 공공의 질서에 반한다는 것이다.38

공공의 질서에 관련한 최근의 사례로는 다양한 격투기 기술을 종

---

33 VG Karlsruhe, GewArch 1978, 163.
34 BVerwGE 64, 274.
35 BVerwGE 84, 314. 그럼에도 일부 주에서는 실무상의 묵인에 따라 핍쇼의 영업이 이루어진다고 한다.
36 VG München, NVwZ 1983, 175 f.
37 OVG Koblenz, NVwZ-RR 1995, 30 f; OVG Münster, DÖV 1995, 1004.
38 OVG NW, DÖV 2001, S. 217 ff.

합하여 경기를 펼치는 UFC(Ultima Fighting Championship) 방송에 관한 논란이다. 바이어른 주 방송위 (BLM)는 독일의 주 방송법에 따라 스포츠 채널인 DSF의 UFC 중계 승인을 취소하였는데, 그라운드에 누워있는 상대방을 가격하는 폭력이 바이어른 헌법에 따른 방송의 자유에 대한 제한에 해당한다는 것이 그 근거가 되었다.[39]

▲ 난장이 쏘기는 풍속에 반하는가?

프랑스의 경우, 아르쾨유(d'Arcueil) 꼬뮌 시장은 1990년 5월 14일 경찰규칙을 통해 지역 내 성인광고 벽보의 부착금지를 명했지만, 파리 행정항소법원과 국사원은 지방자치단체장의 경찰권 행사가 월권이라고 판시했다. 1991년 Morsang-sur-Orge 꼬뮌 시장은 꼬뮌 내 디스코텍에서 이른바 '난장이 쏘기(Lancer de nain)'[40]를 금지하는 경찰규칙을 제정했는데, 1심 법원인 지방행정법원은 경찰규칙을 취소했지만, 국사원은 원심을 파기하고 인간 존엄이 경찰권을 통해 보호되는 공공질서의 구성요소임을 확인했다.[41]

라. 우리 사회에서 고려될 공공의 질서

1) 위안부 소녀상 말뚝테러

2012년 6월 한국을 방문한 일본 극우파 정치인 스즈키는 서울 종로구 주한 일본대사관 맞은편 위안부 평화비(소녀상)에 '다케시마는 일

---

39 바이어른 헌법 제111조a 제1항 제5문에 따르면 일반의 풍속관념을 현저히 해하는 폭력의 예찬이나 공연은 허용되지 않는다.
40 난장이를 대포에 넣어 가능한 멀리 쏘아 보내는 서커스의 일종으로 1990년대 초반 유흥가에서 유행하였다.
41 전훈, 행정경찰개념과 공공질서의 의미 — 프랑스 행정판례와 그 시사점 —, 한국프랑스학논집 제51집, 2005, 442~443면.

본 땅'이라고 적힌 말뚝을 세우고 사진과 동영상을 촬영했다. 더군다나 '위안부상은 매춘부상'이라며 위안부 피해자들을 모욕했다. 위안부 피해자 쉼터의 위안부 피해자들은 시민단체와 함께 그를 명예훼손 등 혐의로 고소했다.

▲ 위안부 소녀상과 말뚝

사건당시 소위 '말뚝테러'를 감행하는 일본인에 대하여 한국경찰이 전혀 제지하지 않았다는 사실이 알려지면서 경찰에 대한 비난이 일고, 이후 경찰들에게는 소녀상을 말뚝테러로부터 보호하라는 특별임무가 부여되었다. 말뚝을 박으면서 소녀상에 대하여 '매춘부'라고 손가락질을 하는 행위는 사자의 명예훼손에 해당할 수 있고, 사건을 담당한 서울지검 외사부에서도 일본인 피의자를 기소하였다.

그런데 만일 직접적인 명예훼손 없이 소녀상 옆에서 '다케시마는 일본 땅'이라고 주장하는 외침만 있었다면, 경찰은 어떻게 해야 할까. 일본인은 한국에서 표현의 자유가 제한되고, 한국민들의 가치관에 반하는 주장을 해서는 안 되는 것일까.

그 장소에 근무 중인 경찰은 일본인의 입을 틀어막고 장소에서 끌어내야 하는가. 일본 극우주의자 단 한 명의 외침도 우리 공동체 안전에 위협을 가져오는 것일까.

정확히 표현하자면 극우주의자의 행동은 만행일지언정 테러의 범주에 속한다고 보기는 어렵다. 사회안전에 대한 위험을 야기하는 행위라고 볼 여지도 없고, 다만 한국인의 보편적 가치관과 정서에 반하는 행위로서 도덕적 비난의 대상이 되는 것이다. 이처럼 법률상 범죄의 범주에 해당하지 않는 반도덕적 행동에 대해서 경찰은 무엇을 할 수 있을 것인가.

만일 일본 극우주의자들이 단체로 방한하여 '다케시마는 일본 땅'을 모토로 하는 집회신고를 하면, 경찰은 집회를 금지시킬 수 있을까. 법적 측면에서 본다면 집회에서의 발언이 명예훼손이나 모욕 등 범죄에 해당하지 않는 한, 집회의 실질적 내용에 대한 반윤리성에 근거한 경찰개입은 허용될 수 없다.[42]

독일에서도 유사한 사례가 나타났다. 베를린 브란덴부르그 문 인근에는 홀로코스트 희생자의 이름이 각기 새겨진 2,700여 개의 비석이 추모장소로 조성되어 있다. 나치의 유대학살을 부정하고 외국인을 혐오하는 독일 극우주의자들은 종전 60주년이 되는 2005년, 베를린 시내에서 집회신고를 내고 홀로코스트 기념비를 경유하는 시위를 계획하였다.

▲ 베를린 홀로코스트 기념비

나치의 과오를 반성하는 독일인들의 보편적 가치관에 반하는 내용일지라도 경찰이 집회의 윤리적 내용을 근거로 집회를 제한하고 개입하는 것은 허용될 수 없었고, 결국 정치권의 논의를 통해, 나치정권 및 나치 폭력에 의한 희생자와 관련된 특정장소에서의 시위를 금지할 수 있는 집회법의 개정이 이루어졌다. 그럼에도 극우시위자들은 법률에 의해 규정된 베를린 6개소의 시위금지 장소를 제외하고는 도리어 경찰의

---

42 집시법 제5조 제1항 제2호는 공공의 질서에 대한 직접적인 위협을 끼칠 것이 명백한 집회·시위가 금지된다고 규정하고 있지만, 집시법상 공공의 질서는 본 장에서 설명하는 불문의 가치규범으로서의 선량한 풍속과는 다른 개념이다. 이 법률에서 공공의 안녕 질서에 대한 직접적인 위협을 집단적인 폭행, 협박, 손괴, 방화 등으로 예시하고 있는 점, 그리고 대법원의 관련 판례를 고려하면, 여기에서의 공공의 안녕과 질서는 서로 구분되지 않는 단일한 개념으로서 법질서 위반을 의미한다. 보다 자세히는 이성용, 독일 경찰법상 공공의 질서개념의 국내법적 수용, 경찰학연구 제12권 제2호, 16면.

보호를 받으며 자유롭게 자신들의 의사를 개진하는 시위를 할 수 있다.

다행히도 이 사건의 결론은 희망적이다. 2005년 종전 60주년 기념 독일 극우주의자 3천명의 시위계획은, 극우단체의 시위에 반대하는 만 5천명의 대응시위대의 적극적인 원천봉쇄 시도로 인해, 충돌을 우려한 경찰이 극우주의자들의 행진을 불허함에 따라 약식집회로 조용히 마무리되었다. 공동체 구성원의 불문의 가치관에 반하는 비도덕적 행위에 대해서 경찰이 앞장서 적극적으로 개입하는 것보다 선량한 시민들의 자율적·집단적 견제가 보다 효과적인 억제전략이 될 수 있음을 보여준다.

2) 제노포비아

이방인에 대한 혐오현상을 설명하는 제노포비아(Xenophobia)는 더이상 다른 나라만의 문제가 아니다. 다문화사회로 변모하는 우리의 공동체가 겪으면서 극복해야 할 과제이다. 대학입학 면접에서 일반교양 과제로 빈번하게 출제되는 '다문화사회'에 대한 개인적 견해를 묻는 질문에, 감히 어떤 지원자도 '대한민국은 단일민족 국가이고, 외국인들과 동화되는 것은 바람직하지 않다'고 답변하지 않는다.

도덕적 당위와 현실의 판단은 조금 다르다. 2012년 1월 중국 조선족 출신 오원춘이 여성을 토막살해하는 사건이 발생하자, 국내에서 제노포비아 현상은 급격히 확산되었고 다음 아고라에서는 조선족 전면추방 서명운동까지 벌어졌다. 같은 해 총선에서 필리핀 출신여성이 비례대표로 당선되자 인터넷을 중심으로 인종차별적 댓글이 폭증하고, 자질 낮은 외국인 영어강사들에게 한국을 떠나라며 이메일을 발송하거나 미행하고 집 근처에 잠복하는 일까지 나타났다.[43]

2012년 대한축구협회는 브라질 축구용병 에닝요에 대하여 복수국적 취득을 추진하였지만, 한국국민으로서의 기본적 소양이 결여되어

---

43 2012. 4. 21. 중앙일보.

있다고 판단한 대한체육회의 반대로 결국 좌절되었다. 물론 한 국가의 국민으로서 그 소속 국가에 대한 애정,44 공동체적 정서교감은 대단히 중요하다. 다만 여기에 요구되는 객관지표가 단순히 김치와 된장을 얼마나 좋아하는가, 한국어가 얼마나 능통한가는 아니다. 햄버거와 피자에 대한 선호도, 유창한 미국식 본토발음 구사가 가능한 선천적 언어능력이 미국시민의 조건이 될 수 없는 것처럼.

다문화사회로의 변화와 함께 제노포비아는 점차 수면위로 떠오르면서 조만간 외국인에 대한 보다 세련된 견제수단들이 공개적으로 나타나게 될지도 모른다. 외국인에 대한 적대적 태도나 차별은 실정법상 명예훼손이나 모욕에 해당하지 않는 한, 경찰개입을 사실상 제한한다. 흑인이나 동남아인이라는 이유만으로 술집이나 목욕탕에서 출입제한을 당하는 일이 점차 늘어나고 있다. 외국인에 반대하는 시위나 오프라인을 통한 서명운동 등이 등장할 경우, 이에 대한 중립적 경찰대응이 새로운 과제로 부상하게 될 것이고, 경찰교육과정에서 이러한 부분이 강조될 필요가 있다. 특히 차별적 행위에 대한 경찰개입 문제뿐만 아니라 외국인과 자국민과의 갈등상황에서 경찰이 개입하는 경우, 자국민 우선적 태도가 공정성의 문제를 야기할 수도 있다.

◉ **인도인 교환교수의 차별대우**

2009년 성공회대 인도인 교환교수는 시내버스에서 '더럽다', '냄새가 난다'는 등의 모욕적인 언사를 듣고 경찰에 신고했다. 언론보도에 따르면 인도인 교수는 경찰에서 또 다른 차별을 경험했다고 전해진다. 경찰관은 가해자에게 '양복까지 입으신 분이 왜 힘들게 사는 사람한테 그랬어요?'라고 존대를 하면서, 피해자에게는 '어떻게 1982년생이 연구교수냐, 정확히 뭘 하는 사람이냐'고 반말투로 하대하면서 합의를 종용하기까지 했다. 젊은 인도인이 교수일 리 없다는 편견에서 비롯된 경찰의 태

---

44 애국심의 문제는 보다 정교한 논의가 필요하므로 뒤에서 살펴보기로 하고, 여기서는 국가에 대한 애정이라고 하자.

도는 언론보도 후 180도로 바뀌었다고 한다.45

3) 국격훼손

2010년 10월, G20 정상회담 즈음에 서울 도심 22곳에 붙은 G20 홍보포스터에 쥐 도안을 검은색 스프레이로 뿌리다 경찰에 체포된 B에게 벌금 200만원의 유죄가 확정됐다. 당시 사건수사 과정에서 경찰은 공용물건손상 혐의로 입건된 B에 대하여 구속영장을 신청하였고, 이 사건을 지휘한 서울중앙지검 공안부에서 청구한 구속영장은 법원에 의해 기각되었다. 훼손된 포스터는 "세계가 대한민국을 주목합니다."라는 문구와 함께 세계지도를 바탕으로 청사초롱이 그려진 G20 공식포스터이고, B씨는 여기 오른쪽에 쥐가 등의 손잡이를 쥐고 있는 모습을 그렸다. 수사를 담당한 경찰서 형사과장은 언론인터뷰를 통해

▲ 훼손된 G20 정상회담 포스터

"국익을 위해 중요한 국제행사를 앞두고 국격을 높이는 국가 홍보물을 더럽히는 것이 (시민의) 정상적인 사고라고 생각하기 어려운데다 사안이 가볍지 않다고 판단해 구속영장을 신청했다"고 답변했다.46

법적 관점에서 국가행사 홍보를 위한 정상회담 포스터에 대하여 권한이 없는 자가 그림을 덧칠하는 것은 범죄에 해당하고, 이에 대하여 법원에서 벌금형의 유죄판결이 확정된 것은 지극히 정당하다. 그러나

---

45 EBS 지식채널 e, 지식 e SEASON 4, 2009, 298면; 한겨레, 2011. 7. 26.

46 http://news.naver.com/main/read.nhn?mode=LSD&mid=sec&sid1=102&oid=028&aid=
0002066972

이 과정에서 경찰과 검찰이 사안이 중대하다고 판단하여 구속영장을 청구하고, 이 사건을 공안범죄를 전담하는 검찰 공안부에서 담당한 것은, 단순히 공용물을 손괴했다는 점을 고려한 것 뿐만 아니라 '국격모독' 행위를 심각한 법질서 위반으로 인식했음을 의미한다. 사전적 의미에서 검찰의 '공안부'는 공안을 해하는 범죄에 대응하는 수사조직으로 보아야 할 것인데 포스터에 불을 붙이거나 폭파시켜 공중의 위험을 가져오는 것이 아니고, 그림을 덧칠하는 행위만으로는 공공의 안전에 대한 어떤 위험도 고려될 수 없다.

사법기관인 경찰이나 검찰이 법질서 유지를 위해 지켜야할 국가적 법익으로서 분명히 '국가의 품격'이 존재한다. 형법 제105조에 따라 대한민국을 모욕할 목적으로 국기 또는 국장을 손상, 제거, 오욕한 자는 중대한 처벌을 받게 된다. 그러나 국가행사 포스터 훼손이 형법상 국기, 국장모독에 해당하지 않는 한, 손괴행위의 위법성과 그 심각성만이 고려되었어야 한다. 만일 B가 현직 대통령을 암시하는 쥐가 아니라, 개구리를 덧칠했더라도 형사사법기관이 동일한 대응을 할 것이라고 가정할 수 있다면, 우리는 그 정당성을 인정할 수 있다. G(쥐)20과 유사한 발음의 동물 '쥐'를 그리면서 동시에 현직 대통령을 풍자하는 함축의 미학!

포스터에 그린 쥐는 국가의 품격을 손상시키는 중대 범죄라기보다는 국가행사에 대한 비판적 견해의 풍자적 표현일 뿐이며, 포스터를 찢어버리거나 불태우지 않고 단순히 쥐를 덧칠함으로써 세련된 방식으로 자신의 의사를 표현했다고 본다면, 관점에 따라 포스터에 대한 관심과 가치를 높인 것은 아니었는지 생각해 볼 필요가 있다. 최소한 풍자적 비판의 문화를 존중하고 포용할 수 있는 외국의 귀빈들이라면 쥐가 덧칠된 포스터를 보면서 도리어 대한민국의 세련된 표현의 자유와 관용의 문화적 품위에 미소를 지었을지도 모른다.

포스터 훼손이 국가행사를 단결된 마음으로 성대히 치르고자 하는 대다수 국민들의 정서감정에 반하는 행위였다면 공공의 안전에 관한 문제가 아니라 선량한 풍속위반, 즉 공공질서 위반에 해당한다고 보아야 하고, 경찰의 대응도 국격의 문제가 아닌 단순 손괴의 정도로 제한되어야 한다. 서구사회에서 그래피티(Graffiti)는 본디 정치성을 내포하고 있으며, 이에 대한 정부의 대응방식이 단순한 공공질서 위반인가, 아니면 국가 또는 국가원수에 대한 모독인지 여부가 바로 국가품격을 결정하는 시금석이다.

　　G20 홍보포스터 손괴사건은 19세기 프랑스의 화가 샤를 필리봉 (Charles Philipon)이, 시민의 왕을 자처하면서도 약속을 위반하는 루이 필립 국왕을 조롱박 모양의 서양

▲ 샤를 필리봉이 그린 루이 필립 국왕의 캐리커처

배에 빗대어 풍자한 캐리커처로 인해 국왕모독죄로 법정에 서게 된 사례를 떠올리게 한다. 그는 법정에서, '첫 번째 그림이 국왕을 닮았다면 두 번째, 세 번째 그림도 국왕을 모독하는 것이고, 결국 네 번째 그린 배 그림도 국왕모독이니 배를 재배하는 모든 농민이 국왕을 모욕하는 것'이라 자신을 변론하였다.47 왕에 대한 실망감을 풍자적 만화로 표현하고자 했던 화가와 이에 열광하던 파리시민들이 쥐를 그린 포스터를 본다면 어떤 생각을 하게 될까.

　　미국의 최근 사례를 보자. 미국의 성조기는 미국 국민들에게 단순히 법적인 국가상징물을 넘어서 특별한 감정을 불러일으키는 하나의 아이콘이다. 조지 워싱턴이 얼어붙은 강을 건너 영국군을 기습하러 가

---

47 박세열, '최진실법'엔 '최진실'이 없다. http://www.pressian.com, 2008. 10. 5.

는 극적인 장면을 묘사한 대형 유화 '델라웨어 강을 건너는 조지워싱턴(Washington Crossing the Delaware)'에 등장하는 성조기나, 태평양 전쟁 중 이오지마 섬의 정상에 선 미 해병대의 성조기, 9.11 사태 직후 소방관들이 세계무역센터가 무너진 자리에 성조기를 올리는 모습을 생각해 보자.

그런데 1984년 텍사스주 댈러스 공화당 전당대회가 한창인 때, 공산주의자 그레고리 존슨(Gregory Johnson)은 동료들과 댈러스 시청까지 항의행진을 벌이며 성조기를 불태우는 세리머니를 펼쳤다. 국기소각을 지켜본 많은 사람들이 심한 불쾌감을 느꼈고, 국가상징물에 대한 모독 행위를 금지하는 당시 텍사스주 법률에 따라 존슨은 유죄판결을 받게 되었다.

그러나 항소법원은 국기를 불태운 행위가 헌법상 보호되는 상징적 발언에 해당한다고 판결을 뒤집었고, 결국 1989년 연방대법원은, 국기 소각의 정치적 함의를 강조하며 그 행위가 수정헌법 제1조가 보호하는 표현의 자유에 해당하기 때문에 국기소각을 규제하는 텍사스주 법률이 위헌이라는 존슨의 주장을 5대 4로 지지했다.48

판결문을 통해 브래넌 대법관(Justice Wiliam J. Brennan, Jr.)은 다음과 같이 말한다.

"우리의 결정은 성조기가 상징하는 자유와 포용의 원칙을, 그리고 비판행위에 대한 관용이야말로 이 나라가 강건할 수 있는 원천임을 재확인하는 것이며, 국기가 상징하는 미국의 힘은 경직성이 아니라 융통성에 있다. 국기 모독행위를 처벌하는 것은 바로 그 소중한 휘장이 상징하는 자유를 희석시키는 행동이다."

마. 경찰이 사회의 지배적 가치관(풍속)을 확정하는가?

공공의 질서는 공동체의 다수에 의한 지배적 가치관으로서, 이에

---

48 L. 레너드 캐스터, 사이먼 정, 미국을 발칵 뒤집은 판결 31, 2012, 38~43면.

대한 경찰개입은 최소한 민주주의의 원칙에 위배되지 않는다는 주장에 대하여,[49] 이미 데닝어(Denninger)가 지적한 바와 같이 사회공동체의 다수의 가치관을 지배적 가치관으로 보호하고자 한다면 소수의 가치관이 경시될 수밖에 없다는 비판이 있을 뿐만 아니라,[50] 민주주의는 다수의 가치이외에 절차적 민주성이라는 이념을 추구하고 있으며, 사회지배적 가치관을 확인하기 위한 경험적 조사가 현실적으로 어렵다는 반론도 제기된다.[51] 사실 최근 급속히 발달하고 있는 인터넷이나 SNS를 고려한다면 계량적 분석을 통한 공동체 다수의 가치를 확인하는 것이 더 이상 어려울 것 같지는 않다. 그럼에도 정치철학적 측면에서 과연 이러한 불문의 다수의 지배적 가치관에 근거한 경찰권의 발동이 정당화될 수 있는지 의문이다.

풍속질서에 대한 경찰개입의 필요성이 일정부분 인정된다고 하더라도, 이에 대해서 얼마나 적극성을 가져야 하는지는 다시금 고민해야 한다. 공공의 안전과 달리, 풍속질서 위반에 대한 개입은 언제나 국민들의 신뢰와 지지를 받는 것은 아니다. 퇴폐적 유흥문화나 도박과 같은 행동의 불건전함과 사회적 위험은 별개의 문제이다. 왜 정선 카지노의 도박은 합법이고 다른 도박은 불법인가. 한때 유행하던 '바다이야기'와 같은 사행성 오락은 개인의 책임문제인가 사회적 개입이 필요한 상황인가. 만일 후자라면 굳이 무력을 행사하는 경찰이 해야만 하는 것인가. 2000년대 초반 사행성 오락실이 사회문제가 되었을 당시, 규제와 단속주체를 문화관광부로 존치할 것인지 아니면 효율성 제고를 위해 경찰청으로 변경할 것인지가 뜨거운 감자가 되었던 이유도 바로 그것이다.

다수의 지배적 가치관을 통해 공공의 질서를 추구하고자 하는 시도는, 에피쿠로스학파 이후 목적론적 윤리이론을 한층 진보시켜 최대

---

49 Drew/Wacke/Vogel/Martens, Gafahrenabwehr, 8. Aufl., 1977, S. 132.
50 Denninger, Polizei in der freiheitlichen Demokratie, 1968, 25 ff.
51 Hill, *Abschied von der öffentlichen Ordnung?*, DVBl, 1985, S. 91.

다수의 최대행복을 주창한 벤담의 공리주의를 연상시킨다.[52] 앞서 설명한 것처럼 실제 벤담은 거리의 부랑자들이 시민들의 전체적인 공리에 반하기 때문에 극빈자들을 집단으로 관리하는 구호시설을 설치하고 그들의 노역을 통해 그 자금을 조달하는 방안을 제시하기도 하였다. 이러한 벤담의 사상은 결국 다수의 복지와 이익을 위해 소수가 희생되어야 하고, 개인과 소수의 도덕적 권리를 무시할 뿐만 아니라 공정에 관한 도덕적 직관에 반한다는 비판에 직면하게 되고 도덕의 궁극적 본질을 찾는 칸트의 의무론과 대립하게 되는 것이다.

불변의 정의나 평등을 고려치 않고 시대적 변화에 따른 지배적 가치관을 좇게 되면 앞서 공공의 질서에 관한 독일의 판례의 변화추이에서 확인할 수 있듯이 정치적·이념적 변화에 경찰행정이 흔들릴 수밖에 없을 것이다. 불문의 규율을 통한 경찰개입은 그 법적 정당성에 문제가 제기될 수 있을 뿐만 아니라, 현 우리 사회에서 요구하는 경찰의 사명에도 부합되지 않고, 실제 실무적으로 고려되지도 않고 있다. 친일파를 옹호하면서 그들의 명예회복을 요구하거나, 외국인에 대한 차별적 대우를 주장하는 시위를 한다고 해서 경찰이 집회의 실질적 내용을 문제삼아 개입할 수 있겠는가? 스와핑이나 키스방에 대하여 개별적 법적 근거없이, 공공의 질서와 결부된 개괄적 수권조항에 의한 경찰개입이 시민들에게 수용될 수 있을 것인가?

이제 풍속질서에 대한 경찰개입의 논의를 프랑스의 공법학자 오리유(Hauriou)의 표현으로 빌어 마무리하자.

"경찰은 사상과 감정상의 윤리적 질서를 추구하지 않으며, 윤리적 무질서에 대한 추적자도 아니다. 그러나 이러한 점은 사회가 도덕적인 질서를 필요로 하지 않는다는 것을 의미하는 것이 아니라 경찰이 아닌 다른 제도를 통해 도덕적 질서를 보호해

---

52 제임스 레이첼즈(노혜련·김기덕·박소영 역), 도덕 철학의 기초, 나눔의 집, 2006, 199면.

야 함을 의미한다." (Hauriou)53

3. 경찰의 넓은 오지랖: 직무의 한계

영미권에서는 전통적으로 경찰에게 사회적 갈등을 중재하고 해결하는 심판자적 역할을 기대하고 있는 것처럼 보인다. 경찰에게 붙여진 '거리의 판사'라는 닉네임도 실생활에서 발생하는 사소한 분쟁상황에서 경찰에게 분쟁해결의 판단자 역할을 기대하고 있기 때문이다. 역사적으로 볼 때 유럽대륙의 경찰도 물론 이런 역할을 전통적으로 지속해 왔으나, 절대군주의 비호하에 비대해진 경찰권력은 민주적 통제불능의 경찰국가로 치달아 결국 파국을 맞이하게 된다. 이로 인해 경찰역할은 범죄의 진압이나 국가나 사회의 안전에 대한 구체적 위험이 발생하는 단계에 이르러서야 개입이 허용되는 법치의 영역으로 축소된다.

영미법계가 전통적으로 불문법의 전통을 강조함으로써 경찰활동이 엄격한 성문법으로 통제되지 못한 반면, 유럽대륙경찰이 성문법에 따른 엄격한 법적 통제를 받는다는 사실도 물론 이렇게 영미법계 경찰과 대륙법계 경찰이 다른 방향으로 발전하게 된 주요한 원인이 된다. 불문법계에서 경찰의 합리적 판단에 의해 시민에게 필요한 서비스를 제공하고 권한을 행사하는 것이 원칙적으로 허용되나, 대륙법계에서는 비록 합리적 판단에 의해 허용될 수 있고 허용되어야 하는 경찰의 권한행사도 법적 근거의 불비로 인해 제한되는 경우가 쉽게 발생한다.

예를 들어 대륙법계 국가인 우리나라에서는 경찰이 불심검문의 필요가 있다고 합리적으로 판단하더라도, 당사자가 이에 동의하지 않고

---

53 전훈, 행정경찰개념과 공공질서의 의미 – 프랑스 행정판례와 그 시사점 –, 한국프랑스학논집 제51집, 2005, 440면에서 재인용.

강제수사의 요건이 구비되지 않는 한, 대상자에 대한 강제조치는 불가능하다. 주거 내에서 가정폭력사건이 발생하고 재발의 위험성이 높다고 하더라도 과거 우리 경찰은 법적 근거의 불비로 인해 가해자를 피해자로부터 격리시킬 수 있는 적극적 조치를 취하지 못했으나, 2011년 「가정폭력범죄의 처벌 등에 관한 특례법」의 개정에 따라 비로소 퇴거·접근금지 등의 조치가 가능하게 되었다.

가. 경찰의 넓은 오지랖은 정당화되는가

길거리 노점에서 고객과 노점상이 판매한 물건의 반품문제로 시비가 붙는 상황을 가정해 보자. 현장에 출동한 경찰은 갈등상황의 해결을 위해 시시비비를 가리는 공정한 심판자의 역할을 해야 하는가? 영미법계의 시각에서 본다면 당연히 경찰관은 합리적이고 객관적인 판단자로서 정당한 주장을 펼치는 사람을 지지하고 시비를 가려 갈등을 해결해야 한다. 그러나 대륙법계의 경찰이라면 어떤가. 우선 경찰개입에 있어서 적용되어야 하는 기본원칙으로서 '민사관계 불간섭의 원칙'을 고려해야만 한다. 만일 반품을 요구하는 고객이 정당한 권리를 주장하는 것으로 보기 어렵더라도, 경찰은 노점상의 입장에 서서 고객을 나무라고 갈등을 해결하기보다는, 상거래관계에 관한 법적 판단을 유보한 채 말다툼이 주먹질이나 여타의 폭력으로 발전하지 않도록 공공의 안녕유지라는 본연의 임무에만 집중해야 할 것이다.

◉ **법보다 정의의 수호자로서**

경찰서에는 상습적 채무불이행을 사기죄로 처벌해 달라는 고소장이 자주 접수되곤 한다. 누가 보더라도 악의적이고 상습적인 과다채무자들의 상당수는 도리어 법망을 교묘히 활용하여 형사처벌의 위험을 회피하는데 익숙하다. 사건을 수사하는 경찰관이 선량한 피해자들을 위해, 사기죄의 범죄혐의가 성립하지 않는 것이 명백함에도 불구하고 피의자를 꾸짖고 피해자의 채무를 우선 변제하라고 요구한다면 우리는 그 경찰을 사회정의를 실현하는 좋은 경찰로서 칭송해야 하는 것일까, 아니면 경찰권을 남용하는 더티 해리(Dirty Harry) 경찰54로 비난해야 되는가.

경찰이 해야 하고, 할 수 있는 직무의 범위를 여기에서 경찰의 '오지랖'으로 표현하고자 한다. 대륙법계에서는 결코 오지랖 넓은 경찰을 환영하지 않고 본연의 임무에 충실하기를 기대하는 반면, 영미법계에서는 경찰의 보다 많은 역할을 기대하고 있다. 윤리적 정의에 부합할 뿐만 아니라 시민의 공감대를 얻을 수 있는 넓은 오지랖의 경찰을 언제나 정당화할 수 없는 이유는, 이로 인해 또 다른 시민들의 권리가 침해받을 수 있기 때문이다.

경찰은 정의와 도덕의 수호자가 아닌 법과 질서의 수호자로서 임무를 수행해야 한다. 법, 특히 범죄와 형벌의 영역을 침범하지 않는 시민들이 설령 부도덕하고 비난받을 행동을 하더라도, 시민이 아닌 경찰관으로서의 개입은 지극히 신중해야 한다. 제복을 착용하거나 무기를 휴대한 채 경찰관서에서 고압적인 태도로 시민들에게 발해지는 훈계는 정의로운 시민행동이기에 앞서, 부당한 경찰남용이 될 수 있음을 상기해야 한다.

◉ 경찰권위에 대한 실험

2009년 EBS에서 방송한 '다큐프라임-인간의 두 얼굴'에서는 경찰의 권위에 복종하는 시민에 관한 흥미로운 실험을 선보였다. 경찰제복을 착용한 두 명의 연기자들은 서울 강남의 한복판에서 길에 혼자 있는 사람에게 다가간다. 경찰관들은 시민에

---

54 1971년 클린트 이스트우드가 주연한 영화로, 주인공 해리 갤러한 형사는 약을 올리는 질 나쁜 악당을 총으로 쏘고서, 그 상처를 발로 밟아 고통을 줌으로써 관객들의 카타르시스를 전달했지만, 경찰폭력(police brutality)을 미화하고 있다는 비난을 받게 된다. 엄밀히 말하자면 더티 해리는 법과 도덕의 한계를 모두 넘는 응보적 경찰의 모습으로서 사례와는 구분되어야 한다.

게 간단한 체력테스트를 해야 하니 협조해 달라며 팔굽혀펴기를 할 것을 명령한다. 시민들의 상당수는 경찰관의 황당한 요구를 거부하지 못하고 그들의 권위에 복종하여 열심히 팔굽혀펴기를 한다.

경찰이 추구하는 사회정의가 사회적 도덕질서나 윤리적 가치관의 확립으로 확장되면, 우리가 인식하지 못하는 시민들의 자유가 경찰에 의해 지배될 수 있다. 예를 들어 주취자들의 폭력행위가 사회적 문제가 된다면 경찰의 임무는 주취자들의 직접적인 폭력행위를 예방하고 제지하는 것으로 한정되어야 한다. 주취폭력을 미연에 예방한다는 명분으로 경찰이 심야 유흥가를 돌아다니며 시민들에게 더 이상의 음주를 자제하고 집으로 귀가할 것을 종용할 수 있겠는가.

나. 사례: 집회에 대한 편견과 경찰개입

◉ 집회방해 목적의 유령집회

충남 태안 기름유출 사고로 피해를 입은 주민 3,700여 명은 삼성의 무한책임을 촉구하는 집회를 삼성 본관 앞이 아니라 500여 미터 떨어진 서울역 앞 광장에서 열어야 했다. 삼성 본관 앞에는 이미 다른 집회가 예정돼 있었기 때문이다. 한달 전 삼성생명은 50명이 참가하는 '환경보호 결의대회'를 이날 하루 종일 열겠다고 서울 남대문경찰서에 집회신고를 해 놓았다.

삼성생명 쪽은 이날 태안 주민들의 집회가 있을 것을 알고 아침에만 결의대회를 진행했다고 밝혔다. 하지만 이미 하루 종일 집회를 열기로 신고했기 때문에 이날 같은 장소에서 다른 집회는 허용되지 않는다.

삼성생명 홍보팀은 "계열사들이 돌아가며 본관 주변에서 임직원을 대상으로 환경보호 결의대회를 하고 있다"며 "출근할 때나 오후에도 캠페인을 할 수 있어 일출부터 일몰까지 집회신고를 해둔다"고 말했다.

(2008. 1. 25. 한겨레신문)

집회의 자유는 헌법에 의해 보장되는 기본권이고 그 제한은 법률에 의해서만 가능하다. 경찰은 집회의 자유권 행사가 또 다른 공공의 안전에 대한 위험을 야기할 수 있다는 충분한 개연성이 존재한다면 집회를 금지시킬 수 있을 것이다. 그러나 위 사례에서 경찰이 정말 시위대들의 집회의 자유를 존중하고자 하는 의도를 가지고 있었는지 의문이다. 한 장소에서 상반된 집회가 개최될 수 없다는 것은 절대불변의 철칙도 아니고 법이 경찰에게 부과하는 의무는 더더욱 아니다.

중복되는 집회의 금지는 단지 집회로 인한 물리적 충돌이 있다는 사실이 전제되어야만 비로소 가능하다. 기름유출 피해자의 권리주장과 회사직원들의 환경캠페인이 과연 상반된 집회이고 양자가 충돌될 수 있는 내용일까.

이런 상황에서 경찰은 정말 양자의 집회가 물리적으로 충돌할 위험이 있어서 집회를 할 수 없다고 판단한 것일까. 혹여 기름유출 피해자들의 집회가 경찰력을 동원시키고 번거로운 혼란을 야기하기 때문에 가급적이면 집회를 하지 못하게 하려는 숨은 의도가 있지는 않았을까.

진정으로 집회의 자유를 존중하고자 했다면, 환경캠페인과 기름유출 피해자 집회의 시간을 조정하여 양자간의 충돌을 피할 수 있는 방법을 얼마든지 고려할 수 있고, 이는 시민의 권리를 보호하기 위한 행정기관의 당연한 권한행사이다. 더구나 관련법에서는 공정하고 합리적인 경찰판단을 위해 '집회시위자문위원회'라는 조직을 구성하도록 정하고 있다.

대기업의 집회신고가 민원성 집회를 사전에 저지하고자 하는 유령 집회신고였다는 사실을, 막강한 정보력을 가진 경찰이 미처 몰랐다는 변명은 구차하다. 차라리 솔직하게 시끄러운 민원성 집회를 어떤 명분으로든 억지하고자 하는 속내가 있었다고 반성해야 한다. 비록 집회가 소란스럽고 다른 시민들에게 방해를 가져올지라도 법이 허용하지 않는 방식의 간접적 · 의도적 경찰의 집회방해는 비난받아 마땅하다. 집회에 대한 선악의 가치판단권은 경찰에게 주어져 있지 않다. 도리어 집회가 법의 테두리를 명백히 넘어서기 전까지는 헌법정신에 입각해서 민주주의와 시민정신의 함양을 위한 '선한 행동'으로 추정해야 한다.

◉ 같은 장소 동시에 접수된 집회신고 모두 반려는 위헌

경찰이 같은 장소에 대해 동시접수된 집회신고를 물리적 충돌우려 등을 이유로 모두 반려한 것은 위헌이라는 결정이 나왔다.

헌법재판소 전원재판부(주심 목영준 재판관)는 29일 화학섬유산업노조 등이 삼성본관 앞에 개최하겠다는 취지의 집회신고가 상호충돌 우려 등의 이유로 9차례 반려당하자 민원서류 반려처분은 위헌이라며 낸 헌법소원사건(2007헌마712)에서 재판관 7명의 다수의견으로 위헌결정을 내렸다.

재판부는 "헌법은 모든 국민에게 집회의 자유를 보장하고 있고, 집회의 자유는 국가안전보장이나 질서유지 또는 공공복리를 위해 필요한 경우 법률로써 제한될 수 있지만 이 경우에도 필요최소한의 범위에 그쳐야 한다"며 "관할경찰관서장은 청구인들이 접수한 옥외집회신고서가 삼성생명 인사지원실에서 신고한 옥외집회와 시간과 장소에서 경합된다는 이유에서 아무런 법률상 근거도 없이 옥외집회신고서를 모두 반려했으므로 법률에 정해지지 않은 방법으로 집회의 자유를 제한할 경우에는 그것이 과잉금지 원칙에 위배됐는지 여부를 판단할 필요없이 헌법에 위반된다"고 밝혔다.

(2008. 6. 30. 법률신문)

◉ 서울행정법원, "삼성전자 본관 앞 노조 집회 가능"

법원이 삼성일반노동조합의 집회를 금지한 경찰 처분에 집행정지 결정을 내려 서울 서초구 삼성전자 본관 앞에서 처음으로 노조의 집회가 열리게 됐다.

그동안 대기업이 직장협의회 등을 통해 집회신고를 선점해 사옥 주변의 노조의 집회를 막아온 관행에 제동을 건 것으로 본안 판결 결과가 주목된다.

서울행정법원 행정14부(재판장 진창수 부장판사)는 20일 삼성일반노조가 "23일 오후 4시에 열기로 한 고(故) 황민웅씨 추모집회를 금지한 처분의 효력을 정지해 달라"며 서초경찰서장을 상대로 낸 옥외집회금지통고처분 집행정지신청사건(2012아

다. 사례: 노사분규의 개입

노사간의 대립이 격화되면 경찰에 의한 공권력이 투입되는 최악의 상황으로 전개되지 않도록 통상 경찰정보활동을 통한 중재와 협상의 물밑작업이 진행되는 것이 우리 경찰의 전형적 업무수행 방식이다. 2009년 쌍용차 진압작전 당시, 경찰의 중재로 노사간 협상타결이 임박했었음에도 경찰이 무리하게 진압작전을 시도했다는 비판이 제기되었다.

경찰은 노사간의 협상테이블에서 중재역할을 할 수 있을까? 노사관계에는 상당한 특수성이 존재한다. 노동자와 사용자의 갈등관계는 대등한 당사자간의 갈등이 아니다. 헌법적 기본권으로서 노동자의 권리를 특별히 보호하고 있을 뿐만 아니라, 양자간의 갈등은 민사법이 아닌, 사회법의 영역에서 근로조건과 노동조합 등 근로관계에 관한 특별한 법적 규율이 마련되어 있다.

물론 우리 경찰의 정보활동이 공공갈등 조정역할을 수행함으로써 사회적 비용을 최소화하는 긍정적 기능을 수행하고 있음은 분명하다. 그리고 사회적 갈등의 조정자적 역할을 국가가 수행해야 함에는 아무런 의문이 없다. 그런데 왜 무력을 사용하고 제복을 착용하는 경찰조직이 그 역할을 담당해야 할까.

다시 노사문제로 돌아가 보자. 직장폐쇄와 노사분규의 문제가 있다면 노사갈등의 중재는 고용노동부와 노동지방청의 직무인가 아니면 경찰의 직무인가. 경찰이 협상의 중재자이자, 협상결렬로 상황이 악화되면 무력을 사용하는 진압자의 역할을 동시에 수행하는 것이 과연 정의로운가. 도대체 미국이나 영국, 독일 어느 나라에서 노사협상의 장에 경찰이 사복을 착용하고 개입하고 있는가.

경찰은 노동자와 사용자의 갈등을 정당하게 조정할 수 있는 권한을 가지고 있지도 않을 뿐만 아니라, 이러한 직무를 수행하기에 적합한 조직이 아니다. 경찰은 범죄와 위험대비의 전문가일 뿐이지, 노사문제에 있어서는 사실상 문외한에 가깝다. 노사관계의 조정을 위해서는 최소한 '노동조합 및 노동관계조정법'을 비롯한 근로자, 사용자의 권리·의무에 관한 법지식이 있어야 하지만 실상은 그러하지 못하다.

법적인 측면에서 보더라도 「노동조합 및 노동관계조정법」 제53조 및 제62조는 노동쟁의의 조정과 중재의 권한을 노동위원회에 부여하고 있다. 또한 제42조에서는 쟁의행위에서 폭력발생시 노동부장관이나 자치단체장 등55 행정관청과 노동위원회에 행위중지명령권을 부여하고 있다. 이는 노사관계의 특수성을 고려하여 일정한 위험상황이 발생하더라도 경찰행정기관이 아닌 노사관계에 관한 특별행정기관에 이에 관한 일차적인 판단권을 부여한 것이다. 경찰은 행정관청에 의한 일차적인 판단과 요청에 따라 노사관계에 개입해야 하고, 치안정보수집이나 사회갈등조정이라는 미명하에 섣불리 노사관계에 개입해서는 안 될 것이다.

경찰국가는 경찰이 시민에게 자의적으로 무력을 행사한다는 의미만을 가지는 것이 아니다. 시민의 권리 행사와 자유권 행사에 있어 언제 어디서든 경찰이 조용히 간섭하거나 참견할 수 있다는 사실 자체가 이미 경찰국가의 시작이다. 제복과 무기로 상징되는 경찰이 시민들의 사회적 갈등에 개입하려는 순간 이미 공정성은 상실된다.56

---

55 '노동조합 및 노동관계조정법' 제12조 제1항에서는 노동부장관, 특별시장·광역시장·도지사·특별자치도지사 또는 시장·군수·구청장을 '행정관청'으로 정하고 있다.

56 이성용, 노동쟁의와 경찰개입의 한계: 경찰 갈등조정활동에 대한 비판적 접근, 한

라. 사례: 언론과 방송개입

　　앞서 살펴본 집회나 노사문제는 갈등의 촉발로 직접적인 사회적
위험이 확산될 수 있으므로 어느 정도 경찰개입의 타당성을 고려할 여
지가 있다. 그러나 경찰의 오지랖은 심지어 갈등과 위험의 여지가 없는
시민사회의 영역, 그 중에서도 특별한 헌법적 보호가 요구되는 언론과
방송의 영역까지 미치고 있다. 이른바 진보적 소셜테이너들에 대한 경

국경찰연구 15권 제1호, 2016, 247~272면.

찰의 개입이 그것이다.

　　경찰의 조직차원에서 계획된 내용이 아니라, 개별 경찰의 과잉행동으로 인한 해프닝이었다고 하더라도, 문제의 본질은 경찰이 그 직무범위에 대한 명확한 인식이 없다는 것이다. 정보분실 소속 경찰관이 방송사에서 정보외근활동을 하면서 수집하고자 했던 정보는 어떤 의미에서 치안정보가 될 수 있을까. 치안정보는 공공의 안녕·질서와 관련되는 정보이다. 정부에 비판적인 방송정보는 경찰조직과 정부, 그리고 정치권의 수뇌부를 위한 집단이기주의적 정보일 뿐 치안정보가 아니다. 여기저기 사회 곳곳을 이잡듯이 뒤지고 다니면서 마치 치안정보를 수집한다거나 갈등의 해결사인양 자처하는 경찰활동은 지양하여야 한다.

제4절　애국주의

　　국가와 시민에 대한 봉사자이기에 앞서 국가공동체의 근간을 유지하기 위하여 종종 부여되는 특별한 희생을 감수하여야만 하는 경찰에게는 이에 상응하는 강력한 정신적 결속과 사기의 진작이 요구된다. 경찰윤리에서는 이러한 경찰의 응집을 위해 경찰의 충성 내지 애국이라는 관념을 사용하고 있다. 다만 기존의 경찰학 논의들은 아무런 비판적 성찰 없이 국가와 민족에 대한 경찰의 충성과 애국심을 강조하는데 그치고 있어 더 이상 학문적 논의대상으로서의 가치를 상실시키고 말았다.

　　그러나 정치학의 영역에서는 이미 오래전부터 애국심에 대한 활발한 논쟁이 촉발되어 왔으며 우리 사회에서 지향해야 하는 애국심의 대상과 요소에 관하여 지금까지도 치열한 다툼이 있다. 이제부터 경찰이 지향하는 정신적 가치이자 결속을 위한 동력으로서의 애국심의 본질에 대한 본격적인 검토를 해보고자 한다. 실천지향적이고 융합적 학문으로서의 경찰학의 연구에 있어서 어찌 보면 형이상학적이고 정책적 가치를 쉽게 찾기 어려운 이념적 논의를 제기하고자 하는 이유는 최근에 나타나는 몇 가지 사례에서 찾아볼 수 있다.

1. 굴절된 애국

가. 정보기관의 인도네시아 특사단 숙소침입

　　2011년 2월 16일 국가정보원 직원들이 인도네시아 대통령 특사단의 숙소를 침입하였다. 언론에서 인용한 정부 고위관계자의 말에 따르면 "국정원 직원들이 국익 차원에서 인도네시아 특사단의 협상전략 등을 파악하려 했던 것"이라며 "직원들이 발각된 것은 뜻하지 않은 실수"라고 한다.[1] 국정원 직원들은 당시 한국을 방문 중이던 인도네시아 특사단 숙소에서 국산 고등훈련기 T-50, 흑표 전차, 휴대용 대공미사일 '신궁' 등을 수입하려는 인도네시아의 가격 조건 등 협상전략 관련 정보를 입수하려 했던 것으로 전해졌다.

이러한 사실은 인도네시아 특사단 관계자가 신원불상의 괴한들이 무단 침입했다고 경찰에 신고하면서 밝혀졌는데, "호텔방에 들어오니 침입자들이 깜짝 놀라 방에 있던 노트북 2대 중 1대는 그대로 방에 두고 1대는 가지고 복도로 나갔다가 돌려주고 도주했다"고 한다.

(2011. 2. 21. 조선일보)

이 사건은 우리나라의 국익과 관련된다는 이유로 언론에서조차 크게 다루어지지 못했고, 심지어 수사를 담당하는 경찰기관의 수장인 당시 조현오 경찰청장은 "처벌해도 실익이 없지 않은가"라고 언론에 답변하기까지 했다. 명백한 범죄혐의에 대하여 경찰이 처벌의 실익이라는 명분으로 수사의지를 보이지 않았다는 사실을 어떻게 해석할 수 있을까?

비록 법제도상 국가정보원과 경찰의 조직과 임무를 분리하고 있다고 하더라도 공공의 안녕과 질서유지라는 직무를 수행하고 일정 영역에서 경찰권을 행사할 수 있다는 점에서 국가정보원 또한 실질적 의미의 경찰기관으로 분류되며 이러한 기관에서 그 직무를 수행함에 있어 실정법 위반으로까지 나아갔음에도 그 행위를 옹호하고자 한다면, 그 정당화는 아마도 국가의 이익을 위한 애국심의 발로였다는 논거로서만이 어느 정도 설득력을 가질 수 있을 것이다.

이 문제의 핵심은 국가정보원이 국익을 위해 범죄를 저지를 수 있는가 하는 도덕적 정당성의 문제이다. 물론 국가정보원은 국가안보를 위한 임무와 함께 국익의 증진을 위한 다양한 정보활동을 수행하며, 현

---

1 http://www.asiatoday.co.kr/news/view.asp?seq=451169

대국가에서 이러한 정보활동이 국가발전의 주 요소가 될 수 있음은 주지의 사실이기도 하다.

여기서 특히 고려되어야 하는 것은 국가안보와 국익증진의 구분이다. 전자는 현재의 국가상황에 대한 소극적인 방어를, 후자는 국가이익의 증진을 위한 적극적인 개입행위를 의미한다. 국가안보의 의미를 "어떤 외부위협으로부터 국가의 안전이 보호되는 상태"라고 정의하는 입장도 있으나,[2] 국가안보를 외부의 위협으로만 한정하는 것은 타당하지 않다.[3] 국가의 안전에 대한 위협은 외부로부터 뿐만 아니라 내부로부터 나타날 수 있으므로 이러한 내적 위험방지에 대한 대비와 정보활동이 필요함은 물론이다. 그러나 내부적 위험으로부터의 보호가 모두 국가안전보장에 해당한다고 보기는 어렵다.[4]

개인적 법익에 대한 침해보호, 예를 들어 사법(私法)상의 권리(물권, 채권, 친족권 등)의 보호나 개인의 신체·생명·재산·명예 등을 형법적 강제수단을 통해서 보호하는 국가작용(입법·사법·행정)이나 「집회 및 시위에 관한 법률」에 근거한 집회에서의 공공의 안전유지나 「도로교통법」

---

2 한희원, 국가정보학원론, 2011, 590면.
3 물론, 헌법 제5조 제2항은 국군에게 국가의 안전보장과 국토방위의 신성한 임무를 부여하고 있는데, 동조에서의 '국가안보'는 대외적인 안전만을 의미한다고 해석할 수 있다. 이계수, 한국의 군사법과 치안법, 공법연구 제31집 제4호, 2003, 293면.
4 「정부조직법」 제16조 제1항에서는 '국가안전보장에 관련되는 정보·보안 및 범죄수사에 관한 사무를 담당하기 위하여 대통령 소속 하에 국가정보원을 둔다'고 정하고 있다. 또한 「국가정보원법」 제1조는 입법목적을 '국가정보원의 조직 및 직무범위와 국가안보장업무의 효율적인 수행을 위한 것'으로 정함으로써 국가정보원이 국가안보에 관련한 사무를 담당하고 있음을 명문화하였고, 제3조 제1호에서는 국외정보 및 국내보안정보(대공·대정부전복·방첩·대테러 및 국제범죄조직)의 수집·작성 및 배포를 국정원의 정보관련 직무로 규정하고 있다. 동 법률의 해석에 따르면 국가정보원은 정보활동에 있어서 제한이 없는 국외정보수집의 권한과는 달리 국내정보활동에 있어서는 국내보안정보, 그 중에서도 '간첩 기타 반국가활동세력과 그 추종분자의 국가에 대한 위해 행위로부터 국가의 안전을 보장하기 위하여 취급되는 정보'로 제한된다. 반면 경찰의 경우 국가안전보장 뿐만 아니라 공공의 안녕과 질서유지로 대표되는 사회의 내적 안전(Innere Sicherheit)과 관련한 모든 정보의 처리가 가능하다.

에 근거한 경찰의 교통안전 활동 등은 국가안보에 해당하는 것은 아닐 것이다. 법질서의 유지나 공공의 평온 등은 사회 내부의 안전을 의미하기는 하지만 이것이 곧바로 국가의 안전보장으로 확대해석 되어서는 안 된다.

여기에서 국가보다 광의의 개념으로서 사회적 안전을 고려해야만 한다.5 어쨌든 국가안보의 개념은 소극적인 보호를 의미하는 것으로 이와 관련한 정보 또한 국가존립에 대한 위험으로부터의 방어로 이해되어야 한다. 따라서 국가이익의 증진이라는 적극적 의미로 해석될 수는 없다. 국가정보원은 국가안보를 위해 필요하다면 절도 뿐만 아니라 심지어 상해나 다른 비윤리적인 수단을 사용하는 것도 정당화될 수 있다. 예를 들어 핵무기 유출의 위험상황이라면, 논란은 있겠지만 심지어 살인까지도 도덕적 정당성이 불가능한 것은 아니다.

반면 국익의 증진을 위한 비윤리적 행위는 전혀 다른 차원이다. 국가정보원법 등 관련 법률에서 국가정보원의 업무범위에 국가이익을 포함하지 않고 국가안보만으로 한정하고 있는 점은 차치하더라도, 소극적 국가보호가 아닌 국가의 적극적 이익증진을 위한 절도는 어떤 경우라도 허용될 수 없다. 국가이익을 위한 절도가 허용된다면, 사회사의 이익을 위한 소속 직원의 기업비밀 절도도 허용될 수 있는가. 왜 애국심으로 정당화되는 절도행위가 애사심(愛社心)에 근거해서는 허용될 수 없는 것일까.

여기에서 확인할 수 있는 애국심은 후술하고자 하는 자신이 속한 특정 공동체의 이익만을 위한 애국심으로서, 칸트의 도덕준칙을 통해 이론적으로 정립된 보편적 도덕개념에 배치되고 있다. 이러한 논의에 대한 해답을 확인하기 위해서는 과연 애국심 또는 애국주의의 한계를 어디까지 설정할 수 있을지에 대한 검토를 필요로 한다.

---

5 김일수는 형법각론의 체계를 개인적 법익과 사회적 법익으로 양분하고 국가적 법익도 넓은 의미에서 사회적 법익의 일종으로 보고 있다. 형법각론, 2004, 786면.

나. 국가안보를 위한 가혹행위

◉ 고문경찰 이근안

2011. 12. 30. 사망한 김근태 민주통합당 상임고문은 지난 1985년 민주화청년연합을 결성했다는 혐의로 서울 남영동 대공분실에 끌려가 이근안 경감에게 20여 일간 전기고문 8차례와 물고문 2차례 등 가혹한 고문을 당했다. 고문기술자로 악명을 떨친 이근안은 1988년 불법체포 및 고문혐의로 수배, 2000년 체포되어 징역 7년을 선고받고 복역하다가 2006년 11월 출감하였다.

이후 목사안수를 받고 개신교 목사가 되었으나, 2010년 시사주간지와의 인터뷰에서 "애국은 남에게 미룰 수 있는 일이 아니다. 지금 당장 그때로 돌아간다고 해도 나는 똑같이 일할 것"이라고 밝힌 사실이 뒤늦게 밝혀져 대한예수교로부터 목사직 면직처분을 받게 된다.

유시민은 이처럼 편협한 애국심에 매몰된 경찰의 과오를 다음과 같이 지적한다.

"여기 가담한 사람들을 타고난 악당으로 보기는 어렵다. 그들은 듬직한 남편이자 자상한 아버지였을 수 있다. 지난 시절 공안기관의 고문자들은 '반체제 인사'를 칠성판에 묶어두고 물고문, 전기고문을 하는 와중에도, 잠깐씩 아내에게 전화를 걸어 아들의 시험성적이 올랐는지 묻고 자기네끼리 자식걱정을 나누는 평범한 아버지들이었다. 그들은 또한 너그러운 이웃이고 의리 있는 친구였을 수 있다. 그저 상부의 명령을 충실하게 수행한 유능한 공무원이었을지 모른다. 약간의 공명심과 진급에 대한 욕심 때문에, 또는 국가안보를 지킨다는 나름의 애국심 때문에 간첩을 만들어냈을 수도 있다."6

공안정국에서 간첩사건으로 유죄판결을 받고나서, 이후 재심에서 무죄판결을 받은 몇몇의 사례들이 단순히 수사와 소송절차의 형식적

---

6 유시민, 후불제 민주주의, 돌베개, 2009, 371면.

위반에 기인한 것인지, 아니면 허무맹랑한 시나리오에 따른 조작된 내용인지 여기서 그 실체진실을 가려보고자 하는 것은 아니다. 비록 국가안보라는 초국가적 이익을 위한다고 할지라도 실정법을 위반하는 것은 법치주의에 반한다거나, 반대로 법익형량을 통해서 예외적으로 정당화될 수 있을 것이라는 법리적 논증을 시도하고자 하는 것 또한 아니다. 도덕적으로 정당화될 수 없는 경찰행위의 동력으로서 작동하는 근저의 애국심을 고찰하고자 하는 것이다.

이러한 사례에서는 고문금지라는 헌법이나 실정법 차원의 고찰을 넘어서 경찰활동이 추구하는 이념적 지표로서의 애국주의의 형상화를 통해서만 그 본질에의 접근이 가능해질 것이라고 생각하기 때문이다. 그렇지 않을 경우 '실정법을 위반하는 것은 도를 지나치긴 했지만, 애국심에 기초한 경찰관 행위의 의도 자체를 비난해서는 안 된다'거나 '앞으로는 법망에 걸리지 않도록 주의하자'는 식의 경찰조직 내의 침묵적 카르텔이 존속할 수도 있기 때문이다.

공공의 안녕과 질서의 유지를 위한 위험의 소극적 방지라는 경찰직무의 특성상 필연적으로 현 사회체계의 유지와 안정을 도모할 수밖에 없으므로, 현 체제의 문제점을 들추어내고 이를 개선하고자 하는 진보적 이념과는 친숙하기 힘들다. 또 국가 영토 내에서의 질서유지를 위해서는 이에 대한 잠재적 위해요인이 될 수 있는 외국인들을 보다 경계하고 필요시 자국민의 이익을 최우선적으로 고려하게 된다. 국익을 최우선의 가치로 설정하는 이기적 애국심은 결국 외국인에 대한 차별이나, 인종적 편견으로 이어질 위험성이 상존하고 더 나아가 윤리적 보편성의 문제와 대립한다.

다. 배타적 민족주의

내가 태어나서 자라고, 나와 같은 시간과 공간에서 같은 경험을 하면서 만들어진 공동체에 대한 충성, 특히 우리나라의 경우는 이러한 공동체적 애정이 단일민족이라는 특수한 요소와 결부된다. 대한민국의 경찰공무원이 되기 위해서는 단지 대한민국의 헌법과 법률의 가치를 인정하고 국가와 사회의 질서유지에 헌신하겠다는 자세와 능력이외에 혈연적 연결성이나 문화적 공유가 전제되어야 하는가? 그렇다면 단일한 민족공동체에서 다문화사회로의 전환기에 놓인 대한민국이 공동체 내에서 문화적 다양성을 미덕으로 표방하면서 이를 공유하고자 노력하는 것을 어찌 해석할 수 있을 것인가? 국가와 민족공동체를 위한 충성은 아직 경찰에게 유효한 명제로 보아야 할 것인가?

과도한 집단주의의 역사적 과오를 경험한 후, 분단의 시대를 넘어 단일민족의 통일국가를 이루고 있는 독일의 상황에 비추어 살펴보자. 16개의 각 주로 경찰권이 분권화되어 있는 독일에서는 연방경찰공무원을 제외하고는 주 경찰공무원의 선발과 교육 등도 모두 주정부의 권한이 된다. 예를 들어 헤센 주의 경우를 살펴보면, EU 회원국가의 국민들은 독일국민과 대등한 자격으로 독일경찰에 지원할 수 있다. 또한 급박한 직무상의 필요가 있는 경우에는 EU 회원국 국민이 아니더라도 독일경찰에 지원할 수 있다.[7] 통계에 따르면 1994년부터 2004년까지 10년간 헤센 주에서만 67명의 외국국적자와 23명의 이중국적자, 99명의 과거 외국국적보유자가 주 경찰로 임용된 바 있다.[8]

물론 독일 정부는 경찰공무원으로 임용된 외국인에게 독일인에 대한 충성심이나 독일국에 대한 애국심을 요구하거나 독일국가(國歌) 제창이나 독일국기에 대한 충성맹세[9]를 강요하지는 않을 것이다. 그러나 분명 그들에게는 비록 독일국적이나 독일인의 피를 가지고 있지 않더라도, 독일의 경찰공무원으로서 막연한 국가나 민족이 아닌, 헌신과 봉사의 대상이 존재할 것임에 틀림없다.

---

7 이 경우 물론 공무원 객관적 임용요건을 충족하여야 하고, 5년 이상 독일에 체류 자격을 보유하고 있어야 하며, 독일어에 능통해야 한다.

8 Groß/Frevel/Dams, Handbuch der Polizisten Deutschland, 2008, S. 212.

9 사실 독일에는 국기에 대한 맹세가 존재하지도 않는다.

라. 국경경비와 세계시민주의

모든 인간에 공통적으로 내포된 정의와 선의 관념을 지향하고 모든 공동체와 그 소속원들을 동등하게 존중하는 도덕원리로서의 세계시민주의는 경찰에게도 적용될 수 있는가?[10] 세계시민주의의 이념은 쉥엔협약을 통해 유럽 국경의 경계를 무너뜨린 유럽공동체의 형성에 이념적 기초를 제공하고 있다. 그러나 우리에게 있어서 이러한 관념의 이식은 아직 요원하다.

해안경비 근무를 담당하고 있는 경찰관이, 자국에서의 정치적·경제적 핍박으로 인해 최소한의 생존권을 위협받아 대한민국으로 밀입국을 시도하는 외국인들을 투철한 애국심에 기초하여 방어한다고 가정해보자.[11] 왜 우리는 더 가난하고 열악한 상황에 있는 외국인에게 더 나은 삶의 기회제공을 거절하고 우리 노동자를 우선적으로 지켜내려는 이민정책을 고수해야 하는가?

해답은 다음의 명제에서 찾을 수 있다. 사회 구성원이 되는 조건을 규제하는 입국통제는 "공동체 독립의 핵심"으로서 이것이 지켜지지 않는다면 "서로에게 특별히 헌신하고 공동의 삶을 특별하게 생각하는 남녀가 모인, 현재 진행 중이며 역사적으로 안정된 '덕성 있는 공동체'는 존재할 수 없기 때문이다."[12] 센델 교수는 우리가 인간의 서사적 존재성을 인정하고, 삶과 역사를 공유하는 시민의 행복을 추구할 의무가 있다는 사실에서 애국심의 도덕적 기초를 찾고 있는데, 이는 후술하는

---

10 후술하겠지만 여기에서의 세계시민주의 사상은 미국의 배타적 애국주의에 대한 반동으로 너스봄 교수가 적극적으로 주창하면서 논쟁의 대상이 된다. Martha Nussbaum 외(오인영 역), 나라를 사랑한다는 것, 삼인, 2003.

11 이러한 사례는 마이클 센델 교수가 그의 저서인 '정의란 무엇인가'에서 충직과 애국을 언급하면서 제시한 미국 국경수비대의 사례를 모티브로 삼아 변형해 본 것이다. 마이클 센델, 정의란 무엇인가, 김영사, 2010, 323면.

12 Michael Walzer, Spheres of Justice, New York, Basic Books, 1983, p. 62; 마이클 센델, 정의란 무엇인가, 김영사, 2010, 322면에서 재인용.

공화주의적 애국심과 결부될 수 있다.

마. 애국심의 외적 표출

종전에 시행되던 「대한민국 국기에 관한 규정」 제3조에서는 국기에 대한 경례를 할 때에 '나는 자랑스런 태극기 앞에 조국과 민족의 무궁한 영광을 위하여 몸과 마음을 바쳐 충성을 다할 것을 굳게 다짐합니다'라는 맹세문을 낭송하도록 하고 있었고, 이러한 맹세규정이 국가주의적·민족주의적 속성을 가지며 양심의 자유를 침해한다는 비판이 끊임없이 제기되었다.[13]

이에 2007년 새로이 제정된 「대한민국 국기법 시행령」 제4조에서는 국기에 대한 맹세를 "나는 자랑스러운 태극기 앞에 자유롭고 정의로운 대한민국의 무궁한 영광을 위하여 충성을 다할 것을 굳게 다짐합니다"로 변경하였다. 그러나 아직 국기에 대한 맹세의 논란이 잠재워진 것은 아니다.[14] 애국가나 국기에 대한 맹세와 같은 국민의례가 국민에게 요구되는 일종의 책무로 보아야 할 것인가의 문제이다.

2012년 종북주의로 이슈가 된 통합진보당 사태와 관련, 유시민은 "왜 이 당은 공식행사 때 애국가를 부르지 않는가?"라고 비난하였다. 국가권력을 획득하기 위해 노력하는 합법정당으로서 국가권력의 정당성에 대한 최소한의 승인은 국민의례를 통해 외형적으로 표현될 수 있기 때문이다.[15]

외국에서도 유사한 사례가 없는 것은 아니다. 1943년 미국 연방대법원은 이른바 바넷 판결에서 특정한 의견을 표현하지 아니할 자유를

---

13 송기춘, 종교 관련 제도의 헌법적 문제점과 그 개선방향, 헌법학연구 제12권 제5호, 2006. 12, 137면 이하; 김욱, 양심의 자유와 법치주의, 공법연구 제33집 제3호, 2005, 152면; 윤영미, 양심의 자유의 내용과 제한, 인권과 정의 제345호, 2005, 61면.
14 성현석, '히노마루'비난하며 국기에 맹세한다고?, 프레시안, 2007. 5. 4.
15 http://newsmaker.khan.co.kr/khnm.html?mode = view&code = 124&artid = 201205291923371&pt = nv

인정하면서 국기에 대한 경례를 거부하면 퇴학에 처하는 교육위원회 규정을 위헌으로 선언하였다.16 이 문제는 헌법적 측면에서 양심의 자유 내지 종교의 자유와 관련하여 검토되고 있지만, 다른 한편으로는 국민의례의 형식이 국가공동체의 소속원으로서의 덕목으로 평가되어야 하는가의 문제이다.

만일 자신이 태어나고 속해 있는 국가공동체에 대한 맹목적 충성이 미덕이 될 수 있다면, 일본에서 '히노마루'의 게양과 '기미가요' 제창을 부활하려는 움직임에 대해서는 어떤 평가를 해야 하는 것인가? 그들이 속한 공동체의 서사적 과오로 인해 일본국민들에게는 국가에 대한 충성다짐이 비도덕적이지만, 순수한 태생적 우연으로 인해 역사적 과오를 저지른 바 없는 조상을 두고 있는 대한민국의 국민들에게는 충성이 미덕으로 변화될 수 있는 것인가?

국가가 국민의 미덕을 칭송할 수는 있을지언정, 이를 의무로서 강요할 수 없는 것처럼 애국심을 외적으로 표출하는 것을 의무화하는 것은 양심의 자유에 반한다는 문제가 제기될 여지가 있다. 반면 국가와 국민을 보호하는 책임을 지고 있는 국가공무원, 특히 이를 위해 일반 시민보다 높은 위난을 감수해야 하는 경찰공무원에게는 헌신의 사명이 부여되어 있으며, 이에 대한 동기부여로서 특정형식을 통한 애국적 결의의 표방이 비난받을 대상이 되는 것만은 아니다.

물론 이 경우 맹목적 애국심이 보편적 도덕심을 훼손할 개연성이 있으므로 일본이나 독일의 경찰국가의 역사적 경험을 타산지석으로 삼아 경찰이 지향하는 애국주의를 보다 구체화하는 것이 필요하다.

---

16 West Virginia Board of Education v. Barnette, 319 U.S. 624.

2. 애국주의에 관한 이론적 접근

가. 애국주의 발전: 공화주의적 애국

애국주의의 어원은 라틴어인 'patria'에서 비롯된다. 정치학계에서 애국주의에 관한 논의는 비교적 최근에 시작되었는데, 이전에는 주로 집단적 귀속감의 일환으로 애국심이라는 마음의 상태를 나타낼 뿐, 추상적 관념을 포함하고 있지 않아 '주의(ism)'라는 표현을 사용하지 않았다.[17] 그러나 학계에서 애국심을 공화주의와 연결시킴으로써 기존의 민족적·문화적 동질성의 범주를 넘어섬에 따라 최근에는 애국주의라는 용어들이 등장하고 있다.[18] 애국심과 애국주의라는 용어는 아직까지 학계에서 혼용되고 있어 이 책에서도 이를 구분하지 않기로 한다.

애국주의의 원어인 'patria'는 어떻게 번역할 것인가에 따라 그 의미가 달라질 수 있다. 로마의 마르쿠스 파비우스 쿠인틸리아누스(Marcus Fabius Quintilianus)는 이를 일정한 습관을 지닌 구체적 사람들을 칭하는 'natio'와 구별하여 '문화적·종족적 통합을 넘어 공동의 자유와 공동의 이익이 존재하는 나라를 의미한다고 보았다.[19] 15세기 피렌체의 베로나르도 브루니나 마키아벨리도 같은 관점에서 'nazione'와 구별하였고, 따라서 마키아벨리의 '나는 내 나라(patria)를 내 영혼보다 더 사랑한다'는 표현에서의 '나라'는 자유로운 삶을 뜻하게 된다.[20] 원준호는 이를 '조국'으로 번역하고 애국심을 이에 대한 사랑으로 정의하고 있고, 그 대상으로서 지연 및 혈연을 대상으로 하는 자연적 애국심과 키케로와 마키아벨리의 전통을 계승하여 공화국을 조국으로 하는 공화주의적 애

---

17 조승래, 공화국을 위하여, 도서출판 길, 2010, 140면.
18 예를 들어 장은주, 민주적 애국주의와 민주적 공화주의: 비판과 문제제기에 대한 응답, 시민과 세계, 2010, 246면 이하; 한승환, '자유주의적 민족주의'와 '헌법애국주의', 사회와 철학, 2010, 285면 이하; 김만권, '헌법애국주의', 자신이 구성하는 정치공동체에 애정을 갖는다는 것, 시민과 세계, 2009, 185면 이하.
19 조승래, 공화국을 위하여, 도서출판 길, 2010, 141면.
20 위의 책, 142면.

국심으로 구분한다.[21]

이후 18세기 계몽사상가들은 애국주의를 더욱 발전시켰는데, 볼테르는 자신의 '철학사전'(Dictionnaire Philosophique)에서 'patrie'를 폭정의 반대어로 사용하였고, 몽테스키외 또한 그의 '법의 정신'에서 애국주의가 자유에 대한 사랑에 기초한 것으로 이해하였으며, 루소는 '폴란드 정부론'에서 나라를 사랑한다는 것을 자유를 사랑하고 그것을 보장해 주는 법을 사랑하는 것으로 규정하였다.[22]

나. 공동체적 애국심

공동체에 속해 있는 개인은 공동체에 의존적일 수밖에 없고, 자신이 속한 공동체가 공유하고 있는 가치와 이익을 위해 헌신하는 것을 덕목으로서 칭송받게 된다. 맥킨 타이어(MacIntyre)는 이러한 애국심을 "특정 민족성을 지닌 사람들만이 가지는 특정 민족에 대한 충성심"으로 정의하고 있다.[23] 맥킨 타이어의 애국심은 보편성이 아닌 민족주의라는 특수성에 기반함으로써 가치중립적인 자유주의와 배치되며, 그 배타성으로 인해 보편적 도덕원칙과도 부합되지 않는다.[24]

나폴레옹 전쟁당시 프로이센의 위기를 구하고자 독일국민들에게 민족주의의 정신을 일깨운 피히테(Fichte)는 애국심의 대상이자 결속의 매개로서 민족을 강조하면서 독일민족의 동질성과 우수성에서 민족의

---

21 원준호, 애국심의 대상, 요소, 현실성에 관한 숙고, 한국정치학회보 제37집 제3호, 49면.

22 Maurizio Viroli, For Love of Country, An Essay on Patriotism and Nationalism, 1995, pp. 75~82; 조승래, 앞의 책, 144면에서 재인용.

23 MacIntyre, "Is Patriotism a Virtue?" Igor Primoratz ed. Patriotism, 2002 〔1984〕, p. 44; 곽준혁, 민족주의 없는 애국심과 비지배 평화원칙, 아세아연구 제46권 제4호, 2003, 315면에서 재인용.

24 일본국적을 가진 재일교포 격투기 선수인 추성훈이 트위터에서 독도의 영유권에 관한 일본인의 질문에 대하여 "독도는 한일 모두의 것"이라고 대답해서 이목을 끌었다. 민족주의적 애국주의의 관점에서 본다면, 독도가 대한민국의 영토라는 일본인의 답변은 비애국적일 수밖에 없고, 일본의 영토라는 한국인의 답변 또한 그러하다. 복수국적자나 재일교포 일본인에게는 극복할 수 없는 딜레마가 될 수밖에 없다.

독립과 통일의 근거를 찾았다. 그는 특히 언어적 동질성을 기반으로 독일민족의 선민사상을 북돋게 된다. 피히테의 애국심이 국가가 아닌 민족의 자유와 평화에 대한 애국심이라는 점에서 자유주의적 성격을 가지기는 하지만, 역사적 교훈에서 보듯이 이러한 관념은 자칫 배타적 민족주의로 나타날 수 있다.25 공동체적 애국주의는 개인의 이익보다 공동체적 이익의 가치를 우선시할 수 있게 한다는 면에서 그 유용성을 인정할 수 있으나, 기본적으로 다른 공동체와의 대립관계에 있어서 상대방의 정당한 권리나 이익을 제한하거나 침해할 수 있다는 한계를 지닌다.

다. 헌법애국주의

1) 헌법애국주의의 시작

헌법애국주의 개념의 창시자는 2차대전 후 독일의 민주지향적 정치의 이론적 근거를 제공한 슈테른베르거(D. Sternberger)이다. 1979년 슈테른베르거는 서독 기본법 탄생 30주년에 즈음하여 5월 23일자 독일의 유력 일간지인 프랑크푸르터 알게마이네 신문(Frankfurter Allgemeine Zeitung)에 '헌법애국주의(Verfassungspatriotismus)라는 글을 게재한다.26 동서독으로 분단된 현실에서 그는, 비록 독일인들이 분단되어 있더라도 '온전한 단일 헌법국가'라는 틀에서 서독인들의 조국을 규정할 수 있다고 보았다.

기존의 독일인들의 애국심이 민족주의적이었던 반면, 그가 보는 진정한 애국은 헌법을 지향점으로 하는 애국심이며 시민들에게 평화와 기본적 자유를 보호하는 헌법적 제도와 기구에 대한 헌신을 의미하게 된다.27 당시 서독 기본법이 동독의 시민에까지 그 영향력을 미친다고 규정하

---

25 원준호, 애국심의 대상, 요소, 현실성에 관한 숙고, 한국정치학회보 제37집 제3호, 55면.

26 김만권, '헌법애국주의', 자신이 구성하는 정치공동체에 애정을 갖는다는 것, 시민과 세계, 2009, 191면.

27 원준호, 헌법애국심과 통일 독일의 정체성 문제, 국제지역연구 제6권 제3호, 2002, 192면.

고 있으므로 슈테른베르거의 헌법애국주의는 국가의 경계를 넘어서기는 했지만, 동독까지로 한정됨으로써 종족성과 정치성의 문제를 극복하지 못한다는 한계를 가졌다.28

이의 극복은 하버마스(Jürgen Habermas)에 의해 시도되었다. 그는 평등한 권리공동체의 보편주의와 운명공동체적 특수주의간의 긴장관계에서 보편주의의 우위를 주장하였다.29 민족주의와 인민주권의 원칙은 반드시 분리되어야 하고, 민족국가적 동질성은 현대국가에서 더 이상 적실성을 가지지 못하므로 민족과 국가가 분리되고 한 국가의 정치문화는 헌법을 중심으로 구체화되어야 한다는 것이다.30 헌법애국주의는 인류사회의 보편적 가치로서 문화적 유산을 공유하지 않는 외국인, 이민자, 난민들에 대한 사회적 차별을 부정하면서 자유·민주의 헌법적 가치에 동의하는 헌법적 공동체에 대한 소속감과 애정을 의미하는 것이다.

2) 헌법애국주의 vs. 세계시민주의

하버마스의 관념은 자연스럽게 너스봄의 세계시민주의와 연결될수 있다. 헌법애국주의가 인종주의나 군사적 집단화의 과오에 대한 비판에서 출발해서 타 공동체의 포용에 관심을 기울인다는 점에서 세계시민주의와 그 맥을 같이하고 있기 때문이다.31 세계시민주의의 주창자인 너스봄(Nussbaum) 교수는 미국식 애국주의에 대하여 호전적 대외 강경주의나 배타적 국가주의로 변질될 수 있다는 우려를 제기하기도 하

---

28 Müller, Constitutional Patriotism, pp. 22~26, 김만권, '헌법애국주의', 자신이 구성하는 정치공동체에 애정을 갖는다는 것, 시민과 세계, 2009, 191면에서 재인용.

29 Habermas, Der europäische Nationalstaat-Zu Verfangenheit und Zukunft von Souveränität und Staatbürgerschaft, in; Die Einbeziehung des Anderen, 1997, p. 139.

30 곽준혁, 민족주의 없는 애국심과 비지배 평화원칙, 아세아연구 제46권 제4호, 2003, 318면.

31 김만권, '헌법애국주의', 자신이 구성하는 정치공동체에 애정을 갖는다는 것, 시민과 세계, 2009, 193면; 곽준혁은 이러한 헌정적 애국심을 사해동포주의로 설명하고 있다. 위의 글, 318면.

였다.[32]

한편 세계시민주의에 대한 비판은 곧바로 헌법애국주의에도 적용될 수 있다. 세계시민주의의 이상이 국민국가를 매개로 하지 않을 수 없고, 지역적 애국주의가 세계시민주의의 이상을 구현하기 위한 출발점이 될 수밖에 없기 때문이다.[33] 특수성을 부정하고자 하는 점에서 헌법애국주의는 공화주의적 애국주의와도 구분될 수 있다. 헌법애국주의와 공화주의적 애국주의를 보편과 특수의 스펙트럼을 통해 구분하면서 하버마스의 헌법애국주의와 달리 비틀리의 공화주의적 애국심은 특수한 정치체제와 그 안에서의 삶에 대한 애정이라고 해석하는 입장이 그러하다. 이러한 입장에서 보자면 공화주의적 애국심은 공동체주의와 세계시민주의의 사이에 위치한다고 볼 수 있다.[34]

이와 달리 원준호는 통일 독일의 정체성을 헌법애국주의를 통해 조명하면서 헌법애국주의가 세계시민주의와 분리된다는 입장을 견지하고 있다. 후자를 강요하게 되면 헌법애국주의의 구체적인 대상을 박탈하게 되고 공허하게 만든다는 이유에서이다.[35] 헌법애국주의를 특수한 맥락 속에서 보편성을 담보하는 정치도덕으로 수정하여 이해하는 그의 입장은 역사적 관점에서 애국주의의 원초적 모습이었던 공화주의적 애국주의와 크게 다르지 않다.

3) 미국식 헌법애국

폭정과 부패에 맞서 자유와 정의를 추구하는 공화주의적 애국은 17세기 영국혁명을 거쳐 독립혁명기 미국 식민지인들에게 이어진다. 특히 인종적·문화적 동질감을 형성할 수 없었던 미국에서 형성되는 이

---

32 마사 너스봄(오인영 역), 나라를 사랑한다는 것, 2003, 옮긴이의 글 9면.
33 마사 너스봄, 앞의 책, 10면.
34 곽준혁, 민족주의 없는 애국심과 비지배 평화원칙, 아세아연구 제46권 제4호, 2003, 321면.
35 원준호, 헌법애국심과 통일 독일의 정체성 문제, 국제지역연구 제6권 제3호, 2002, 205면.

러한 특수한 공화주의적 애국의 모습을 성약적 애국주의(covenanted patriotism)라 일컫는다. 그들에게 애국은 모든 인류에게 자유의 원리를 제시한 독립선언서의 정신에 대한 충성, 즉 건국의 성약에 대한 충성으로 피와 종족으로 연결되는 원초적 동질성을 넘어선다. 미국식 애국주의는 관대한 휴머니즘과 양립되며 다른 민족에 대한 적대감이나 우월감을 가지지 않으면서, 닉슨의 워터게이트 사건에 대한 미국시민의 분노를 애국으로 승화시킨다.36

　　민족주의적·집단주의적 애국주의에 대한 반성에서 출발한 이성적·보편적 독일식 헌법애국주의와는 달리, 다양한 여러 민족이 단시간에 섞여서 생활하면서, 공동체의 정체성을 찾기 위해 고심한 미국에서는 헌법을 하나의 구심점으로 상징화 시켰으며, 이를 통해 헌법적 애국주의의 기치 하에 미국인을 통일시키고자 노력하였다. 그 와중에 헌법적 애국주의는 이성적 상징이 아닌 미국인의 감성을 자극하고 충성을 강조하는 신앙적 존재로서 추앙받고 있다는 점에서, 또 다른 집단주의의 상징물로 전락하는 모습을 보이고 있다.37

　　미국정부와 주 정부의 공직자들은 헌법을 수호한다는 다음과 같은 충성서약을 하게 된다.

　　"나는 미합중국 헌법을 지지하며 나라 안팎의 모든 적들로부터 헌법을 수호합니다; 나는 헌법에 대한 진심어린 신뢰와 충성을 밝힙니다; 나는 이러한 의무를 어떤 망설임이나 차후 모면의 궁리없이 기꺼이 지겠습니다."38

---

36 John Scharr, Legitimacy in the Modern State, 1981, pp. 293~307; 조승래, 공화국을 위하여, 도서출판 길, 2010, 169면에서 재인용.
37 에밀 뒤르케임은 사회가 통합을 유지하려면 어떤 성스러운 상징체계가 존재해야 한다고 하였으며, 헌법과 같은 세속적 상징체계도 신성함을 지닐 수 있다고 한다(Emile Durkheim, 종교생활의 원초적 형태). 이러한 관점에서 안경환 교수는 미국의 연방헌법을 시민종교로 해석한다. 법, 영화를 캐스팅하다, 효형출판, 2007, 14면 이하.
38 L. 레너드 캐스터, 사이먼 정, 미국을 발칵 뒤집은 판결 31, 2012, 256면.

3. 헌법애국적 경찰

가. 한국경찰의 기존 애국주의

우리 사회에서 애국주의는 그 출발점에서부터 민족주의와 철저히 결속되었는데, 일본식의 민족주의와 결합된 애국심이 박정희의 권위주의 시기에 이념적 기반으로 받아들여져 국가주의와 구분될 수 없었기 때문이다. 이러한 애국심은 정치적 열정을 기반으로 하는 공화주의적 애국심과는 달리, 같은 영토·인종·언어·관습 등의 전정치적 요소를 매개로 하는 자연적 감정이라는 점에서 특수주의와 결합될 수밖에 없고, 문화적 다양성이나 공존의 전망을 제시할 수 없다는 문제가 있다.[39]

그렇다면, 경찰과 관련하여 나타나는 애국심을 보다 구체적으로 살펴보자. 대통령령으로 제정된 「경찰공무원 복무규정」 제3조 제1호에서는 "경찰공무원은 국가와 민족을 위하여 충성과 봉사를 다하며, 국민의 생명·신체 및 재산을 보호하고, 공공의 안녕과 질서를 유지함을 그 사명으로 한다"고 정하고 있다. 동 규정의 기본적 문제는 국가에 대한 충성과 봉사를 넘어 민족적 개념을 충성과 봉사의 대상으로 존치시키고 있다는 민족주의적 폐쇄성에서 비롯된다. 2013년까지 징병검사를 받을 다문화가정 출신 남자는 4,000여 명이고 국내 거주 외국인은 이미 120만 명을 넘어섰다. 경찰공무원은 국가뿐만 아니라 민족을 위해서 충성을 맹세하여야만 하는 것인가?[40]

앞서 제기된 애국심의 논의가 여기에서 충성으로 갑자기 변화된

---

39 조계원, 한국 사회와 애국심: 공화주의적 애국심의 검토, 시민과 사회, 2009, 214면.
40 국방부에서는 흑·백인계 등 외관상 식별이 명백한 혼혈인에 대해서는 제2국민
   역에 편입한다는 기존의 병역법 조항을 2009년에 삭제하였으며 다문화시대에 맞
   추어 '병역의무 및 지원은 인종, 피부색 등을 이유로 차별하여서는 아니 된다'는
   명문규정을 삽입하였다. 이외에도 2011년 2월부터 대통령령인 '군인복무규율' 제
   5조에 명시된 병사 입영선서와 장교 임관선서에서 '민족'에 대한 충성을 '국민'에
   대한 충성으로 대체하였다. 출처: http://www.segye.com/Articles/News/Opinion/
   Article.asp?aid=20120514022561&cid=

것처럼 보일 수 있다. 충성은 사실 법으로부터 유래한 것으로 그 대상이 법을 의미하는 것인데 반해, 애국심은 특정한 "공동체의 민족, 문화, 자연에 대한 낭만적 열정"으로 표현된다. 따라서 합법적이지 못한 독재에서는 충성이 아닌 조국에 대한 사랑, 즉 애국심이 요구된다.41 다만 충성과 애국심은 모두 배타성을 본질로 하며 보편적 도덕과의 충돌이 문제된다는 점42에서 여기서는 이를 구분하지 않고 같은 검토대상으로 보고자 한다.

경찰학에서 충성에 관련한 문헌들을 찾아보는 것은 쉽지 않다. 다만 조철옥의 '경찰윤리학'43에서는 "국가의 안녕질서를 유지하고 국민의 생명과 신체, 재산을 보호하는 책무를 지고 있는 경찰관은 그 직분을 다하는 것이 바로 국가와 민족에 대한 충성"이라 하면서 충성의 대상으로서 '국가와 민족'을 비판 없이 서술하고 있다. 이미 제기한 바와 같이 막연한 민족에 대한 충성은 자칫 국수주의, 민족적 이기주의와 연결될 수 있고, 다문화사회라는 시대적 변화와 정면으로 충돌할 수 있음에도, 아직 경찰인에게 요구되는 충성의 대상을 민족으로서 표현하는 것은, 성찰의 태도와 비판적 고찰이 결여된 의미 없는 울림일 뿐이다.

나. 새로운 애국주의의 모색: 헌법애국적 경찰

살펴본 바와 같이 세계시민주의와 교감하는 헌법애국주의는 실질적 삶을 공유하는 공동체적 결속의 기반과 괴리됨으로써 그 한계를 지니고 있다. 우리나라의 경우 특히 수천 년간 유지된 단일국가가 이념적 대립으로 인해 기형적으로 분단되어 있다는 점을 염두에 둔다면 이상적 헌법애국주의의 한계는 더욱 분명해진다.

---

41 Fletcher, Loyalität (Loyalty, An Essay on the Morality of Relationships), 1994, 23, 101 f; 원준호, 애국심의 대상, 요소, 현실성에 관한 숙고, 한국정치학회보 제37집 제3호, 56면에서 재인용.
42 원준호, 애국심의 대상, 요소, 현실성에 관한 숙고, 한국정치학회보 제37집 제3호, 57면.
43 조철옥, 경찰윤리론, 대영출판사, 2012, 370면.

장래 통일된 한반도에 있어서 EU에 버금가는 범아시아적 공동체의 결속을 지향하고자 한다면 하버마스의 헌법애국주의 정신을 새겨야만 한다. 다만 세계시민주의는 미래지향적 성격을 가지고 있다 하더라도 그 현실적 실현은 아직 시기상조라 하지 않을 수 없다.44 세계시민주의와 결부되는 이상적 헌법애국주의는 유럽의 정치적 통합을 설명할 수 있을지라도 독일 통일을 설명하기에 미흡하다는 한계를 지닌다는 점에서 현 대한민국에의 적용에는 부적절하다.

미국식 애국주의는 더욱 절망적으로 보인다. 시민의 자유를 보장하는 헌법에 대한 애정에서 출발한 미국식 애국주의는 이미 미국만이 옳고 그 이익에 반하는 반대편의 국가들은 그르다는 이분법적 배타적 사고로 변질되고 비판의 십자포화를 맞고 있으며 너스봄의 세계시민주의는 이에 대한 반동으로 보아야 한다.

분단된 대한민국, 21세기의 애국주의는 고루한 민족공동체에 기반을 둔 감정과 충동에 사로잡힌 배타적 애국을 극복해야만 한다. 국내의 유명작가가 독일에 초청받아 문학강연을 하던 중 '민족이라는 단어만으로도 가슴이 벅차고 눈물이 저절로 흐른다'고 말하자 독일청중들이 '나치'를 연상하면서 의아해 했다는 에피소드45는, 극복해야 하는 우리의 현재모습이다.

우리의 애국주의는 한반도의 통일을 지향하는 애국이면서 동시에 한국전쟁의 경험을 토대로 평화를 지향해야 한다. '민족의 대동단결'과 같은 집단주의적 허상이 아니라 시간적·장소적 특수성에 기초한 공동체의 발판에서 구성원의 자유와 권리를 보장하는 보편적 가치에 대한 애정으로 승화되어야 한다. 지금까지 경찰의 애국주의는 이른바 호국경찰적 애국으로서, 헌법적 가치판단을 배제하면서 맹목적으로 현재의 국가체제를 옹호하는 극우적 애국주의라고 평가할 수밖에 없다. 기존

---

44 마사 너스봄(오인영 역), 나라를 사랑한다는 것, 2003, 옮긴이의 글 10면.
45 노재현, 민족은 달라도 충성은 하나다, 2011. 4. 22. 중앙일보.

의 경찰사가 4.19나 87년의 민주화항쟁의 역사에 대하여 경찰에게 침묵을 강요하는 이유이기도 하다. 새로운 경찰의 애국은 자유와 민주의 헌법적 가치를 지향하는 개방적 성격을 가지면서 시민불복종의 정신을 포용할 수 있는, 21세기 한반도라는 특수성에 기반하면서도 보편성을 지향하는 헌법애국주의가 되어야 한다.

다. 헌법애국주의의 경찰적 상징화

현실지향적 융합학문으로서의 경찰학에서 다루고자 하는 헌법애국주의는 추상적이고 사변적인 관념의 설정에 그치는 것이 아니라 경찰활동에 있어서 이를 구체화시킬 수 있는 상징적 제시, 즉 관념의 상징화를 필요로 한다. 지금까지 경찰의 애국주의적 상징화로 제시될 수 있었던 사례로는 1968년 무장공비 침투사건 당시 종로경찰서장으로 재직하면서 순직한 고 최규식 경무관이나 한국전쟁 당시 호국경찰의 상징으로서 화랑무공훈장이 추서된 고 권영도 경위, 라희봉 경감 등이 있다. 국가의 수호를 위해 헌신한 경찰인의 평가가 폄하되어서는 안 되겠지만, 현 시대적 상황에서 헌법애국주의의 상징으로서는 한계를 가진다. 왜냐하면 이러한 사례들은 헌법애국주의 뿐만 아니라 기존의 민족공동체 또는 국가주의적 애국심의 관점에서도 동일한 평가가 내려지게 되므로 여기에서 제시하는 새로운 프레임의 애국주의적 경찰상의 상징화를 위한 윤리적 긴장상황이 나타나지 않는다.

헌법적 애국의 길을 따르기 위해 노력한 경찰인은 특히 정부와 시민이 대립하는 갈등상황에서 나타날 수 있는데, 대표적으로 5.18 당시 전남도경국장 안병하와 80년대 후반 경찰중립을 촉구한 이병무를 거론할 수 있다. 안병하의 사례는 이미 앞서 소개한 바 있으므로, 여기서는 이병무의 경찰중립화 선언을 살펴보자.

87년 민주화항쟁의 격변기를 거치면서 정치·사회분야에서의 민주화 움직임에도 시국치안에 동원되고 있던 경찰은 정권의 '바람막이'로 국민적 질타를 받으면서 그 정체성을 상실하고 있었다. 1988년 1월 26일, 충주경찰서 수사계장 이병무 경위는 동아일보에 '경찰의 발전과 진정한 민주화를 위한 참회록'이라는 양심선언서를 보내면서 "경찰을 독립시키지 않고 정권유지의 도구로 계속 이용하려는 발상 아래에서는 진정한 민주화는 이룰 수 없다"고 주장했다.46

"각종 시국집회의 현장에서 반정부 시위의 맞은편에서 과연 누구를 상대로 가스총을 쏘면서 돌을 맞고 화염병 세례를 받았는가?"라는 그의 질문은 군부독재의 시대적 상황에서 현재적 사회질서 유지나 법률수호라는 무비판적 경찰활동의 틀을 넘어 보다 본질적인 접근, 즉 헌법적 가치수호에 대한 지속적인 의문을 통해 보편적 도덕감정과 정의를 추구해야 한다는 헌법애국주의의 사상을 형상화한다.

4. 소 결

1980년대 저자가 중학생이던 시절, 친구들과 영화관에 가면 영화를 감상하기 전 언제나 기립하여 애국가를 들어야 했다. 방과 후 학교 운동장에서 축구를 하다가도 국기하강식을 알리는 애국가가 울려 퍼지면 모든 학생들이 멈춰서 태극기를 향해야만 했다. 조회시간에 부르던 애국가나 권위주의적 대통령이 해외순방을 마치고 귀국하는 날, 수업도 불사하고 길가에 서서 흔들던 태극기는 애국과 무관하다. 상징이 강요되면 더 이상 애국이 아닌 집단주의의 도구로 변질되기 때문이다.

국가와 체제수호라는 호국적 경찰상은 더 이상 경찰의 지향이 될

---

46 1988. 1. 28. 동아일보.

수 없으며 헌법애국의 경찰로 변화되어야 한다. 헌법적 애국주의는 보수세력이 내세우는 맹목적 국가주의뿐만 아니라 헌법적 사고의 결여로 북한에 대한 비판을 주저하는 일부 진보세력들의 시대착오적인 민족주의 애국과도 차별화 된다. 여기에서의 헌법애국주의는 자유와 보편적 도덕감정을 지향하지만 현재 우리가 서 있는 역사와 문화적 공동체의 특수성을 부정하지 않는다는 점에서 세계시민주의와는 일정한 거리를 둔다.

또한 공동체의 연대에 기초하여 그 사회체제를 안정시킬 수 있으면서도 통일을 지향할 수 있고, 막연한 국가에 대한 충성이 아닌 시민들의 정치참여와 시민불복종을 정당화할 수 있으므로 경찰활동에 대한 윤리적 성찰과 반성을 가능하게 한다.

옛날 영국왕실에는 휘핑보이(whipping boy; Prügel Knabe)라는 제도가
있었다. 왕자가 잘못했더라도 지엄한 왕자를 매질할 수 없으니 대신 매
를 맞아주는 학우를 휘핑보이라 일컫는다. 현대사회에도 휘핑보이는
존재한다. 국정의 책임을 지는 정치권력자가 정책집행에 있어서 국민
들의 신뢰를 얻지 못하게 되면, 국민들의 거센 저항을 직면할 수밖에
없고 저항이 극대화되면 정치권력자를 대신해서 국민들의 저항에 대한
무력적 통제기능이 작동된다. 국가안정과 현상유지에 대한 책임은 경
찰이 담당하고 있으며, 정치에 대한 이러한 경찰의 역할을 휘핑보이에
비유하기도 한다.

FTA 반대집회나 촛불집회, 쌍용사태 등 경찰개입이 문제된 과거
사례들은 기실 정책결정 과정에서 국민여론의 수렴이 미흡했다거나,
일부 시민들과 정치권력의 인식의 괴리에서 기인한다. 그럼에도 그 불
만표출의 정점에서 정치권력을 대신해 시민들과 맞부딪히는 것은 경찰
이며, 결국 경찰과 시민들의 대립구도로 상황은 변하게 된다.

시민들의 눈에는 공공의 안녕질서를 유지하는 경찰작용이 정치권
력을 비호하는 무장세력으로 비춰지고, 이에 따라 경찰이 정치에 종속
된다거나 중립적이지 못하다는 비판을 받게 된다.

1. 정치와 윤리

사회생활을 하는 사람들의 욕구를 충족시키기 위한 자원은 근본적
으로 한정되어 있다. 여기에서 불가피하게 욕구의 갈등이 일어나게 된
다. 데이비드 이스턴(David Easton)은 정치를 정의함에 있어 "한 사회를

위한 가치의 권위적 할당"이라고 정의하고 있고, 결국 정치는 가치배분에서의 우선순위를 정하는 것이다.[1] 물론 자원이 풍족한 경우라 하더라도 사회속의 인간은 무엇을 공동목표로 삼고 그것을 어떻게 달성할 것인가의 문제에 의견일치를 보기 어려우므로 윤리적인 문제들이 생겨나게 된다. 정치에서 가치할당은 명령을 통해서 나타난다. 정치적 가치할당은 그 우선순위를 정하게 되고 이 명령을 내리는 사람의 의지에 복종하는 행위가 따라야 한다.[2] 여기에 대한 정당한 근거를 마련하는 것이 윤리의 영역이며 정치와 윤리가 관계를 맺는 정치철학의 토론장이다.

　　일반적으로 정치와 윤리의 관계를 보면, 윤리는 개인이 무엇을 해야 하는지를 결정하는 것이고, 정치는 국가의 정부나 정치사회가 무엇을 해야 하는지를 결정하는 것이다. 정부도 결국 집단화된 개인들의 행위일 뿐이며 여기에도 윤리적 원칙이 적용되어야 한다. 그래서 플라톤에서 아리스토텔레스, 홉스에 이르기까지 정치와 윤리를 연결시켜 왔다.

　　다만 이 책에서는 정치윤리적 담론을 거시적 측면에서 다루고자 하는 것은 아니다. 정치철학이나 정치윤리에 대한 논의들은 이미 기존의 문헌들에서도 홍수를 이루고 있을 뿐만 아니라, 저자가 여기에 어떤 새로운 정치윤리적 주장을 가미할 만한 입장도 아니기 때문이다. 우리가 살펴보아야 할 것은 정치적 가치할당을 수행하는 하부조직으로서 특히 경찰활동의 정치적 함의와 그 특수성을 토대로, 관련 사례들을 살펴보면서 경찰과 정치의 명확한 관계정립의 필요성과 그 대안들을 검토하는 것이다.

---

1 Easton, The Political System, 1953, ch. 5.
2 이종은, 정치와 윤리, 책세상, 2010, 89면.

2. 정치종속화

가. 정치로부터 파생된 정치경찰

잘 알려진 바와 같이 '경찰'이라는 용어는 그리스 도시국가에서 유래되었으며, 중세에 있어서 이는 '국가, 공화제, 국헌' 등을 의미하였다. 이후 14세기 프랑스와 15세기 독일에서 발전된 경찰개념은 국가의 모든 정치적 통치작용을 의미하였다.[3] 이후 포괄적 통치작용에서 점차 외정, 군정, 재정, 사법이 경찰로부터 분리됨으로써 경찰작용의 범위는 점차 축소되는 과정을 거치게 된다. 역사적 발전과정을 통해 살펴볼 때, 경찰은 결국 정치적 통치기제의 핵심으로서 정치기능을 수행함에 있어 필수불가결한 요소가 된다.

그러나 정치체제가 민주정으로 변모함에 따라 그 핵심적 가치로서 균등한 기회보장을 통한 정권교체의 원칙이 확립되었고, 여기에서 경찰은 정치적 기회보장과 선거를 통한 공정한 정권교체 가능성을 시민들에게 보장함에 있어서 중대한 변수가 되었고, 정권교체나 변동과 무관하게 법에 따른 직무를 수행할 것이 요구되었다. 이러한 당위의 문제와 달리, 사실적 측면에서 경찰은 정치와 긴밀하게 연결되어 왔고, 정치학에서는 정치경찰이라는 용어가 사용되고 있다. 사전적 의미로서 정치경찰은 일정한 정치체제 또는 정권에 반대하는 반체제적 정치활동 및 사상을 규제하여 정치체제나 정권안정을 목적으로 하는 경찰로서, 다른 용어로는 비밀경찰이라고도 한다.

정치경찰은 시민들의 사상에 대한 통제를 주목적으로, 반체제인사나 사상가, 혁명가들에 대한 정보를 수집하고, 감시·구금·함정수사·체포 등의 경찰직무를 수행함에 있어 법치주의에 구속되지 않는다. 정치경찰의 전형은 프랑스혁명 후 조직화되어 이후 프로이센, 나치로 이어졌다. 역사적 측면에서 볼 때, 우리나라의 경찰도 정치경찰의 오명으

---

3 김동희, 행정법 II, 제18판, 2012, 193면.

로부터 자유로울 수 없었다. 일제가 1911년 특별고등경찰부라는 이름으로 비밀정치경찰을 양성하여 항일독립운동과 사회주의운동을 막았고, 이른바 특고경찰 출신의 친일파들은 대한민국 건국 이후 경찰조직의 근간이 되었다.

정치경찰활동은 형식적 의미의 경찰조직의 활동으로만 제한되는 것은 아니다. 사실상 정치적 차원에서 반정권세력을 통제하기 위한 모든 국가기관의 활동이 여기에 포함된다. 이승만 대통령 시절 군에서 파생된 특무대, 1960년대 중앙정보부, 1990년대 민간인 사찰의 오명을 남긴 국군보안사령부(국군기무사령부의 전신), 그리고 김영삼, 김대중 대통령 시절 청와대 직속 사찰조직으로 활동한 경찰 사직동팀 등이 모두 정치경찰의 전형적 조직이었다.4

◉ 1992년, 초원복집의 정치경찰

14대 대선을 사흘 앞둔 92년 12월 11일 부산의 '초원복집'. 김기춘 전 법무부장관을 비롯 정경식 부산지검장, 박일룡 부산경찰청장, 이규삼 안기부 부산지부장 등 8명의 부산지역 기관장들은 김영삼 민자당 후보 선거지원을 모의했다. 이들의 '불법 선거개입' 모의와 '지역감정 조장발언'은 안기부 직원에 의한 대화내용의 도청, 폭로로 밝혀졌다.

당시 부산경찰청장은 김기춘 전 장관이 '초원복집'에서 "당신들이야 노골적으로 (선거운동을) 해도 괜찮지 뭐…. 우리 검찰에서도 양해할 것이고, 아마 경찰청장도 양해 …"라며 불법선거운동을 권유하자 "이거 양해라뇨. 제가 더 떠듭니다"라고 맞장구친 것으로 알려졌다.5

---

4 이상준, 간첩 색출 빌미로 불법연행·고문 자행 … 독재정권 파수꾼으로, 2012. 4. 7. 주간한국.

5 조호진, 되살아나는 '초원복집' 망령, 2005. 7. 30. 오마이뉴스.

나. 외국경찰과 정치

프랑스나 우리나라와 같은 중앙집권적 정치체제에서는 경찰, 특히 정보기능이 중앙정치와 직접적으로 맞물릴 수밖에 없다. 2012년 프랑스 대통령 선거를 앞둔 상황에서 당시 사르코지 대통령은 대테러 정보기구인 국토감시국(DST)과 경찰 정보부서인 정보국(RG)을 통합한, 프랑스판 FBI인 중앙정보국(DCRI)을 창설하였는데, 여기에 비공식 조직이 편성되어 대통령의 정적들을 감시, 미행, 도청하는 임무를 수행한다는 내용이 기자들이 발행한 책자를 통해 폭로되기도 했다.6

반면 분권화된 경찰제도를 유지하면서 중앙정치와 비교적 거리를 둘 수 있었던 영국이나 미국, 독일 등에서는 주로 지역정치와의 결탁이 문제될 수 있는 상황이었다. 1829년 수도경찰청의 창설을 통해 근대경찰의 문을 연 영국은, 설립초기부터 정치와의 결별을 위해 경찰관의 임면과 승진에서 정략적인 요소를 배제시켰다.

런던의 경찰을 런던이외의 지역에서 선출하였을 뿐만 아니라, 경찰공무원의 정치적 활동을 금지하고 선거권을 박탈하기까지 했다. 또한 경찰수뇌부의 정치적 중립을 위해 군인과 법률가로 구성된 두 명의 경찰청장의 평생임기를 보장했다. 이러한 전통은 지금까지도 이어지고 있어, 영국의 지방경찰청장은 지방의회에 대해서 직접적인 책임을 지지 않고, 그 영향력으로부터 독립적이다.7

---

6 2012. 1. 20. 연합뉴스.

7 2012년부터 영국경찰의 기존 삼원체제는 폐지되었다. 경찰위원회의 임무를 대체하여 새로이 창설된 지역치안위원장(Police and Crime Commissioner)은 지역주민의 선거에 의해 선출되고 지방경찰청장 및 차장의 임면권을 행사하며, 경찰의 예산 및 재정을 총괄한다.
한편 지역치안평의회(Police and Crime Panel)는 지역치안위원장의 견제기구로서 각 지방자치단체에서 파견한 선출직 대표와 독립위원으로 구성되며, 경찰예산집행에 대한 감사·경찰예산안 및 지방경찰청장 임명에 대한 거부권 행사·지역치안위원장에 대한 정보와 출석요구권·지역치안위원장의 업무에 대한 주민소환투표의 권한을 가진다.

1830년대부터 보스턴, 뉴욕을 중심으로 창설된 미국의 도시경찰은 주민들이 직접적인 통제권을 행사할 수 있다는 점에서 영국보다 더 민주적이기는 하지만, 정치적으로는 자유롭지 못했다. 런던경찰이 창설 초기 정치적 영향으로부터 자유로운 상태에서 엄격한 근무자세와 공정한 법집행이 중시된 반면, 미국경찰은 지역사회와 유착되었을 뿐만 아니라 공정한 충원과정을 거치지 못하고 지역의 부패·비효율과 연루되어, 이후 전문직업경찰로의 개혁을 거치게 된다. 미국의 자치경찰이 지역정치와 분리되지 못하는 동안, 중앙차원에서는 FBI가 도리어 정치에 지대한 영향을 미쳤다. 1972년 사망할 때까지 무려 48년간 FBI 국장으로 재직하면서 8명의 대통령을 갈아치운 에드거 후버(John Edgar Hoover)는 FBI 정보력을 통해 수집한 정치스캔들 등 고급정치정보를 활용하여 대통령과 정치적 거래를 하면서 자리를 보전해 나갔다. 지금은 그 직무의 핵심이 대테러로 이동되었으나, 1950년대 FBI는 좌익분자 색출과 반미정치활동을 탐지하는 정치성을 가지고 매카시즘의 광풍을 만들어 내기도 했다.

　　게슈타포를 통해 정치경찰의 폐해를 경험한 독일에서는 이후 경찰을 정치로부터 독립시키기 위해 끊임없이 노력해왔다. 16개의 주정부로 분권화된 경찰제도를 유지함에 따라 중앙정부는 경찰조직에 직접적인 영향력을 미칠 수 없다. 물론 독일 주 경찰의 최고책임자인 각 주의 내무부장관은 정치인으로서, 주의 치안정책에 대한 정치적 책임을 질뿐만 아니라, 경찰조직의 수장으로서 공평한 법집행의 직무를 동시에 담당한다.

　　독일경찰은 분권화되어 있음에도 영미법계와는 달리, 위원회나 의회에 의한 통제가 아닌 민주적 정당성의 고리가 연결된 정치인 수장에 의한 치안이라는 완충장치를 마련하고 있는 셈이다. 독일에서는 경찰의 정치적 중립을 위해 이른바 분리의 원칙(Trennungsgebot)이 강조된다.[8] 경찰기관은 경찰강제력을 행사하는 대신 위험과 무관한 정보활동

―――――――――――――
8 이성용, 경찰 정보활동의 법적 문제에 관한 해석론적 고찰, 경찰법연구 제10권 제

에는 절대 관여하지 않는다. 반면 정보기관[9]들은 체포나 압수·수색과 같은 일체의 강제권을 가지고 있지 않다. 이러한 원칙을 통해 테러나 범죄와 관련이 없는 한, 경찰이 국가기관이나 의회 등 정치와 직·간접으로 관련된 공공기관에 사복으로 출입하면서 정보를 수집하는 활동은 허용될 수 없고 따라서 정치사찰과 같은 오해의 소지는 원천적으로 차단된다.

3. 정치중립화

가. 정치적 중립과 경찰신뢰

공공의 안녕과 질서유지의 역할은 본질적으로 현재의 질서있는 상태를 유지하는 보수적인 역할이며, 동 시대의 사상적 흐름이나 정치적 기류와 무관해야 할 것임에도, 사전예방적 성격을 강조하는 경찰활동의 성격상 공공의 안녕과 질서에 위험을 가져올 수 있는 집단·인물들의 성향이나 활동 등에 관심을 가지고 위해요소의 사전차단에 주력할 수밖에 없다. 이러한 경찰활동의 지나친 확대는, 결국 현 정치체제에 불만을 가진 조직이나 인물, 새로이 정권을 획득하고자 하는 소수 정치집단에 대한 의식적 관찰과 감시를 가져온다.

경찰활동이 특정 정권으로부터 중립되어야 하는 것은 당위적 명제임에 분명하다. 정권의 입장이나 영향력으로부터 벗어나 오로지 공공의 안녕과 질서유지를 위한 경찰권이 행사되어야 하며, 따라서 정치적 기류에 따라서 경찰력 행사의 강·약이나 기조가 흔들려서는 안 된다. 경찰은 국민들을 위해서 존재하는 것이며, 주민들에 의해서 선출되고 구성된다는 자치제 경찰의 사상은 이런 관점에서 정치적 중립을 보장

1호, 2012, 143면.

9 독일에는 내무부 장관 산하의 헌법수호청 이외에도 연방수상 직속의 연방정보국(BND), 국방부 장관 소속의 군정보국(MAD)이 존재한다.

하기에 보다 적합한 경찰활동 모형이 될 수 있다. 대륙법계의 경찰제도를 채택하고 있는 우리의 경우 특히 이에 주의하지 않으면 자칫 정치경찰의 오명에서 벗어나기 어렵게 된다. 선거기간마다 불법선거사범에 대한 단속의 상당수가 경찰에 의해서 진행되고 있음은 민주주의 발전을 위한 경찰의 중립적 역할의 중요성을 반증하는 사례이기도 하다.

나. 정보경찰의 정치속성

우리 경찰은 사회안정의 목적을 위해서 다양한 치안정보 수집활동을 담당하고 있으며 경찰청에 정보국을 설치, 예방정보활동에 주력하고 있다. 경찰관직무집행법과 경찰법에서는 치안정보의 수집을 경찰의 직무로 규정하고 있으나, 여기에서 치안정보의 범위에 정치정보도 포함될 수 있는지 여부가 경찰정보활동의 정치성을 판단하는 기준이 된다.

「경찰청과 그 소속기관 등 직제」제14조에서는 경찰청 정보국의 직무인 치안정보의 분야를 '정치·경제·노동·사회·학원·종교·문화 등'으로 정하고 있어 정치정보를 치안정보의 범위로 명문화하고 있다. 그러나 새로이 제정된 「개인정보보호법」 제23조에 따라 개인의 사상·신념·노동조합·정당의 가입·탈퇴, 정치적 견해 등의 민감한 개인의 정치적 정보는 원칙적으로 처리가 금지되고 정보주체의 동의가 있거나, 법령에서 이를 허용하는 경우에만 가능하다.

이에 따르면, 경찰관련 법령에서 개인정보 수집에 관한 근거규정이 정비되지 않은 현재의 상황에서 정보주체의 동의없이 경찰이 치안정보수집이라는 명분으로 민감한 개인의 정치활동 등 정치나 사상에 관한 정보를 수집하는 것은 허용되지 않는다. 다만 예외적으로 국가안전보장과 관련이 있는 경우라야 이것이 허용될 따름이다.[10]

---

10 이성용, 경찰 정보활동의 법적 문제에 관한 해석론적 고찰, 경찰법연구 제10권 제 1호, 2012, 136면.

정치적 행보를 시작하는 사인의 사생활을 추적한 경찰의 정보활동은 국가안보를 위한 치안정보 수집활동으로 정당화될 수 있을까. 아마도 경찰이 확대해석을 통해, 여성편력이 있다거나 룸살롱을 출입하는 정치인은 장래에 대통령이 되더라도 국가안보에 위험을 가져올 것이라고 가정할 수 있는 경우라야 가능하다.

물론 경찰청장이 공식적으로 이러한 경찰의 뒷조사를 부인한 마당에, 경찰이 실제 조직적으로 이러한 사찰활동을 했다고 단언할 수는 없다. 보다 중요한 문제는 경찰정보조직의 이러한 정치사찰 의혹에 대해서, 다수의 시민들이 당황하기보다는 도리어 그 개연성에 쉽게 고개를 끄덕이는 경찰에 대한 불신의 문제이다. 경찰청 정보국장을 통해 청와대까지 보고되는 특급정보에, 과연 정치성을 가진 정보가 제외될 수 있을지 의문이다.

2012년 대선을 앞두고 경찰청공무원노동조합, 경찰청주무관노동조합, 일선 경찰들의 온·오프라인 모임 '폴네띠앙' 회원 등 일선 경찰조직 구성원들이 모여서 제작한 '고품격 경찰서비스 제공을 위한 치안정책 제안자료'에서도 정치적 중립성 확보와 의회 통제강화 등을 통한 정보경찰 역할 재정립을 주요과제로 선정하면서, 경찰정보활동을 치안정보로 집중하고, 인물정보나 정책정보 수집기능 폐지를 주장한 것을 보면, 비록 주류는 아닐지라도 경찰내부에서도 문제의 심각성을 인식하고 있는 것으로 보인다.11 청와대 수석까지 역임한 당시 문재인 대통령 후보마저도 경찰서 정보과 폐지를 언급한 것을 보면, 정보경찰의 정치화에 대한 우려가 막연한 기우만은 아닐 것이다.12

다. 경찰정보활동의 지향점

사회안정과 위험제거를 위하여 국가적 정보활동이 요구되고 있음은 분명하며, 어느 나라든지 정보수집 활동을 담당하는 전담기구를 설치·운영하고 있다. 그러나 많은 서구국가들에서는 국가안보를 위한 정보수집활동을 담당하고 있는 정보기관과 시민들에 대한 물리적 강제력을 행사하는 경찰기관을 분리·운영하고자 노력하고 있다. 국민들에 대한 직접적인 물리적 통제를 행사하는 경찰이 정보수집까지 하는 경우, 그 권한의 비대화와 비밀경찰로의 변질이 우려될 수 있기 때문이다. 미국·영국·독일과 같은 이른바 서구 선진국가에서는 경찰조직내 정보부서가 별도로 마련되어 있지 않다.

반면, 다른 차원에서 경찰정보활동에 대한 긍정적 측면을 주장하기도 한다. 예산이나 조직, 활동에 있어서 문민적 통제장치가 느슨한 정보기관에서 정보에 관한 막강한 권력을 행사하기보다는 이러한 통제장치가 보다 견고한 경찰에게 정보권을 부여함으로써 정보기관간의 상호견제를 통한 시민통제가 가능할 수 있다는 입장이다. 특히 우리의 경우, 구 안기부 같은 정보기관에서 국가안보와 관련한 범죄에 대하여 직

---

11 배민욱, 경찰 개혁하려면 … 일선경찰이 제안한 핵심과제, 뉴시스아이즈 제305호, 2012. 12. 4.
12 이후 문재인 캠프에서는 '경찰서 정보과 폐지가 잘못 알려진 것이며, 다만 정보경찰이 민간인 사찰, 정치사찰 등 잘못된 사찰활동을 하지 못하게 하고, 범죄정보 수집 등 민생치안을 강화하겠다는 의도'라고 해명하고 나섰다.

접적인 수사권을 행사하고, 무소불위의 권력기관으로서의 오명을 떨친 과거를 상기하면 이러한 주장의 설득력이 더해진다.

국가기관이 치안유지를 위한 정보를 수집하고 국정책임자에게 전달되는 것은 정당화될 수 있으나, 이러한 정보수집과 분석활동에 있어서 염두에 두어야 할 것은 정치인을 위한 정보, 권력의 유지와 재생산을 위한 정보가 아닌 시민과 사회질서·안정을 위한 정보활동이어야 한다는 점이다.

◉ 경찰의 정치정보

2001년 10월 제주경찰서 정보과 임모 경사가 김홍일 의원이 가족, 지인과 함께 제주도를 방문해 '이용호 게이트' 당사자를 만났다는 내용의 내부 정보보고서를 한나라당 제주도지부 관계자에게 건넸다가 공무상 비밀누설죄로 궁지에 몰렸다. 사법부는 정보문건이 관행적으로 해오던 정보교환이고 공무상 비밀에 해당되지 않는다는 이유로 임 경사에 대한 구속영장을 기각했지만, 그는 파면을 당하는 아픔을 겪었다.

정보 오용(誤用)은 경찰 정보관들이 가장 경계해야 할 대목이다. 참여정부 초기까지 경찰에 몸담았던 한 전직 경찰간부는 "정보가 경찰관들이 윗선에 줄을 대는 수단으로 활용되기도 했다"고 비판했다. "일부 정보계통 경찰관들은 중요한 정보를 청와대 쪽이나 다음 정권을 잡을 정치인 측에 의도적으로 흘림으로써 자신의 입지를 다져나갔다"는 게 그의 주장이다.13

라. 정치중립을 위한 과제

경찰의 정치적 중립을 위한 방안으로서, 우선 외부적 견제장치가 마련되어야 한다. 영국의 경찰위원회나 일본식 공안위원회와 같은 경찰에 대한 문민적·중립적 관리감독기관의 설치이다. 우리의 경우 이를 모방한 경찰위원회 제도가 실시되고 있으나, 그 역할과 권한에 있어서

---

13 이남희, 막강 정보력 FBI도 울고 갈걸!, 주간동아 2007. 6. 1.

경찰활동의 정치적 중립과 문민적 통제를 위한 제도라기보다는, 경찰정책에 대한 형식적 정당성을 부여하는 거수기에 불과하다.[14] 경찰활동에 대해서 직접 국민적 책임을 물을 수 있는 시스템의 개선이 요구된다.

또 다른 방안으로서는 내부적 견제장치로서 경찰노조활동 등을 생각할 수 있다. 부당하거나 정치적 편향성을 가진 경찰지휘부의 업무지시나 정책에 있어서 경찰조직 내부에서 통제하고 문제를 제기할 수 있는 시스템의 구축이다. 이를 통해 조직구성원 개개인의 주체성과 정치적 중립성을 자각시키는 역할도 기대할 수 있다.

조직 내·외부적 통제이외에도, 경찰조직이 엄격한 상명하복식 계층구조를 가지고 있어 그 통솔권자의 영향이 막대함을 고려할 때, 재임 중 정치적 영향으로부터 자유로울 수 있는 경찰책임자의 지위보장도 요구된다. 이미 경찰청장의 2년 임기제가 시행되었음에도 사회적·정치적 여건상 아직 정치로부터 독립된 경찰청장의 업무수행과 신분보장이 정착되지 못하고 있다. 경찰청장의 독립성은 그 임명과 직무집행 뿐만 아니라 퇴임 후의 신분변동 등에서도 고려되어야 할 것이다. 최소한 경찰의 수장은, 퇴임 후 특정정당의 정치인으로서 그 경력을 이어가기보다 경찰인으로서 공직을 마감하는 것을 명예로 인식하는 경찰문화의 확산을 새삼 기대해 본다.

◉ 위험스러운 경찰의 정치적 중립

경찰은 이명박 정부 들어 정보·보안 분야 경찰들의 민간인 사찰 비판을 받아왔다. 정치적 중립의무를 저버린 경찰이 '민주주의 시계'를 거꾸로 돌린다는 비판이 커지고 있다.

경찰청이 전국 경찰서에 하달한 문제의 촛불정국 문건 중 '정치 경찰' 시비를 불러일으키는 부분은 '전통적인 정부지지 세력을 복원하기 위해 고려해야 할 사항'을 보고토록 한 것이다. 이명박 정부에서 '전통적인 지지세력'은 보수층과 지난해 대선

---

14 최준혁, 경찰활동과 시민참여, 경찰법연구 제10권 제2호, 2012, 209면.

당시 이 대통령 지지층을 가리키기 때문이다.

경찰의 '권위주의 시대 회귀' 논란은 이명박 정부 들어 정보·보안 담당 경찰들의 활동 폭이 커진 데서 예견된 바 있다. 정보과 형사들이 지난 3월 말 '대운하 건설을 반대하는 전국교수 모임'에 참여한 서울대·충남대·가톨릭대 교수 등의 정치성향을 조사해 '80년대식 학원 사찰'이라는 비판이 제기됐다. 4월 3일에는 '민가협 목요집회' 현장을 몰래카메라로 채증하다 적발되기도 했다. 경찰이 민가협 집회를 채증한 것은 15년 만이었다.

경찰의 정치 부문 정보수집 활동은 '야당 탄압' 시비도 불러일으킨 바 있다. 경찰은 지난 3월 29일 당시 통합민주당 강금실 선대위원장의 총선 지원유세 현장, 민주당 유인태·오영식 의원의 유세장에 정보과 형사들을 보내 야당으로부터 "명백한 정치 사찰"이라는 반발을 샀다.[15]

---

15 장관순·송진식, 경찰, 중립의무 버리고 '정치 경찰' 앞장, 2008. 7. 1. 경향신문.

제 6 절 민 영 화

1. 공공행정 민영화의 확산

전통적 관념에 따르면 경찰은 국가의 공적예산에 의해 유지되며 공공의 안녕·질서유지의 사무를 공평하게 수행하게 된다. 경찰의 공공성은 두 가지 측면에서 정당성을 가진다.

첫째는 국가를 대신하여 시민들에게 물리적 강제력을 행사한다는 점에서 민간인들의 사적 활동과 엄격하게 구분되어야 한다는 것이다. 둘째는 공적 서비스로서 그 대상인 시민들에게 학력·경제력·인종·종교 등의 차별 없이 공정하게 제공되어야 한다는 점이다. 자유방임주의를 주창하는 경제학자 밀턴 프리드먼 마저도 '군대와 경찰만 빼고 모든 것을 시장에 맡겨라'하며 자유방임적 시장의 영역에서 경찰을 제외하는 이유가 여기에 있다.

그러나 자본주의 시장경제의 발전에 따라 공공부문에 대한 민영화가 행정의 모든 영역에서 진행되어 왔으며, 결국 경찰도 여기에서 더 이상 자유로울 수 없게 되었다. 이러한 변화의 원인은 여러 가지가 있을 수 있지만, 우선 확인할 수 있는 원인으로는 다음과 같은 것들이 있다. 먼저 국가의 재정적인 부담이다. 이미 오래전부터 국가는 계속적으로 수행해 오던 국가과제와 임무를 지속하기 위한 재정의 고갈을 겪고 있으며, 이에 따른 지출의 감축시도는 당연한 결과일 수밖에 없다.[1]

다른 원인으로는 유럽을 비롯, 전세계적으로 확산되는 신속한 행정과 규제완화를 통한 국가경쟁력 강화노력이다. 국가간의 경쟁은 개혁을 불가피하게 만들고 기존 규정과 방식의 철폐를 촉진한다. 경쟁과 공적자원의 고갈에 따라 행정효율의 제고와 행정경제성 지향은 피할

---

1 Stober, Allgemeines Wirtschaftsverwaltungsrecht, §34 Ⅲ 5.

수 없게 되었다. 이러한 행정혁신의 궁극적인 목표는 보다 적은 인력으로 동일한 수준, 혹은 더 나은 업무결과를 창출하는 데에 있다. 국가가 담당하던 치안분야에 있어서도 이러한 일반적 경향은 예외가 될 수 없고, 경찰에 의해 수행되는 치안업무에 있어서의 민간참여가 확대일로에 있다. 공공분야도 경찰이 아닌 민간경비에 의존할 수밖에 없게 되어, 독일의 경우 민간경비 매출의 약 25% 정도를 국가가 용역경비 사용주체로서 부담하고 있다고 한다.[2]

다른 측면으로, 계층적 국가에서 협력적 국가로의 발전을 들 수 있다.[3] 국가와 국민의 관계설정에서의 이러한 변화의 원인은 무엇보다도 사적인 투자와 사업의 주도가 공공재정의 부담을 감소시키며 사업의 신속한 추진을 실현시킬 수 있다는 인식에 기초한 것이다. 이러한 인식의 변화는 기존 행정영역의 민간으로의 이양을 더욱 확대시켰으며, 국가기능의 많은 부문이 더 이상 급부행정이 아닌, 보장행정(保障行政, Gewährleistungsverwaltung)으로서의 역할만을 수행하게 되는 것이다.[4] 국가는 민간부문을 통해서 생산되는 재화와 용역의 원활한 공급에 대한 책임만을 부담하게 되며 생산자와 용역자에 대한 감독의 역할을 맡게 된다. 예를 들어 독일 연방예산법(Bundeshaushaltsordnung) 제7조 제1항에서는 예산편성에서 경제성과 절감의 원칙에 따라 공공임무의 민영화의 가능성 여부를 검토하는 것을 의무규정화 하고 있으며, 이미 민영화된 독일의 철도, 체신, 통신 등의 분야에서 이를 확인할 수 있다.[5]

민영화는 종래 행정주체에 의하여 수행되던 공적과제가 사인에게 맡겨지는 것으로서, 그 목적은 무엇보다도 공적과제의 전부 또는 일부가 공공부문으로부터 민간부문으로 이양되어 공공부문의 인적·물적

---

2 Wacherhagen/Olschock in: Ottens/Olschock/Landrock (Hg.), Recht und Organisation privater Sicherheitsdienst in Europa, C Rn. 53.
3 Wolff/Bachof/Stober의 책, Band 1, §1 Rn. 24.
4 위의 책, Band I, §38 Ⅳ 30.
5 위의 책, Band 1, §3 Rn. 6.

부담을 경감시키는 것이다.

2. 경찰 상업화를 통한 공공성 약화

치안활동의 주체로서 민간이 참여하는 민영화 현상과 함께, 행정
비용의 부담으로 인해 경찰의 상업화로 공공성이 약화되는 현상도 나
타나고 있다. 1995년 캐나다 기마경찰대는 기마경관 이미지를 전세계
에서 사용할 수 있는 권리를 디즈니에 팔고 그 대가로 연간 250만 달
러의 수입을 얻는다. 여기에는 기마경관의 이미지가 들어간 티셔츠, 머
그잔, 인형 등의 상품판매 수수료가 포함되어 있다. 많은 캐나다 국민
들은 캐나다 경찰이 신성한 국가상징을 미국 대기업에 팔아넘긴 것에
분노했다. 재정악화에 따라 치안의 공공성은 약화되고 점차 상업화의
위기를 맞이하고 있다.6

미 매사추세츠주 팅스버러(Tyngsborough) 타운은 경찰순찰차에 광
고를 게시하여 수익을 얻고자 시도했으나 경찰의 반대로 무산되었다.
이 곳 경찰서장은 "우리는 업무특성상 중립을 지켜야 하는데 두 개의
쇼핑몰 중 한 곳만 광고를 했다면 다른 쪽에서 자신들이 불평부당한
대우를 받는다고 생각하지 않겠느냐"며 이러한 정책을 비판했다.7

센델은 여기서 정치와 상업의 차이를 강조하며 민주주의는 단순히
국민이 원하는 것을 제공하는 제도가 아니고 따라서 국민은 정부로부
터 염가에 치안서비스를 제공받는 고객이 아님을 강조한다.8

3. 경찰의 공익성은 경찰비용 청구를 제한하는가?

경찰의 공공성 약화는 최근 활발하게 논의되는 경찰비용의 문제와

---

6 마이클 센델(안진환·이수경 역), 왜 도덕인가?, 한국경제신문, 2010, 40면.
7 2012. 6. 26. 연합뉴스.
8 마이클 센델(안진환·이수경 역), 왜 도덕인가?, 한국경제신문, 2010, 41면.

도 무관하지 않다. 예를 들어 시위대들이 도로상에 설치한 바리케이트를 제거하기 위하여 발생한 비용이나, 시위대를 향해 사용된 물대포 비용, 동원된 경찰의 인건비는 국가가 부담해야 하는 것일까, 아니면 시위대로부터 그 소요비용을 청구할 수 있는 것인가.[9] 국가가 순수한 공공의 이익을 위해서 작용하는 경우, 원칙적으로 공평하게 부담된 세금을 통해서 자원을 조달해야 한다. 그러나 일부 개인들이 국가적 작용을 통해 이익을 향유하거나, 개인의 책임 있는 사유로 국가의 행정작용을 유발하는 경우에도 세금을 통해 그 국가적 비용을 지출하는 것은 공정하지 못하다.

물론 경찰작용은 국가의 본질적인 공익적 사무로서 당사자의 신청이나, 비용부담과 무관하게 당연히 국가에 의해서 수행되어야 한다. 경찰활동은 전적으로 공공의 안녕과 질서유지를 위한 공익적 목적을 위해서만 작용할 수 있다. 달리 말하자면, 경찰이 인적·물적 자원을 동원하여 적법하게 그 직무를 수행하는 모든 경우는 공공의 이익에 대한 위험이 발생하거나 장해가 있는 경우라고 할 수 있는 바, 이 경우 과연 경찰작용의 상대방에게 그 비용부담을 물을 수 있을 것인가의 문제가 제기될 수 있다. 실제 독일 주법에서는 중대한 공익적(im überwiegenden öffentlichen Interesse) 직무수행의 경우 비용부담을 전가할 수 없도록 정한 규정들을 찾아볼 수 있다.[10] 그러나 이는 개괄조항에 의한 무분별한 공익적 경찰비용의 전가를 방지하기 위한 규정일 뿐, 모든 주의 경찰법이나 비용법에서는 비록 정도에 차이가 있을지언정, 경찰작용에 대한 사적인 비용부담을 명시하고 있는 특별규정들을 포함하고 있다.

생각건대, 경찰이 공익을 위한 작용을 한다고 해서, 이를 비용상환

---

9 최근 불법시위로 인한 물적·인적 피해에 대한 경찰 측의 손해배상 소송이 잇따르고 있으나, 불법행위에 대한 피해배상과 적법한 경찰작용에서 발생한 비용청구는 별개의 개념이다.

10 예를 들어 바이에른의 Kostengesetz 제3조 제1항 제10호, 베를린의 Gesetz über Gebühren und Beiträge 제2조 제2항 제1문.

의 청구를 부정하는 근거로 보는 것은 타당하지 않다.[11] 공익은 경찰개입의 전제요건으로 작용할 뿐, 공공의 안녕과 질서유지를 위해서 국가가 반드시 경찰이라는 국가의 직접적 수단만을 사용해야 함을 의미하지는 않는다. 국가는 공공의 안녕과 질서유지 의무에 대한 보장책임(Gewährleistungsverantwortung)을 부담하면서, 그 구체적인 수행에서는 헌법과 법률이 허용하는 범위 내에서 자유로운 방식을 사용할 수 있다. 이 재량의 범위 안에는 물론 그 비용부담의 조정에 관한 입법자의 재량도 포함된다.

경찰에 의해서 유지되고 보호되는 공공의 안녕과 질서는 완벽하고 빈틈없이 이루어질 수 없으며, 그러한 요구도 불합리하다. 공익을 위한 경찰의 개입은 한정된 재원과 인력, 시간적·장소적 제약으로 인해 합목적성에 따른 최적의 방법을 통해서 이루어져야 하며, 여기에 경찰의 재량이 인정되어야 한다. 이러한 경찰재량에 따른 최적의 치안활동을 위해서 경찰인력과 장비를 효율적으로 투입하는 과정에, 개인적으로 유발된 요소가 변수로 작용하게 되고, 이에 대한 귀책사유가 당사자에게 존재한다면, 그 비용부담의 전가는 인정해야 할 것이고, 이런 점에서 경찰비용의 전가여부에 관한 보다 설득력 있는 기준은 경찰작용의 개인에의 귀속성이 될 것이다.[12]

이렇게 본다면 사적 주체의 상업적 목적으로 발생하게 되는 혼잡상황과 이에 대한 치안서비스의 제공 — 예를 들어 특정 가수의 콘서트나 프로스포츠 경기 등 — 은 경찰의 역할이 아니다. 경찰은 특정행사의 상업성과 공익성을 판단하고 상업성이 우선하는 경우 그 행사가 안전하게 관리될 수 있도록 이를 통제하고 조정하는 역할에 그쳐야 한다.

---

11 Götz, Kostenrecht der Polizei und Ordnungsverwaltung, DVBl, 1984, p. 18; Würtenberger, Erstattung von Polizeikosten, NVwZ 1983, p. 196; 반대하는 견해로는 Albrecht, Probleme der Kostenerhebung für polizeiliche Maßnahmen, in: FS Rudolf Samper, 1982, p. 179.

12 이성용, 경찰책임자의 비용상환에 관한 연구, 경찰학연구 제8권 제1호, 2008, 66~67면.

2005년 10월 3일, 상주시민운동장에서 문화방송 가요 콘서트를 관람하기 위해 입장하던 관객들 중 시민 11명이 압사하고 70여 명이 부상당했다. 사고당시 운동장 주변에는 콘서트 관람을 위해 1만여 명의 시민들이 모여 있었으며, 특히 사고가 난 출입구인 직3문 앞에서 5천여 명 정도가 입장을 기다리고 있었다. 주최측에서는 사람이 많이 몰릴 것을 예상하고 운동장 스탠드에 1만 개의 좌석, 잔디밭에 5천 개의 좌석을 추가 설치해둔 상황이었다. 사고현장에는 주최측 경비인력 70여 명과 경찰인력 30명 등 100여 명의 안전관련 요원들이 있었던 것으로 전해졌다.

참사와 관련하여 상주시, 국제문화진흥협회, MBC, 관할 상주경찰간에는 책임회피의 공방이 있었다. 행사를 대행한 국제문화진흥협회는 행사장 안전을 위해 경찰에 경력지원을 요청했으나 불가하다는 통보를 받았다고 변명했다.

문화행사가 충분한 공공성을 가진다면 경찰의 치안활동은 정당할 것이나, 수익성 행사라고 한다면, 경찰은 직접 안전활동을 하기보다는 행사주최측에 안전확보를 명령하고, 이를 이행하지 못할 경우 최후의 수단으로서 행사중지 등의 규제적 조치를 마련했어야 한다. 행사장 공공성을 감안, 주변의 공공도로의 교통통제 등의 임무는 경찰이 직접 수행한다고 하더라도, 행사장 진입과 내부질서유지는 경찰이 아닌 행사주최측에서 부담해야 할 것이고, 만일 전문적인 안전관리자로서 경찰의 도움이 불가피하다면, 주최측이 일정한 치안서비스 비용을 부담토록 하는 경찰비용 청구제도의 도입이 요청된다.

4. 시장원리가 확대되는 치안분야

가까운 미래의 미국 디트로이트, 자동차산업으로 흥했던 도시는 범죄와 금융붕

괴로 그 기능이 마비되고, 거대기업 OCP는 시와 계약을 맺고 민영화된 경찰업무를 대행하기로 한다. OCP는 도시외곽에 재개발사업을 대대적으로 추진하면서 도시에 만연한 범죄를 소탕하기 위해 사이보그 로봇인 로보캅을 개발한다. OCP가 기대한 로봇경찰은 먹지도, 자지도 않으면서 엄청난 화력을 무자비하게 사용하고 노동조합 조차 결성하지 않는 이상적인 경찰모델이다. 그러나 의도와는 달리 로보캅이 인간의 기억을 되찾으면서 자신을 탄생시킨 OCP와 대립하게 된다.

영화가 제작된 1980년대는 미국의 레이건 대통령과 영국의 대처 총리가 정부재정 감축을 목표로 민영화를 적극적으로 추진하던 시기였고, 폴 버호벤 감독은 로보캅을 통해서 무분별한 신자유주의적 민영화 정책에 대한 저항의식을 내보였다. 공공경찰조직은 노조를 통해 집단의 이익을 보장받고자 할 뿐만 아니라, 연금과 비교적 높은 사회보장제도로 그 운용에 막대한 비용이 지출될 수밖에 없다.

반면, 로보캅의 가상 시나리오처럼 경찰조직의 민영화를 통해 민간조직이 치안활동을 담당하게 된다면 치안비용이 상당히 감소될 것이다. 시장경제적 관점에서 본다면 경찰의 민영화는 바람직하나 그 공정성의 문제로 인해 사실상 주저될 뿐이다. 미국 뉴저지 서섹스(Sussex)의 경우 실제로 지역경찰을 폐지하고 치안업무를 민간경비회사에 위임하는 실험을 시도했으나, 결국 수준 이하의 업무처리로 기존 경찰체제로 환원한 바 있다. 그렇다면 민간경비의 서비스 수준만 끌어 올린다면 경찰의 대체재가 될 수 있을 것인가.

치안서비스의 제공의 관점에서만 본다면 경찰은 민간경비와의 서비스 경쟁에서 결코 승리할 수 없을 것이다. 최근 우리나라에서 논의되는 자치경찰제를 보자. 자치경찰의 직무가 수사가 아닌 범죄예방과 질서유지라는 예방경찰의 목적이라면 왜 지방공무원 채용이라는 비경제적 선택을 해야 하는가. 대규모 민간경비회사와 치안서비스 계약을 통해 지역사회의 순찰을 확대하는 등 치안서비스를 제공하고, 정기적인 입찰계약을 통해 보다 나은 치안서비스를 제공하는 경비업체를 선택해 나가는 아웃소싱의 경영방식은 지역사회의 치안비용을 획기적으로 줄이면서도 주민들의 만족도를 높일 수 있지 않은가.

경찰과 민간경비의 영역을 구분함에 있어 전통적 관점은 공공영역에서는 국가에 의한 치안유지가, 사적 영역에서는 자기자신이나 민간경비를 고용한 안전유지가 필요하다고 보았다. 그러나 시민들이 경찰에게 기대하는 역할이

▲ 분데스리가 경기 직후 뮌헨지하철에서 합동근무 중인 민간경비와 경찰

범죄예방이라는 안전서비스에만 국한된다면, 설혹 공공지역이라고 하더라도 민간경비에 의한 경찰인력의 대체가 불가능하지 않다. 우리나라와 유사한 대륙법계의 전통적 국가인 독일의 사례를 보자.

1997년 독일 뒤셀도르프 소재 라인철도회사(Rheinische Bahngesellschaft AG)는 민간 경비회사와 경비계약을 통해 회사측에서 운영하는 대중교통체계에서의 시설의 안전관리를 위임하고 지하철 역과 역사 내 상가, 승객과 역무원들의 보호와 마약거래와 같은 시설물의 부정사용에 대한 규제를 맡겼다. 뮌헨지하철을 관리하는 뮌헨도시지원공사(Stadtwerke München)도 지하철 시설과 승객 및 종사원의 안전을 위해 경비회사에 경비용역을 맡기고 있다. 독일철도를 치안관할로 하고 있는 독일연방경찰청은 공기업인 독일철도주식회사(Deutsche Bahn AG)와 철도치안 책임분담의 협약을 체결하여 연방경찰의 철도치안비용을 절반으로 감축시켰다. 보쿰(Bochum)시, 오스나부뤽(Osnabrück)시 그리고 베를린 상가밀집지역인 쿠어퓌르스텐담(Kurfürstendamm)에서는 상가연합회에서 민간경비회사에 상가주변 공공지역에 대한 순찰을 의뢰하여 절도 감소와 고객의 체감

치안을 높이고 있다.

우리나라도 최근 이런 변화가 감지되고 있다. 서울지하철에서는 더 이상 서울경찰청의 지하철수사대가 안전활동을 전담하지 않는다. 2011년부터 지방공기업인 서울메트로는 지하철 내 월 186만원의 보수를 받는 무기계약직 근로자인 지하철보안관을 채용, 안전순찰업무를 맡기고 있다. 철도민영화가 본격적인 탄력을 받게 됨에 따라 철도에서도 국토교통부 소속 공무원인 철도특별사법경찰대가 아닌 민간 철도보안관들이 등장할 날이 머지 않았다.

5. 치안책임은 어떻게 배분되는가

민간경비 성장의 주된 논거로 사용되는 이른바 '수익자 부담이론'은 이러한 시장원리의 확대를 설명한다. 자본주의 사회에서 경찰의 역할은 질서유지나 체제수호의 역할로 제한되고, 사회구성원 개개인의 안전과 사유재산의 보호는 해당 개인이나 조직이 담당해야 한다는 것이다.13 이러한 설명에 쉽게 고개를 끄덕인다면, 이 책의 앞 부분인 사회계약설의 논의부터 다시 한번 읽어보길 권한다. 시민의 안전에 대한 책임이 시민 개개인에게 있다면 도대체 국가는 왜 존재하고, 우리는 왜 세금을 지불해야만 하는가. 주거침입 절도와 강도가 급증하는 것은 국가의 책임이 아니고 개개인의 책임인가. 그렇다면 왜 내 가정과 주거를 보다 굳건히 보호하기 위해 절실히 요구되는 총기소지를 국가는 허용하지 않는 것인가.

이와 같은 수익자 부담이론의 정의는, 공공의 안녕·질서와 개인의 법익보호에 대한 절대적 구분을 전제로 한다. 그렇다면 개인재산이나 신체, 심지어 생명에 대한 침해는 국가가 보호해야 할 법익이 아니라 개인이 자신의 노력으로 보호해야 한단 말인가. 개인의 사유지인 주거

---

13 최선우, 민간경비론, 2008, 126면.

에 침입해서 발생하는 범죄의 책임으로부터 국가는 정녕 자유로울 수 있단 말인가. 우리가 직관적으로 내릴 수 있는 결론처럼 물론 그렇지는 않다. 어느 문명국가든 형법과 같은 법제도를 통해 개인의 권리에 대한 부당한 침해를 방지하기 위해 강제력을 행사하며 이것이 국가성립의 이론적 기초가 되는 사회계약의 사상이다. 국가가 강제수단을 통해 개인의 재산과 신체, 생명을 보호한다는 것은 이를 보호하는 것이 국가책임임을 의미한다. 범죄피해자구조법을 통해 범죄피해자를 지원하는 이유는 사회보장적 측면과 함께 범죄방지의 실패에 대한 국가책임을 인정한다는 의미를 함께 가진다.

그렇다면 수익자부담이론의 단순한 이분법적 구분은 적절하지 못하고 다만 기존의 범죄와 무질서에 대한 전적인 국가의 책임을 어느 정도까지 개인 또는 지역사회와 적정하게 배분할 수 있는가의 문제가 남는다. 상주에서 발생한 참사로 다시 한번 돌아가 보자. 상주시에서 시민의 문화생활을 위해 유치한 MBC콘서트는 수익적 행사인가, 아니면 공익적 행사인가. 전자의 경우라면 민간경비가, 후자라면 경찰이 안전책임을 부담해야 한다. 사안의 복잡성은 여기에 개입된 민영방송사와 사설 행사대행업체로 인해 더욱 심화된다. 민영화되고 있는 철도나 지하철의 공공성 또한 더 이상 이분법의 잣대로는 구분이 불가능하다.

범죄와 무질서로부터의 보호에 있어서 시민개인과 국가라는 대립적 양자로부터 어느 쪽으로 그 책임의 무게중심을 이동시키는가는 다시금 영미법계와 대륙법계에 따라 달리 고찰된다. 청교도들의 대륙이주에 따라 주민들의 필요에 의해 인위적으로 건설된 미국은 주민들의 자치와 자기방어에서 치안이 시작되었다. 이러한 전통은 지금까지도 그대로 살아남아 관대한 정당방위와 자기방어를 위한 비교적 자유로운 총기사용의 전통을 유지하고 있다.

한편 앵글로 색슨족의 집권 이전부터 자치치안의 전통을 가진 영국에서는 13세기 윈체스터법의 제정 이후 주민들의 치안유지를 위해

자체적으로 선발된 컨스터블에 의한 치안제도가 이어졌고 현대에 이르러 중앙집권화의 경향이 나타나기는 하였으나 사인소추제도를 비롯하여 여전히 분권화된 자치의 전통을 유지하고 있다.

이와 달리 국가로부터 일방적 치안통치를 경험한 프랑스, 독일 등 대륙법계 국가에서는, 치안은 국민들의 책임이라기보다는 국가가 시민들에게 시혜적으로 제공하는 통치기능의 일환으로 이해되었다. 영미에서 뿌리 깊게 각인된 자기치안의 전통은 민간경비의 급속한 발전으로 이어진 반면, 대륙법계 국가들에서는 그 발전속도가 상대적으로 더딜 수밖에 없었다.

민간경비의 활동영역에서도 차이는 두드러진다. 영국에서 죄수호송 등의 전통적 국가기능을 G4S와 같은 대규모 경비회사에서 수행하고, 바운티 헌터같은 현상금 추적자들이 주로 영미권에서 활동하는 것도 같은 맥락으로 이해할 수 있다. 우리나라에서 민간경비가 뒤늦게 시작된 것도 치안이라는 국가활동에 민간이 개입하는 것에 대한 거부감에 기인하며, 용역경비업법의 제정이라는 국가적 승인을 통해 비로소 발전이 시작되었다.

◉ 월드컵 행사장의 경비

2006년 독일 월드컵 당시 저자는 경찰공무원으로서 국가정보원 직원들과 함께 독일 현지에 파견되어 자국민 보호 및 안전활동을 담당하였다. 프랑크푸르트에서 우리나라와 토고간의 조별 경기가 시작되기 전, 월드컵 경기장 내에서 개최된 안전대책 회의에서 FIFA측 관계자는 독일경찰에게 경기장에서 제복경찰의 모습이 보이지 않도록 조치해 줄 것을 당부하면서, 경찰측과 약간의 언쟁을 벌이기도 했다.

2002년 한일 월드컵과는 달리 경기장 출입자에 대한 소지품 수색도 모두 FIFA측에서 용역계약을 체결한 민간경비회사인 SECURITAS의 직원들에 의해서 수행되었고, 사실상 경기장 내 경찰의 역할은 상황유지와 비상대기 정도로 최소화되었다.

경찰활동에 대한 주민참여 모습에서도 마찬가지로 차이를 보인다. 영국의 Special Constable이나 PCSO(Police Community Support Officers), 미국의 Auxiliary Police와 같은 민간치안인력이 정규경찰과 유사한 복장을 착용하고 정규경찰에 준하는 경찰권을 행사하는데 반해, 유럽대륙에서는 이러한 민간에 대한 경찰권이양에 상당히 소극적이다. 국가든 민간이든 치안유지에 효과적이라면 문제되지 않는다는 영미법계와 국가의 치안활동에 대한 민간개입을 우려하는 근본적 시각차는 치안의 책임소재와 그 맥을 같이 한다고 보겠다.

우리나라 민간보안산업의 숙원사업 중 하나인 민간조사제도의 도입에 대한 부정적인 인식도 영미법계와 구별되는 시각에서 비롯되었다. 사기나 절도 등 개인을 대상으로 하는 범죄의 가해자를 피해자나 그 고용인이 직접 검거하여 법원에 데려와 재판받도록 하는 사인소추의 전통과 달리, 우리의 법제는 현행범이 아닌 이상 심지어 수배자나 범죄용의자라 할지라도 원칙적으로 사인이 직접 검거하는 것은 인정되지 않는다.[14]

행정의 간소화, 재정축소로 인한 민영화의 트렌드와 치안분야에서 자기책임을 강조하는 수익자부담 원리의 확산으로 민간경비의 영역이 점차 확대되고, 경찰에 의해 수행되던 기존의 임무가 점차 축소되고 있는 것은 거스를 수 없는 시대적 흐름이다. 더 이상 유명 가수의 콘서트 행사장이나 프로야구 경기장의 질서유지에 경찰력이 낭비되어서는 안된다. 마찬가지로 헌법기관이 아닌 정부청사나 공공시설에서 경찰관으로서의 재량판단이 불필요한 문지기 근무를 경찰이 담당할 필요도 없다.

다만 경찰은 체제수호나 질서유지같은 거시적 영역의 치안뿐만 아니라, 시민 개개인에 대한 범죄발생에도 책임을 지고 이를 예방하기 위

---

14 물론 경우에 따라 정당행위와 같은 위법성 조각사유가 적용되어 불법체포의 범죄가 되지는 않을 것이나, 직접 수사나 체포가 아닌 경찰에 신고하여 검거토록 하는 것이 원칙이다.

한 기존의 책임을 소홀히 해서는 안 된다. 국가의 치안책임은 국민의 공익증진을 위한 건강보험과는 달리, 국가존립의 기초이므로, 치안의 책임을 마치 사보험처럼 개개인의 문제로 미루는 것은 허용될 수 없으며, 국가는 과거와 현재수준의 치안을 최소한 앞으로도 계속 유지해야 할 의무가 있으며, 이를 점차 향상시킬 책무가 존재한다.15

국가는 부여된 치안유지의 임무를 수행함에 있어서, 시민 개인과 민간조직이 스스로 발생시키는 위험에 대해서(경찰책임), 심지어 경우에 따라서는 자신의 책임과 무관하게 발생한 위험에까지 안전에 대한 책임을 부여할 수 있을 따름이다.

6. 민간경비는 경찰의 협력자인가 경쟁자인가

경제학적 측면에서 볼 때 민간경비는 수요와 공급의 시장원리에 따라 안전에 관한 용역서비스를 제공한다. 그러나 안전에 관한 기본적 서비스의 공급주체는 국가이며, 민간에 의한 안전서비스는 국가가 제공하지 못하거나 제공할 필요가 없는, 즉 국가에서 유지되는 안전수준 이상의 보다 나은 안전을 자신의 비용지출을 통해 보장받고자 하는 사적 수요에 반응하여 생성된다. 일반적으로 민간경비 연구자들의 시각은 민간경비의 발전과 확대를 당위명제로, 그 발전과정에 수반하는 부작용의 최소화를 그 수단적 도구로 하는 경향이 있다. 이는 민간경비의 발전이 사회의 치안수준 향상에 기여한다는 전제에서 출발한다.

민간에 의한 치안서비스 공급확대로 수혜자 개개인이 아닌, 거시적 측면에서 사회치안수준의 향상이 있는지 여부를 판단함에는 보다 많은 검토가 필요하다. 근본적인 문제는 민간경비가 보다 안전한 사회, 보다 범죄가 줄어드는 사회를 지향할 수 없다는 내재적 한계에 있다.

---

15 의무는 이에 상응하는 권리를 수반한다. 치안이 악화되면 시민은 국가에게 치안유지를 요구하는 청구권을 가진다. 그러나 현재의 치안수준보다 높은 치안수준의 확보는 시민이 국가에게 요구하는 권리가 아닌 국가일방의 책무이다.

불가능한 전제일 수 있겠으나 특정사회의 범죄발생이 불가능해지는 상황이라면 — 영화 '마이너리티 리포트'를 상상해 보자 — 민간경비의 수요는 소멸되거나 급격하게 사라지게 될 것이다. 이런 이상적 사회에서도 민간경비 발전의 당위성을 찾을 수 있겠는가.

민간경비는 범죄와 무질서, 최소한 이에 대한 공포를 통해서 그 수요를 창출해 낸다. 보다 간단히 말하자면 경비사용자의 신체와 재산은 전혀 피해가 없으면서도, 다른 사회구성원들은 범죄와 무질서의 위험과 공포에 시달리는 사회가 민간경비 시장의 이상향이 된다. 자본주의 사회에서 이런 경향이 가속화되면 이른바 'Gated Community'[16]가 증가하고, 부와 권력을 가진 상류층은 그들의 욕구에 부합되는 민간경비를 선호하고 더 이상 경찰의 도움을 필요로 하지 않는다.

⚙ 한화그룹 회장의 보복폭행

2007년 3월 한화그룹 김승연 회장은 자신의 둘째 아들이 술집 종업원과 몸싸움으로 눈에 부상을 입게 되자, 경호원 17명을 대동하고 자신의 아들과 몸싸움을 벌인 술집 종업원 7명을 청계산으로 끌고 가 야간에 인적이 드문 건축공사장 안에서 경호원들과 함께 주먹과 발 및 쇠파이프 등을 이용하여 무방비 상태의 피해자들을 일방적으로 집단폭행하였고, 다시 술집으로 실제 차남을 폭행한 사람을 찾아가 아들로 하여금 빚진 만큼 갚으라면서 폭행을 지시하였다.

2007년 9월 11일, 서울중앙지법 형사항소1부는 구속기소된 김승연 회장에 대해 징역 1년 6월에 집행유예 3년, 사회봉사명령 200시간을 선고했다.

돈과 권력을 가진 자들에게 경찰은 자신들의 자의적 권력행사를 방해하는 걸림돌이 될 뿐이다. 그들은 영화 로보캅에 등장하는 OCP회사처럼 차별화된 고급 사적치안서비스를 선호하게 되며, 자신들에게

---

16 외부의 출입이 제한되는 주택단지를 의미한다. 최근 고급형 대규모 주거단지의 확대와 그 추이를 같이하고 있다.

범죄가 발생하더라도 자신들의 권위와 명예를 고려해서 경찰수사를 원하지 않을 것이다. 권력자들의 경찰기피는 경찰예산축소로 이어져 결국 경찰은 하층시민들만을 위한 싸구려 치안공급자로 전락할 수도 있다. 물론 폴 버호벤 감독이 우려한 이런 시나리오가 쉽게 현실화되지는 않을 것이다. 1977년 독일의 호프만 림(Hoffmann-Riem)은 민간경비업을 언급하면서 조지오웰의 '1984년'에 등장하는 감시국가가 수정될 것이라 말한다. 조지오웰이 말한 'Big Brother' 대신, 미래에는 아마도 민간경비라는 'Big Family'가 탄생할 것인데, 이는 안전을 담보하지만 다른 한편으로는 새로운 권력을 의미하는 집단이 될 것이라 경고한다.[17]

7. 민간경비를 통한 국가의 윤리적 책임회피

> ◉ 통신망에 유포된 군사기업 용병의 신조 중에서[18]
>
> "나는 미국 청부인이다. 나는 자신과 동료들만 살필 뿐 다른 사람에겐 관심 없다. 나는 무공 훈장이나 상 따위는 신경 쓰지 않는다. 나는 내 조국의 적을 죽이려고 이 일을 한다. 그리고 끝내는 내가 꼭 갖고 싶었던 배를 사려고."

민간경비가 경찰과 경쟁적 관계를 취할 것인지 아니면 상호보완적 관계를 유지할 수 있을 것인지와 무관하게, 국가가 직접적으로 수행하여야만 하는 안전사무가 민간경비로 대체되는 것이 정치윤리적 차원에서 허용될 수 없는 경우들이 있다. 대표적인 사례가 군사업무의 아웃소싱이라 불리는 군사기업의 등장이다. 일반적으로 민간경비와 군사기업이 다른 것처럼 비춰지지만 사실 그 사무의 본질은 동일하다. 2012년 우리나라에서 노조에 대한 불법폭력으로 문제된 경비회사 컨택터스가

---

17 Hoffmann-Riem, Übergang der Polizeigewalt auf Private?, ZRP 1977, 279면.
18 로버트 영 펠튼(윤길순 역), 용병-전쟁 산업을 실행하는 그림자 전사들, 2009.

광고를 통해 민간군사기업임을 표방한 사실을 상기해 보자.[19] 군사기업이 예외적인 상황에서 적극적으로 공격적 전투를 수행하지 않는 한, 치안이 상대적으로 불안한 교전지역에서의 치안사무를 담당한다. 다만 그 위험성으로 인해 일반 경찰이나 민간경비회사보다 중무장을 하는 것뿐이다. 다른 한편으로는 민간경비는 주로 자국 내에서 활동하는 반면 군사기업은 치안이 불안정한 국외지역이 주 무대가 된다.

국가의 수호라는 신성한 덕목이 더 이상 그 구성원들에 의해 수행되지 않고 용병들에게 맡겨지는 것은 왜 비난받아야 하는가. 용병의 자질이 부족하다거나 책임감이 부족하다는 문제가 아니라, 국가가 아군이든 적군이든 전투에서 불가피하게 발생하는 고귀한 생명의 침해에 대해서 더 이상 윤리적 책임을 부담하지 않고 단지 경제적인 문제로 해결하려 하기 때문이다.

> ● 블랙워터와 전쟁의 아웃소싱
>
> 미국의 경호업체이자 민간군사기업인 블랙워터는 9.11 사태 이후 시큐리티에 대한 수요증가를 기회로 2003년부터 18개월간 600%의 매출성장을 기록했다.
>
> 그러나 이 회사는 2007년 9월 인파가 붐비는 바그다드의 니수르 광장에서 미국 외교관 차량 경호업무 도중 총기를 난사해 이라크 민간인 17명을 숨지게 한 사건으로 국제사회의 비난의 대상이 되었다. 2012년 8월 미국 법무부는 아카데미로 회사명을 변경한 블랙워터에 대해 "아카데미가 미국 정부를 위해 가치 있는 서비스를 제공했으나 때때로 중요한 법률을 따르지 않았다"며 750만 달러의 벌금을 부과하는 조건으로 기소유예 처분을 하였다.[20]
>
> "군사업무의 민영화는 경제적 비용절감의 문제가 아니라 정치적인 비용절감의 문제이다. 민간보안회사를 이용하면 편리하고 비용을 줄일 뿐만 아니라 잘못도 아웃

---

19 정원식, 노조에 폭력 행사한 컨택터스, 용역깡패인가 민간군사기업인가, 2012. 8. 14. 주간경향 제988호.

20 http://news.naver.com/main/read.nhn?mode=LSD&mid=sec&sid1=104&oid=028&aid= 0002152762

소성할 수 있다. 호전적인 군인들은 국제문제를 야기하고 국가에 망신을 줄 수 있지만, 청부인은 해고하면 그만이고 고용주는 비난하면 된다. 이라크에서 활동하는 민간보안회사들은 투명성도 없고 책임도 거의 없다. 비난을 아웃소싱하면 군이나 정부가 비난받을 일도 없다."21

이와 같은 국가의 책임회피는 법적 관점에서 국가책임을 민간에게 떠넘기는 이른바 '사법(私法)으로의 도피'로 설명된다. 이라크의 민간인 사살이나 관타나모 미군기지에서의 고문과 같은 3D업무에 국가는 더 이상 발을 담그고자 하지 않는다. 돈이 된다면 무엇이든 마다하지 않을 해결사들이 등장하기 때문이다.

이처럼 의도적·조직적으로 국가가 그 책임과 직무를 민간용역회사에게 떠넘기는 사례도 있지만, 위험을 방지하고 제거하는 본연의 사무를 제대로 인식하고 있지 못하는 경찰관들에 의해서 이런 상황이 발생하기도 한다.

2005년 4월 경기도 오산시 세교택지개발지구내 빌라 옥상에 망루를 설치하고 농성하던 철거민들은 경비용역업체 직원 40여 명이 빌라 진입을 시도하자 화염병을 던지면서 저항, 용역업체 직원 1명이 소사하고 6명이 부상당하는 사태가 발생했다. 화염병과 새총으로 골프공을 쏘는 위험상황에서 왜 경찰은 뒷짐을 지고, 사실상 무방비 상태의 경비용역원들이 얇은 판자에 의지한 채 건물진입을 시도했을까.

생명과 신체의 위험이 발생할 수 있는 상황에서 마치 사적 분쟁이니 개입하기 곤란한 것처럼 행동하는 경찰의 인식은 어디에서 시작된 것인지 의문이다. 사건 발생 후 경찰은 경찰특공대와 대형 크레인을 사용하여 물대포와 최루탄을 쏘며 진압작전을 실시, 3분여 만에 철거상황을 해결했다. 철거용역원들의 무리한 진입을 제지하고, 미리 경찰이

---

21 로버트 영 펠튼(윤길순 역), 용병−전쟁 산업을 실행하는 그림자 전사들, 2009, 158면.

적극적으로 폭력상황을 해결하고자 시도했다면 고귀한 인명의 희생을 예방할 수 있었을 것이다.

2009년 용산참사시 경찰의 진압작전 과정에서도, 민간용역원들이 시위대에게 물대포를 분사하거나, 시위를 방해하기 위해 폐타이어를 태워 연기를 올려보낸 사실, POLICIA(스페인어로 '경찰'을 의미한다)라고 쓰인 방패를 휴대하고 진압현장을 활개치던 용역원들의 모습에서 국가의 독점적 강제력 행사의 권한을 사실상 포기하는 경찰의 윤리적 한계를 확인할 수 있었다.

이런 비난으로부터 경찰이 자유롭기 위해서는, 국가만이 시민들에게 직접적으로 물리력을 행사하는 직접강제의 권한을 행사할 수 있고, 어떤 경우에도 경찰은 이러한 권한을 민간에게 위임할 수 없음을 직시해야 한다. 민간경비의 순찰과 예방활동을 통한 치안의 분담은 허용될 뿐만 아니라 바람직하지만, 물리적 강제력 행사는 분담될 수 없다. 경찰은 치안의 독점권(Sicherheitsmonopol)을 가지지는 않지만, 강제력 독점권(Gewaltmonopol)을 가지기 때문이다.22

---

22 Stober, Staatliches Gewaltmonopol und privates Sicherheitsgewerbe, NJW 1997, 892면; Pitschas, Gefahrenabwehr durch Private, Zur gesetzlichen Neuregelung der Beziehungen zwischen Polizei und Sicherheitsgewerbe, DÖV 1997, 397면.

NEW YORK CITY.— "DOING THE SLUMS"— A SCENE IN THE FIVE POINTS.
FROM A SKETCH BY A STAFF ARTIST—SEE PAGE 247.

New York City
— "Doing the slums" —
A scene in the Five Points(1885)

| 제3장 |

조 직 윤 리

■ 제 1 절   경찰입직

■ 제 2 절   프로페셔널리즘

■ 제 3 절   여성경찰

제3장 | 조직윤리

1. 경찰직의 선택

우리는 '직업에는 귀천이 없다'는 말을 자주 들어 왔다. 이러한 당위적 문구가 과연 우리의 현실사회에도 그대로 적용될 수 있을까? 모든 직업이 각각 하나의 사회적 역할을 담당하고 있다는 점에서 그 주장은 일단 타당성을 가질 수 있다. 그러나 과연 각 직업의 중요성의 정도나 보람의 크기 및 직업자체의 차이가 과연 해소될 수 있을까?

현실사회에서 각각의 직업에 대한 경제적 보상, 권세, 사회적 존경도 및 지위의 상하가 다르게 평가될 수밖에 없고 이에 따른 직업의 서열이 정해진다. 물론 이런 평가가 언제나 동일한 것은 아니다. 조선시대의 의사나 연예인은 종합적인 사회적 평가가 결코 높지 않았으나 현재는 많은 사람들이 선호하는 직업이 되었다. 그러나 의사라는 직업을 평가할 때 일 자체의 유쾌함이나 일에 따르는 긴장도, 일이 끝난 후의 자유로움 등이 모두 고려된다고 볼 수 있겠는가? 단지 의사라는 직업이 가져오는 사회적 존경과 금전적 보상이 다른 부분의 단점을 모두 상쇄하고도 남음이 있으리라는 일반적인 공감대가 형성된 것이다.

귀천은 가치의 차별을 의미한다. 이러한 가치에는 주관적 가치와 객관적 가치가 존재한다. 백 원짜리 동전과 5만원 지폐의 금전적인 가치는 객관적으로 정해져 있어서 모든 사람이 그 가치의 차별에 동의할 수 있겠으나 평가기준이 다양한 주관적 가치평가에 있어서는 일률적인 기준을 정할 수가 없을 뿐만 아니라 바람직하지도 않다. 그럼에도 다양한 직업에 대한 비슷한 자리매김이 이루어져 온 이유는, 지금까지 우리 사회의 구성원들의 가치의식이 몇 가지 기준(예를 들어 보수, 권세, 명예 등)에 편중되어 있다는 사실에 기인한다. 다른 한 가지 요인으로는 객관적 가치평가의 편차가 지나치게 크다는 사실이다.[1] 아무리 자기자신이 선호하는 직업이라 하더라도 사회적 평가가 지나치게 낮을 경우 이를 선택하는 것은 쉽지 않은 결정이 될 수밖에 없다. 이러한 차별의식을 개선하기 위해서는, 다양한 가치에 대한 인식과 서로 다른 가치를 동일선상에서 비교하는 오류를 피하고, 타인의 평가보다 자신의 가치를 중요시 여기는 마음가짐이 요구된다.

하루가 다르게 빠르게 변화하는 현대사회에서는 직업관에도 많은 변화가 일고 있다. 직업적 가치관의 변화는 이른바 다운시프트(downshift) 족의 등장으로 대변될 수 있는데, 본래 자동차 운전에서 저속기어로의 전환을 의미하는 다운시프트처럼 긴장과 경쟁으로 점철된 직장생활이 아닌, 여가를 즐기고 삶의 질을 향상시켜 만족을 추구하자는 일종의 느림보족인 이들은 여유 있고 자기만족적인 삶을 지향한다. 이러한 삶의 가치변화는 직업선택에 있어서도 큰 변화를 가져오게 된다.

새로운 세대의 청년들이 직업을 선택함에 있어서는 일반적으로 다

---

1 직업윤리연구회, 현대사회와 직업윤리, 형설출판사, 2001, 10~13면.

음과 같은 동기가 고려된다.[2]

첫째는 자기결정권(Selbstbestimmung); 직장에서의 의사결정과정에 함께 참여할 수 있는가의 여부이다.

둘째는 금전과 경력(Geld u. Karriere); 자신이 흥미를 가지고 있는 여가시간을 충당할 수 있는 정도의 경제적인 뒷받침을 할 수 있는 직장이어야 한다.

셋째는 자아실현(Selbstverwirklichkeit); 자신에게 맞는 일을 할 수 있으며, 자신의 역량을 펼치고 계발할 수 있는 직장을 선호한다.

현대사회는 정보통신을 바탕으로 하는 초고속 성장의 신경제시대로서 이러한 사회환경에 적응하고 이른바 사회적 성공을 거두기 위해서는, 개인적 가치관이나 자아실현, 가족과의 사생활 등 많은 부분의 사적 희생을 감수하면서 일벌레(Workaholic)가 될 것을 강요하고 있다.

다른 한편에서는 이러한 경쟁적 삶에서의 가치추구를 거부하고 경제적으로 가난하지만 정신이 풍요로운 삶을 살아가면서 내 자신의 삶의 진짜 주인이 되는 것에 참된 삶의 가치를 부여하기도 한다. 삶의 진정한 가치를 찾아 속세의 욕심을 저버리는 것, 예를 들어 장관직을 사직하고 가족과의 평화로움을 즐기거나, 육아휴직을 즐기는 삶이 이상적이고 아름답게 보이기는 하지만, 아직 우리에게는 먼 나라 속의 이야기로만 들리는 것은 왜일까?

해답은 두 극단사이의 간극을 좁히는 데 있다. 양자를 대립적인 관계로 설정하고 선택을 강요할 것이 아니라, 그 절충점에서 인생을 선택할 수 있는 사회적 안전망을 구축하는 것이 구조적 해결책이 될 것이다. 이러한 관점에서 볼 때 아직 우리 사회는 직업에 있어서의 이러한 사회적 가치편차가 너무나 크다는 것이 문제가 될 수 있다.

이렇듯 직업관의 변화과정에 있어서, 경찰을 선택하는 사람들은 과연 어떠한 동기를 가지고 직업을 선택하게 될까? 일반적으로 경찰직

---

2 Franke, Siegfried, Polizeiethik, 2004. S. 10.

선택은 다음과 같은 동기에 기인하게 된다고 한다.

첫째, 기능적 동기로서의 직업의 안정성이다. 고용시장이 불안하고 다수의 직업군들의 전망이 불투명한 상황 하에서 공직으로서의 경찰직은 금전적 측면이나 신분보장적 측면에서 비교적 안정된 생활을 보장받을 수 있다.

둘째, 내용적 동기로서의 경찰직의 다원성을 꼽을 수 있다. 직업적 일상에 있어서 다양한 사람들을 접촉하게 되고, 통상의 직업에 비하여 모험심을 자극하고 활동적인 특성은 젊은 세대의 진취적인 성향과 그 코드를 같이 할 수 있다. 불확실하고 불규칙한 상황에 대처하는 긴장감과 함께 변화하는 환경과 문제에 대응하기 위한 지속적인 도전은 경찰직의 커다란 장점으로 볼 수 있다.

셋째, 이상적인 동기로서의 정의와 봉사를 생각할 수 있다. 단지 생활을 영위하기 위한 수단으로서의 직업이 아니라 사회적 정의를 실현하고 약자를 도우며, 일상에서의 시민의 고충을 해결하는 대화상대가 되어 사회봉사자로서의 역할을 한다는 자부심이다.

2. 경찰의 자격과 품성

경찰에게는 업무수행에 필요한 지적·신체적 능력뿐만 아니라 원만한 대인관계, 책임감, 성실성, 적극성과 창의성, 봉사정신, 준법정신 등 다양한 덕목이 요구된다. 과거 권위주의적 사회문화가 지배적이던 시절에는 국가공무원으로서, 특히 무기를 휴대하고 평시와 비상시에 국가안보를 담당하는 경찰관의 충성심과 복종심, 절도 있는 품행과 언행 등 군사적 덕목이 강조되었으나 민주적 법치국가에서는 독자적 책임의식, 소통능력, 스트레스와 위기극복능력, 조직적응력, 창조적 업무수행능력 등이 강조되고 있다.[3]

---

3 Franke, Siegfried, Polizeiethik, 2004, 12면.

2002년 영화 '공공의 적'에서 주인공으로 등장하는 강철중 형사는 본디 무능한 비리형사였으나 존속살인 혐의자의 뻔뻔함으로부터 본능적인 경찰적 소명과 정의감에 휩싸여 범죄를 밝히려 하나, 전문지식의 부족과 조급함으로 영화 종반까지 줄곧 좌절하게 된다. 사회적 정의의 집행자로서 경찰의 정의감은 반드시 요구되는 필연적인 덕목이다. 그러나 이를 실현하기 위한 업무에 관한 법적·행정적 지식과 자신의 윤리성, 범죄피의자의 인권보장이라는 인권의식 또한 훌륭한 경찰의 자질로서 요구된다. 전자만이 갖추어진 경우 영화 속의 강철중과 같이 비록 관객들의 카타르시스를 충족시킬 수는 있을지언정 결코 좋은 경찰로 평가받을 수는 없다.

물론 강철중과 같은 강한 정의실현의 본능이 존재하지 않을 경우, 경찰에 대한 국민의 기대와 믿음을 실현시키는 것 또한 쉽지 않을 것이다. 사기업과는 달리 국민을 위해 봉사하는 국가기관의 일원으로서 경찰에게는 일반 직업적 성실성이나 업무지식을 넘어서는, 천직으로서의 직업적 소명의식이 요구되기 때문이다. 업무환경에 따라 지급되는 보수가 낮더라도, 자신이 향유하는 사회적 지위가 소박하더라도, 그에 상응하는 정도만으로 경찰활동이 수행되어서는 안 된다. 물론 본인의 역할과 본분에 최선을 다하고, 이에 부합하는 적절한 처우를 요구하는 것은 정당하고 합리적이다.

3. 선발기준

경찰공무원의 채용을 위한 자격요건으로 연령요건, 신체요건, 학력요건, 병역요건 등이 있으며, 이외에도 운전면허 1종 보통이상 소지, 경찰공무원법 제7조 제2항의 임용자격 및 결격사유 등이 적용된다.[4]

---

4 경찰공무원은 신체 및 사상이 건전하고 품행이 방정한 자 중에서 임용하되 다음 각호의 1에 해당하는 자는 경찰공무원으로 임용될 수 없다. ① 대한민국의 국적을 가지지 아니한 자, ② 금치산자 또는 한정치산자, ③ 파산선고를 받은 자로서

가. 신체기준

우리의 경우 종전에는 경찰입직을 위해 남자의 경우 신장 167cm, 체중 57kg 이상, 여자의 경우 신장 157cm, 체중 47kg 이상의 제한을 두었다. 경찰의 업무특성상 육체적인 능력이 많이 요구된다고 하지만 신장과 체중의 기준설정이 업무수행능력을 평가하는 방법으로서 과학적인 근거에 의해 설정된 것이 아니므로 이 규정은 합리적 이유 없이 평등권을 침해하는 차별행위라는 국가인권위원회의 개선권고에 따라 폐지되었다.

과거 서구에서 경찰의 신장과 체중을 엄격하게 제한하였던 이유는 경찰은 강하고 대단한 사람이어야 한다는 신념에 기인하였다. 그러나 최근 지역사회 경찰활동이 강화되면서 대민봉사업무의 비율이 높아짐에 따라 경찰관의 신장이나 체중 같은 체격적 조건보다는 감성과 인성이 중요시되며, 신체기준도 업무수행을 위한 최소한의 기준으로 한정되고 있다.

예를 들어 독일 바덴뷔르템베르크(Baden-Württemberg) 주 경찰이 되기 위한 신체기준은 남여 공히 160cm이다. 물론 원활한 업무수행을 위해 순발력이나 근력 등의 체력검사는 필수적이나, 신장이나 체중만으로 신체적 능력을 평가하는 것은 과학적이고 적정한 방법이 될 수 없다.[5]

시력(교정시력 0.8 이상)이나 청력기준도 일상적인 업무를 수행할 수 없을 정도로 나쁜 경우를 제외하고는 배제기준으로 사용하는 것은 적절하지 못하다.

복권되지 아니한 자, ④ 자격정지 이상의 형의 선고를 받은 자, ⑤ 자격정지 이상의 형의 선고유예를 받고 그 선고유예기간 중에 있는 자, ⑥ 징계에 의하여 파면 또는 해임의 처분을 받은 자 등이다.

5 청와대 경비근무를 담당하는 101단의 경우는 업무특성상 신장 170cm, 체중 60kg 의 기준이 아직도 적용된다.

나. 필기시험

경찰임용시험은 경찰의 임무를 수행하는데 필요한 전문지식과 능력을 측정하기 위한 절차이다. 우리나라에서 경찰에 입문하기 위해서는 실제로 현직 경찰관 이상의 업무와 관련한 전문적 지식을 사전에 축적하여야만 한다. 반면 대부분의 선진국에서는 경찰관으로서 필요한 전문적 지식을 입직단계에서 요구하지는 않는다. 일정 수준 이상의 성적으로 고등학교를 졸업하고, 모국어 사용에 특별한 하자가 없는 것을 임용조건으로 검토할 뿐, 단순한 필기성적을 통해서 임용의 당락을 결정하는 국가를 찾는 것은 쉽지 않다.

현대사회에서 경찰관에게 강조하는 품성이 독자적 책임의식, 소통능력, 스트레스와 위기극복능력, 조직적응력, 창조적 업무수행능력 등이라는 사실은 앞서 언급한 바와 같다. 그렇다면 당락의 결정적인 영향을 미치는 현재의 이러한 시험제도가 경찰관에게 요구되는 자질을 객관적으로 검증하기 위한 적정한 절차라고 볼 수 있을 것인가?

여기에서 우리는 경찰입문자에게 요구되는 자질이 Generalist로서의 일반적인 품성인지 Specialist로서의 전문적인 능력인지를 다시금 숙고해야만 한다. 전자의 경우라면, 일반 공채를 통해서 국가관과 도덕성, 책임능력 등을 갖춘 젊은이를 선별하여 경찰관으로 근무할 수 있는 기회를 제공해야 할 것이며,6 후자의 경우라면 특별채용 등의 절차를 통해서 요구되는 전문적인 능력을 갖춘 자를 찾는 것이 타당하다.7

현대사회의 다양한 가치를 공직사회에서 이해하고 발전시키기 위해서는 경찰인의 선발도 이에 걸맞게 다변화해야 할 필요가 있다. 시민

---

6 일본의 경우 지능분야(문장이해, 판단추리, 수적 처리, 자료해석)와 지식분야(사회과학, 인문과학, 자연과학)로 채용시험과목을 채택하고 있다. 경찰공무원 임용과정에서의 부적격자 배제방안, 장석헌, 2009. 7. 24, 중앙경찰학교 경·학 학술세미나 자료집, 66면.
7 예를 들어 경찰행정학과, 외사요원이나 사이버요원 특채 등이 이에 해당될 수 있다.

사회의 일원으로서 우수한 자질이 있는 자에 대한 공개채용이나 전문적 지식과 자격을 갖춘 자에 대한 특별채용이 함께 균형을 맞추어야 하고 이에 대한 적절한 평가방식이 적용되어야 한다.

그럼에도 경찰관을 선발함에 있어 전문성이나 인성에 대한 평가보다 객관식 성적 점수에 의해서 당락이 결정되고 있는 상황은 경찰지원자가 선발인원보다 압도적으로 많기 때문이다. 결국 경찰입직을 희망하는 고학력의 상당한 인력이 정규 대학과정을 졸업한 이후에도 수험학원에서 오랜 기간 시험을 준비하면서 경찰입직을 준비하여, 무도·운전면허 등 경찰관으로서 요구되는 자격과 전문지식을 채용단계에서 이미 모두 완비토록 요구하고, 따라서 채용 이후 실시되는 교육에 대한 흥미와 관심이 줄어들게 되는 기현상이 나타나고 있다.

외국의 경우를 살펴보면, 이른바 주요 국가의 경우 신임경찰교육에 있어서 1년 내지 2년 이상의 장기간의 교육을 통해, 기본 인성을 갖춘 Generalist를 Specialist로 육성하기 위한 교육을 실시하고 있다. 영국은 33주의 교육과 10주의 실습, 프랑스는 12개월 교육과 3개월 실습, 독일은 24~36개월 교육, 9개월 실습 등이 신임경찰교육기간으로 편성되어 있다. 미국은 상당수 대학에서 형사사법학과가 개설되어 형사사법 분야의 인력을 양성하고 있고, 우리나라의 경우도 현재 100여개가 넘는 경찰관련 학과가 대학에 설치되어 경찰이 되기 위해 필요한 인성과 전문적 지식을 교육시키고 있다. 대학에 개설되는 경찰학 과정은 우수한 경찰인재를 조기에 발굴하여 전문적으로 육성한다는 차원에서 경찰의 자질향상과 전문화에 기여할 수 있다. 과거에는 대부분 고졸 정도의 학력을 가진 경찰이 대부분이었으나 현재는 신규임용자의 대부분이 대학학력을 가지고 있으며 경찰관련 학과들에 우수한 고교졸업자들이 유입되고 있는 현상도 경찰인력 수준의 향상이라는 긍정적 효과를 기대하게 한다.

한편 우리 사회 전체를 조망해 본다면 경찰직으로의 우수인력 집

구분	합계	대학원이상		대졸		전문대졸		고졸이하	
		인원	비율	인원	비율	인원	비율	인원	비율
2013년	887,191	194,026	21.9%	429,416	48.4%	122,799	13.8%	140,950	15.9%
2018년 계	956,096	208,161	21.8%	518,348	54.2%	126,418	13.2%	103,169	10.8%
국가	153,276	35,353	16.5%	80,719	52.7%	21,791	14.2%	25,413	16.6%
경찰·소방	168,715	6,902	4.1%	74,409	44.1%	52,543	31.1%	34,861	20.7%
교육	319,634	145,424	45.5%	174,190	54.5%	19	0.0%	1	0.0%
지방	314,471	30,482	9.7%	189,030	60.1%	52,065	16.6%	42,894	13.6%

※ 전문대졸 : 대학재학·중퇴, 전문대 졸업 / ※ 고졸 : 전문대재학·중퇴, 고교 졸업
▲ 2018 기준 공무원 최종학력 현황(출처 : 인사혁신처)

중화가 그리 바람직한 것만은 아니다. 경찰은 사회의 발전과 진보를 리드하는 적극적인 역할을 하는 조직이라기보다는 상대적으로 현 상태를 유지하고 보존하는 소극적인 사회질서 유지의 업무를 담당하고 있다. 이는 위험방지를 통한 공공의 안녕과 질서유지라는 실질적 의미의 경찰기능에서 확인할 수 있다. 창의력과 지적 능력이 탁월한 인재들은 경제사회발전에 보다 기여할 수 있는 기업의 경영이나 과학기술 축적을 위한 이공분야에 진출하여 국가의 잠재력을 극대화시키도록 하고, 경찰직은 국가관과 도덕성, 책임능력, 상황대처능력 등이 우수한 자들이 근무하도록 하는 것이 바람직할 것이다.

그럼에도 현재의 우리 사회모습은 민간부문의 비교적 불안정한 고용상황으로 인해 공직에 대한 선호도가 압도적으로 높게 나타나고 있다. 이러한 가치관 편중에는 공직에 대한 맹목적인 경외감이나 권위주의적 특권의식, 이른바 완장의식이 팽배해 있음도 한 원인이 될 것이다. 국가와 국민에 대한 봉사에서 공직의 가치를 찾아가지 않고, 공직에 대한 맹목적 경외감이나 복지부동의 악순환이 계속된다면 이러한 문제해결은 요원한 과제이다.

다. 부적격자의 배제

1982년 4월 26일, 당시 언론보도에 따르면 경남 의령군 궁유면 지서에 근무하던 우범곤 순경(당시 27세)이 오후 9시 30분쯤 술에 만취해 예비군 무기고에서 카빈소총 2정, 실탄 180발, 수류탄 7발을 들고 나와 주민들에게 무차별 난사했다. 우순경은 우체국에서 일하던 전화교환원부터 살해해 외부와 통신을 두절시킨 뒤 미친 듯이 불이 켜진 집을 찾아다니며 총을 쏘고 수류탄을 터뜨려 56명이 숨졌고 34명이 중경상을 입었다.

우 순경은 생후 1주일된 영아부터 70세가 넘은 할머니에게도 총질을 하며 무려 8시간 동안 토곡리 등 4개 마을을 공포의 도가니로 몰아넣었다. 주민 신고로 1시간 20분 뒤 사건을 접수한 의령경찰서는 뒤늦게 사살명령을 내리고 기동대를 출동시켰지만 우 순경은 이미 자취를 감춘 뒤였다. 우 순경은 자정이 지나자 총기 난사를 멈추고 27일 오전 5시 30분쯤 평촌리 서인수 씨의 외딴 농가에 몰래 들어가 서씨 일가족 5명을 깨운 뒤 수류탄 2발을 터뜨려 자폭했다.

당시 경찰은 평소 술버릇이 나빴던 우 순경이 내연의 처와 다툰 뒤 흥분상태에서 지역주민들이 자신을 험담한다고 여겨 우발적으로 저지른 사건으로 결론지었다.

이 사건을 계기로 「경찰공무원법」이 대대적으로 수정되어 「국가공무원법」의 특례를 규정하는 단일법으로 개정되었다. 그리고 1983년 4월 경찰공무원 임용령을 개정하여 경찰채용시험에 고졸 이상이라는 학력제한 규정을 두었으며, 종합적성검사를 추가하여 인성검사 및 정밀신원조사를 통해 부적격자를 걸러내는 규정을 추가하였다. 또한 경과를 일반특기와 전문특기로 분류하여 전문특기자에게 계급정년 연장 등 혜택을 부여하였다. 그 외에도 승진제도를 개선하였고, 신임순경 교육을 8주에서 24주로 연장하였다.

경찰은 그 직업적 특성상 잦은 긴장으로 인한 직무스트레스가 많을 뿐만 아니라 현장에서의 독자적인 직무수행과 타인의 권리에 영향을 미치는 법집행으로 인해 부패에 대한 유혹이 높다. 따라서 입직과정에서 부적격자를 배제하는 절차가 마련되고 있는데, 우리의 경우 U-K 검사(50분), 일반능력검사(언어영역, 추리영역 Ⅰ, 추리영역 Ⅱ, 지각능력: 72분), 인성검사(60분), 흥미검사(50분), 전기·적성검사(30분)순으로 실시되고 있다. U-K검사는 일본에서 가장 많이 사용되고 있는 직무수행검사법으로서 수검자가 일정기간 동안 연속적인 덧셈수행을 할 때 얻어지는 작업량, 작업특성, 작업곡선을 기초로 하여 수검자의 능력, 흥미, 성격특성을 진단하는 검사이다.[8] 이러한 검사의 효과성에 대해서는 과학적인 검증을 통해 어느 정도 입증되었다고 할 수 있겠으나, 이를 보완하기 위해 가상의 경찰상황에서 어떻게 대응할 것인지를 평가하는 상황검사법을 보완하는 것도 필요할 것이다.[9]

한편 과거의 비도덕적인 또는 불법적인 행위경력은 장래의 재범 또는 보다 높은 위험발생의 가능성을 예견할 수 있는 지표가 될 수 있다. 현재 제도적 배제기준으로서 자격정지 이상의 형의 선고를 받은 경우 등을 결격사유로 규정하고 있다. 그러나 경찰관의 경우, 법을 집행하고 물리력을 행사하는 인권제한적 직무의 특성상 높은 윤리성이 요구되므로, 비록 자격정지 이상의 형에 해당하지 않는다고 하더라도 음주운전이나 성추행, 또는 성매매 등과 같이 공인으로서의 사회적 비난가능성이 큰 경우 그 결격여부가 문제된다.

과거에 발생한 과오만으로 장래의 공직의 기회를 박탈하거나 제한하는 것은 현행 형사사법의 이념과도 합치되지 않을 뿐만 아니라, 절대적인 타당성을 가질 수도 없다. 경찰청에서는 음주운전으로 인한 벌금형 등을 선고받은 지원자에게 불이익을 주는 명확한 기준이나 지침을 제시하지 않고 면접에 있어서 전적으로 면접관의 재량에 의한 판단사

---

8 일본의 임상심리학자인 우치다에 의해 개발되었는데, 정신분열증 환자의 경우 독특한 작업곡선이 나타나고 있으며, 정상인에게만 나타나는 특유의 작업곡선이 있음이 밝혀졌다.

9 2009년 경찰청에서는 현행 적성검사의 등급별 점수제를 폐지하고 인·적성검사 결과를 면접시험 참고자료로만 활용한다고 발표하였다.

항으로 일임하고 있다. 면접관의 개인적 경험이나,10 기타 개인적 가치관이 크게 작용할 수 있는 사안인 바, 과연 경찰시험에 참여하는 내부 면접관이 응시자의 심리를 파악하고 객관적이고 합리적인 판단을 기대할 수 있을 만한 면접기법을 보유하고 있는지도 의문이다. 도덕적 비난 가능성과 재범의 가능성이 높은 범죄경력자에 대한 경찰직 임용에 있어서 보다 객관적인 근거기준을 마련할 필요가 있다.

---

10 예를 들어, 동료나 하급자가 음주운전으로 인해 피해를 받은 사실 등.

제 2 절 프로페셔널리즘

1. 전문직의 특성과 직업윤리

사회가 분업화됨에 따라 그 직종도 점차 다양해지고 이 과정에서 보편적 일반인이 쉽게 접근하기 어려운 전문직이 생겨나게 된다. 논리적으로 본다면 경찰윤리를 다루는 이 책은 전문직으로서의 경찰직을 전제로 한다. 응용윤리의 한 영역이자 공직윤리의 일부를 구성하는 경찰윤리가 의미를 가질 수 있으려면 경찰직이 직업적·도덕적 정체성을 가진 전문직이어야 한다. 전문직은 인문, 자연, 사회과학 분야 등과 같이 지적 학문이라 불리는 문화체계상의 요소와, 사회적 중요성이라는 요소를 함께 지니며 이 중 어느 쪽에 우위를 두는가에 따라 학문적 전문직과 실용적 전문직으로 구분할 수 있다.[1] 경찰을 주된 탐구대상으로 하는 경찰학은 독일의 관방학에서 그 출발점을 찾을 때 오랜 역사를 가지고 있다고 할 수 있겠으나, 학제적 연구, 응용학문으로서의 성격을 짙게 드리우고 있어 그간 학문적 정체성의 논란이 없지 않았다. 다행히 최근에 이르러 그 학문성을 점차 인정받고 있다.

경찰학의 학문성을 전제로 하는 경찰학 연구자들의 학문적 전문성은 학자들의 문제로서 여기에서는 일단 논외로 하고, 이 장에서는 사회적 중요성을 가지는 직업인으로서의 경찰직의 전문성을 논하고자 한다.

가. 전문직의 특성

현대사회에서 전문직은 어떤 과정을 통해서 형성될 수 있는가. 라슨(Lasson)은 전문가 집단이 특정분야의 배타적 지식을 통해 서비스를

---

1 김상호, 경찰 전문직업화에 대한 이론적 고찰, 한국경찰연구, 2006 겨울, 6면.

독점하고 사회적 위상을 높여가는 현상을 '전문직 프로젝트'로 표현하면서 그 메커니즘을 다음과 같이 설명하고 있다.

① 우선 전문가 집단은 베버가 설명하는 이익집단으로서 국가 및 여타의 사회집단들과 경쟁하면서 그들의 활동영역을 확장하거나 최소한 유지하기 위해 힘쓴다.

② 그들은 독점 또는 최소한의 허가를 위해 국가와 특별한 관계를 형성한다.

③ 경제적 관점에서 전문직의 직업수행은 자신들의 경제적 이익과 관련되지만, 대부분 생명, 재산, 신체 등 고객들의 중요한 법익과 관련되는 서비스를 제공하므로 이타심과 공익증진이 고려되어야 한다.

④ 전문적 지식과 능력에 기반한 실무현장에서의 폭넓은 자율성과 재량을 가진다.

⑤ 전문가 집단으로부터 타 집단을 배제시킴으로써 '사회적 폐쇄'에 참여한다.[2]

이를 보다 쉽게 정리한다면 전문직을 규정하는 중요한 외적 요소는 그 독점을 허용하는 국가가 될 것이고, 내적 요소는 타 집단과 차별시키는 그들의 고도화된 지식이며, 전문직 수행의 환경요인은 그 종사자 스스로 노동을 통제하는 제도로서, 프라이드슨(Freidson)은 이를 프로페셔널리즘으로 설명한다.[3]

한편 홀(Hall)은 전문직의 특성을 구조적 측면과 행태적 측면으로 구분하면서, 구조적 특성으로서 전업직(사회적 필요기능의 전업수행), 훈련기관(해당분야의 지식기반이며 점차적으로 대학과의 협력이 구축됨), 전문가 단체(훈련을 강조하는 사람들과 최초 배출자들의 전문가 단체를 조직), 윤리강령(전문가 단체에 의해 자율적으로 시행) 등을 들고 있다. 행태적 측면에서의 전문직의

---

2 케이스 M. 맥도널드(권오훈 역), 전문직의 사회학 – 의사·변호사·회계사의 전문직프로젝트 연구(The Sociology of the Professons), 1999, 67~76면; 정연재, 프로페셔널리즘의 전문직 윤리교육, 윤리교육연구 제14집, 2007, 134~135면에서 재인용.
3 엘리엇 프라이드슨(박호진 역), 프로페셔널리즘, 2007, 37면.

특성으로는, 준거집단으로서 전문가 단체의 활용, 봉사정신, 자기규제(수평적인 동료의 통제), 소명감(업무에 대한 헌신, 외적 보상과 무관한 직무몰입), 자율성(외적 압력으로부터 자유로운 의사결정) 등을 언급한다.4

나. 전문직업화의 문제점

일반적으로 특정 직군의 전문직업화는 그 대외적 위상을 높일 뿐만 아니라 구성원들의 사기와 자긍심을 고취시키고 이를 통해 우수한 인력이 유입되고 나아가 제공하는 서비스의 질이 향상된다는 점에서 분명 긍정적으로 바라볼 수 있다. 다만 클라이니히(Kleinig)는 전문직업화를 통해 생성되는 사회적 엘리트들이 그들의 권한을 남용하고 사회평등에 반할 수 있다는 측면에서 경찰직을 중심으로 전문직업화의 문제점을 다음의 세 가지로 설명한다.5

1) 전문가적 부권주의(Professional paternalism)

전문가 집단은 그들이 제공하는 사회적 서비스에 대한 수혜자의 의사를 고려하지 않고 무엇이 가장 바람직한 서비스의 제공인지를 스스로 결정하게 된다. 이런 부권주의적 특성은 특히 의사나 법률가의 집단에서 잘 나타난다. 수혜자들의 의사와 무관하게 고객에게 최선의 이익이 무엇인지를 가장 잘 안다고 믿을 뿐만 아니라, 그러한 선택의 권한을 가진다고 믿는다. 그러나 의사는 전문가로서 최선의 의학적 선택을 할 수 있을지라도, 의학적 치료에 있어서 삶의 질을 포함한 환자인생 전체에 관한 종국적 결정은 결코 의사의 몫이 아닌 환자 자신의 몫이 되어야만 한다.

가정폭력과 같은 사건에 있어서 경찰이 전문가적 견지에서 피해자

---

4 Hall, Richad H., Professionalization and Bureaucratization, American Sociological Review, 33(1), 92~93면; 김상호, 경찰 전문직업화에 대한 이론적 고찰, 한국경찰연구, 2006 겨울, 8면에서 재인용.
5 Kleinig, The Ethics of Policing, 1996, 42~44면.

를 보호하기 위해 결정하는 조치는 비록 객관적으로 피해자를 폭력으로부터 보호하는 최선의 조치가 될 수는 있을지라도, 피해자가 진정으로 원하는 주관적 삶의 방향과는 다를 수도 있음에 주목해야 한다.

2) 소 외(Alienation)

전문가 집단이 제공하는 서비스와 관련하여 타인에게 결여된 특별한 지식을 가지고 있다는 사실이 그들이 최선의 서비스를 제공할 수 있다는 것을 의미하지는 않는다. 그들의 특별한 지식은 도리어 그들을 일반인들로부터 소외시킬 수 있다. 전문직업화는 보편화가 아닌 특성화를 지향하기 때문에 전체보다는 자신들의 특별한 지식을 통해 습득한 국지적 지식에 매몰되어 나무를 보고 숲을 보지 못하는 편협함에 빠질 수 있다. 그들이 보다 전문화되어 갈수록 인간생활에서 그들의 관심영역은 점진적으로 좁아들게 된다.

3) 차 별(Discrimination)

전문직업화되는 데 발생하는 장기간의 교육과 비용은 사회적으로 하위계층에 속하는 구성원들이 전문가가 될 수 있는 기회를 박탈한다. 경찰의 전문화를 강조할수록 경제적으로, 교육적으로 불리한 위치에 놓여있는 사회집단은 이러한 직군으로 진입하는 데 곤란함을 느끼게 된다.

다. 전문직의 윤리

전문직의 특성으로서 제시되는 엄격한 자기규제는 타율적 통제가 아닌 집단 구성원 스스로에 의한 도덕적 규율을 정립하는데서 출발한다. 자기규제가 확립되지 못하면 결코 전문직의 독점성도 유지될 수 없다. 전문직은 집단의 이익을 넘어서 사회적 역할 수행에 있어서 공공의 이익을 우선으로 생각할 수 있는 윤리의식을 확립해야 하고, 이러한 전문직의 윤리는 개인윤리 차원의 문제가 아니라 제도적·규범적 장치로서의 조직윤리를 의미한다. 전문직의 윤리로 흔히 언급되는 의료윤리, 법조윤리, 공직윤리에 있어서 단순히 추상적 도덕명제를 구체적 직업수행 단계에서 응용하는 것이 아니라, 그 구성원들의 실천을 강조함으로써 실천윤리와 그 맥을 같이한다.[6]

2. 경찰은 전문직인가?

가. 경찰전문화의 논의

경찰의 전문화에 관한 논의는 미국을 중심으로 19세기 후반부터 진행되었다. 사실 19세기 후반 영국에서 수도경찰청 창설을 통해 체계적인 경찰조직을 구성하면서 시민들의 존경과 신뢰를 얻은 것과 달리, 미국의 지방경찰은 지역정치세력과 결탁되면서 비효율, 부정·부패와 연결됨에 따라 이에 대한 반동으로 전문직업화의 논의가 본격화된 것이다.

특히 20세기 초반 캘리포니아 주 버클리 경찰서장으로 재직하던 어거스트 볼머(August Vollmer)는 캘리포니아 대학과 연계하여 경찰관들이 경찰학 강의를 수강하도록 하였을 뿐만 아니라 채용과정에서 전문적 검증절차를 도입하고 대학졸업자들을 경찰직으로 유입시켰다. 1929년 경찰문제를 다룬 위커샘(Wickersham)위원회는 기존 경찰활동의 문제점에 대한 대안으로 경찰의 자질향상을 통한 전문화를 제시하였다.

전문화된 미국 경찰조직의 이미지는 FBI를 통해 상징화되었으며, 이 과정에서 오랜 기간 FBI 수장을 지낸 에드가 후버국장이 영화, 소설, TV드라마의 사전검열을 통해 FBI의 역할을 부풀려 소개함으로써 전문가 집단으로서의 상징조작을 성공시켰다는 비판도 거세다. 하지만 현재 FBI가 의학을 비롯한 자연과학이나 공학, 심리학 등 다양한 분야

6 정연재, 프로페셔널리즘과 전문직 윤리 교육, 윤리교육연구 제14집, 2007, 137면.

의 전문가들로 구성되어 경찰의 전문직업화를 리드하고 있음을 부인할 수 없다.

나. 경찰전문화의 장벽

경찰전문화의 딜레마는 경찰직무가 점차 세분화되어 감에 따라 전문적인 지식과 기술을 필요로 하는 동시에, 다양한 사회적 갈등상황을 현장에서 해결하기 위하여 일반사회인으로서의 광범위한 소양을 필요로 한다는 양자적 갈등이다. 이 딜레마는 '경찰이 특정 분야에 전문화된, 앞서 언급한 전문직업화의 부작용을 감수하는 편협한 전문인이 되어야 하는가, 아니면 품성과 선행을 통해 시민들의 존경을 받는 모범시민이어야 하는가'의 질문으로 압축된다.

이 문제는 다양한 역할을 현장에서 대역적 권위에 의해 즉응적으로 수행해야 하는 광범위한 경찰직무의 본질에서 출발한다. 과학수사나 인질협상, 교통사고조사나 폭발물 해체 등의 고유직무에서는 최고 수준의 전문가 집단이 구성되어야 하지만, 동시에 일선 현장에서 시민들과 접촉하는 대부분의 지역경찰들에게는 특정 분야의 전문가가 아닌, 시민들과 교감할 수 있는 폭넓은 이해심과 감성을 가진 일반적 교양인의 자질이 요구되기 때문이다.

미국경찰에 전문직업주의가 확산되는 과정에서도, 기존의 질서유지나 서비스 제공이라는 단순하고 보편적 경찰활동을 경찰업무로부터 분리해 내고 법집행 또는 범죄통제로 경찰기능을 변화시켜 나갔다.[7] 대륙법계 국가의 전통을 계수한 우리나라에서는 더군다나 경찰작용의 근거가 정교하고 엄격하게 규정된 법규를 통해 완성되는 만큼, 행정경찰이든 사법경찰이든 그 활동에 있어서 가장 중요한 전제는 관련 법규범의 습득과 적용을 통한 법의 집행이다. 이 점에 있어서 불문법의 전통에서 실질적 정의를 구현하는 영미법계의 경찰활동과 큰 차이를 보인

---

7 김상호, 경찰 전문직업화에 대한 이론적 고찰, 한국경찰연구, 2006 겨울, 12면.

다. 최소한 우리나라에서 경찰관이 되기 위한 필요조건은 투철한 정의감이나 시민과의 소통능력 이전에 법률가에 준하는 법적 지식의 함양이고, 경찰의 채용 과정에서 사실상 당락을 결정짓는 필기시험이 이 부분의 검증에 주력하고 있는 이유이다.

3. 우리 경찰은 전문직을 표방하는가

가. 경찰입직제도에 대한 비판

미국 경찰의 전문직업화 과정에서 대학과 연계, 경찰관의 자질향상에 상당한 노력을 기울였던 사실은 시사하는 바가 크지만, 현재 우리나라 경찰직업화는 제도적 측면에서 크게 흔들리고 있다. 경찰직은 일반 행정공무원과 달리 현장에서 독자적 판단에 의해 총기사용과 같은 물리력을 행사하거나 범죄자의 체포, 주거진입 등의 권한을 즉각적으로 행사하고, 이러한 강제작용에 수반된 권리침해는 경제적 보상이외에 사실상 회복이 불가능하다는 치명적인 위험을 지닌다.

따라서 상황판단능력 뿐만 아니라 권한행사에 관한 고도의 법적 판단능력이 요구됨에도 불구하고, 지난 이명박 정부에서는 고졸자의 공직임용 기회를 확대하기 위해 2014년부터 경찰직 채용시험과목에 고등학교에서 배우는 사회, 과학, 수학, 국어 등을 선택과목으로 포함시켰다. 교양있는 일반시민으로서 요구되는 고등학교 교과과정의 이수만으로 경찰진입이 가능하도록 만든 것은, 경찰직에 필요한 전문지식을 통해 전문직업화하기 위한 그간의 여러 서구 선진사회의 역사적 진보와 경찰학의 오랜 연구와 논의를 스스로 부인하는 것이다.

물론 타 국가에서도 경찰직에 입문하기 위해서 반드시 대학교육을 필요로 하는 것은 아니지만, 고졸자를 채용하는 대부분의 선진국가들은 최소 수년간의 경찰교육과정을 통해 전문화된 경찰관을 양성하기 위해 노력하고 있고, 이후에도 대학과 연계된 교육이나 자체 학위과정

프로그램 등을 통해서 전문직업화를 표방하고 있다.[8]

이에 반하여 단기간의 교육에 그치는 우리나라의 경찰입문자에 대한 신임교육은 대륙법계에서 경찰직무를 수행함에 있어 필수적으로 요구되는 법적 기초지식의 습득조차도 현실적으로 불가능하게 하고 만다. 이미 경찰입직에 성공해서 경찰교육기관에서 교육을 이수하는 자가 과연 경찰공채시험을 위해 치열하게 법학, 경찰학을 공부하는 수험생들의 학습능력과 열의를 따라갈 수 있겠는가.

나. 기능직으로의 회귀

전문직과 차별되는 개념으로서 기능직은 일반적으로 그 지위가 낮을 뿐만 아니라 그 직업수행에 요구되는 지식이나 기술을 주로 견습(apprenticeship)을 통해서 습득한다. 즉 교육이나 훈련은 일종의 통과의례에 지나지 않으며, 실제 필요한 기술은 현장에서 고참으로부터 체득하게 된다. "경찰은 능력인정 및 통제기관으로서 외부 준거집단이 존재하지 않으므로 전문직업인이 아닌 기능공에 해당한다"는 윌슨(Wilson)의 주장처럼,[9] 우리 경찰은 기존의 전문직업화에서 기능공으로 그 진로를 변경하고 있는 것으로 보인다. 성실성과 책임감을 가지고 고등학교 교육을 이수한 학력과 단기간의 교육만으로도 누구나 우수한 경찰이 될 수 있다면 경찰을 더 이상 의사나 법률가와 견줄 수 있는 전문직으로 볼 수 없다.

늦은 감은 있지만 정부에서도 이러한 문제점을 인식하고 2022년도부터 고교과목을 경찰채용시험에서 제외하고 헌법, 형사법, 경찰학 등의 전문과목을 필수화하였다.

---

8 대학에서 경찰학 연구가 보편화된 미국이나 영국에서는 대학과 연계된 경찰교육 프로그램을 제공하는 방식을 사용하나, 독일의 경우는 각 주에 설치된 국립 경찰대학(또는 행정대학)에서 경찰중견간부에 대한 학위과정을 제공하고 있으며, 연방경찰대학에서는 고급경찰간부에 대한 석사학위과정을 운영하고 있다.

9 Wilson, James Q, Dilemmas of Police Administration, Public Administration Review, Sep/Oct., 1968, 414면.

제3절 여성경찰

PC나 다른 놀이기구가 드물던 유년 시절, 학교를 파하고 집에 오면 동네친구들과 어울려 야외에서 노는 것이 유일한 오락이었다. 술래잡기나, 다방구 또는 편을 갈라서 하던 다른 많은 놀이에는 이른바 '깍두기'라는 캐릭터가 등장했다. 또래 아이들보다 나이가 어린 동생이나 또는 신체 등의 결함으로 인해서 여타의 아이들과 동등한 자격으로 게임에 참가하기 어려운 아이를 '깍두기'로 지칭해서 게임에 참여시키고 함께 놀이문화를 향유하지만, 술래를 면제시키는 등의 특혜를 부여한다. 물론 게임 참여자들은, 극복할 수 없는 신체적 불이익을 가진 깍두기의 특수함을 인정하고 특별한 혜택을 부여하는 것에 동의한다. 깍두기는 놀이에 참여해서 함께 즐길 수는 있으되, 팀에 대한 기여와 이를 통한 승리의 영예를 함께 나눌 수 있는 정당한 자격이 부여되기는 어렵다.

◉ 지구대 여경

경찰 지구대에 여경 배치가 늘어나면서 여경과 함께 현장에 출동한 남자 경찰관이 험악한 범법자에게 봉변을 당하는 사례가 빈발하자 이를 놓고 논란이 일고 있다.

논란의 발단은 최근 경기 부천시내 한 지구대에 근무하는 경찰관이 인터넷 '사이버경찰청'의 '경찰가족사랑방'에 관련 글을 올린 것. 경찰관은 여경 배치로 인한 부작용을 지적하면서 지구대에 여경을 배치하는 것에 반대하는 주장을 폈다. 그의 글은 역대 최고인 4,000여 건의 조회 건수를 보였다. 댓글을 보면 찬성이 반대 의견을 압도하고 있다. 남경과 여경 1명씩 편성된 근무조가 112신고를 받고 출동하게 되면 다른 근무조가 자동적으로 지원에 나선다고 한다. 여경을 보호하고, 남경을 도와주기 위해 이중, 삼중의 일을 하고 있다는 것. 그의 지구대에서는 최근 재물손괴 현장

　　과거 경찰활동에서 여성의 존재는 마치 어린이 놀이문화에서 '깍두기'를 연상시켰다. 국가의 정당화된 폭력을 상징하면서 타인을 물리적으로 제압해야 하는 경찰활동에 있어서 여성은 결코 직접적인 주체가 되기보다는, 페미니스트들의 비판에 대비하고 구색을 맞추기 위한 최소한의 필요를 충족하는 상징적인 존재로서만 인정되었다. 가부장적인 남성중심의 유교적 전통이 강한 우리나라에서는 말할 필요도 없거니와, 서구의 다른 국가의 경찰사에서도 이러한 역사적 사실이 예외 없이 나타났다.

　　우리나라 경찰에서 여성의 점유율은 2019년 기준으로 12%대에 불과하다. 전체 인구 중에서의 여성의 성비를 고려할 때, 여성경찰은 경찰조직에서 전형적인 마이너리티 그룹이다. 경찰청에서는 2021년까지 여경을 15%로 확대하는 것을 목표로 경찰조직 내 성비불균형을 해소하기 위해 노력하고 있다. 여경의 채용과 승진확대를 통해 조직의 전문성 강화 및 치안역량 제고에 기여할 수 있을 것이라 평가하고 있으나,[1] 이런 논거를 세우기 위해서는 다음 물음에 먼저 답해야 한다.

　　경찰조직 내 여성의 비중증가는 전문성과 치안역량 강화에 어떻게 기여할 수 있는가? 경찰의 인력채용에서는 성비와 무관하게 능력과 자격에 따른 채용이라는 시장의 원리가 적용되어야 하는 것인가, 아니면 — 비록 추가적인 비용의 발생을 부담하더라도 — 절대적인 평등의

---

1 경찰청, 2005, 언론보도자료 중.

원칙을 구현해야 하는 것인가.

보다 본질적인 질문을 던져보자. 과연 경찰직은 남성과 여성이 동등하게 수행할 수 있는 직업인가? 여기에 대한 명확한 해답을 회피하고 여성경찰의 채용확대를 당위적으로만 접근하게 되면, 결과적으로 어느 정도 형식적 성비의 균형이 이루어진다 하더라도, 공정한 게임의 룰이 적용되지 않고 정당성이 담보되지 않는 특혜임을 부인할 수 없다.

또 경찰직의 평등성을 논의하기 이전에 먼저 고려해야 할 것은, 과연 남성과 여성의 본래적이고 유전적인 성향의 차이, 능력의 차이를 인정할 수 있는지의 여부이다.

1. 여성경찰의 등장과 발전

남성지향적 직업으로 인식되어온 경찰직에 여성이 채용되기 시작한 것은 20세기 초반의 일이다. 1세기가 지났지만 아직까지 경찰에서의 여성의 역할에 대해서는 그 논란이 끊이지 않고 있다. 미국의 경우 1960년대 여성해방운동(feminism)의 확대와 적극적 차별철폐 정책(affirmative action)에 따라 여성경찰의 지위가 향상되기 시작하였다. 동시기에 여성경찰관들이 동일한 업무와 승진기회를 요구하며 소송을 제기하자, 평등을 위한 일련의 법률들이 도입되었고, 똑같은 보수가 지급되면서 1968년에 이르러 정복을 입고 총기를 소지한 여자경찰관이 순찰업무에 최초로 배치된다.[2] 영국의 여성경찰의 역사도 1910년대부터 시작되었으나 1973년에 이르기까지 주로 여성·청소년 업무만을 수행할 뿐, 경찰조직의 중요업무에서는 소외되어 왔다.

경찰이 국가권력을 상징하는 대륙법계 국가에서 여경의 역할증대는 보다 더디다고 하겠다. 독일에서는 1978년 베를린 주를 시작으로

---

2 Schulz, D. M. From Social Worker to Crimefighter: Women in United States Municipal Policing, Westport, 1995, 378~380; 이미정, 한국 여자경찰 발전의 장애요소와 극복방안, 한국경찰학회보 제11호, 2006, 28면에서 재인용.

여성경찰을 최초로 제복경찰활동에 투입하였으며, 1986년 내무부장관 연석회의에서 여성경찰의 제복경찰활동에 대한 긍정적인 평가가 나옴에 따라 다른 주에까지 확대되어 가장 보수적인 성향을 가진 바이어른 (Bayern)주에서도 1990년에 이를 수용하기에 이른다.3 프랑스에서는 1965년에 여경근무가 시작되었으나 본격적으로 채용되기 시작한 것은 1980년대 이후의 일이다.

우리나라 최초의 여성경찰의 등장은 1946년의 일이다. 미군정청 산하 경무부 공안국에 여자경찰과가 신설되고 이듬해까지 경찰 총 정원의 1.8%에 해당하는 여경들이 배치되었다. 당시 여경의 자주성을 위해 '여자경찰서'가 설치되고 부녀자와 어린이 보호 등의 업무를 담당했다. 그러나 1957년에 이르러 여자경찰서는 창설 10년 만에 폐지되고 여경의 수도 축소되었다.

여경의 중흥기는 1980년대 말부터 시작되어 1991년 경찰청 개청과 함께 본격화된다. 올림픽을 계기로 여경이 증가되고, 1989년에는 경찰대학 정원 120명 중 최초로 여성을 5명씩 선발하였고, 이후 12명의 정원으로 여성경찰 대학생을 선발하고 있다.

2. 성차는 생물학적인가 사회적인가

가. 젠더의 등장

여성과 남성이 신체적으로나 육체적으로 차이가 있다는 것은 과학적·경험적 사실이며 특별한 반론이 제기되지 않는다. 간혹 남성만큼 강하다거나 도리어 남성보다 우월한 신체적 능력을 가진 여성이 존재한다는 사실만으로 이러한 결과가 뒤집히는 것도 아니다.

그렇다면 신체적 특징이외에 여성과 남성사이에 심리학적이나 사회적 차이가 존재한다고 할 수 있는가. 고전철학자들은 여기서 명백한

---

3 Franke, Siegfried, Polizeiethik, 2004, 37면.

결론을 제시했다. 아리스토텔레스에 따르면, 여성이 남성만큼 이성적이지 못하므로 남성의 지배를 받는 것이며, 칸트 또한 여성에게는 시민적 인격이 없으므로 공적 생활에서 발언권을 가질 수 없다고 말한다. 루소는 남성과 여성의 가치가 '틀림'이 아닌 '다름'의 차이임을 강조하였지만, 남성의 덕목이 지도력임에 반해 여성의 미덕은 가정과 가사임을 설명하였다.4

한편 60년대 이후 등장한 여권운동에서는 남성과 여성의 심리학적 차이가 존재하지 않는다는 점에서 여성운동을 펼쳐나갔다. 철학자인 크리스티나 호프 소머스(Christina Hoff Sommers)는 그의 저서 'Who Stole Feminism? How Women Have Betrayed Women'에서 여성운동의 사조를 '평등여성운동(Equity feminism)'과 젠더여성운동(Gender feminism)으로 구분하는데,5 전자가 여성에 대한 평등한 대우를 주장하는 도덕적 접근이라면, 후자는 인간의 심리나 생물학적 특성과 관련된 경험적 이론이다. 젠더여성운동의 기본적 주장은 남녀의 차이가 생물학적으로 형성되는 것이 아니라 단지 사회적으로 형성된다는 것이다. 외부 성기를 의복으로 가리고 생활하는 사회에서는 염색체와 호르몬과 같은 생물학적 기준이 아닌 문화적 기준으로 성을 규정할 수밖에 없기 때문이다.6

남녀간의 차이를 당연시하던 전통적 시각에 의문을 제기한 미국의 여성 심리학자 맥코비와 재클린(Maccoby & Jacklin 1974)은 페미니즘 운동이 무르익던 1970년대 초반, 성차의 심리학에 관한 문헌을 비판적으로 고찰하고 요약하여 분석하였다. 그 결과 일반 통념과는 달리 성차가 입증된 측면은 여아의 언어능력이 더 높다는 점, 남아의 시각-공간능력

---

4 제임스 레이첼즈(노혜련·김기덕·박소영 역), 도덕 철학의 기초, 나눔의 집, 2006, 293면.
5 Hoff Sommers, Christina, Who Stole Feminism? How Women Have Betrayed Women, Touchstone/Simon & Schuster, 1995, 22면.
6 메리 E. 위스너 행크스(노영순 역), 젠더의 역사, 역사와 비평사, 2006, 15면 이하.

이 더 월등하다는 점, 남아의 수학능력이 더 월등하다는 점, 남아가 더 공격적이라는 점 등 네 가지에 불과하였다. 반면 여아가 성취동기가 더 부족하다거나, 남아가 더 분석적이라거나, 남자가 더 지배적이고 여자가 더 순종적이라는 일반적 통념은 성차에 관한 연구결과라는 결론을 내리기 어렵다고 한다.[7]

나. 콜버그와 길리건의 논쟁

1) 콜버그의 도덕성 발달단계

20세기가 배출한 걸출한 교육심리학자 중 한 명인 로렌스 콜버그(Lawrence Kohlberg)는 '하인츠의 딜레마'로 알려진 다음 사례를 제시하면서 여성과 남성의 사고방식과 도덕성 발달에 차이가 있음을 논증했다.

◉ 하인츠(Heinz)의 딜레마

희귀한 암으로 죽어가는 하인츠 아내를 살릴 수 있는 유일한 방법은 어떤 약사가 발명한 라듐화학물이다. 약의 원가는 200달러에 불과하지만 약사는 그 약을 2,000달러에 판다. 갖은 방법으로도 겨우 1,000달러 밖에 구하지 못한 하인츠는 1,000달러에 약을 팔 것을 약사에게 제안하지만 거부당한다. 부인을 살리기 위해 약을 훔치기로 결심한 하인츠, 그의 절도는 정당화 되는가?[8]

콜버그는 다양한 연령대 아이들의 도덕발달 과정을 연구하기 위해 위 사례를 제시하고 인터뷰를 시도하였다. 그는 연구결과를 토대로 도덕성의 발달단계를 여섯 단계로 구분한다.

1단계는 처벌과 복종의 단계인데, 권위에 순종하고 처벌을 피하는 것이 옳은 것으로 간주된다. 2단계는 욕구충족의 단계로서 자신의 욕

---

7 정혜정·공미혜·전영주·정현숙, 가족과 젠더, 신정, 2009, 71면.
8 Kohlberg, L., Essay on Moral Development, volume 1: The Philosophy of Moral Development, New York, 1981, 12면.

구충족이 도덕적 판단의 근거가 된다. 3단계는 타인과의 조화에 중심을 두며 착한 소년·소녀를 지향하는 단계로 타인에 대한 충성과 신뢰가 중요한 덕목이다. 이 단계에 이르게 되면 하인츠는 "누구라도 그렇게 할 것이다."라거나 "아내가 죽더라도 내 잘못은 아니다."라는 답변을 하게 된다. 4단계는 법과 질서의 지향단계로서, 사례의 경우 "사정이 아무리 급해도 법을 어겨서는 안 된다."라는 반응을 보일 것이다. 5단계는 사회계약과 공리의 단계로서, 대부분의 가치와 규칙은 공평함을 구현하는 사회계약이기 때문에 지지되어야 하고 최대다수의 최대행복을 추구한다. 다만, 생명과 같은 비상대적인 가치와 권리, 자유는 다수의견과 무관하게 보호되어야 한다. 마지막 6단계는 보편적 도덕원칙의 단계이다. 사회적으로 보편타당한 양심의 결정이 판단기준이 된다. 물론 콜버그의 도덕성 발전단계는 하인츠의 딜레마에 대한 옳고 그름의 정답을 제시하는 것이 아니다. 다만 도덕적 선택의 판단근거가 중요시 되는 것이다. 예를 들어 도덕적 성숙이 4단계에 이른 사람 중에도, "나중에 돈을 지불할 의사가 있다면 훔칠 수 있다"고 답하는 경우도 있거니와, "부인 목숨을 구하기 위한 의도라 할지라도 훔치는 것은 법에 저촉되는 범죄행위이다."라는 상반된 답변이 가능하다.[9]

콜버그의 인터뷰 결과, 11세 소년 제이크(Jake)는 "생명이 돈보다 가치가 있다"는 명확한 답변을 하는 반면, 동년의 소녀 에이미(Amy)는 "약을 훔치면 감옥에 가고, 그 후에 아내가 다시 아플 수도 있으니 서로 이야기해서 돈을 구할 방법을 찾아야 한다"는 식으로 문제설정의 조건을 받아들이기보다는 하인츠와 약사사이의 대화를 통한 해결을 통해 갈등을 재설정하는 의견을 보였다. 콜버그의 도덕성 단계에 따르면, 에이미는 3단계의 전형을, 제이크는 4단계나 5단계의 도덕적 성숙을 보인 것이다.[10]

---

9 Kohlbefg, L., Essay on Moral Development, volume 1: The Philosophy of Moral Development, New York, 1981, 409~412면.
10 제임스 레이첼즈, 앞의 책, 297면.

2) 길리건의 논박

하버드 대학의 교육학과 교수인 캐롤 길리건(Carol Gilligan)은 콜버
그의 연구를 비판하면서 젠더 페미니즘의 상징적 인물로 등장한다. 길
리건은, 비록 두 아이의 사고방식에 차이가 있다 하더라도 에이미의 사
고가 제이크의 사고방식보다 열등한 것은 아니라는 입장이다. 에이미
는 전형적인 여성의 방식으로 개인적 관점에서 반응하는 것이고, 제이
크는 전형적 남성의 사고로서 '생명과 재산적 가치의 갈등'을 고민한
것이다. 길리건은 여성의 기본적 도덕성향이 친밀감이나 돌봄을 통해
다른 사람들의 욕구를 채워주는 것이며, 공공의 권리와 정의를 생각하
는 남성적 윤리보다 저급한 것은 아니라고 주장했다.[11]

길리건의 주장을 통해 윤리학에서 기존의 추상적·이상적 규칙만
이 아닌 돌봄이나 공감, 서로에 대한 이해와 같은 여성주의적 측면의
새로운 철학적 관점이 발전된 것은 커다란 기여임이 분명하다. 그러나
이런 페미니즘적 시각은 최소한 경찰조직에 있어서 여성경찰의 입지를
도리어 축소시킬 수 있다. 진화심리학자인 스티븐 핑커(Steven Pinker)는
젠더 페미니즘에 대한 비판적 관점에서 길리건의 결론을 다음과 같이
비꼬고 있다.

"그녀(Gilligan)의 말이 사실이라면 여성은 공공의 권리와 정의에 대
해 사유하면서 살아야 하는 헌법학자, 대법원 판사, 윤리 철학자가 될
자격이 없을 것이다."[12]

그의 비판은 상당한 설득력을 가진다. 길리건의 입장에 따르면 법
과 정의의 일상적 판단자인 경찰의 역할이 어찌보면 여성에게는 적합
하지 않다는 결론에 도달할 수도 있다. 물론 핑커가 여성은 법학자나
윤리철학자의 자격이 없다고 주장하는 것은 아니다. 단지 페미니즘의

---

11 Gilligan, C., In a different voice: Psychological theory and women's development,
   Cambridge, Mass: Harvard University Press, 1982.
12 Steven Pinker(김한영 역), The Blank Slate, 사이언스북스, 2004, 598면.

관점에 천착하여 여성에게 터무니없이 불리한 결론을 가져오는 길리건의 논증을 반박하는 것이다. 진화심리학자인 핑커나 윤리학자인 레이첼스는, 도덕적 사고에 있어서 여성과 남성의 차이가 거의 없거나, 있다 하더라도 결코 크지 않다는 점을 분명히 한다.

진화심리학은 여성과 남성의 차이를 자연선택의 관점에서 풀어낸다. 남성에게는 가장 많은 여성을 임신토록 하는 것이 최상의 전략인 반면, 여성은 한 아이에 집중에서 노력을 기울여야 한다. 주의할 것은 이것이 옳고 그름의 도덕적 문제가 아니라 경험적이고 사실적인 차원이라는 점이다. 남성과 여성간의 보편적인 성향의 차이가 존재한다는 사실을 분명히 인정하자. 어설픈 페미니즘으로 이를 부인하고자 하면 진화심리학자들이나 평등여성운동가들의 조롱거리만 될 뿐이다. 다만 이런 차이로 인해 성에 따라 사람들을 차별해야 한다거나 성에 맞게 정형화된 일을 해야 한다는 결론이 도출되는 것은 결코 아니다.

3. 경찰은 남성의 업무인가?

가. 경찰업무의 본질

이제 우리는 경찰직으로 들어가 성별의 문제를 살펴보고자 한다. 경찰직의 특성과 직무를 구체적으로 고려하지도 않은 채, 남녀의 성비가 불균형을 이룬다거나 여성경찰의 확대가 필요하다고 주장한다면 근거가 박약한 억지주장으로 치부될 수도 있다.

2006년 1월 국가인권위원회는 경찰대학생과 경찰간부후보생의 여성신입생을 10%로, 순경공채 시 여성을 20~30%로 제한하는 쿼터제를 평등권을 침해하는 조치로 개선해야 한다고 경찰청에 권고했다. 그러나 그해 6월 경찰청에서는 국가인권위원회의 권고를 수용하지 않는 것으로 입장을 정리했다.13 인권위의 주장처럼 경찰의 모든 업무가 물리력

---

13 2006. 6. 9. 동아일보.

을 수반하는 것은 아니다. 또 경찰직무에 대한 구체적 분석이 선행되어야 한다는 논리도 설득력 있다. 그럼에도 도대체 인권위는 이런 권고를 함에 있어서 경찰의 현장활동을 제대로 파악이나 했는지 의문이다.

경찰활동의 본질은 긴급한 현장에서 위험을 제거하고 범죄를 제압하는 일이다. 사무실에서 컴퓨터를 두드리는 것은 현장업무를 위한 보조활동에 불과하다. 사실 이런 행정지원업무에는 이미 상당수 여성행정직(구 기능직) 공무원들이 배치되어 있다. 경찰청에서는 경찰업무의 80% 정도를 외근업무로 파악하고 있다.

물론 최근 연구들에서 관찰되는 것처럼 현장활동의 상당수는 물리적 제압이라기보다는 현장에서의 갈등조정이나 친화력을 요구하는 것이다. 또 테이저건이나 총기 등 경찰장구를 통해 신체적 열세를 어느 정도 극복할 수 있는 것도 사실이다. 그러나 통상적인 경찰활동이 무력제압이 아닐지라도, 경찰의 핵심적인 임무는 분명히 예기치 못하는 돌발상황이나 위기상황 즉, 비일상·비정상적인 사건에 대한 상시적 대비이다. 벼락 맞을 확률보다도 훨씬 낮은 연쇄살인범에 의한 살인을 제지하기 위해 — 경제학자가 보기에는 지극히 비효율적일 수 있는 — 프로파일링 인력의 양성과 과학수사 발전을 위해 경찰이 노력하는 이유가 바로 이것이다.

주민과의 차분한 대화가 자칫 폭력상황이나 경찰관에 대한 급작스러운 공격으로 돌변할 수도 있고, 긴급상황에서 의식불명의 시민을 들쳐업고 뛰거나 위험물로부터 구조하는 조치를 수행해야 한다. 지역경찰활동이나 커뮤니케이션의 역할증대와 강조가 경찰활동의 이런 본질적 측면을 배제시키지는 못한다. 그렇지 않다면 인권위는 경찰임용시험에서 여성쿼터제를 비판하기에 앞서, 체력시험이나 실기시험을 폐지하고 의사소통 능력의 평가와 측정을 주장해야 한다.

경찰의 직무를 단순히 양적 분석으로만 평가해서 물리적 제압보다 일상적 소통업무가 많으니 물리력의 중요성이 떨어진다는 결론을 내리

는 것이 얼마나 무의미한가. 같은 논리라면 실제 화재진압보다 화재예
방 및 대기시간이 월등히 많은 소방관들에게도 화재진압 능력은 중요
치 않은 것인가. 전쟁을 경험하지도 못한 채 훈련만 하다가 전역하게
되는 전투병들의 전투력 측정은 어떤 의미인가.

인권위 권고에 대한 경찰청의 해명처럼, 성차를 구별하지 않고 직
무에 적합한 경찰관을 선발하는 가장 합리적이고 평등하며 냉정한 경
찰의 선발방식은 남성과 여성의 성별을 구별하지 않되, 체력검정까지
동일한 조건을 부여하는 것이다. 긴급한 상황에서 여성경찰이라 힘이
부쳐 위기에 빠진 시민을 제대로 구조하지 못했다고 한다면 옹색한 변
명이 아닐까. 여성경찰은 남성보다 낮은 체력기준만으로도 경찰관이
될 수 있다는 것 자체가 역차별이 될 수 있다. 남성과 여성이 각기 평
균적 신체능력에 따라 채용되는 것이 아니라, 경찰직무를 수행하기에
필요한 객관적 체력이 기준이 되어야 한다. 전 세계 어느 경찰조직에서
도 체력은 경찰임용에 중요한 판단요소가 된다. 그러나 영국이나 미국
의 많은 지역에서는 경찰관에게 요구되는 체력기준이 존재할 뿐, 남성
과 여성에게 차별적 기준을 제시하지는 않는다. 여성경찰이 쫓는다고
도주하는 범죄자가 속도를 늦추는 것이 아님을 분명히 기억하라.[14]

나. 반여성적 경찰문화

개인적으로 관상을 그다지 신뢰하지는 않지만, 관상가들은 군인,
검사, 경찰과 같은 직종의 종사자들은 눈썹이 짙은 경향이 있다고 한
다. 여기서 특정직군에 종사하는 사람들의 관상을 인용하는 이유는, 사
회통념상 경찰의 모습이 카리스마, 성취욕, 강인함, 실천력 등으로 형
상화된다는 것을 설명하기 위함이다.

경찰에 관한 연구자들은 일관되게 경찰의 조직문화가 남성적 성향

---

14 이런 관점에서 볼 때, 남녀의 차이를 두지 말고 통일된 체력기준을 제시하고 동등
   한 기회를 제공하자는 최근의 연구는 상당히 신선해 보인다: 박영주, 여성경찰 임
   용의 실태 및 문제점에 관한 고찰, 한국치안행정논집 제7권, 제3호, 2010, 326면.

을 지니고 있다고 언급한다. 대표적인 특성은 공격적인 육체활동, 가부장적이고 권위적인 조직체계, 보수적이고 배타적인 성향 등이다.15 이런 특수한 조직문화로 인해 경찰에 여성진입과 적극적 활동이 제약된다고 한다. 특히 영미법계에서는 경찰의 업무를 법집행과 대민봉사로 구분하고 강한 남성적 이미지로 인하여 법집행이 강조된다고 설명한다. 여성경찰들이 남자다움을 강조하는 경찰 조직 문화를 위협하는 존재라고 지적하기도 한다. 즉, 여성경찰들은 여성다움으로 자신의 역할을 수행함으로써 근본적으로 경찰 과업에서 중요하다고 인식되는 것들에 도전한다는 것이다. 그리고 경찰조직문화의 남자다움의 강조가 남성경찰들로 하여금 여성경찰들에게 적대감을 갖도록 유도함으로써 여성차별적 관점을 조장한다고 비판한다.

　　과연 그런가. 경험적 측면에서 여성에게 불리한 조직문화가 경찰 내부에 형성된다는 점은 분명한 사실이다. 그런데 그 사실이 조직문화를 비판하는 논거가 될 수 있는가? 많은 이론가들은 경찰이 총기를 휴대하고 근무한다는 사실을 간과한다. 경찰활동에서 대민봉사와 사회적 소통이 강조되어야 한다는 것은 분명하다. 그렇다고 경찰의 허리춤에서 권총이 사라질 수 있는가. 권위적이고 배타적인 경찰의 조직문화가 남성지배적 조직이기 때문에 발생한 현상이라고 보는가. 인위적으로 여성경찰을 30% 이상 확보하게 되면 경찰의 조직문화가 바뀔 수 있으리라고 보는 것은 순진한 발상이다. 경찰의 조직문화는, 총기를 휴대하고 법을 집행해야 하며 과격한 범죄자 그리고 폭력적 시위대를 대응해야 하는 긴장감으로부터 자연스럽게 형성된 것일 뿐이며, 옳고 그름의 문제가 아니다. 철강생산 공장에 여성근로자가 적다고 해서 고된 노동과 남성 중심의 근무환경을 개선하자는 주장이 과연 타당한가. 물론 대

---

15 Silvestri, Marisa, Women in Charge: Policing, Gender and Leadership, Portland, OR: Wilian, 2003, 26면; Fielding, N., "Cop canteen culture" in Newburn, T. and Stanko, E. (eds), Just the boys doing the business; men, masculinity and crime, London, 1994, 47면.

민봉사와 시민과의 소통은 중요하고 확대되어야 한다. 그러나 대민봉사나 친절·소통만이 아니다.

법원이나 검찰청처럼 권위에 의해 통제되는 폐쇄공간이 아니라, 도움을 받을 길 없는 캄캄한 골목길이나 쇠파이프가 쏟아지는 비정상적인 현장에서, 휴지조각처럼 구겨지기 쉬운 추상적 법의 권위를 스스로 세우는 법집행의 현장능력까지 겸비되어야만 경찰조직에 참여할 공정한 자격이 부여되는 것이다. 여성이든 남성이든 말이다.

다. 부패와 여성

부패통제를 위한 정책으로 여성의 사회참여를 확대하는 방안들이 제시되기도 한다. 그 핵심은 부패가 발생하는 기존의 남성중심적 인맥에 여성이 참여할 가능성이 적고, 남성이 여성보다 부패에 대한 관용정도가 높으므로 성적 차별성이 정책에 반영되면 부패를 줄일 수 있다는 설명이다.[16] 부패에 관한 성적 연구에서 유의미한 결과가 나온 것은 학술적으로 분명히 가치 있는 일이다. 그렇지만 그 결과를 부패통제를 위한 정책에 그대로 반영할 수 있을까. 부패방지 목적으로 여성채용증진을 추진한다면 현재도 그렇거니와 앞으로도 절대 부패할리 없는 지고지순한 일부(?) 남성들에 대한 제도적 차별이 되지는 않을까. 현상에 대한 실증적 분석과 정책의 윤리적 정당성은 별개의 논의이다. 연구결과는 남녀고용평등제의 근거가 되지 못한다.

이런 연구결과는 유전적인 관점에서 부패에 관한 성적 차별성을 설명하는 것이 아니라, 남성이 여성보다 뇌물을 공유하는 네트워크 구성이 활발한 것으로 해석한다.[17] 그렇다면 부패의 네트워크를 해체하는 가장 확실한 방식은 공적 업무와 직접 관련이 있거나, 잠재적 관련성이

16 Swamy, A., Knack, S., Lee, Y. & Azfar, O., Gender and Corruption, Journal of Development Economics, 64(1), 2001, 51~53면.
17 진종순·서성아, 부패에 대한 개인의 인식과 부패행위, 서울대학교 한국행정연구소 행정논총, 45(3), 2007, 254면.

있는 네트워크를 철저히 차단하는 것이다. 경험적으로 볼 때 같은 사회 조직에서 활동한다고 하더라도 가정이나 육아문제로부터 비교적 자유로운 남성들은 여성보다 사회적 인맥형성이 용이하다. 최소한 한국사회, 그리고 한국경찰조직에서는 분명히 그러하다. 물론 여기서 말하는 성적 차이는 사회문화적 배경에서 생성되는 평균적·경험적 차이일 뿐, 남성이 여성보다 인맥형성에 뛰어난 능력을 가진다는 의미는 절대 아니다.

어쨌거나 남성들은 학연·지연·혈연 등으로 생성되는 사회적 네트워크 구성이 상대적으로 활발할 것이고, 뇌물공유의 네트워크도 여기서 파생되는 일부분에 불과하다. 그렇다면 연구를 통해 정확히 진단되는 부패차단 정책은 남녀고용평등제가 아니라, 성별과 무관하게 사회적 네트워크가 지극히 빈약해서 부패의 가능성이 없는 사회적 왕따들을 경찰직에 입문토록 하는 것이 아닐까. 사회적 네트워크 중에서 부패의 네트워크만을 미리 추려낼 수 없으니 말이다. 다만 지역사회경찰활동이나 범죄정보 수집과 같은 인적 네트워크에 기반한 경찰활동들을 희생할 각오가 되어있어야만 한다.

현장에서 치안정보를 수집하는 외근정보경찰이나, 마약정보원들과 접촉해야 하는 마약수사관, 조직범죄를 수사하기 위해 전과자, 우범자들로부터 정보를 수집해야 하는 경찰을 상상해 보자. 인적 네트워크를 광범위하게 필요로 하는 분야에서 특히 여성경찰의 활약상을 찾아보기 힘든 이유, 또 여기에서 주로 많은 경찰부패가 발생한다는 점을 이해해야 한다. 부패의 부작용을 우려한다고 해서 치안 네트워크를 희생시킬 수는 없지 않을까. 지금 이 순간에도 선과 악의 경계에서 경찰의 도덕성을 지키면서 직무를 완수하기 위해 번민하는 경찰관들이야말로, 누구도 감내하기 어려운 경찰의 숙명을 온 몸으로 받아내고 있는 자들이다. 여기에는 성별의 문제가 끼어들 자리가 없다.

4. 차별인가 특혜인가

우리나라에서 여성이 경찰활동에 참여하기 시작한 것은 현대적 경찰활동의 시작과 거의 함께였지만 그 활동영역은 민원업무나 사무직 등에 제한되어 왔으며 남성과 동등한 자격으로 근무를 시작한 것은 그리 오래지 않다.

페미니즘이 일찍이 시작된 독일에서도 여성경찰에 대한 특별대우가 폐지된 것은 1980년대 말에 이르러서이다. 물론 당시에도 이미 여성경찰들은 남성들과 동등한 자격으로 진압부대에 편성되는 등 차별 없는 대우를 대부분 찬성하고 있었지만, 정치적인 고려에서 여성들에 대한 특별한 배려가 지속되어 왔다.18 여성경찰들을 직접적인 경찰권 발동업무 — 예를 들어 시위진압이나 외근순찰활동 — 에 종사토록 한 결정은 여권신장이라는 측면이외에 경찰과 시민의 관계개선이라는 목적을 지니고 있었다. 여성경찰이 남성경찰과 뒤섞여 시위진압부대에 편성되던 독일에서도 90년대 중반 부분적으로 단위부대 내 여성경찰의 비율을 25%까지로 제한하는 시도가 있었다. 극도로 폭력적으로 변질되는 집회에서 여성경찰들이 공포심을 억누르지 못했고, 경우에 따라서는 심각한 패닉상태로 말미암아 남성동료들에 의한 특별한 보살핌이 요구되었기 때문이다.19

경찰직에서 여성이 남성에 비해 차별을 받고 있는지, 특별한 혜택을 누리고 있는지에 관해서는 내부에서조차 극명한 견해차를 보인다. 주로 여성경찰 측에서는 여경에 대한 불리한 환경이 존재한다는 지적을 하는 데 반해, 남성경찰들은 도리어 여성이 승진과 근무배치에 있어서 특별한 혜택을 받고 있다는 데 상당수 동의하지만 이를 섣불리 외

---

18 Tecl, Manfred, Frauen in der Schutzpolizei — Privilegiert? Ungeeignet? Konkurrentinnen?, in: Bereitschaftspolizei-heute, Heft 1/1983, 2면.

19 Arbeitsgemeinschaft der Innenministerien der Bundesländer, Arbeitskreis Ⅱ, 1991, S. 8.

부로 표현하는 것을 주저한다. 경찰에서 여성이 차별대우를 받는지, 아니면 특별한 혜택을 향유하는지는 조직에의 입직 과정과 입직 이후 승진 및 근무환경을 구분해서 살펴볼 필요가 있다.

가. 입직 과정

2020년 경찰청 채용계획에 따르면 순경공채 4,919명 중 27.8%인 1,370명의 여경이 채용된다. 여경채용목표제를 통해 여경을 점진적으로 15%까지 확대하고자 한다.

최근 경찰청은 2023년부터 남녀순경 통합 선발을 치르겠다고 밝힌 바 있다. 특히 경찰청은 남녀 통합선발시 진행할 체력시험을 패스앤패일(pass and fail)로 치르는 것을 검토하고 있다. 패스앤패일은 일정 점수만 넘기면 모두 합격시키는 것이다.

평등이란, 평등한 것은 평등하게 불평등한 것은 불평등하게 취급하는 것을 의미한다. 불평등대우를 허용할 만한 충분한 근거가 제시되기 전까지는 잠정적으로 평등대우가 요구되고 불평등대우를 허용할 만한 충분한 근거가 제시되면 확정적으로 불평등 대우가 허용 또는 명령된다.[20]

평등에 관한 최종적 판단을 담당하는 헌법재판소에서는 2012년 경찰의 공개경쟁채용시험에서 응시연령을 30세로 제한하는 「경찰공무원임용령」의 공무담임권 침해로 청구된 헌법소원에서 헌법불합치 결정을 내린다.[21] 30세로 획일적으로 제한한 연령규정이 합리적이지 못하다는 취지다. 30세가 넘더라도 20대보다 체력적으로 우수하고 유능할 수 있다는 것이다.

마찬가지로 남성보다 경찰의 업무능력에서 유능한 여성이 존재할 수 있다. 다만 신체적 능력이 필수적으로 고려되어야 한다. 눈을 가린 채 칼로 공정성을 재단하는 니케의 여신처럼 경찰을 채용한다면, 도리어 신

---

20 최우정, 한국헌법학, 2008, 322면.
21 헌재 2012. 5. 31. 2010헌마278 결정.

체적 열세로 인해 여성의 비중이 약화될 수도 있다. 평등은 개인들이 자기집단의 평균적 특성에 따라 판단되거나 억압되지 말아야 한다는 도덕적 원리이다.

이 책은 주제를 다루면서 최소한 경찰조직 내에서 여성이 마이너리티의 위치에 있음을 전제로 하였다. 마이너리티에 대한 특별한 대우를 논의하기에 미국의 정책만큼 유용한 내용은 찾기 어렵다.

◉ 미시간 주립대의 사회적 약자 우대제도

1996년 미국의 바바라 그루터(Barbara Grutter)라는 백인여성은 미시간 대학의 총장을 상대로 소송을 제기한다. 그루터는 법조인의 꿈을 꾸는 만학도였는데, 학부 성적과 로스쿨 능력시험(LSAT) 성적이 평균 이상이었음에도 로스쿨에 불합격하자, 불합격의 원인이 소수인종 출신에게 가산점을 주는 사회적 약자 우대제도(affirmative action) 때문이며 법률에 의한 동등한 보호를 보장하는 수정헌법 제14조에 위배된다고 주장했다. 그러나 2003년 6월 미 연방대법원은 5대 4로 미시간 대학교 신입생 선발과정이 적법하다고 판결했다.

(Grutter vs Bollinger, 2003, 539 U.S. 306)

판결문에서 특히 주목할 만한 내용은, 고등교육의 맥락에서 학생구성원의 다양성이 공공의 이해가 달린 문제임을 인정하는 동시에, 특정집단의 일정 인원을 해당 인종의 학생들로 채우려고 임계치(critical mass)[22]에 달하는 소수인종 출신 학생들을 등록시키려는 시도는 명백히 위헌이라고 판단한 점이다. 당시 미시간 대학의 입학제도는 인종기준을 심사의 요인으로 사용하기는 했지만, 여러 고려요소 중 하나일 뿐, 특정 인종에 대한 할당제를 실시한 것은 아니라는 점을 고려한 것이다. 이후 2006년 미시간 주에서는 미시간 주립대를 포함한 모든 공립대학

---

22 본래 물리학 용어이지만, 사회적 현상이나 제품, 서비스 등이 대중의 인식 속에 일정한 영역을 차지하고 자리잡게 되는 막연한 경계선을 뜻한다.

기관이 지원자를 인종이나 성별에 근거해서 차별하거나 선호할 수 없도록 주 헌법을 개정하여 앞으로 미시간 주에서 만큼은 이런 조치가 허용될 수 없게 하였다.

헌법적 관점에서 보자면, 평등원칙은 행위의 평등뿐만 아니라 결과의 평등, 즉 법규범에 의하여 단순하게 기회나 가능성을 평등하게 제공하도록 요청할 뿐만 아니라, 일정한 법규범이 서로 다른 사실상의 결과를 초래하게 되는 여러 가지 현실적 조건이나 상황에 이르기까지의 평등을 요구한다. 비록 경찰직무가 고도의 위험으로 인해 평균적 시민들보다 우월한 신체적 능력을 필요로 한다고 하더라도, 유교적 문화로 인해 그간 누적되어온 여성에 대한 사회적 불평등을 고려한다면, 공공의 이익, 그리고 국가정책적 측면에서 사실적 평등을 위한 우대조치로서 여성할당제나 채용목표제 등을 통해 여성경찰의 증원을 인위적으로 조작하는 조치가 한시적으로 정당화될 수 있다.

여기서 굳이 한시적이라는 전제를 붙이는 이유설명은, 그루터 판결당시 소수의견을 제시한 토마스 대법관의 반대의견서 인용으로 대신해 본다.

> "다만 다수 의견을 낸 대법관들과 소수 의견을 낸 대법관들 모두 적법성 여부를 떠나 학교 당국의 이와 같은 정책이 언젠가는 궁극적으로 완전히 퇴출되어야 한다는 데는 의견의 일치를 보고 있는 것 같다. 약자우대 정책이 너무나 시대에 뒤떨어진 나머지 더 이상은 대다수 사회 구성원들의 동의를 얻을 수 없는 시점이 오리라는 것인데, 사실은 지금이 바로 그 시기가 아닌가 생각해 본다."23

나. 근무와 승진

경찰조직에서 여성에 대한 불편한 감정은 분명히 존재한다. 비단

---

23 L. 레너드 캐스터, 사이먼 정, 미국을 발칵 뒤집은 판결 31, 2012, 259면.

경찰만의 문제는 아니고 우리 사회 전체가 여기에서 자유롭지 못하다. 실제 경찰실무에 종사하는 남성경찰관들에게 여성경찰관들의 역할과 인식에 관하여 심층 질문을 해보니 다음과 같은 대답을 들을 수 있었다.

> 경찰관 A: "에이, 잘 아시지 않습니까? 여자상사를 선호하는 사람들이 어디 있겠습니까?"
>
> 경찰관 B: "한국경찰조직에서 지휘통솔 업무를 제대로 수행하기 위해서는 수사와 경비에 관한 실무경험과 지식을 필요로 합니다. 그런데 사실 현재 고위직에 근무하는 여성경찰 중 수사(특히 외근형사 업무)나 경비에 관한 실무경험과 지식을 축적한 사람이 있나요? 기껏해야 사무실에서 펜대 굴리거나 여성·청소년, 생활안전 분야에서 근무한 경력이 고작이지…"

진술 내용만을 토대로 본다면 극도의 여성차별주의자가 아닐 수 없다. 하지만 보다 근본적인 문제는 이러한 비판이 선입관과 편견에 의해 축적된 것인가, 아니면 조직생활의 경험을 통해서 체득된 것인가 하는 것이다.

먼저 성차별에 대한 분석을 위한 논쟁의 여지가 없는 전제로서, 여성들이 자신들의 포부를 펼치는 것을 방해하거나 성을 기초로 차별하는 것은 불공정한 행위이고, 과거 여성들이 광범위한 차별에 고통 받았고 지금도 분야에서 이러한 차별이 존재한다는 사실, 그리고 여성이 지도자나 최고의 전문가가 될 '능력'이 없다는 질문이 무의미하다는 점을 분명히 밝히고자 한다.[24]

경험적 연구를 통해 사회과학을 탐구하는 연구자들은 남성의 차별적 인식보다는 직무의 특성에 따라서 남녀의 성비가 달라질 수 있음을 자연스럽게 받아들인다. 남성보다 여성은 임금이나 명성이 적은 대신 자식과 시간을 더 많이 보낼 수 있는 직업, 즉 짧고 탄력적인 근무시간

---

24 Steven Pinker(김한영 역), The Blank Slate, 사이언스북스, 2004, 618면.

과 낮은 재배치 가능성, 오래 지속되는 기술을 선택할 가능성이 더 높다. 그리고 결혼은 이러한 성적 차이의 효과를 갈수록 확대시킨다.[25] 그렇다면 경찰직은 진화심리학적 측면에서 여성에게 불리한 직종임은 분명하다.

경제학자들이 남녀의 성취욕을 측정하기 위해 시카고 대학에서 MBA를 취득한 남녀 2,000명 이상의 직장생활을 분석한 결과, 직업을 가진 후 처음 15년간 여성은 남성보다 주당 6시간 적게 일하고, 15년으로 환산하면 6개월 덜 일한다. 또 여성의 경우 직업생활을 중단하는 경우가 더 많다. 10년 동안 일하고 난 후 6개월간 쉬는 남성 MBA 소지자는 불과 10%이지만, 여성 MBA 소지자는 40%였다. 여기에는 여성들이 아이를 사랑한다는 점이 커다란 요인으로 나타난다. 반대로 경제적인 인센티브에는 여성보다 남성이 더 민감하게 반응한다는 연구도 등장한다.[26]

전체 경찰인력에 대비한 여성경찰의 비중, 또 고위직 경찰간부 중 여성경찰의 비중이 소수임을 단순히 제시하고 여성경찰이 불이익을 받는다는 것은 설득력 있는 주장이 아니다. 동시에 근무를 시작한 남녀 경찰관들이 조직 내에서 다른 평가를 받고 이후 승진에서 차이를 보이는 원인에 대한 객관적 분석이 필요하다. 자유롭고 공정한 노동시장에서는 그들의 특성이 직무요구에 얼마나 일치하는가에 따라 고용여부가 결정되고, 이에 상응하는 보수를 받고 승진의 기회를 얻게 된다.

여성이기 때문에 승진할 수 없는 것은 차별이다. 반대로 여성이기 때문에 승진이 용이하거나 누구나 선호하는 편안한 근무지에 안주해서도 안 된다. 분명히 여성에게 존재하는 제도적 장벽을 인정해야 한다. 그러나 성적인 차이의 인정은 여성을 위협하는 데 사용되어서는 안 되고 여성보호정책을 정당화하는 데 활용되어야 한다. 이를테면 여성의

---

25 Steven Pinker(김한영 역), The Blank Slate, 사이언스북스, 2004, 623면.
26 스티븐 레빗·스티븐 더브너(안진환 역), 슈퍼 괴짜경제학, 웅진 지식하우스, 2009, 74~75면.

자기계발을 위한 보육시설의 확충, 탄력적인 근무시간, 암묵적인 휴가억제나 상사의 눈치를 보는 불필요한 퇴근지체 등의 인습개선이다. 공정한 경쟁과 협력이 가능한 제도적 장치를 보완하고 평등한 룰을 적용해야 한다. 경찰직에서 여성이 남성과 동등한 능력을 발휘하는 데 방해가 되는 사회적 걸림돌들을 제거하기에 아직도 우리 사회에는 할 일이 많이 산적해 있다. 우리는 부단히 이를 위해 노력해야 한다. 이를 해결하면서 여성의 경찰업무 적응력에 관한 공정한 평가가 진행되어야 한다.

여성에게 불리하게 형성된 경찰조직 내의 남성적 성향의 문화는 조직의 직무특성으로 인해 자연스레 형성된 것으로, 이에 대한 옳고 그름의 도덕적 판단에서 여성진출의 곤란성이 고려되는 것은 아니다. 남성적 문화로 인해 경찰활동의 목표달성에 미치는 긍정적, 부정적 영향을 분석하고 이를 통해 조직문화의 문제점을 진단, 옳은 방향을 찾아야 한다. 뒤에서 다시 설명하겠지만 고전윤리학이 여성주의적 시각에 의해 보완되는 것처럼 이 책은 경찰활동에서도 이른바 '돌봄의 윤리'가 확대되어야 한다는 입장이다.

현재 시행되는 채용목표제나 승진할당은 여성에게 불리한 사회적 여건을 고려하여 정책적으로 도입된 여성에 대한 특별한 배려라고 보아야 한다. 다만 이러한 배려가 수인한도를 넘어서는 과도한 상대적 불이익을 가져온다면 배려가 아닌 특혜로 변질될 수 있다는 점에 주의해야 한다. 계급별로 고정된 보수보다는 근무의 강도와 중요성을 고려한 차별적인 보수체계를 정비하고, 승진희망자들의 근무배치에도 합리적인 기준을 제시해야 한다. 여성에 대한 특별한 배려가 계속된다면, 결국 남성보다 승진에 있어서 보다 공정한 자격과 능력을 갖춘 여성들에게조차, 단지 여성이라는 이유만으로 승진했다는 부당한 비아냥을 받도록 만들 것이다.

---

27 L. 레너드 캐스터, 사이먼 정, 미국을 발칵 뒤집은 판결 31, 2012, 260면.

5. 경찰조직 내 성적 차별

2000년 이무영 경찰청장은 시위현장 최전선에 여경을 내세워 시위대와 맞서게 한다. 이를 두고 외신에서는 립스틱라인(lipstic line)이라는 용어를 사용했다. 과격한 시위로 인한 피해를 방지하고자 시위대의 긴장과 과격성을 순화해 불법폭력시위를 감소시키려는 목적이었다. 시위의 과격화에는 경찰의 책임도 존재한다. 독일에서는 시위현장에 경찰력의 과도한 배치만으로도 집회의 자유를 침해한다는 취지의 판례가 등장하고 있다. 폭력이 예견되지 않는 집회에 진압복으로 중무장한 경찰력을 배치하는 것은 경찰력의 남용이다.

시위의 순화를 위해 진압복 대신 근무복으로 시위대를 예정된 진행방향으로 유도하는 시위관리는 칭송받아야 한다. 그런데 여기에 여성을 활용하는 것은 여성의 전문성을 극대화하는 것이 아니라 신체적 연약함이라는 여성의 성적 특성을 활용하는 것이다. 마치 시위대가 유모차부대를 앞장세우거나, 철거용역원들이 철거민들의 폭력적 저항을 억누르기 위해 장애인들을 철거용역으로 앞장세웠던 것처럼.

2009년 경찰청에서 경찰복제규정을 개정, 공식행사에서 바지를 허

용하기까지 여경들은 공식행
사에서 치마를 입어야만 했다.
임부복을 입은 여경은 행사에
참석할 수조차 없었다. 치마를
입고 단아한 모습으로 맨 앞자
리 나란히 앉아 행사귀빈들에
게 경찰의 여성성을 어필해
야 했을 뿐만 아니라 공식
행사에서 귀빈의 보조는 당
연한 여경의 임무로 받아들
여졌다. 아직도 회식자리에
서 여경에게만 특정한 좌석

▲ 2000년 성행하던 집회현장의 립스틱라인

▲ 경찰청장 취임식에 참석한 여경들의 모습(출처: 연합뉴스)

을 배치한다면 배려가 아닌 성적 차별이다. 성에 무관하게 업무능력에
따라 평가받는 조직문화의 개선이 필요한 부분이다.

6. 돌봄의 윤리와 경찰활동

가. 돌봄의 윤리

전통적 경찰직에서는 정의로움, 강인함, 공정성 등이 주요한 덕목
으로 등장한다. 여기에는 여성적 감성보다는 남성적 이성과 냉정함이
요구된다. 심지어 케빈 더튼(Kevin Dutton)은 경찰관들이 두려움과 슬픔
을 경험하지 않는 강한 사이코패스적 성향을 가진 직업이라 분류한
다.28 그렇다면 이와 반대되는 성향의 직종은 어떤 것일까. 더튼은 성
취욕보다는 타인과의 감정적 교류가 요구되는, 이른바 사이코패스 성
향이 약한 직종으로 간병인, 간호사, 치료사, 자선단체 직원, 교사 등을

---

28 케빈 더튼(차백만 역), 천재의 두 얼굴, 사이코패스, 2012, 235면.

언급한다. 경찰직에서 감성보다는 냉철한 이성이 요구된다는 경험적 인식은 정말 문제가 없는 것인가. 우리는 현대윤리학의 발전과정에서 이에 관한 답을 찾아가 보도록 하자.

윤리학에서는 여성주의와 연결된 돌봄의 윤리가 새로운 영역으로 등장하고 있다. 버지니아 헬드(Virginia Held)는 이를 "추상적인 이성적 규칙이나 합리적 계산보다 오히려 돌봄, 공감, 다른 사람과 함께 느끼는 것, 서로의 느낌에 민감한 것 등이 실제 상황에서 도덕성이 요구하는 것에 대한 보다 나은 지침이 될 수 있고, 적어도 적절한 도덕성이 포함해야 할 필수적인 요소가 될 수 있을 것이다."[29]라고 요약한다. 반면 기존의 남성적 도덕이론에서는 공정한 의무, 계약, 대립하는 이해관계의 조정 및 그 비용과 이익의 계산이 중심이다.[30] 전통적 윤리학에 대한 반동으로 돌봄의 윤리가 등장하는 것처럼 남성적 성향으로 관철된 경찰윤리에도 남성중심적 관점에 대한 수정이 요구된다.

이 책의 도입부분에서 경찰윤리의 기초로 언급했던 의무론과 공리주의, 그리고 롤스에 이르기까지 그 화두는 정의에 관한 것이다.[31] 정의의 관점에서는 주인공은 언제나 평등 혹은 평등한 관계의 수준(정언명령이나 황금률)에 의지하여 자아와 다른 사람들의 서로 충돌하는 주장을 판단한다. 그러나 길리건이 말하는 보살핌의 윤리에서는 다른 사람과의 관계에서 자아를 지각하고 지각에 의한 인식결과에 응답한다. 전자가 "무엇이 정의인가?"의 문제라면, 후자에서는 "어떻게 응답할 것인가?"를 고민해야 한다.[32]

돌봄의 윤리가 실천적 윤리로서 특히 의미를 가지는 것은 우리

---

29 Held, Virginia, Feminist Transformations of Moral Theory, Philosophy and Pheomenological Research 50, 1990, 344면; 제임스 레이첼즈, 앞의 책, 299면에서 재인용.

30 제임스 레이첼즈, 앞의 책, 309면.

31 Rawls, A Theory of Justice, 1971.

32 Gilligan C., Moral Orientations and Moral Development, in Women and Moral Theory, ed. Eva Kittay and Diana Meyers, 1987, 23면.

가 개인적 관계를 통해서 삶의 윤리를 형성해 나가기 때문이다. 예를 들어 전통적 윤리는 가족이나 친구의 관계를 설명하기에 아주 부적절하다.

◎ 경찰과 가족

경찰관 甲은 비행청소년을 선도하는 데 특별한 기술을 가진 자이다. 그가 비행청소년들에게 그의 시간을 대부분 할애하고 자신의 아이들은 부인과 다른 사람들에게 보살피게 한다면, 사회적으로 보다 많은 선을 성취할 수 있을 것이다. 그에게 부여된 최선의 사회적 소명은, 비록 가족들에게 일정한 희생이 따르더라도 비행청소년들의 선도를 위해 최선의 노력을 하는 것이다. 전통적 윤리에서는 甲이 자신의 아이들보다는 비행청소년에게 헌신하는 것이 옳음이 된다. 그러나 보살핌의 윤리는 아버지로서 甲이 자기의 아이들과 더 많은 시간을 보내는 것이 우선권을 가진다는 것을 인정한다.[33]

보살핌이 정의보다 우선권을 가지는 것이 정당화되는 이런 상황을 보편주의와 특수주의의 관점으로도 해석할 수 있다. 타인보다는 자기 가족, 그리고 이웃, 나아가 대한민국에 보다 많은 관심과 열정을 쏟는 것이 정당화될 수 있는 것이다.

기존의 경찰활동의 정의와 옳음은 공평무사한 법집행이었다. 이해관계가 대립하는 상황에서 편향되지 않는 경찰의 중립적 자세는 매우 중요하다. 그러나 이제 그런 경찰활동만으로는 국민의 공감과 애정을 기대하기 힘들다. 엄정하고 중립적인 법집행보다 작은 친절이나 인간미, 이를테면 농부의 일손을 거들거나 장애인을 돕는 따뜻한 모습에서 경찰에 대한 신뢰가 쌓이게 된다. 무수히 많은 범죄자를 검거하고 처벌

---

33 이 사례는 보살핌과 정의의 우선권을 설명하는 헬드의 사례를 경찰에 응용한 것이다. Held, Virginia, Caring Relations and Principles of Justice, in Controversies in Feminism, ed. by James P. Sterba, 2000, 63면 이하.

하는 것은 중요한 경찰의 사명이다. 그러나 다른 한편으로는 범죄로 인한 피해자의 입장을 고려하고, 공감하는 경찰활동이 현재 우리의 경찰윤리에서 보다 요구된다.

나. 라포(Rapport)와 미러링(Mirroring)[34]

존 그레이(John Gray) 박사의 유명한 저서 '화성에서 온 남자, 금성에서 온 여자'[35]에서 남자와 여자의 다른 태도를 구체적으로 설명한다. 남자는 사랑하는 여자가 괴로워할 때 그 문제를 해결하기 위해 노력하지만, 여자는 남자가 고통을 알아차리고 공감해 주기를 기대한다. 심리치료에서 상호간에 신뢰하며 감정적으로 친근감을 느끼는 인간관계를 뜻하는 라포(Rapport)는 진술을 이끌어내기 위한 수사기법으로도 활용되고 있다. 라포를 형성하는 구체적인 방법으로 제시되는 것이 미러링(Mirroring)이다. 상대가 나와 익숙한 모습을 하게 되면 상대에게 '동질감'을 느끼고 존중받고 있다고 생각한다.

한국의 경찰은 범죄억지력이나 범죄검거율이라는 객관적 지표로 볼 때 다른 어떤 국가의 경찰보다도 경쟁력을 갖춘 최고의 수준을 유지한다. 그럼에도 국민들의 신뢰가 부족하다면 어떤 노력을 해야 하는가. 범죄예방을 위해 휴게시간을 보다 줄이고, 불심검문을 강화하는 등 강력한 치안활동으로 범인검거율을 높이면 시민들의 만족도와 신뢰가 높아질 것이라 생각하는가. 시민의 입장에서 범죄의 '해결'은 범죄자의 '검거'로 종결되지 않는다. 수사경찰의 목적은 범인검거다. 그러나 최고의 덕목은 검거의 기술이 아니다. 보다 피해자의 입장을 이해하고 그 피해와 아픔을 경청하는 미러링과 라포의 형성이다. 경찰에 대한 시민들의 만족도와 신뢰는 단순한 개량적 수치로 평가되는 것이 아니라 개개의 경찰활동에서 경찰관들과 접촉하는 시민들이 직접 체감하는 행복

---

34 이하 내용은 2012. 11. 5. 조우성 변호사가 법률신문에 기고한 'Rapport와 Mirroring'에 기초하였다.

35 Gray, John(김경숙 역), 화성에서 온 남자 금성에서 온 여자, 친구미디어, 2004.

감의 총량으로 결정된다.

◉ **대구의 황산범죄**

　1999년 5월 대구시 동구 주택가에서 당시 6살이던 김태완 군은 누군가 갑자기 뿌린 황산에 맞아 3도 화상을 입고 투병 중 숨졌다. 경찰의 범인검거가 결국 실패하고 미제사건으로 공소시효를 6개월 앞둔 2013년 11월, 유족들은 검찰에 재수사를 청원, 관할 대구지검은 재수사 입장을 밝히고, 사건수사를 담당했던 대구 동부경찰서에 수사를 재개하도록 지휘하였다.

☞ 경찰이 모든 범죄를 해결할 수는 없다. 더군다나 15년이 지난 범죄를 다시 해결한다는 것은 모래밭에서 바늘찾기이고, 제한된 경찰력으로 범죄를 해결한다는 효율성의 측면에서는 회의적으로 바라볼 수도 있다. 시민들이 모든 범죄를 해결하는 슈퍼경찰을 기대할 만큼 어리석지는 않다. 냉정하고 유능한 경찰보다는 피해자와 가족의 아픔을 공감하고 최선을 다하는 인간미 넘치는 경찰의 모습을 기대할 뿐이다.

　　경찰의 전통적 조직문화는 돌봄의 윤리를 통해서 수정되어야 한다. 주의할 것은 돌봄의 윤리가 생물학적 여성을 통해서 성취되어야만 하는 것은 아니므로 여성경찰의 증원을 곧바로 정당화하는 것은 아니다. 합리적 이성을 통한 정의로움과 더불어 시민의 아픔을 공감하는 배려의 문화가 조직에서 충만하게 되면, 여성경찰이 현재보다 더 많이 등장하고 높은 평가를 받는 것이 자연스러운 경찰의 진화과정이 될 것이다.

François Chifflart(1825-1901),
Das Gewissen(양심, 1877)

| 제4장 |

개인윤리

제4장 | 개인윤리

제1절   경찰부패

경찰부패는 다면적 속성을 지닌다. 부패를 보는 견해는 학자들에 따라 달라진다. 심지어 일부 근대화론자들은 60~70년대 우리나라와 같은 개발도상국가에서는 부패가 경제발전에 긍정적인 역할을 한다는 주장까지 제기하였지만,[1] 사회현상을 역사적 관점에서 관찰한 결과의 해석으로 이해될 수는 있을지언정, 도덕과 정의의 관점에서 본다면 더 이상의 논의할 가치는 없다.

또 관점에 따라서 부패를 관직중심, 시장중심 그리고 공익중심으로 분류하기도 한다. 관직중심적 정의에 따르면 부패는 '사적인 이익에 대한 고려로 인해 권위를 남용하는 것'을 의미하며, 시장중심적 입장에서는 부패발생을 '관료제가 자유시장의 성격을 띠게 되어 원하는 이익

---

1 Huntington, S. P., Political Order in Changing Societies, 1968.

을 위해 보다 높은 가격을 지불하는 것'으로 분석한다. 공익중심적 관점에서는 '관직을 가진 사람이 법적으로 규정되어 있지 않은 다른 형태의 보수를 취하고 그 대가로 특정인에게 이로운 행위를 함으로써 공중의 이익에 손해를 가져오는 것'을 부패로 본다.[2] 이런 분류는 정부의 부패통제에 대한 관심에서 비롯된다. 예를 들어 시장의 관점에서 부패를 접근하게 되면 부패에 대한 통제는 전형적인 시장방식에 의해서 가능해진다. 부패방지 비용을 감안할 때, 부패억제에 드는 지출은 한계이익과 한계비용이 같아지는 점에서 결정된다. 또 부패의 억제는 적발과 처벌의 확률, 그리고 부과된 형벌의 강도가 높을수록 기대비용이 높아져 감소할 것이라는 전략도 시장의 관점에서 도출될 수 있다.[3]

이 책에서는 도덕과 규범의 측면에서 부패의 의미를 찾아본다. 이를 위해 가장 강력한 강제적 사회규범인 법률에서 규율하는 부패, 그리고 법률이 아닌 여타 사회규범의 측면에서 부패의 의미를 검토한다. 부패가 제기하는 도덕적 문제, 이를테면 공직자에 대한 작은 선물이나 감사의 표시의 허용성, 그리고 부패의 궁극적 책임이 경찰조직에 있는 지 아니면 부패경찰관 개인에게 있는지에 관한 문제들도 다루어 보고자 한다.

먼저 경찰부패의 개념을 명확하게 할 필요가 있다. 경찰부패와 관련 외국의 문헌에서 경찰의 일탈, 경찰범죄, 권한남용 등의 개념들이 주로 함께 등장하고 있는데, 아쉽게도 국외연구자들이 이런 개념들의 유형화를 각기 달리 시도하고 있을 뿐만 아니라, 이를 소개하는 우리나라의 연구자들도 관련 내용을 번역, 소개하는 데 급급해서 개념적 혼란만을 가중시킨 아쉬움이 있었다.

---

2 Heidenheimer, Arnold J., Political corruption; reading in comparative analysis, 1970.
3 수잔 로즈 액커먼(장동진·이인표·정상화·진영재 역), 부패와 정부 — 원인, 결과 및 개혁 —, 동명사, 2000, 88면.

1. 부패(Corruption)의 개념과 속성

부패에 관한 법적 개념은 「부패방지 및 국민권익위원회의 설치와 운영에 관한 법률」에서 찾을 수 있다. 동법 제2조 제4호에서는 부패행위를 "가. 공직자가 직무와 관련하여 그 지위 또는 권한을 남용하거나 법령을 위반하여 자기 또는 제3자의 이익을 도모하는 행위, 나. 공공기관의 예산사용, 공공기관 재산의 취득·관리·처분 또는 공공기관을 당사자로 하는 계약의 체결 및 그 이행에 있어서 법령에 위반하여 공공기관에 대하여 재산상 손해를 가하는 행위, 다. 가목과 나목에 따른 행위나 그 은폐를 강요, 권고, 제의, 유인하는 행위"로 정하고 있다. 그러나 그 추상성과 일반성으로 인해 범위를 특정하는 것은 쉽지 않다.

부패방지법에서 정하고 있는 부패의 개념은 공직을 중심으로 하는 관직중심적인 관점인데 반해, 학문적으로 통용되는 부패는 관료제와 무관하게 공익을 침해하는 행위를 포함한다. 즉 민간에 의한 국민의 건강, 환경, 소비자이익 등 공익의 훼손도 부패의 범주로 포함한다. 연구자에 따라 상당히 다양하기는 하지만, 일반적으로 "공적인 이익에 반하여 법규나 사회규범을 위반, 부당하게 사적인 이익을 추구하는 상태나 행위"라고 정의할 수 있다. 경찰부패는 여기에 경찰이라는 공직의 의미가 추가된다. 즉 '경찰직무와 관련'하여 이러한 상태나 행위가 발생하는 것이다.

가. 공   익

부패를 판단함에 있어 가장 핵심적인 것은 '공적 이익(Public Interest)'에 대한 침해 또는 그 위험이 발생했는가 하는 것이다. 만일 경찰관 개인이 사적인 이익을 위해 법규나 사회규범을 위반한다고 하더라도 직무와 관련하여 공적인 이익을 훼손하는 것이 아닌 한, 부패에 포함되지는 않는다. 예를 들어 경찰관이 근무시간 이후에 호화 유흥업소를 방문하면서 친구들과 어울려 사치를 일삼는 것은 사익을 목적으로 — 비록 법규위반은 아닐지라도 — 사회규범에 반하는 그릇된 행동이라고 볼 수 있다. 하지만 유흥자금을 마련하기 위해 뇌물을 받거나 향응을 받지 않고, 경찰관으로서의 직무를 침해하지 않았다면 부패로 볼 여지는 없다. 하지만 유흥업소에서 경찰관의 신분을 밝히고 사회규범에 어긋나는 행위를 하게 된다면, 이미 그 자체로서 경찰이라는 공직의 가치와 명예를 훼손하는 공익에 대한 침해가 발생했다고 볼 수 있다.

나. 사 익

부패는 공익보다 사익을 우선시하는 것이다. 물론 여기에서의 사익은 금품이나 금전적 이득으로만 제한되는 것은 아니다. 지위나 영향력, 승진 등을 포함하여 다양한 사적 이익이 여기에 해당한다. 물론 경찰관이 사익을 추구하는 것이 옳지 못한 것은 아니다. 공익과 사익이 조화를 이루는 사례도 얼마든지 생각해 볼 수 있다. 경제적 어려움을 해소하기 위해 시간외 근무를 지원하는 것은 경찰관으로서 공익을 추구하는 동시에 사적 이익을 추구하는 것이며, 법규나 사회규범에 대한 위반도 아니므로 아무런 문제가 되지 않는다. 그러나 시간외 근무를 성실히 수행할 의도가 없음에도 단지 수당을 받기위한 목적으로 주어진 근무를 소홀히 한다면 공익에 대한 침해를 통한 부당한 사익의 추구가 나타나고, 관련 직무규정에 대한 위반으로서 부패단계에 접어든 것이라 볼 수 있다.

다. 법규·사회규범 위반

법제도가 정비되고 발전됨에 따라 경찰직무의 대부분은 법규에 의해 규율되고 있다. 특히 행정법규에서는 많은 재량규범이 등장하고 있어, 경찰의 재량행사가 일정 정도를 넘어설 때 재량의 일탈·남용이라는 개념을 사용하고 그 자체로서 이미 위법이 발생했다고 본다. 더군다나 다양한 근무규칙이나 복무규정 등을 통해 그 직무수행의 규범을 보다 상세히 성문화하고 있는 상황이다.

경찰공무원의 특히 중요한 의무는 형법상의 범죄로 규정되고 있으며, 경찰이 직무와 관련하여 저지르는 범죄는 외견상 부패의 성립요건을 충족한다.[4] 그러나 경찰관의 모든 범죄가 부패로 간주되는 것은 아니다. 예를 들어 불법체포의 경우, 공익에 대한 침해와 법규위반이 발생한다 하더라도, 그 목적이 사적 이익을 추구하는 것이 아니라, 범죄에 대한 보다 강력한 응징이라는 공직의 신념에서 비롯된 것이라면 부패라기보다는 일종의 권한남용이라고 보아야 한다.[5]

◉ 영화 "변호인"의 차동영 경감(2013, 양우석 감독)

영화 "변호인"에 등장하는 차동영 경감은 자기 생각이 곧 법이며 애국이라는 믿음으로 시국사건 용의자에게 거짓 자백을 받아낸다. 확신으로 가득 찬 그의 행동은 법률을 위반하고 경찰권을 남용하는 부정의한 행동이다. 그러나 그의 행동이 순수한 애국심에서 비롯되었을 뿐, 사적 이익을 추구함이 없었다면 부패라고 볼 수 있을까.

물론 부패와 신념으로 가득 찬 권한남용의 구분이 쉬운 것은 아니다. 동일한 유형의 불법체포나 고문이 발생하더라도 그 목적이 상사에 대한 신뢰획득, 나아가 승진이나 실적거양 등 명예욕에서 비롯된 것이라면 부당한 사적 이익에 해당한다. 사실 대부분의 경찰권 남용행위의 근저에 이러한 욕망이 자리하고 있을 것이다.

---

4 형법 제7장은 직무유기, 직권남용, 불법체포, 불법감금, 알선수뢰 등 공무원의 직무에 관한 죄를 규정하고 있다.
5 경찰의 권한·직무의 남용 문제는 앞서 '경찰활동의 한계'라는 표제를 통해 살펴보았으므로 여기에서는 더 이상 다루지 않는다.

2. 유사개념과의 구별

가. 일　탈

일탈은 경찰인에게 요구되는 규범적 기대를 벗어나는 행위, 즉 정상에서 벗어나는 행태를 의미한다. 경찰직에 입문하는 자는 경찰조직 내에서 경찰조직의 규범과 가치, 신념들을 배우고 체화하는 사회화과정을 거친다. 이러한 사회화과정은 공식적 그리고 비공식적 사회화과정으로 구분된다. 공식적 사회화는 각종 규범이나 교육프로그램, 상급자의 공식적 지침 등을 통해서 진행되는데 반해, 비공식적 사회화는 관례나 행태 등 경험 많은 선배들이나 동료들에게서 배우게 된다.[6]

'일탈'이라는 개념은 부패보다 그 의미가 넓을 뿐만 아니라, 가치중립적 성격을 가진다는 점에서 부패와 차이를 보인다. 일탈은 특정 사회집단의 사회화과정을 전제로 나타난다. 사회학의 관점에서 볼 때 경찰인은 경찰조직의 사회화과정을 통해서 체득한 경찰의 규범을 준수할 것이 기대된다. 그리고 이러한 규범에 어긋나는 행동, 즉 경찰인으로서 일반적으로 요구되는 규범에 어긋나는 행동을 일탈로 부르게 된다.

◉ 경례의 거부

퇴임 후 정치입문을 꿈꾸면서 공식적 직무수행에서 정치적으로 편향된 지시를 내리는 경찰청장이 있다고 가정하자. 공정성을 상실한 지휘관에 대한 노골적 불만의 표출로 일부 경찰직원들이 경찰청장이 주재하는 공식행사에서 경례를 거부했다면, 그 행위는 경찰의 규범에 대한 일탈이 될 수 있을지언정, 부패와는 무관하다.

물론 이러한 행동에 대한 가치평가는, 경찰청장의 부적절한 언행에 대한 객관적 사실관계를 전제로 독자들이 판단할 문제다.

문제는 그러한 경찰규범의 일부가 옳고 그름의 윤리적 판단과 직

---

6 경찰대학 발행, 경찰윤리, 2001, 123~125면.

접적으로 연결되지 않을 수도 있다는 점이다. 특히 비공식적인 규범은 집단이 가지고 있는 감정에 의해 좌우되어 그 규범적 가치가 상대화될 수 있으므로 절대적인 진리가 아니다. 본래 규범은 영어의 'norm'에서 유래한다. 이 어원에서 두 가지 다른 의미를 가지는 형용사가 파생되는데 그 하나가 'normative(규범적)'라는 단어이고, 다른 하나는 'normal(정상적)'이라는 단어다. normative는 어떤 것이 옳다는 당위적 판단을 의미하지만 normal은 현재의 어떤 표준적인 상태나 다수 유형을 지칭한다. normal이 언제나 normative는 아니며, 반대로 normative하다고 해서 normal이 되는 것도 아니다.7

❀ 초과근무수당의 편법수령

과거 공직사회에서는 적은 보수를 보전하기 위한 방편으로, 초과근무수당을 편법으로 수령하는 관행이 팽배해 있었고 경찰조직도 물론 예외는 아니었다. 심지어 직원들이 교대로 잔류하면서 동료직원들의 초과근무를 일괄적으로 기록하는 조직적 불법행위도 빈발하였다. 이후 불법적인 초과근무수당 지출을 방지하고자 2005년부터 경찰관서에 지문인식기가 도입되었다. 그럼에도 2011년 경찰청에서 대대적인 초과근무수당 실태조사를 실시, 광주동부경찰서장과 화순경찰서장이 직원들의 초과근무수당 편법행위로 경질된 것을 볼 때, 아직까지 근절된 관행은 아닌 듯하다.

초과근무수당을 허위로 수령하는 것은 엄연한 불법행위이다. 사적인 이익을 위해 편법으로 수당을 받는 것은 조직의 공식규범에 저촉되는 일탈행위이다. 그런데 만일 사무실의 모든 조직원들이 상부상조의 정신으로 다른 동료들의 초과근무를 기록해 준다고 생각해 보자. 새로이 배치된 정의감에 넘치는 신임직원이 이러한 관행에 분개해, 이를 청문감사관실에 알리고자 한다. 법규범을 어기는 조직원들의 편법행위는 명백한 조직적인 일탈행위로서 결코 'normative'할 수는 없지만, 당시의 관점에서는 'normal'이 될 수 있다. 반면 신임직원의 용기있는 행위는 'normative'이기는 하지만 'normal'하지 못한 행동으로 조직원들의 구설에 오르게 될 것이다.

---

7 김광기 외, 대한민국은 도덕적인가, 동아시아, 2009, 166면.

규범적 질서는 사회마다 다르게 나타날 수 있다. 경찰의 규범 또한 나라마다 그 사회적·역사적 배경으로 인해 다르게 형성되고 변화한다. 과거 우리나라에서는 청백리(淸白吏)를 이상적인 관료상으로 꼽았다. 공직자로서의 청렴성은 현대사회에도 그대로 유효하다. 하지만 '근검'이라는 덕목은 현대사회의 공직자에게 점차 다르게 해석되고 있다. 동일한 봉급을 받으면서도 뛰어난 재테크 능력을 발휘해서 윤택한 생활을 하는 공무원과 반대로 궁핍한 생활을 벗어나지 못하는 공무원이 있다고 할 때, 누가 더 도덕적이라고 말할 수 있겠는가. 유산상속이나 주식투자와 같은 방법으로 부를 축적한 공무원이 고급 오토바이를 몰고 다니거나 최고급 식당에서 식사를 하는 것은 사회나 조직에서 기대하는 공무원의 모습과는 사뭇 다른 '일탈'이 될 수는 있겠지만 과연 윤리적 문제로 논의할 수 있을까. 개인취향에 따라 결혼이나 주택구입을 포기하고 슈퍼카를 소유하는 공무원도 비난의 대상이 되어야 할까.

90년대 후반까지도 실제로 경찰관서에서는 하위계급 직원들이 배기량이 1800cc 이상인 승용차를 보유하는 것을 규제하기도 하였다. 경찰조직의 가장 큰 문제점 중 하나는 너무나 강력한 집단의식이다. 이처럼 강력한 집단의식은 다른 행태를 결코 용납하지 못하기 때문에 포용력을 상실하게 된다. 사회학자인 뒤르켐은 이러한 경직된 집단의식이 그 집단의 건전한 발전에 치명적인 해가 된다고 보고, 일정한 '일탈'이 집단의 건전한 '도덕적 발전'을 위해서 필요하다고 보았다.

제복을 착용하는 단결된 조직체로서 경찰의 집단의식은 조직원들의 사기를 북돋을 수 있을 뿐만 아니라 긍지와 명예심을 고취시켜 부패방지의 순기능을 가져올 수도 있지만, 왜곡된 집단의식은 그 구성원들에게 헌법에 대한 신뢰와 정의에 대한 충직함보다는 조직에 대한 이해관계를 먼저 고려하는 편협함을 강조하여 정의로운 일탈을 방해하기도 한다.

일탈은 조직에서 형성된 규범에 대한 위반으로서 사회규범의 위반

자체가 곧바로 도덕적 비난의 대상이 되어서는 안 된다. 일탈행동에 대한 가치판단에는 부패에서와 마찬가지로 공익에 대한 침해, 부당한 사익의 추구, 그리고 규범의 위반여부 등이 고려되어야 한다.

부당한 조직관행에 대한 문제제기나 거부가 즉각적으로는 조직의 명예를 실추시키는 공익의 훼손이 될 수는 있겠으나, 장기적인 측면에서는 도리어 경찰조직의 긍정적 발전에 기여할 수 있다는 점을 고려하여 신중한 가치판단이 필요하다. 이 문제에 대해서는 뒤에 '내부고발'과 관련해서 보다 자세히 검토해 보기로 한다.

> "모든 열정 중에서 내집단(inner ring)을 향한 열정이야말로 악하지 않았던 사람을 악하게 만드는, 무서운 위력을 발휘한다."
>
> (C. S. Lewis, 런던 킹스 칼리지 기념 강연에서, 1944)

나. 경찰범죄(Police Crime)

경찰범죄는 범죄행위의 주체가 경찰관이라는 신분요건만으로 충족되는 것은 아니다. 비록 경찰이 범죄를 저지른다고 하더라도 직무와 무관한 범죄행위라면 경찰범죄에 해당하지는 않는다. 예를 들어 경찰관이 자신의 가정에서 가정폭력을 행사한다거나, 근무와 무관하게 성폭행이나 절도를 하는 것은 경찰범죄가 아니다.[8] 물론 경찰관의 일탈행위에 있어서 직무관련성의 판단이 쉬운 것은 아니다. 형법에서는 공무원이 직무와 관련된 뇌물을 수수하는 것을 범죄로 처벌하고 있지만, 직무관련성과 대가성이 없다면 범죄가 성립되지 않는다. 대표적인 사례가 권력기관 종사자들의 인사철에 등장하는 '전별금'이나 명절에 받는 이른바 '떡값'이다(2016년 청탁금지법의 시행으로 이제 이런 행위는 사안의 경중에 따라 과태료 또는 형사처벌의 대상이 된다).

---

8 김상호, 경찰학, 청목출판사, 2013, 397~398면.

직무관련 여부를 떠나서 명목이 어찌되었건 경찰관이 공적인 보상이 아닌 방식으로 금품을 수수하는 것은 일탈이자 부패행위임이 분명하지만, 많은 경우 범죄의 구성요건을 빠져나가 경찰범죄가 성립되지 않는다.

한편 앞서 살펴본 고문이나 불법체포와 같은 직무상의 불법행위는 명백한 경찰범죄에 해당하지만, 사적 이익을 추구하는 의도가 없는 한 부패에는 포함되지 않으므로, 부패와 경찰범죄는 상당부분 중첩되어 교집합을 형성하지만 그 범위가 반드시 일치하는 것은 아니다.

3. 부패의 유형

가. 발생 수준에 따른 분류

1) 일탈형 개인 부패

부정적 관행이나 구조적 문제라기보다는 개인적인 수준에서 윤리적 일탈을 통해 발생하는 부패이다. 소속집단에서 묵인되거나 허락될 수 없음에도 직무를 수행하면서 금품을 수수하거나 공금을 횡령하는 등의 부패행위를 하는 것을 의미한다.

2) 제도화된 조직적 부패

구조화된 부패 또는 체제적 부패라고도 불리는데, 조직에서 집단적으로 연루되어 일종의 관례처럼 고착화되는 부패이다. 심지어 당사자들은 부패라고 인식하지 못하는 경우가 많으며 침묵의 카르텔이 형성되어 외부로 잘 노출되지 않는다. '전별금'이니 '떡값'이니 하는 용어들은 우리 사회에서 관행적으로 횡행하던 조직적 부패문화의 단면을 보여주는 것이나, 점진적 제도개선을 통해서 이제는 조직적 부패의 단계에서 일탈형 개인부패의 수준으로 변화되고 있다.

이는 부패 균형점의 변화를 의미한다. 부패 균형점(corruption equilibrium)이란 어느 집단이 부패행위를 인정하고 넘어가는 수준, 즉 일정 유형의 부패형성에 대해 사회구성원간 합의가 형성되는 지점을 말한다. 경찰 조직원 대부분이 뇌물을 주고받는 환경에서는 개별 경찰관이 뇌물을 거부하는 결정을 하는 것이 어렵지만, 그 반대의 환경에서는 뇌물을 받는 결정이 보다 어려워질 수 있다.9 경찰조직 내에서 부패균형점이 점차 낮아지면서 전별금이나 떡값은 이제 조직문화가 아닌 개인적 일탈로 치부되는 상황에 이르렀다.

◈ 경찰 승진시험 부정사건

1995년 경찰초유의 시험부정사건이 적발됐다. 승진시험 주무부서인 경찰청 교육과에 근무하는 경찰관이 금품을 수수하고 승진시험 대상자인 다른 경찰관들에게 시험답안지를 팔아넘긴 것이다. 1989년부터 경찰청 고시계에 근무하면서 '승진시험 전문가'로 인정받으며 행정유공자로 경사특진까지 한 김경사는 시험관리본부를 자연스럽게 오가며 정답을 빼낸 뒤 문서수발용 서류가방을 이용하거나 엘리베이터 카펫 밑에 숨기는 등의 수법으로 정답쪽지를 전달했다. 결국 이 사건으로 시험답안지를 거래한 9명의 경찰관들이 위계에 의한 공무집행방해죄로 구속되었다.

(1995. 4. 6. 동아일보)

☞ 부도덕한 개인의 일탈형 부패가 집단적 연결고리를 통해 조직적 부패로 악화된 전형적 사례이다.

한편 지역경찰기관에서 민관협력이라는 미명하에 형성되는 지역 유력인사들과의 유대관계, 이른바 협력단체 네트워크는 조직적 부패의 위험으로부터 결코 자유로울 수 없다. 예산조차 반영되지 못한 협력단체 운영은 — 비록 향응에 이르지 않는 식사나 음주 정도로 그친다 할지라도 — 민간에 의한 사적 부담을 제도적으로 용인한다는 차원에서 협력단체와의 부패의 연결고리가 될 수 있기 때문이다.

---

9 Klitgaard, R., Controlling Corruption, University of California Press, 1988.

나. 도덕적 비난가능성에 따른 분류

비도덕성의 정도에 따라 부패를 백색부패, 회색부패 그리고 흑색부패로 구분한다. 이 중 흑색부패는 공직을 남용해 사적인 이익을 취하는 전형적인 부패로서 실정법에 의한 범죄를 구성하기 때문에 그 특성에 대해서 특별한 논의를 필요로 하지는 않는다.

1) 백색부패

선의의 거짓말처럼 선의의 목적으로 행해지는 부패행위를 말한다. 공직자의 의사결정과정이나 발언에서 나타나는 거짓말이 여기에 해당한다. 예를 들어 고위경찰관리가 동종 수법의 강력범죄가 빈발하는 상황에서 시민들의 동요를 막고 안심시키기 위해 범죄발생 사실을 축소하거나 은폐하는 경우이다.

이 책은 앞서 부패의 성립요건으로서 '부당한 사적 이익'을 제시한 바 있다. 백색부패는 사적이익과 무관하다는 점에서 이 책에서 정의하는 부패에는 포함되지 않는다. 다만 의무론의 관점에서 공직자의 선의의 거짓말이 허용될 수 있는지, 그 도덕성에 관한 논란은 얼마든지 제기될 수 있다.

● **밴스 국무장관의 사임**

1980년 테헤란에 억류된 미국인 인질 53명을 구출하기 위한 카터 대통령의 해병대 투입작전은 참담한 실패로 끝났다. 이 사건으로 사이러스 밴스(Cyrus Roberts Vance) 국무장관이 사임한다. 그러나 밴스 장관은 사실 작전수행 전에 이미 사직서를 제출했다고 알려진다. 당시 미국의 경제제재 조치에 대한 유럽 동맹국의 지지를 얻기 위해 유럽에 급파되었던 그는, 이란에 대한 해병대 투입작전을 알고 있었음에도 동맹국들의 경제제재 협조를 끌어내기 위해 무력공격을 하지 않는다는 약속을 했기 때문이다. 그는 자신의 사임이유가 정치적 책임이 아니라, 국익을 위해 어쩔 수 없는 거짓말을 선택했지만 개인의 도덕적 원칙을 지키지 못했기 때문이라고 밝

했다.[10]

2) 회색부패

백색부패, 회색부패 그리고 흑색부패 구분의 경계선은 명확하게 나타나기 힘들다. 특정사회의 역사적·문화적 배경에 따라 부패를 인정하는 수준이 다를 뿐만 아니라, 그 규제에 대한 제도화 단계도 다르게 나타나기 때문이다. 회색부패는 백색부패와 흑색부패의 중간단계에 위치하는 부패로서, 흑색부패와 달리 그 비난과 처벌에 관해서 논란이 있는 단계이다. 주로 법률에 의해 범죄로 규정되기보다는 경찰조직의 내부에서 제정된 제반 내규들을 통해서 금지하거나 제한하는 내용들이다.

예를 들어 경찰청 「공무원 행동강령」(경찰청훈령 제721호)에서는 외부강의를 하는 경우 미리 소속기관장에게 그 대가를 포함한 출강사실을 신고하도록 하고 있다.[11] 경찰관이 직무와 관련한 공익적 내용들을 외부기관이나 민간에 교육하고 홍보하는 것은 원칙적으로 바람직한 활동이므로 부정적으로만 평가할 수 없다. 그러나 과거 외부강의를 명목으로 유관기관으로부터 뇌물에 가까운 대가를 강사비조로 수수하는 사례가 나타나거나 본연의 직무를 소홀히 하는 경우까지 발생하자, 이에 대한 규제가 실시되고 있다.

---

10 국가청렴위원회, 부패방지 표준 교육교재, 2005, 10면.

11 제15조(외부강의·회의 등의 신고)

① 공무원은 대가를 받고 세미나, 공청회, 토론회, 발표회, 심포지엄, 교육과정, 회의 등에서 강의, 강연, 발표, 토론, 심사, 평가, 자문, 의결 등(이하 "외부강의·회의 등"이라 한다)을 할 때에는 미리 외부강의·회의 등의 요청자, 요청 사유, 장소, 일시 및 대가를 별지 제2호 서식의 외부강의 등 신고서에 따라 소속 기관의 장에게 신고하여야 한다. 다만, 외부강의·회의 등의 요청자가 국가나 지방자치단체(그 소속 기관을 포함한다)인 경우는 그러하지 아니하다.

② 공무원이 제1항에 따라 외부강의·회의 등을 할 때 받을 수 있는 대가는 외부강의·회의 등의 요청자가 통상적으로 적용하는 기준을 초과해서는 아니 된다.

또한 이 강령에서는 직무관련자나 관련 공무원으로부터 금전을 차용하거나 부동산을 무상으로 대여받는 것을 원칙적으로 금지하며, 부득이한 경우 이를 신고토록 한다.[12] 사적인 금전의 차용은 개인의 경제적 자유에 해당하는 내용이며 공직자이기 이전에 시민의 일원으로서 누릴 수 있는 권리이다. 이를 원천적으로 제한하는 것은 기본권에 대한 과도한 제한이 된다. 하지만 공직자와 직무관련 자들은 수평적인 경제의 주체라기보다는 이른바 "갑 – 을 관계"를 형성하는 것이 일반적이므로, 우려되는 이익의 충돌상황을 사전에 방지하는 차원에서 금전차용이 제한되고 있다.

이를 위반하는 경우 비록 직무관련성이 없는 이상 흑색부패에는 해당되지 않으나, 직무규범에 저촉되거나 도덕적 비난을 받을 수 있는 회색부패의 전형이 된다.

◉ 유명환 외교부장관의 특채논란

2010년 외교부에서 단 1명을 선발하는 외교통상부 5급 사무관 특별채용에서 재임 중인 유명환 장관의 딸이 합격해서 논란이 불거졌다. 외교부 관계자는 심사과정에 문제가 없었다는 입장이었지만 결국 유장관은 사퇴하고, 국회 국정감사 증인으로 채택되자 추석 연휴기간 중 해외로 도피하게 된다. 이 사건은 흥사단투명사회운동본부에서 선정한 2010년 부패 10대 뉴스 1위로 선정되기도 했으며, 2011년부터는

---

12 제16조(금전의 차용 금지 등)

① 공무원은 직무관련자 또는 직무관련공무원(4촌 이내의 친족은 제외한다. 이하 이 조에서 같다)에게 금전을 빌리거나 빌려주어서는 아니 되며 부동산을 무상(대여의 대가가 시장가격 또는 거래관행과 비교하여 현저하게 낮은 경우를 포함한다. 이하 이 조에서 같다)으로 대여 받아서는 아니 된다. 다만, 「금융실명거래 및 비밀보장에 관한 법률」 제2조에 따른 금융기관으로부터 통상적인 조건으로 금전을 빌리는 경우는 제외한다.

② 제1항 본문에도 불구하고 부득이한 사정으로 직무관련자 또는 직무관련공무원에게 금전을 빌리거나 빌려주는 것과 부동산을 무상으로 대여받으려는 공무원은 별지 제3호 서식의 금전차용(부동산대여) 신고서에 따라 소속기관의 장에게 신고하여야 한다.

안전행정부에서 5급 일괄채용시험제도를 주관하였다.

☞ 선발절차의 공정성은 사안의 본질이 아니다. 설사 그의 딸이 외교부 사무관으로 채용될 충분한 자질과 능력을 갖추었다 하더라도, 장관 자신의 딸이 공채도 아닌 특별채용에 지원했고, 장관의 지시를 받는 외교부 직원들이 그 사실을 인지하고 있었다는 것만으로도, 이미 잠재적 이익충돌이자 회색부패의 전형이 된다.

다. 부패원인에 따른 구분

1) 생계형 부패

큰 이익이라기보다는 생계보충을 목적으로 발생하는 부패를 생계형 부패라고 하며, 일반시민들도 이러한 부패에 대해서는 일정정도 관용적인 태도를 취하게 된다. 사회전체의 소득수준이 낮은 시기에 주로 발생하지만, 소득이 증대되더라도 경찰관에 대한 보수와 복지정책이 일반시민들과 비교하여 높지 못한 경우, 상대적 박탈감에서 이런 부패는 지속된다. 주로 하위직에서 빈번하게 나타난다.

2) 권력형 부패

한편 정치인이나 고위직 공무원들처럼 특별한 권력을 가진 집단에서 주로 나타나는 부패는 생계목적과는 무관하게 막대한 경제적 이익을 얻기 위한 권력형 부패이다. 정부의 신뢰를 훼손하는 주된 원인이기도 하며, 생계형 부패와는 달리 관용의 여지가 존재하지 않는다.

라. 대응관계에 따른 구분

1) 거래형 부패

부패의 적발이 어려운 것은 일반 범죄와 달리 직접적인 피해자가 존재하지 않기 때문이다. 앞서 부패의 성립요건에서 확인한 바와 같이 부패의 관점은 특정인에 대한 피해가 아니라 공익에 대한 훼손을 의미한다. 부패의 많은 경우들에 있어서 공익을 훼손하는 공직자와 여기에서 특별한 이익을 취하는 상대방이 함께 존재한다. 따라서 시장의 관점에서 보자면, 수요와 공급이 존재하는 한 부패의 완전한 '척결'은 존재하지 않는다. 다만 부패적발에 따른 기대비용을 높여 거래를 최소화시켜야 한다.

2) 사기형 부패

외부와 상호작용을 하는 당사자 없이, 경찰조직 내부에서 발생하는 부패로서 공금횡령이나 회계부정 등의 방식으로 진행된다. 거래형 부패에 비해 객관적인 자료에 의한 적발이 쉽고, 범죄로서 엄격하게 처벌되는 경향이 있다.

4. Tabula rasa vs. rotten apple

가. 인간본성인가 사회화인가

중세 라틴어에서 유래한 'tabula rasa'는 아무것도 써있지 않은 흰 종이라는 뜻이다. 존 로크(John Locke, 1632-1704)의 인간본성에 대한 관점은 여기에서 출발한다. 그에 따르면, 인간에게 처음부터 의식에 들어 있는 것은 아무것도 없다. 즉 본유관념(innate ideas)이란 존재하지 않는다. 도덕적 명령의 경우도 마찬가지다. 인간이 태어날 때는 아무런 진리나 도덕원리가 마음속에 존재하지 않는 백지상태이다.[13] 이런 것들은 순전한 '경험'을 통해서만 축적

▲ 계명대학교 본관에 걸린 빈 그림틀,
「Tabula Rasa: 우리가 얼굴을 가질 때까지」

---

13 한스 오아힘 슈퇴리히(박민수 역), 세계 철학사, 자음과모음, 2008, 533면.

된다. 사회과학과 인문학에서는 로크의 경험주의적 관점이 오랫동안 합의된 정설로서 받아들여졌다.

자연상태의 인간은 고상한 야만인이며, 탐욕이나 근심, 폭력과 같은 병폐들은 문명에 의해서 발생했다는 루소의 생각도 이와 마찬가지다. 인간본성에 관한 이런 입장의 반대편에 버티고 서 있는 학자는 토마스 홉스다. '만인 대 만인의 투쟁'이라는 결과를 가져오게 될 인간의 선천적 추악성으로부터 우리 모두를 구원하는 수단은 경찰과 군대에 의한 공포다.

인정하기 싫을지라도 사실 국가 이전의 사회에 관한 경험적 연구에 의하면, 루소가 그르고 홉스가 옳다. 인류학자 디베일(Divale)의 37개 문화 99개 집단에 대한 1972년 조사연구에 의하면, 68개 집단이 당시 전쟁 중이고, 20개 집단이 5년에서 20년 전에 전쟁을 했으며 그 외 모든 집단이 그보다 가까운 과거에 전쟁을 경험했다.[14] 인구대비 전쟁으로 인한 사망자 수로 보더라도, 원시사회들의 그것은 (세계대전을 포함한) 문명화된 20세기 보다 비교도 안 될 만큼 월등히 높았다.[15]

어찌되었든 두 사상가의 자연상태에 관한 상반된 시각은 부패나 범죄와 같은 일탈행위를 연구하는 사회과학에도 큰 영감을 주었다. 로크의 생각처럼 인간의 본성이 백지와 같고, 선천적으로 부패한 인간이 존재하지 않는다면, 경찰부패의 원인도 개인적 차원의 문제라기보다는 부패의 기회를 제공하고 부패를 유발하거나 용인하는 경찰조직의 문제가 되기 때문이다. 경찰부패는 결국 썩은 사과(부패경찰)가 부패를 조장하고 경찰조직을 썩게 하는 것인가, 아니면 싱싱한 사과가 썩은 사과상자(부패한 조직) 안에서 환경적 요인에 의해 썩어 들어가는 것인가의 대립으로 귀결된다. 물론 루소는 이런 나쁜 행동이 경험적 학습과 사회화

---

14 Divale, W. T. System population control in the middle and upper Paleolithic: Inferences based on contemporary hunter-gatherers, World Archeology, 4, 1972, 222~243면.

15 Steven Pinker(김한영 역), The Blank Slate, 사이언스북스, 2004, 114~115면.

의 산물이라고 믿는다.16

부패에 대한 통제전략도 이에 따라 달라질 것이다. 부패가 썩은 사과의 문제라면 부패를 막기 위한 방법은 사과상자에 사과를 담을 때부터 신중히 사과를 골라내는 일이다. 채용과정에서부터 정의롭고 부패와 타협하지 않는 후보자를 선별하는 것이 관건이다.

반면 경찰개개인의 개인적·내재적 문제가 아니고 썩은 사과상자가 부패의 원인이라면(tabula rasa), 반부패전략은 썩은 사과를 솎아내기보다는 사과상자를 교체하거나, 최소한 깨끗이 자주 청소하고 환기를 시켜 좋은 사과들이 썩는 일이 없도록 하는 것이다. 즉 경찰조직의 부패문화와 환경을 개선하고자 하는 조직적·행정적 관심이다.

나. 어떻게 부패를 방지하는가

인간의 본성에 대한 관점은 부패를 방지하기 위한 교육의 효과와 방법에도 차이를 가져온다. 만일 윤리적 감성이 후천적이라면 부패한 인간도 정의와 도덕교육을 통해서 얼마든지 개선이 가능하고 교화가 될 것이지만, 선천적인 문제라면 윤리적 인간으로 거듭나는 것을 기대하기가 쉽지 않다. 공직자의 귀감이 되는 '牧民心書'조차 선천적으로 부패한 사람에게는 흥미 없는 공염불에 불과하다. 그들에 대한 부패교육은 정의감을 일깨우는 것이 아니라 부패행위로 인한 불이익, 이를테면 부패에 대한 강력한 처벌과 적발의 의지, 이로 인한 불이익이라는 기대비용을 각인시키는 것이다.

비록 그 비중의 차이는 있을지라도 정의와 도덕감정에 대한 선천성과 후천적 교화가능성 중에서 하나만을 택일하는 결정은 분명한 오류이다.17 우리는 두 가지 관점에서 부패의 문제에 접근해야 한다.

---

16 Cohen, J. The natural goodness of humanity. In A. Reath, B. Herman, & C. Korsgaard(Eds.), Reclaiming the history of ethics: Essays for John Rawls, 1997.

17 Delattre, Edwin J. Character and Cops: Ethics in Policing, 1996, 78면.

1) Tabula rasa의 측면에서

우선 후천적 교화가능성(tabula rasa)을 긍정해 보자. 이 경우에도 경찰부패에 대한 대응전략으로서 개개인의 도덕심과 공직에 대한 정의관을 불러일으키는 고전적 윤리교육의 효과는 지극히 제한적이다. 살인, 강도, 성폭행과 같은 충동적인 성향의 강력범죄와 달리 부패범죄는 상당히 지능적으로 발생한다. 경찰실무에서는 이를 고차원적인 지능범죄로 분류하고 있다. 이런 부패행위자들은 반사회적 충동에 기인하기보다는 부패행위로 인한 개인적 이익과, 적발로 인한 불이익을 엄격하게 저울질하는 이성적인 일탈자들이다.

특히나 경찰부패의 주체들은 최소한 사회적·경제적으로 궁핍한 수준에 있다고 보기 어려울 뿐만 아니라, 부패의 비도덕성에 대한 인지능력이 결여되었다고 볼 수도 없다. 경제적 가치가 중요하게 인식되는 현대사회에서 청렴하고 소박한 공직자의 삶을 우격다짐으로 칭송하기보다는, 경찰공직자로의 긍지와 자부심을 경제적인 측면에서도 향유할 수 있는 보수와 복지체계를 정비해야 한다. 부패행위로 인해서 감수하게 되는 기대비용을 보다 높이는 전략적 선택을 통해 부패의 욕망을 이성적으로 억누르도록 해야 한다(사과상자의 개선).

경찰부패가 감성보다는 이성적 동기에서 시작된다고 해서 감성적 억제전략이 전혀 효과를 미치지 않는 것은 물론 아니다. 조직원들이 조직 내에서 가지는 긍지, 사기(morale)는 경찰부패에 영향을 미칠 수 있다. 하지만 강력범죄와 달리 눈에 띄는 피해자가 없는 화이트칼라 범죄는 데이터의 부족으로 인해 그 빈도와 규모를 측정하는 것이 어렵다. 실제 행동을 측정하지도 않으면서 설문문항에 몇 가지 체크를 하는 결과지로 조직몰입이나 사기를 측정하고, 부패의 상관관계를 입증할 수 있을까?

그렇지만 경제학자 스티븐 레빗(Steven D. Levitt)이 소개하고 있는 작고 사소한 케이스는, 횡령과 다름없는 조직 내 무단취식의 사례를 통해 부패를 들여다보는 창을 제공한다.

◈ 베이글 무인판매와 정직성[18]

수년 동안 워싱턴의 사무실 밀집지역을 아침마다 돌며 베이글 상자와 돈 받을 바구니 하나를 사무실 휴게실에 가져다 놓고 점심시간에 수거하는 방식의 무인판매 사업을 했던 폴 펠드먼은, 엄격하게 기록한 데이터를 통해 부정행위에 대한 분석을 할 수 있었다.

조사분석가로서의 직장을 포기하고 매주 140개의 회사에 8,400개의 베이글을 배달한 그의 분석에 의하면, 1992년부터 대금회수율은 완만한 하락세였지만, 2001년 9.11 사태 이후 평균 회수율이 돌연 2% 가까이 증가하더니 줄곧 그 자리를 고수했다. 그의 고객들이 9.11 사건의 영향으로 새삼 애국심이나 정의감과 관련, 진지해지거나 감정이입이 확산된 덕분이다.

작은 회사는 큰 회사보다 대금회수율이 높았다. 작은 공동체 안에서 '수치심'이라는 범죄의 사회적 인센티브가 기능하기 때문이리라.

그는 또한 자신의 경험을 통해서 '직원들의 사기'가 정직성에 큰 영향을 미친다고 결론지었다. 직원들이 상사를 좋아하고 자신이 하는 일을 좋아할수록 그 회사는 정직하다. 그리고 높은 사람일수록 부정행위를 더 많이 저지른다는 사실도 발견했다. 중역들이 사용하는 공간에서 대금회수율이 낮았기 때문이다. 지위가 올라갈수록 사소한 부패에 둔감해지거나, 혹은 선천적으로 부도덕한 사람들이 도덕적인 사람들에 비해 중역이 되는 것이 보다 수월했는지도 모른다.

베이글의 무단취식이라는 조직 내 사소한 부패를 경찰부패에 확대 적용할 수 있다면, 경찰조직에서 형성되는 조직원들의 사기는 부패억제에 효과를 가져 온다고 해석할 수 있다. 경찰부패를 사회화의 산물로 본다면, 사회봉사의 수단으로 경찰직을 택한 초임 경찰관들이(1단계), 박봉과 경찰에 대한 부정적인 사회인식, 불공정한 승진과 자아성취의

---

18 스티븐 레빗·스티븐 더브너(안진환 역), 괴짜경제학, 웅진 지식하우스, 2007, 69~74면.

한계로 현실의 벽을 느끼고(2단계), 사회가 경찰에 부여한 역할에 대해 의미를 두지 않고 냉소주의에 빠지게 된다(3단계). 그 마지막 단계는 물론 사익을 위해 부패와 결탁하는 경찰부패 '늪'으로의 추락이다(4단계).[19]

2) 부패 DNA 보유자

다른 한편으로 부패의 DNA를 가지고 태어난 인간들이 존재한다는 사실을 인정해 보자. 부패를 열망하는 그들의 본성은 어떠한 공직에 대한 인센티브로도 억누를 수 없을 것이다. 여기에 대한 대응전략은 경찰이라는 사과상자에 그들이 담기지 않도록 철저히 선별하는 것이다.

아쉽게도 현재 우리 경찰의 입직과정에서 도덕성에 대한 검증절차는 범죄경력에 대한 조회라는 객관적 절차 외에는 전혀 존재하지 않는다. 관상가나 독심술사가 아닌 한, 짧은 시간의 인터뷰를 통해 인성을 검증하는 것은 불가능하다. 물론 자기소개서를 통해서 약간의 간접적 확인은 가능할지도 모르지만, 객관적 사후 검증절차 조차도 마련되지 않은 인터뷰과정에서의 자기소개서 검토는 결국 서류작성의 기술이 뛰어나거나 자신에 대한 과대포장에 뛰어난 교활한 사람들에게만 유리할 뿐이다.

인간덕성에 대한 검증은 장기간의 관찰을 필요로 하는 작업이다. 입직절차에서 이런 과정을 거치는 것은 쉽지 않지만, 만일 선천성 부패 DNA를 인정한다면, 과거의 행동은 그의 미래를 예견하는 거울이 될 것이다. 경찰지원자들의 6년간의 생활을 담은 공적 기록인 중고등학교 생활기록부 검토를 통해서도 어느 정도 검증이 가능하지 않을까.

다른 한편으로 일반 공채와 전공이수자에 대한 특채제도를 비교해 보자. 공채의 경우 단기간의 필기시험만으로 입직이 결정이 되지만, 특채의 경우 고교시절, 최소한 대학에서부터 경찰직에 대한 비교적 순수한 열망을 가지고 있는 지원자들이 자연스럽게 걸러진다. 대학에 들어

---

19 경찰대학 발행, 경찰윤리, 2001, 143~144면.

온 이후 마땅한 직업을 탐색하던 과정에서 냉철한 손익계산을 통해 안정적인 경찰직을 택한 사람들(물론 모든 공채자들이 여기에 해당한다는 의미는 아니다. 통계적이고 평균적인 추정이다), 반면에 소년시절부터 경찰을 소원하고 경찰이 되기 위해 대학전공을 택한 자들. 후자 쪽이 선천성 정의감이나 도덕심이 보다 강하고 부패의 DNA가 적을 것이라고 가정한다면 지나친 확대해석일까. 물론 여기에는 공채입직자와 특채입직자에 대한 근무평가와 부패정도에 관한 장기적인 평가와 분석을 통한 객관적 검증작업도 수반되어야 한다.

5. Gratuities: 경찰부패의 균형점

경찰부패에서 약방의 감초처럼 등장하는 단골 주제는 이른바 '작은 사례(Gratuities)'[20]다. 공적인 직무를 수행하면서 이미 국가로부터 정당한 보상을 제공받는 경찰관이 시민들이 사적으로 제공하는 사례를 받는 것에 대한 도덕적 허용성이 문제된다. 여기에 관해서는 찬성과 반대의 논거가 대립하고 있다.[21]

가. 찬성론

첫째, 비록 경찰관이 자신의 의무를 수행하는 것이라고 해도 시민의 입장에서 작은 사례를 표시하는 것은 자연스러운 현상이라는 것이다.

둘째, 반값의 햄버거나 커피 한 잔 정도의 작은 사례로 인해서 경

---

20 일부 문헌들은 'Gratuities'를 '작은 호의'로 번역하고 있는데 수정이 필요하다고 생각된다. '호의'의 사전적 의미는 '좋게 생각하는 마음'이다. 경찰관들이 시민의 '좋은 마음'을 왜 거절해야 하는가. 호의에 대한 외적 표현은 가벼운 악수나 열렬한 박수가 될 수도 있고, 함께 기념사진을 찍거나 자신의 SNS에 올려놓은 멋진 경찰관의 모습일 수도 있다. 호의 자체는 아무런 문제가 되지 않으며, 많은 호의를 받는 경찰은 칭송받아야 하는 훌륭한 경찰이다. 오히려 바람직한 덕목이다. 호의는 받아들이되 이것이 선물이나 금전적 혜택으로 구체화되는 '사례'가 논의될 따름이다.
21 Kleinig, The Ethics of Policing, 1996, 171~173면.

찰관이 부당하게 직무를 수행하는 일은 없을 것이다.

셋째, 경우에 따라 개인적 친분이 아니라 회사가 전략적으로 경찰관들에게 혜택을 주는 경우도 있다. 경찰관 고객들이 늘어날 뿐만 아니라 영업장에 경찰관들이 자주 출입하는 부가이익이 발생한다는 점이다.

넷째, 지역사회 경찰활동이라는 관점에서 볼 때 지역의 영업주민들과 친밀한 관계를 형성하면서 효과적인 치안활동을 수행할 수 있다.

다섯째, 작은 사례는 너무나 일반화된 관행이어서 근절시킬 수 없을 뿐만 아니라, 작은 사례를 받는 일선 경찰관들과 이를 감독해야 하는 관리층과의 불필요한 위화감을 생성한다.

여섯째, 경찰관들을 호의와 뇌물을 구분하지 못하는 바보로 취급한다는 것이다.

나. 반대론

첫째, 비록 작은 사례라고 하더라도 이를 제공하는 시민들은 특별한 대우를 기대하고 있고, 법을 집행하는 경찰관도 엄격하고 중립적인 직무수행에 곤란함을 느낄 것이다.

둘째, 부패의 이른바 '미끄러운 경사로(slippery slope)'현상이다. 사소하고 작은 사례라 할지라도 습관처럼 받게 되면 공적인 시민관계가 사적인 관계로 변화된다.

셋째, 아마도 대부분의 경찰관들의 뇌물과 작은 사례를 구별할 수 있을지라도, 일부 경찰관들에게는 이러한 구별능력이 결여되어 있다.

넷째, 경찰관들에게 무료커피나 식사를 제공하는 사업자들은 경찰이 그들의 영업장을 자주 방문한다는 혜택을 기대한다. 이를 통해 다른 장소보다 특정 장소에 경찰방문이 늘어나, 불공정한 시간의 배분에 따른 불평등한 치안서비스 제공이라는 비민주적인 결과를 초래한다.

다. 부패의 균형점

이미 설명한 바와 같이 사회발전에 따라 부패균형점은 점차 낮아지고 있다. 과거 당연한 인사치레로 여겨지던 관행들이 점차 부패의 카테고리로 들어서고 있다. 경찰관들에게 도덕적으로 용인될 수 있었던 작은 사례들이 '작은 부패'로 인식될 수 있다는 것이다. 작은 사례의 기준은 시대와 장소에 따라 변할 뿐만 아니라 개인에 따라서도 그 관점이 달라진다.

법의 저촉여부를 떠나, 공적인 직무를 수행하고 이에 대한 응분의 보수를 받는 경찰관들이 크든 작든 시민들로부터 사적인 사례를 제공받는 것은 정의에 반한다. 도덕적 관점에서 본다면 작은 사례를 찬성하는 논거들은 상당히 궁색하다. 시민들의 사례표시가 자연스러운 현상이라고 해서 경찰관들이 이를 수용해도 된다는 도덕적 당위성이 인정되는 것은 아니다. 다만 특정 사업체에서 경찰관들에게 제공하는 영업적 혜택, 이를테면 금융기관의 저리대출이나 경찰관에 대한 특별할인제도 등은 그것이 개별적인 사적 혜택이 아니라 경찰모두에게 균등하게 제공되는 혜택이 되는 한, 부패와는 무관할 것이다.

커피나 밥을 얻어먹는 것이 바람직한 지역주민과의 유대가 될 것이라는 설명도 사실 아무런 근거가 없다. 시민들과의 진정한 협력은, 경찰관보다 경제적으로 나은 사회적 위치에 있는 시민들로부터 작은 사례를 받는 것 보다는 오히려 경찰관들이 커피나 음료수와 같은 ─ 경제적으로 결코 부담이 되지 않는 ─ 작은 친절을, 보다 어려운 시민들에게 제공하면서 친화적 관계를 만들어 나가고 성의표시라는 부담없이 경찰관을 만나서 대화하고 경찰서를 방문하는 문화를 만들어야 한다. 아무리 작은 사례라도 '호의가 계속되면 그게 권리라고 착각하게 된다.'22

---

22 영화 '부당거래' 중에서.

경찰을 포함, 부패수사의 대상이 되는 많은 공직자들이 처음부터 권한을 남용하려는 의도로 금품을 수수하는 경우는 많지 않다. 상당수는 공적 직무와 무관한 사례나 관행정도로 받아들인다. 뇌물수수 혐의자의 상당수가 결국 형사재판에서 무죄가 된다 하더라도, 직무관련성에 대한 입증이 지극히 어려운 사법제도의 절차적 한계문제일 뿐이지, 금품을 수수하는 공직자의 행동을 도덕적으로 정당화하는 것은 결코 아님을 명심해야 한다.

라. 작은 사례에 대한 부패균형점의 구체화

작은 사례의 윤리적 허용성을 부정한다고 하더라도, 특히 관존민비의 전통이 강한 한국사회에서 시민들과 현장에서 직접 접촉하는 현장 경찰근무자들에게 엄격한 도덕률만을 강조하는 것은 그 실현가능성에 한계가 있다. 이와 관련하여 「경찰청 공무원 행동강령」에서는 도덕률의 법규범화를 통해 분명한 기준을 제시하고 있다.

강령 제14조에서는 공무원이 직무 관련 여부 및 기부·후원·증여 등 그 명목에 관계없이 동일인으로부터 1회에 100만원 또는 매 회계연도에 300만원을 초과하는 금품 등을 받거나 요구 또는 약속해서는 안됨을 천명하고 있고(제1항), 또한 직무와 관련될 경우 대가성 여부, 금액과 관계없이 금품 등을 받거나 요구 또는 약속할 수 없도록 규정한다(제2항). 다만 소속기관의 장 등이 격려·포상 등의 명목으로 지급하거나, 사적 거래, 친족간의 금품제공 등 정당한 적용배제사유를 별도로 규정하고 있다(제3항).

다양한 공직분야 중에서도 경찰에서만 특히 작은 사례가 윤리적 쟁점이 되는 것은 경찰직무가 민원과 직접적으로 관련되기 때문이다. 화재를 진압하는 소방관이나,[23] 도로를 청소하는 미화원들에게 작은 사례가 제공된다고 하더라도 그다지 윤리적인 관심을 환기시키지 못하는

---

23 물론 소방시설이나 안전점검은 민원성 사무가 되므로 여기서는 제외된다.

이유는 그들의 직무가 규제가 아닌 봉사이기 때문이다. 반면 아무리 봉사의 중요성을 부각시킨다고 하더라도 경찰활동의 핵심은 규제임을 부인할 수 없다. 윤리강령은 그 의미를 분명히 짚고 도덕적 논란을 종식시키고자 한 것이다.

그렇다면 행동강령에서 말하는 직무관련자의 범위는 어떻게 해석될 수 있을 것인가. 순찰을 도는 경찰관과 커피를 판매하는 상점주인의 직무관련성이 인정될 수 있을 것인가. 뇌물죄의 적용을 검토하는 법적 해석에서는 물론 인정하기 어려울지라도, 행동강령에서의 직무관련성은 보다 넓게 고려되어야 한다. 무료 커피를 통해 특정상점의 순찰활동을 늘린다거나 방문과 관심이 증가될 개연성이 있다면 이점은 더욱 분명해진다.

만일 경찰관의 직무를 수행하고 있지 않더라도 동일한 혜택이 제공될 것이라 가정할 수 있다면, 분명히 직무와 관련되지 않는 사례제공일 것이다. 따라서 경찰관이 직무와 무관한 봉사활동에 참여하고 그로 인해 작은 사례를 받는 것은 행동강령이 적용될 수 없는 영역이다. 설사 도움을 필요로 하는 누군가를 돕는 행동이 순찰근무 중에 경찰직무로서 수행된다 하더라도 피조력자가 아닌 제3의 시민으로부터 받는 찬사와 이에 수반하는 작은 사례는 직무관련자가 제공하는 것이 아니므로 최소한 행동강령에 위배되지 않는다. 그러나 피조력자 본인으로부터 받는 사례는 그렇지 않다.

6. 부패방지를 위한 제도

「경찰공무원법」에서는 경찰공무원의 윤리에 관한 규정을 두고 있는데, 제18조에서 거짓보고나 직무유기를 금지하며, 제19조는 비상사태에서 직무수행을 유기하는 것을 금지하고 있다.

「국가공무원법」에서는 선서의무/성실의무/복종의 의무/직장이탈 금지/친절·공정의 의무/종교중립의 의무/비밀 엄수의 의무/청렴의 의무/품위 유지의 의무/영리 업무 및 겸직 금지/정치 운동의 금지/집단 행위의 금지 등의 의무를 규정하고 있는데, 이 규정들은 경찰관들도 당연히 준수해야 한다. 이중 청렴의 의무는 경찰부패와 직접적으로 관련되는 규정이기는 하지만 지극히 당연한 선언적 의미의 규정에 불과하다. 바꾸어 말하자면, 통상적인 공직자의 윤리적 잣대에서 상식적으로 고려될 수 있는 내용으로서 특별한 의무를 부여하는 것도 아니며, 그 내용에 대한 특별한 해석을 필요로 하지도 않는다.

가. 반부패 기관

부패방지의 국가총괄기구인 국민권익위원회는 과거 국민고충처리위원회와 국가청렴위원회 그리고 국무총리 행정심판위원회 등의 기능을 합쳐 2008년에 출범했으며, 「부패방지 및 국민권익위원회의 설치와 운영에 관한 법률」에 근거한다. 따라서 국민권익위원회는 (구)국가청렴위원회가 담당하던 국가청렴도 향상을 위한 활동이외에도 고충민원의 처리와 이와 관련된 불합리한 행정제도 개선, 행정심판위원회의 행정과 관련한 쟁송업무 등 국민의 권익보호와 관련한 업무를 담당하고 있다.

국민권익위원회의 부패방지제도는 크게 부패예방의 측면과 부패에 대한 사후개입으로 구분할 수 있다. 전자의 업무로서 부패방지교육, 제도개선, 부패영향평가, 청렴도평가 등을 수행하며, 사후적 부패규제를 위해 부패신고심사, 공익신고자 보호제도를 운영한다.[24]

그러나 사실상의 부패행위를 조사하고 단속할 수 있는 수사권이나 기소권이 전무한 상황에서 국민권익위원회의 부패방지업무는 거시적인 정책과 제도적 진단에 제한되는 한계가 있다. 부패신고가 접수되더라

---

24 김종범, 현행 부패방지제도와 발전방안: 국민권익위원회 제도를 중심으로, 전북대학교 석사학위논문, 2011.

도 위원회의 권한은 신고자에게 필요한 자료의 제출을 요구하는 데 그 칠 뿐, 신고내용에 대한 조사는 감사원이나 수사기관에 이첩해서 진행된다(§59 ②, ③).

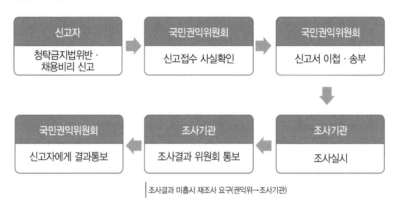

▲ 부패행위 신고접수와 처리절차

　　실질적인 부패조사권은 감사원과 검찰, 경찰, 국세청 등 권력기관이 직접 수행하므로 신고자의 입장에서는 국민권익위원회를 거치지 않고 해당기관에 직접 신고나 고소·고발을 접수하는 것이 보다 효과적일 수도 있다. 다만 부패행위신고로 예상되는 불이익조치를 방지하기 위한 신고자 보호신청 및 신고보상금 지급신청은 국민권익위원회에서 접수·진행된다.

나. 부패방지 관련법제

1) 부정청탁 및 금품등 수수의 금지에 관한 법률(청탁금지법)

　　부정청탁, 금품 수수근절을 통한 공정한 직무수행, 공공기관에 대한 신뢰회복을 목적으로 2016. 9. 28. 제정되었다. 김영란 전 국민권익위원회 위원장이 처음 발의하여 일명 '김영란법'으로 불린다.

　　청탁금지법의 적용대상은 공공기관(헌법기관, 중앙행정기관, 지방자치단체, 공직유관단체, 각급 학교, 학교법인, 언론사) 등의 대표자와 임직원 등이다.

청탁금지법의 주요 내용은 '부정청탁금지'와 '금품등 수수 금지'로 구분된다.

① 직무를 수행하는 공직자등에게 직접 또는 제3자를 통해 (법령에서 정한 예외사유 이외에) 부정청탁을 하는 것은 금지되며, 부정청탁자에게는 3천만원 이하의 과태료가 부과되고, 부정청탁에 따라 직무를 수행한 공직자등은 2년 이하의 징역 또는 2천만원 이하의 벌금으로 처벌된다.

- 법령·기준에서 정하는 절차·방법에 따라 특정한 행위를 요구하는 행위
- 공개적으로 특정한 행위를 요구하는 행위
- 선출직 공직자·정당·시민단체 등이 공익적인 목적으로 제3자의 고충민원을 전달하는 행위
- 법정기한 안에 처리해 줄 것을 신청·요구하거나 그 진행상황·조치결과 등에 대하여 확인·문의하는 행위
- 직무 또는 법률관계에 관한 확인·증명 등을 신청·요구하는 행위
- 질의 또는 상담형식을 통하여 직무에 관한 법령·제도·절차 등에 대하여 설명이나 해석을 요구하는 행위
- 그 밖에 사회상규에 위배되지 아니하는 것으로 인정되는 행위

▲ 청탁금지 예외사유

② 직무와 관련한 금품등 수수, 직무와 관련이 없는 경우에도 1회 100만 원(매 회계연도 300만원)을 넘는 금품등 수수가 금지된다. 100만 원을 넘는 금품등을 수수한 공직자등과 제공한 사람은 3년 이하의 징역 또는 3천만 원 이하의 벌금으로 처벌되며, 직무와 관련하여 100만 원 이하의 금품등을 수수한 공직자등과 제공한 사람에게는 수수 금액의 2배 이상 5배 이하의 과태료가 부과된다.

③ 허용되는 금품등 상한액

법령에서 제시하는 상한액 한도 내에서 부조 또는 사교·의례 등 목적으로 제공되는 경조사비·선물·음식물은 예외적으로 허용된다. 단 상품권 등의 유가증권은 선물에 해당되지 않는다.

- 공공기관이 소속 공직자등에게 지급하거나 상급 공직자 등이 위로·격려·포상 등의 목적으로 하급공직자등에게 제공하는 금품등
- 원활한 직무수행, 사교·의례 또는 부조의 목적으로 제공되는 대통령령으로 정하는 가액 범위 안의 음식물·경조사비·선물
- 정당한 권원에 의하여 제공되는 금품등
- 공직자등의 친족(「민법」 제777조에 따른 친족)이 제공하는 금품등
- 직원상조회·동호인회·동창회·향우회·친목회·종교단체·사회단체 등이 정하는 기준에 따라 구성원에게 제공하는 금품등
- 불특정 다수인에게 배포하기 위한 기념품 또는 홍보용품 등이나 경연·추첨을 통하여 받는 보상 또는 상품 등
- 그밖에 다른 법령·기준 또는 사회상규에 따라 허용되는 금품등

▲ 금품등 수수금지 예외사유

금품등의 종류	상한액
경조사비	축의금·조의금 5만원 (단, 화환·조화 10만원)
선 물	5만원 (단, 농수산물·가공품 10만원)
음 식 물	3만원

▲ 허용되는 금품등 상한액

2) 부패신고자 보호(부패방지 및 국민권익위원회의 설치와 운영에 관한 법률)

우리나라에서 체계적인 부패신고자 보호제도의 도입은 2002년 1월 25일 시행된 구 「부패방지법」을 통해서다. 이후 국가청렴위원회가 국민권익위원회로 통합됨에 따라 동법이 「부패방지 및 국민권익위원회의 설치와 운영에 관한 법률」로 전면 개정되고 부패신고자 보호제도도 여기에 근거하고 있다.

부패행위의 신고자는 국민권익위원회에 신분보장조치 또는 경제적·행정적 불이익에 대한 시정조치를 요구할 수 있고, 국민권익위원회는 이를 조사한다. 또 신고로 인해 자신과 친족 또는 동거인의 신변에 불안이 있는 경우 권익위에 신변보호조치를 요구하고, 위원회가 필요하다고 인정한 때에는 경찰관서에 신변보호조치를 요구할 수 있다.

부패신고자는 조사 및 형사절차에서도 「특정범죄 신고자 등 보호법」에 준하는 보호를 받을 수 있으며, 신분비밀도 보호된다. 신고를 장려하고자 부패신고로 인해 직접적으로 공공기관의 수입의 회복이나 증대 또는 비용의 절감에 기여한 경우 권익위에서 최대 30억원까지 보상금을 지급할 수 있고, 재정수입의 발생이 없더라도 현저히 공공기관에 재산상 이익을 가져오거나 손실을 방지한 경우 또는 공익의 증진을 가져온 경우에 포상금을 지급할 수 있다.

3) 재산등록제도(공직자윤리법 제2장)

「공직자윤리법」에서 정하고 있는 부패방지를 위한 대표적인 제도이다. 법에서는 총경이상의 경찰공무원에게만 재산등록의 의무를 부과하고 있지만 시행령에서는 등록의무를 경사(자치경찰포함)까지 확대하고 있다. 일반 공무원은 4급 이상부터 신고대상임에 반해, 경찰은 순경, 경장을 제외한 모든 공직자가 신고대상이 된다. 제도 시행당시 일부 하위직 경찰들은 사실상 대부분의 경찰관들을 잠재적 범죄자로 취급한다는 불만을 표출하기도 했으나, 경찰의 직무가 서면에 의한 행정업무보다는, 현장에서 근무자가 단독으로 판단해야 하는 재량업무이고 이익충돌의 양상이 자주 발생할 수 있는 만큼 등록의무자의 확대 자체는 정당하다.

재산등록대상자가 되면 이후 매년 재산의 변동사항을 신고하여야 한다. 본인뿐만 아니라 배우자와 직계존비속의 재산도 모두 신고대상이 되지만, 피부양자가 아닌 존비속, 즉 소득이 있는 존비속은 고지거부가 가능하므로 부패에 대한 실질적 통제기능에는 한계가 있다. 친인척을 통한 차명계좌관리나 재산의 은닉이 얼마든지 가능한 상황에서, 사실상 이 제도는 공직자에게 매년 재산변동사항의 신고, 그리고 관계기관의 검증이라는 불편과 행정비용만 증가시킬 뿐, 부패통제 효과는 미미하다.[25]

시민단체에서는 직계존비속의 고지거부로 인해 재산등록제도가 사실상 종이호랑이에 불과하다고 지적하면서, 고지거부제의 폐지를 주장하기도 한다. 하지만 헌법상의 사생활의 자유, 재산권이라는 기본권, 그리고 부패방지의 효용성을 고려할 때, 독립적인 경제생활을 영위하는 직계존비속에 대한 재산신고 의무부과는 정당화될 수 없다.

재산등록제도가 세간의 관심을 받고 부패방지의 효과가 있는 것처럼 착시효과를 가져오는 것은 고위공직자에 대한 재산공개제도 때문이다. 치안감 이상의 고위경찰관은 그 재산을 등록할 뿐만 아니라 매년

---

25 저자는 과거 경찰청 감사실에 재직 시, 수년간 재산등록과 조사업무를 담당했지만 고의로 부패재산을 누락하는 경우는 찾아볼 수 없었다. 대부분의 위반행위는 본인이나 존비속의 재산상황을 제대로 확인하지 못해 과실로 누락하는 경우였다.

관보를 통해 공개한다. 그러나 재산공개는 공직자의 재산상황에 대한 대중의 호기심을 충족시킬지는 몰라도 부패를 억제하는 효과는 애초부터 기대하기 힘들었다.

4) 선물신고(공직자윤리법 제3장)

공직자는 직무와 관련하여 직·간접적으로 사례·증여나 향응을 주고받을 수 없다. 그러나 외교 및 국제 관례상 외국(인)으로부터 받는 선물을 거절하기 어려우므로, 외국으로부터 선물을 받거나 직무와 관련하여 외국인에게 선물을 받으면, 신고 후 그 선물을 국고에 귀속해야 한다. 주로 외국과 교류가 빈번한 직위의 고위공직자가 대상이 되며, 사실상 검증이 어렵고 부패방지의 효과도 기대하기 힘들다. 경찰부패와도 관련이 적다.

5) 퇴직공직자 취업제한 및 행위제한(공직자윤리법 제4장)

퇴직예정 공직자가 퇴직 후 취업을 목적으로 특정업체에 특혜를 주는 등의 부정한 유착고리를 사전에 차단하고, 사기업체 등에 취업한 후 퇴직 전에 근무하였던 기관에 부당한 영향력 행사가능성을 배제하기 위하여, 재산등록의무자가 퇴직 후 3년 동안 퇴직 전 5년간 소속부서 업무와 밀접한 업무관련성이 있는 사기업체에 취업을 제한한다.

또한 퇴직한 모든 공무원은 재직 중 직접 처리한 업무를 퇴직 후에 취급할 수 없으며, 치안감 이상의 재산공개 대상자는 퇴직 전 근무한 기관이 취업한 사기업체 등에 대하여 처리하는 업무를 퇴직한 날부터 2년 동안 취급할 수 없다.

퇴직한 공무원이 퇴직 전 소속기관의 직원에게 법령을 위반하게 하거나 지위 또는 권한을 남용하게 하는 등 공정한 직무수행을 저해하는 부정한 청탁 또는 알선을 금지한다.

재직 중인 취업심사대상자는 퇴직 전 5년 동안 처리한 업무 중 일정 업무와 관련한 사기업체 등을 상대로 하여 재직 중 본인의 취업을 위한 청탁행위를 할 수 없으며, 국가기관장은 소속기관의 취업심사대상자를 퇴직 전 5년 동안 처리한 일정 업무와 관련된 사기업체 등으로의 취업을 알선하는 행위를 해서도 안 된다.

6) 주식백지신탁제도(공직자윤리법 제2장의2)

재산공개대상자가 직무관련 주식을 보유한 경우, 공무수행 과정에서의 공·사적 이해충돌 가능성을 사전에 방지하기 위하여 당해 주식을 매각 또는 백지신탁해야 한다. 본인 및 이해관계자(배우자, 본인의 직계존비속) 모두가 보유한 주식의 총 가액이 3천만 원을 초과할 경우에 해당하며, 주식백지신탁심사위원회의 직무관련성 여부 심사가 관건이 된다. '직무관련성 없음'으로 결정되면 그대로 보유해도 무방하다.

7) 병역사항의 신고 및 공개

「공직자 등의 병역사항 신고 및 공개에 관한 법률」에 따라 총경 이상의 경찰관은 본인과 18세 이상인 직계비속의 병역사항을 신고하고, 이 내용은 관보와 병무청 인터넷 홈페이지를 통해 공개된다. 공직을 이용하여 부정하게 병역을 벗어나는 부패행위를 방지하기 위한 제도이다.

현재 의무경찰제도(2023년까지 단계적으로 폐지예정)를 통해 경찰직무의 상당한 부분이 병역의무자들을 통해 수행되고 있다. 경찰에서의 병역비리는 본인의 문제라기보다는 경찰조직 내의 영향력을 통해 의무경찰로 복무하는 직계비속의 병역의무 수행에 특혜를 제공하는 경우가 될 것이다.

◉ 청와대 민정수석 아들의 '병역특혜'

국정농단 수사과정에서 3차례 영장이 청구된 끝에 구속된 우병우 전 청와대 민정수석은 직권남용 등의 혐의를 받았지만 시민들의 가장 관심을 받은 문제는 아들의 병역특혜 여부였다.

　의무경찰로 복무한 그의 아들은 정부서울청사경비대에 배치되었다. 서울경찰청은 주말마다 도심에서 개최되는 각종 집회·시위로 인해 의무경찰들이 기피하는 지역이다. 하지만 서울청 소속 청사경비대는 상황이 전혀 다르다. 집회 동원없이 지정된 교대근무만 수행하고 도심에서 수시로 외출이 가능한 선호부서이다. 그럼에도 두 달 반 만에 다시 이례적으로 서울경찰청장 운전병으로 자리를 옮겨 '꽃보직' 논란이 일었다. 경찰관계자는 '코너링이 굉장히 좋아서'라는 상식 밖의 해명으로 의무경찰 관리시스템을 세간의 웃음거리로 만들었다. 물론 청와대 민정수석이 청장운전병 보직을 요구하지는 않았을 것이다. 하지만 경찰청 누군가는 발 빠르게 확인했을지 모른다.

　"느그 아버지 뭐하시노?"

　당사자의 요구가 있은 후에야 작동하는 부패는 하수다.

8) 공익신고자 보호(공익신고자 보호법)

　부패방지법이 부패방지를 위해 제정되었으나, 관직중심으로 부패를 정의함에 따라, 관직에서 발생하지 않는, 일반 국민들의 생활과 밀접한 민간부문의 공익침해행위의 신고자에 대한 보호는 포섭할 수 없었다. 공익신고자 보호법은 신고자의 보호를 민간부문에 확장한 것이다. 기존 공공부문의 부패행위에 대한 신고자 보호를, 국민 건강과 안전, 환경, 소비자의 이익 및 공정한 경쟁을 침해하는 행위에 대한 신고까지 넓힌 것으로 체계적 신고자 보호·보상 수단을 도입하였다.

　예를 들어 KTX 철도교량 보수 부실공사, 폐기물 불법 매립, 폐수의 불법 유출, 가짜 참기름이나 오염 혈액의 유통 등 공익침해행위는 결국 정부에 대한 국민의 신뢰를 떨어뜨리게 되므로 국가적 차원에서 공익신고자를 특별히 보호하는 것이다. 공직에서 발생하는 부패가 아니므로 경찰부패와는 직접 관련되지 않고, 도리어 경찰본연의 직무와 연결된다(부패수사/공익신고자 신변보호).

9) 공무원 행동강령(대통령령)

경찰공무원을 포함하는 국가공무원(국회, 법원, 헌법재판소 및 선거관리 위원회 소속의 국가공무원은 제외)과 지방공무원에게 적용되는 지침으로 행정부 외 헌법기관의 행동강령과 공직유관단체 행동강령의 표본이 된다. 크게 세 영역으로 분류되는데 그 내용을 요약하면 다음과 같다.26

- 공정한 직무수행 관련

공정한 직무수행을 해치는 상급자의 지시에 대한 처리기준/자신, 친족의 이해관계가 걸린 직무의 회피/지연·혈연·학연·종교 등에 따른 특혜의 배제/예산의 목적 외 사용 금지/정치인 등의 부당한 요구에 대한 처리기준/인사 청탁 또는 개입 등의 금지

- 부당이득 수수금지 관련

이권개입 등의 금지/직위의 사적 이용 금지/자신 또는 타인의 부당한 이익을 위한 알선·청탁 등의 금지/직무 관련 정보를 이용한 거래 등의 제한/공용물의 사적 사용·수익의 금지/금품 등을 받거나 주는 행위의 금지

- 건전한 공직풍토 조성 관련

외부강의·회의 등의 신고/직무관련자로부터의 금전 차용 등 금지/경조사의 통지 제한

---

26 경찰에서는 경찰청 훈령으로 「경찰청 공무원 행동강령」을 제정, 행동기준을 제시하고 있으나, 내용상 대통령령으로 제정된 「공무원 행동강령」과 동일하므로 여기서는 별도로 서술하지 않는다.

제 2 절   내부고발과 용기: 정의와 의리의 갈림길에서

● 영화 "신세계"(2012, 박훈정 감독)

신임경찰 이자성은 기업형 범죄조직 '골드문'에 위장잠입하여 그룹 2인자인 정청의 오른팔이 된다. 그는 고향 여수에서 만나 지난 8년간 친형제처럼 자신을 신뢰해 온 정청과의 의리, 그리고 거악을 소탕해야 하는 경찰관의 본분 사이에서 갈등을 계속한다.

1. 의 미

내부고발(Whistleblowing)은 조직의 구성원인 내부자가 조직내부에서 자행되는 부패를 발견하고 이를 외부적으로 알리는 행위를 말한다. 내부고발의 영어표현인 'Whistleblowing'은 영국 경찰관이 호루라기를 불어 시민의 위법행위와 동료의 비리를 경계하던 것에서 유래했다. 그러나 최근에는 이런 표현이 전제주의 국가에서 익명신고를 연상시킨다는 부정적 인식으로 인해 다국적 기업을 중심으로 점차 'speaking up' 또는 'raising concern'이라는 용어로 대체하는 경향이 있다.

우리나라에서는 이미 학술적으로나 일상용어로 '내부고발'이 정착되었지만, '고발'이라는 용어가 부정적 의미를 함축한다는 인식이 있어서 주무행정기관인 국민권익위원회에서는 '내부신고'라는 표현을 사용한다.[1]

경찰조직은 생명과 신체가 위험에 직면하는 근무특성으로 인해 그 구성원들간의 강한 결속력을 필요로 한다. 또 경찰에게 요구되는 높은 윤리의식, 그리고 같은 제복을 착용하고 직무를 수행하는 집단주의적

---

1 국민권익위원회, 내부신고자 보호제도의 이해, 2013, 11면.

동질성은, 경찰관 개인의 비리를 곧바로 조직전체의 위상실추로 연결 시킨다. 여기서 파생하는 조직 내 '침묵문화 코드'는 내부고발을 어렵게 하는 요인이 된다.[2] 다른 어느 행정조직이나 민간기업보다도 경찰에서 는 조직의 치부를 외부로 드러내는 행동을 정의와 용기로 평가하기보 다는 조직의 이탈자로 간주하는 성향이 강하다.

2. 勇者인가 背信者인가

2008년 한국 OBS TV에서 시민 200명을 대상으로 설문한 결과에 따르면 부패를 신고하는 것에 대해서는 응답자 전원이 '올바른 일'이라 고 답했지만, 내부고발에 대해서는 55명이 '올바르지 않다'고 응답했 다.[3] 정부차원에서 내부고발의 순기능을 인식하고 이를 보호하기 위한 법제도 정비, 홍보에 주력하고 있음에도, 아직 우리 사회에서는 내부고 발을 보는 시선이 그리 곱지 만은 않다.

국가정책적 관점에서 파헤치기 어려운 비리를 발본색원하고 공익 을 보호하는 데 결정적인 기여를 할 수 있는 긍정적 효과가 있음에도 내 부고발을 부정적으로 바라보는 이유는 다음 두 가지로 요약될 수 있다.

첫째, 설령 공익에 기여한다 할지라도 고자질이나 밀고행위는 조 직에 대한 충성심이 결여된 조직부적응자의 경박한 행동으로서 결코 도덕적이지 못하다.

둘째, 계층적 공직체계의 붕괴를 초래할 수 있고 조직내부의 불신 을 조장하며 사기를 저하시킨다.

이런 견해는 공직사회 내부에서 나타나는 조직이기주의적인 편협 한 시각에서 기인한다. 앞서 '애국주의'라는 주제를 다루면서 설명한 바 와 같이, 경찰을 비롯한 공직자의 충성의 대상은 자유민주주의라는 헌

---

2 조윤오, 경찰의 내부고발 관련 요인 연구: 미국 경찰을 중심으로, 한국공안행정학 회보 제41호, 2010, 423~424면.

3 국민권익위원회, 내부신고자 보호제도의 이해, 2013, 17면.

법적 가치와 그 구성원인 시민들에 대한 봉사이지, 조직의 발전과 영달이 아니다. 도덕적 정당성이 결여되었을 뿐만 아니라 권력의 궁극적 주체인 시민의 관점에서 결코 용납될 수 없는 부패에 대한 폭로행위를 왜 조직의 이익을 위해서 침묵해야 하는가.

심지어 내부고발이 윤리적으로 바람직하지 않다거나, 결코 미덕이나 조직에 대한 충성이 아니라는 학자적 견해도 있으나,4 공직자의 충성의 대상이 헌법적 기본질서의 보호라는 전제를 의식하지 못하고 단순히 소속조직에 대한 충성으로 오인한데서 비롯된 단견이다. 예를 들어 영리목적의 민간회사에서 발생하는 내부고발의 경우는, 최소한 소속조직에 대한 충성과 공익이라는 이해가치의 상충이 발생할 여지가 있다.5 그러나 공직자의 경우 소속 조직의 발전과 공익이 궁극적 지향점을 같이 한다는 점에서 이러한 갈등의 여지가 존재하지 않는다.

◉ 이문옥 감사관의 내부고발

1990년 5월 11일 감사원 감사관 이문옥은 재벌기업의 부동산 투기사실이 명백하게 밝혀졌는데도 업계로비와 외부 압력으로 감사가 중단되자 한겨레 신문에 감사비리를 제보했다. 대검찰청 중앙수사부는 직무상 비밀누설죄를 적용, 이문옥 감사관을 구속하였지만, 3년 3개월이 지난 1993년 재판부는 "이 피고인이 폭로한 자료는 국가의 공신력을 떨어뜨리거나 해당기업에 해를 끼칠 염려가 없는 것이며 이 자료가 공개됨으로써 얻는 공익이 더 크기 때문에 보호받아야 할 비밀이라고 할 수 없다"고 무죄를 선고했다. 이후 1994년 파면처분취소청구소송에서도 승소하였다.

---

4 조철옥, 경찰윤리론, 대영출판사, 2012, 383면.
5 물론 민간회사에서의 내부고발이라 하더라도 그 정당성을 윤리적으로 충분히 논증할 수 있다. 회사나 기업과 같은 사조직의 직원들에게도 사회 공동체의 일반구성원으로서 시민들에 대한 의무, 이를테면 불침해(noninjury)의 의무, 공정의 의무(fairness), 진실(truthfulness)의 의무가 존재하기 때문이다. 윤혜진, 내부고발의 윤리적 정당성에 관한 연구, 범한철학 제54집, 2009, 353~354면.

3. 내부고발의 윤리적 정당화 요건

내부고발의 윤리성이 문제되는 것은 내부고발이라는 행위자체의 문제라기보다는 내부고발자의 불순한 동기, 그리고 내부고발의 방식 등에 관한 논란이 있기 때문이다. 제임스(Gene G. James)는 내부고발을 윤리적으로 정당화하기 위한 요건들을 다음과 같이 제시한다.6

첫째, 상황을 파악하고 마음속의 동기를 살펴야 한다. 남들 앞에서 돋보이거나 이해관계 때문에, 풍파를 일으킬 목적의 내부고발은 정당화되지 않는다.

둘째, 악행의 유형을 검토해서 내부고발 방식을 결정해야 한다. 불법행위일 경우 수사기관에, 공익에 대한 침해라면 시민단체나 경우에 따라 언론에 알려야 한다.

셋째, 특정인에 대한 비방이나 중상모략이 되지 않도록 조직 내의 악행이라는 사실파악에만 충실해야 한다.

넷째, 정보를 검증하고 상세히 기록하여, 악행을 검증할 수 있는 증거를 제시해야 한다.

다섯째, 내부고발을 익명으로 할 것인지, 기명으로 할 것인지 그리고 지금 할 것인지, 퇴직 후에 할 것인지를 결정해야 한다.

◉ 이지문 중위의 선거부정 폭로

육군 9사단 복무 중이던 이지문 중위는 1992년 총선을 앞두고 일선 부대장들이 부하 사병들에게 여당지지를 강요하거나 교육을 시키는 행태를 자행하고 부재자 투표과정에서 공개투표, 대리투표, 기표검열 등을 행한 사실을 '공명선거 실천 시민운동협의회'에 폭로하였다. 이후 군에서 징계를 받고 파면되었으나 소송 끝에 파면은

---

6 Gene G. James, In defense of whistle blowing, Moral Issues in Business, 4th ed., in William H. Shaw & Vincent Barry, 1989, 342~344면; 윤혜진, 내부고발의 윤리적 정당성에 관한 연구, 범한철학 제54집 2009, 359~360에서 요약된 내용을 재인용.

취소되고 중위로 전역하였다.

현재 그는 공익제보자 모임, 호루라기 재단 등에서 시민사회운동가로 활동하고
있다.

4. 익명의 내부고발

● 닉슨의 워터게이트

1972년 리처드 닉슨(Richard Milhous Nixon) 미 대통령의 재선을 위한 공작반이
워싱턴 워터게이트 빌딩에 있는 민주당 선거운동 지휘본부에 도청장치를 설치하려다
발각돼 결국 닉슨 대통령이 사임하게 된다.

이 사건은 당시 FBI 부국장 마크 펠트(William Mark Felt)가 워싱턴 포스트 기자
에게 제보함으로써 공론화되었다. 정보제공자인 마크 펠트는 30여 년간 '익명의 제
보자'로 신원이 알려지지 않았으나 2005년 5월 자신이 제보자임을 밝혔다.

경찰 내에서 승진과 인사의 시기에 경쟁자에 대한 익명의 음해성
투서가 난무한다. 승진과 인사 직전에 제기된 익명의 투서는 사실상 검
증절차의 진행이 어렵고, 만일 승진자의 부패혐의가 추후 사실로 판명
될 경우 그 파장이 클 수밖에 없으므로 인사결정권자의 판단을 곤란하
게 하고 분열을 조장하는 문제가 있다.

비록 익명의 내부고발이 공익보다는 조직의 혼란을 야기하거나 사
익을 위한 불순한 목적을 가진다 하더라도 신고내용이 실체진실에 부
합하는 한, 내부고발자의 윤리성은 차치하더라도 내부고발 자체의 공
익적 가치는 부인할 수 없다. 다만 익명의 내부고발이라 하더라도 그
내용이 확실한 악행을 의심할 만한 훌륭한 근거를 제시하고 있지 못하
다면, 앞서 제임스가 제시한 내부고발로서의 윤리적 정당화 요건을 충

족시키지 못할 뿐만 아니라 내부고발자를 보호할 당위성도 없다.

익명의 내부고발을 인정해야 하는 이유는 내부고발을 꺼리는 가장 큰 원인이 신고로 인한 보복이기 때문이다. 반부패정책을 관장하는 국민권익위원회에서는 익명의 내부고발과 관련, 익명신고 접수처가 제공되어야 하고 익명신고자로부터 추가적인 정보를 이끌어 낼 수 있는 기술적 방안이 필요하다는 입장을 피력하면서도,7 부패행위 신고 시 인적사항을 기재한 기명의 문서로 해야 한다는 권익위법 제58조에 근거하여 실제 기관 홈페이지를 통한 인터넷 신고접수는 실명의 방식만을 채택하는 자기모순적 태도를 보인다.8 반면에 안전행정부에서는 소속 직원과 지방공무원, 지방공기업을 대상으로 하는 공직비리신고 시 실명신고와 익명신고를 선택할 수 있도록 하고 있다.9

5. 썩은 사과상자 걷어치우기

이 책을 읽는 독자 중에는 경찰관들이 분명히 있을 것이다(사실 아주 많기를 기대한다). 아쉽게도 그들 중 일부는 썩은 사과일지도 모른다. 이 책이 그들의 썩은 DNA를 도려낼 수는 물론 없다. 하지만 우리가 썩은 사과의 존재를 부정할 수 없는 것과 마찬가지로, 썩은 사과상자의 위험을 간과해서도 안 된다. 진화심리학자들이 선천적으로 부패할 위험성이 높은 썩은 사과에 관심을 기울인 데 반해, 사회심리학자들은 썩은 사과상자에 보다 관심이 많다.

이제부터 말하고자 하는 것은, 선한 DNA를 가지고 있음에도 썩은 사과상자 안에서 부패에 저항하기 위해 갈등하는 이들을 위한 것이며, 동시에 '깨진 유리창 이론'의 토대가 되는 스탠포드 교도소 심리실험(SPE)10을 통해 썩은 사과상자의 문제를 지적한 짐바르도 교수(Phililp

---

7 국민권익위원회, 내부신고자 보호제도의 이해, 2013, 83면.

8 http://1398.acrc.go.kr/index.html

9 http://www.mospa.go.kr

Zimbardo)에 대한 오마주(hommage)이다.11

가. 부당한 권위에 대한 맹목적 복종

이제 시대의 고전이 되어버린 1963년 '예루살렘의 아이히만: 악의 평범성에 대한 보고서'12에서 한나 아렌트(Hannah Arendt)는 나치 전범으로 체포된 아돌프 아이히만의 전범재판을 취재한 후 '악의 평범성'이라는 개념을 설파했다. 그녀가 관찰한 아이히만은 결코 악마나 비정상적인 살인광이 아니었다. 그저 주어진 책무를 성실히 수행하고 상부의 명령에 복종한 평범한 군인이었다. 만일 그 명령을 정확히 수행하지 못했더라면 오히려 양심의 가책을 느꼈을 것이라고 아이히만은 말한다. 아렌트는 우리의 법 제도와 도덕적 판단기준에서 볼 때 이러한 정상성은 모든 잔혹행위를 합한 것보다 훨씬 두려운 결과라고 지적한다. 왜냐하면 자신이 하는 짓이 나쁜 짓이라는 것을 알거나 느끼지도 못하는 상황에서 범죄를 저지른다는 것을 의미하기 때문이다.

물론 모든 사람들이 권위에 저항하지 못해서 반인륜적 범죄를 저지르게 될 것이라고 기대하는 것은 어리석다. 하지만 썩은 사과상자의 영향력은 직관적인 우리의 통념을 뛰어넘는다. 사회심리학자 밀그램의 실험을 상기해 보자.

---

10 1971년, 실험에 참여한 24명의 대학생들이 무작위로 죄수와 교도관의 역할을 맡아 가짜 감옥에서 생활하게 된다. 교도관의 역할을 맡은 학생들의 권위적인 행동과 가혹행위로 말미암아 실험은 6일만에 중단되었다. 2001년 독일에서 영화화 되었으며(Das Experiment), 2010년에는 미국에서 'The Experiment'라는 제목으로 리메이크 되었다.

11 썩은 사과상자에 대한 짐바르도의 입장을 보다 이해하기 위해서 그의 저서, 루시퍼 이펙트(Lucifer Effect, 웅진 지식하우스, 2007)를 읽어 보기를 권한다.

12 Arendt, H. Eichmann in Jerusalem: A Report on the Banality of Evil, revised and enlarged edition, Penguin Books, 1994.

● 밀그램의 실험(Milgram's Experiment)

1963년 사회심리학자 스탠리 밀그램(Stanley Milgram)은 징벌의 학습효과를 실험한다는 광고를 통해 실험참가자를 모집했다. 실험참가자들은 4달러를 지급받고 두 그룹으로 나뉘어 한쪽은 선생역할을, 다른 한쪽은 학생역할을 맡게 된다. 학생에게는 암기해야할 단어가 주어지고 틀릴 경우 선생은 15볼트의 전기충격을 가해야 했다. 오답이 나올 때마다 15볼트씩 전압이 높아지도록 했으며 칸막이 때문에 학생과 선생은 서로 직접 볼 수 없었지만 의사소통은 가능한 상황이었다.

실험이 시작되고 칸막이 너머에서 비명과 욕설, 심지어 불길한 침묵이 계속됐지만 실험은 강행되었고, 엄격한 실험주관자는 망설이는 선생들에게 계속 지시대로 수행할 것을 강요했다. 선생역할을 맡은 실험참가자들에게 인간에게 치명적인 450볼트의 전압을 올리게 했던 이 실험은 사실상 트릭이었다. 학생은 실험참가자가 아닌 실험팀의 일원으로서 고통을 연기했던 것이고, 이 실험은 징벌의 학습효과를 측정한 것이 아니라 '권위에 대한 복종'을 실험한 것이다.

실험 전 150볼트 이상의 상황에서 대부분의 지원자들이 실험을 거부하리라 추정했으나, 실험결과 지원자의 65%가 권위자의 지시를 끝까지 따랐다. 단돈 4달러를 받고서.

이 실험을 통해 밀그램은 '아무리 인성이 정의로울지라도 만약 옳지 않은 권위의 지배를 받게 된다면 인간의 야만성과 비인간적인 태도에서 결코 자유로울 수 없다'는 결론에 도달했다.

뉴욕에서 밀그램과 고등학교를 함께 다닌 친구이자, 같은 사회심리학자로서 스탠포드 실험을 통해 세상에 충격적인 결과를 안겨줬던 짐바르도는 2004년 이라크 아부그라이브 교도소에서 벌어진 미군 포로학대사건 조사에 참여했다. 기소된 미군병사들을 인터뷰하고 법정에서 증인으로 출석한 그는 아부그라이브 교도소에서 일어난 악행의 책임이, 테러와의 전쟁에서 고문을 허용가능한 전술로 재정의한 부시 대통령과 수감자에게 강압적인 학대를 다양한 방법으로 가하는 심문센터를 만든 럼스펠트 국방장관에게 있다고 증언했다.

그들이 악의 근원이었으며, 악한 시스템을 창출하여 이른바 '썩은 사과상자' 안으로 선량한 병사들을 들어가게 만들어 결국 이들이 죄의식 없이 악을 저지르게 만들었다는 것이다. 그럼에도 악한 시스템에 대한 근본적 책임이 있는 썩은 상자를 만들어낸 정부는, 악한 시스템의 희생양이 된 병사들만을 '썩은 사과'로 처단한 것이다.

나. 어떻게 저항할 것인가?

부당한 권위에 대한 저항은 그 조직을 건강하게 하는 긍정적 일탈이자 헌법정신에서 도출되는 공직자의 의무이기도 하다. 경찰관은 경찰의 직무에 충실하고 경찰조직의 일원으로서 소속 기관의 발전에 기여하고 애착을 느껴야 한다. 그러나 조직에 대한 애착과 사랑은 결코 헌법에 대한 충직의무와 대립할 수 없다. 내부의 작은 문제들을 찾아 어떻게든 외부로 알리는 데 혈안이 되는 고자질쟁이가 있다면 비윤리적인 인간으로 낙인찍힐 것이다. 그러나 부당한 권위나 내부의 부정을 눈감는 행위는 역사와 민주주의를 외면하는 비겁함이다.

짐바르도는 부당한 권위와 시민의 덕성을 장려하기 위한 몇 가지 방안을 제안하였는데, 이를 토대로 불의에 저항하는 자세를 정리해 본다.13

- 천사들과 분별 있는 사람들이 걸어가길 주저하는 상황 속으로 무심코 걸어 들어가지 말고 비판적 사고를 가져야 한다.
- 자신의 행동에 기꺼이 책임을 질 준비가 되어야 한다. '단지 명령을 따랐을 뿐'이라거나 '다른 사람도 모두 그렇게 했다'는 식의 변명을 받아들이지 않는 미래를 늘 상상하라.
- 개성을 박탈하여 자신을 어떤 범주나 상자나 구멍 속에 집어넣어 하나의 물건으로 만들지 말고 당당하게 개성을 주장하라.
- 권위의 정당성을 확인하고 정당한 권위에는 존중을, 부당한 권위에는 저항하라.

---

13 짐바르도, 루시퍼 이펙트(Lucifer Effect), 웅진 지식하우스, 2007, 636~643면.

- 소속 집단의 규범이 사회적 선과 반대되는지 확인하고 팀의 이익을 위해 개인
  의 도덕을 희생하지 마라. 필요하다면 자신의 가치를 북돋아주는 새로운 집단
  을 찾아보라.

⬤ 경찰지휘관의 편지

"퇴근 후 휴무일 술 먹을 가능성이 있는 어떤 모임과 행사가 있는지 저희는 몰라도 가족 여러분은 알고 계실 것입니다. 이제부터는 가족 여러분께서 가정을 지키기 위해 팔을 걷고 나서야 합니다. 내 남편을 지키고 내 가정을 지키는데 무슨 일인들 못하겠습니까? 그래서 아래 사항을 꼭 지켜 주시기 바랍니다.

첫째, 휴무·비번날 각종 모임, 행사 출발 시는 술 먹지 말라, 술 절제하라, 음주운전하지 말고 대리운전하라, 과음하지 말라 등 다짐을 받고

둘째, 모임, 행사 진행 중에 몇 차례 전화하여 다짐 사항을 재차 확인해 주시고

셋째, 행사가 종료되면 조기 귀가, 대리운전, 과음 시 실수 방지를 독촉해야하며

넷째, 주간 근무 후 18:00 퇴근 시는 일찍 귀가, 과음방지, 대리운전 등 요구하는 전화를 몇 차례 해야 합니다.

이러한 조치로 남편을 보호하고 가정을 지킬 수 있음을 청장은 확신합니다.

… (중략)

청장으로서 한 순간의 음주 실수로 온 가족이 겪을 불행을 생각하면서 서신을 보내오니 몇 번 읽으시고 꼭 실행에 옮겨 주시기 바랍니다."

(2009. 3. 21. 주상용 서울지방경찰청장이 경찰관 가족들에게 보낸 서신 중에서)

※ 경찰의 상급자들이 심지어 가정생활에 개입하고 가족들에게 권고를 넘어 윽박에 가까운 편지를 서슴지 않고 보낼 수 있는 것이 한국경찰의 현실이다. 물론 공직자의 사생활에는 공익을 고려한 특별한 제약이 따른다. 주말이나 퇴근 후의 음주가 다음날 공직자의 공적 직무를 방해한다면, 그 자체로서 이미 음주는 더 이상 사생활이 아닌 공적인 영역에 이르게 된 것이다. 그러나 음주로 인한 공직훼손 위험이 있다고 하더라도 공직자의 가족 구성원들에게까지 특별한 의무를 부과하고 연대적 책임을 강조하는 편지를 보내는 것은 이미 공적 직무의 상급자를 넘어서 가정과 도덕의 구원자를 자청하는 도발이며, 현대사회에서는 그 어떤 고위공직자라 하더라도 결코 그러한 권위의 정당성을 부여받지 못한다.

1. 폭력성과 관음증

몇 해 전 서태지라는 톱스타의 비밀결혼이 언론에 알려지자, 서진요(서태지에게 진실을 요구합니다) 카페와 '이지아닷컴'까지 만들어지면서 사회의 최대이슈로 떠올랐다. 우리 사회는 심지어 연예인들에게까지 '공인(公人)'이라는 굴레를 씌우고 그들의 사생활을 노출시키는 데 익숙할 뿐만 아니라, 이에 길들여진 연예인들조차 자신들의 일탈이 언론에 노출되기라도 하면 '공인(公人)의 신분을 망각했다'며 사죄하는 것이 일상이 되어버렸다.

사실 그는 공인이 아니다. '공인(公人)'이란 국가와 사회의 대의(大儀)에 복무하는 사람이다. 공익과 공동선을 추구하고 공동체에 헌신하는 것이 공인의 참모습이다.[1] 우리는 공인에게 도덕성과 함께 일정부분 사생활을 희생할 것을 요구할 수 있다. 그러나 연예인들에게 청렴이나 선행을 강요하거나 화목한 가정을 기대할 필요도 없다. 그들에게는 그들 나름의 삶을 살아갈 무한한 자유가 존재하며, 대신 우리는 그들의 예술성이나 재능에 열광할 것인가 아니면 도덕의 잣대로 외면할 것인지에 대한 무한한 선택의 자유를 가질 뿐이다. 우리의 자유는 거기에서 그칠 뿐, 그들이 공개를 원하지 않는 사생활을 마음대로 헤집는 것은 자유가 아닌 폭력이자 관음증이다.

연예인들은 예인(藝人)일 뿐이며 그들의 삶은 공적 사안이 아니다. 국어사전을 찾아보면, 공용 목적을 위하여 국가나 공공 단체 자체의 사용에 제공되는 물건을 '公用物'이라 하고, 단지 여러 사람들이 공동으로 사용하는 '共用物'과 구별한다. '공영방송'에 출연해서 웃음과 즐거움을 주는 연예인들은 비록 '共人'이 될 수는 있을지언정, '公的'인 직무를 수행하는 사람, 즉 '公人'에 해당하지 않는다.

과거에 비해 우리시대의 삶이 누릴 수 있는 최고의 가치 중 하나

---

[1] 윤평중, 서태지는 과연 公人인가?, 2011. 4. 28. 조선일보.

는 우리가 향유하는 사생활이다. 내 스스로 내 삶의 방식을 결정하고 남과 다른 가치를 추구하는 것을 최대한 보장하는 성숙한 사회라야, 비로소 우리의 삶은 진정한 의미를 찾게된다. 그러나 藝人과 달리 진정한 公人들에게는, 그들 직업윤리의 지향점인 공익으로 인해 사생활에 대한 특별한 희생이 요구되거나 정당화된다.

2. 공직자의 사생활에 관한 논의

> ### ◉ 독일의 공직과 사생활
>
> 2014년 독일 앙겔라 메르켈 총리 3기 내각의 신임 환경장관인 바바라 헨드릭스는 역대 여성장관 중 처음으로 동성애자임을 언론에 공개했다. 지난 메르켈 2기 정부에서 외무장관을 지낸 자유민주당(FDP)의 귀도 베스터벨레도 장관직에 오르기 전 이미 커밍아웃을 한 바 있다. 또 사민당의 유력한 정치인인 클라우스 보베라이트는 동성애자임을 공개한 상태에서 2001년 베를린 시장에 당선되었다.
>
> 동성애만큼 충격적이지는 않지만, 독일의 전 총리인 게르하르트 슈뢰더는 4번의 결혼경력으로 인해 4개의 링(반지)으로 상징되는 자동차 회사에 빗대어 '아우디 수상'이라는 별칭을 얻었지만, 그의 정치경력에는 아무런 영향을 미치지 못했다. 일부 황색신문들이나 여기에 관심을 가질 뿐, 정치인으로서 그의 평가는 온전히 그의 정치적 능력으로만 결정된다.

가. 밀(Mill)의 자기관련적 행위

그렇다면 사생활에 대한 공적 개입의 한계는 어떻게 찾아야 하는가. 이미 공리주의를 소개하면서 언급한 바 있는 밀(John Stuart Mill)은 그의 저서 '자유론(On Liberty)'에서 '자기관련적 행위(self-regarding actions)'를 설명한다. 나 또는 나와 동의한 상대자의 행위가 어리석거나 잘못이라고 생각할지라도 이 행위가 타인에게 해악을 끼치지 않는 한 제3자로서 간섭을 받지 않는 것이다.[2] 그는 중국과 달리 유럽이 정체되지 않고 계속 진보할 수 있었던 것은 그 다양성에서 비롯되었고, 시대의 획일성을 거부하는 파격과 관습을 따르지 않는 것만으로도 인류에게 봉사하는 것이라고 생각했다.

물론 밀이 말하는 것은 국가로부터 보호되는 시민의 사생활이며, 우리가 여기서 말하는 공직자, 특히 경찰의 사생활에 밀의 자기관련성이 그대로 적용될 수는 없다. 예컨대 국가가 법으로 개입할 수 없는 순수한 사적 영역에서 스와핑과 같은 비윤리적인 행동들이 벌어진다고 생각해보자. 개인 당사자들의 순수한 합의에 의해서 은밀하게 발생하는 문제에 국가가 개입하는 데는 분명 법규범적 절차의 문제뿐만 아니라 자기관련성을 떠난 제3자에 대한 해악이 고려되어야만 한다. 그러나 행위의 당사자가 경찰관이라고 한다면 우리는 분명 달리 생각할 수 있다.

의사나 변호사 등 여타의 전문가 집단에서 나타나는 비윤리적 행태는 비록 그들의 도덕성에 타격을 가할 수는 있을지언정, 최소한 그들의 직업적 전문성에 침해를 가져오지는 않는다. 그렇지만 경찰관의 부도덕한 행동이 외부로 알려지게 되면, 그가 아무리 공정한 법집행의 능력을 유지한다고 하더라도 그 자체로서 이미 그 직무의 신뢰에 대한 훼손을 가져온다. 따라서 우리는 경찰을 비롯한 공직종사자들에게 보다 높은 도덕적 수준을 기대하며 일반시민의 모범이 되기를 기대한다.

나. 공무원의 특별행정법관계

공직자에게 부여되는 특별한 책임은 가장 강력한 규범인 법을 통해서 부여될 수 있다. 우리 헌법 제7조는 "공무원은 국민전체에 대한 봉사자이며, 국민에 대한 책임을 진다(제1항). 공무원의 신분과 정치적 중립성은 법률이 정하는 바에 의하여 보장된다(제2항)"고 규정함으로써

---

2 Kleinig, The Ethics of Policing, 1996, 191면.

일반시민보다 공무원에게 특별한 책임과 의무부과의 근거를 마련하고 있다. 따라서 공무원에게는 앞서 밀이 제시한 자기관련성의 범위를 넘어서는 행위에 대해서까지 그 책임이 인정될 수 있다. 물론 공무원에 대해서 법률의 근거가 없이도 헌법과 법률에 의한 기본권을 제약할 수 있고, 이에 대한 사법심사가 제한된다는 종래의 이른바 '특별권력관계론'은 더 이상 인정되지 않는다. 그렇다 하더라도 공직자에게 일반인과 동일한 수준의 사회적 책임만이 적용되는 것은 아닐 것이다.

　　법률유보의 원칙에 배치된다는 비판을 받아온 종래의 특별권력관계론은 특별행정법관계론으로 수정되어 공무원은 법률에 의해 일반 국민과 다른 기본권의 보장체계를 가지게 되며, 보다 강도 높은 사생활에 대한 제약이 가능해진다.3 이에 따라 법률이 정한 공직자들은 사적 재산을 신고해야 한다. 심지어 공직자들은 (고지거부를 하지 않는 한) 자신의 직계존비속의 재산까지 파악하여 성실하게 신고하여야 한다. 뿐만 아니라 특정 고위공직자들은 자신과 가족들의 재산상황과 병역사항을 국민들에게 공개해야만 한다.

3. 경찰의 사생활

> "나는 모든 이들에게 수범이 되도록 나의 사생활을 깨끗하게 유지할 것이며
> … (중략)
> 나의 개인생활과 공적생활에서의 생각과 행동에 정직할 것이다."
> (1989년 10월 17일, 켄터키 루이빌에서 개최된 국제경찰장협회 96차 연례회의에서 집행위원회가 채택한 윤리강령 중)

　　경찰은 법령과 제반규정을 따라 공익을 실현해야 하는 사명을 가

---

3 김광수, 공무원과 기본권, 서강법학 제10권 제1호, 2008, 1면.

진다. 특히 국가권력의 강제집행권을 행사하는 직무의 특성으로 인해, 보다 특별한 공정성과 정의에 관한 시민들의 기대를 충족해야 하는 도덕적 책임을 부담하고 있다. 반면에 경찰관 개개인은 국가 구성원의 일부이자 헌법에서 보장하고 있는 시민적 권리를 향유하는 기본권의 주체로서 사생활의 자유를 보장받는다.

경찰윤리의 관점에서 가장 빈번하게 제기되면서도 흥미로운 주제는 '경찰의 사생활이 일반시민에 비해 얼마나 제약될 수 있는가', 또 '경찰관은 사생활에 있어서도 일반시민, 나아가 다른 공직자들보다 더 높은 윤리성이 요구될 수 있는가' 하는 것이다.

경찰관이 제복을 착용한다는 것은 그들의 사생활이 그 순간부터 극도로 축소됨을 공개적으로 상징한다. 나아가 경찰관이 제복을 벗고 퇴근하거나 휴가를 떠난다 하더라도 경찰관의 신분이 사라지는 것은 아니다. 어떤 상황에서도 법규범에 어긋나는 행동을 하게 된다면, 이에 상응하는 형사처벌이나 징계벌을 받아야 한다. 다만 여기서 다루게 될 사생활의 문제는 법규범에 저촉되는 부패나 일탈행동을 말하는 것은 아니다. 사회규범을 통해 일반인에게 허용되지 않는 행동의 제약은 경찰관에게도 동일하게 적용되기 때문이다.

4. 엘리스턴(Eliston)과 클라이니히(Kleinig)의 입장

공적 직무를 떠난 사생활에 있어서도 경찰관에게 일반시민보다 높은 윤리성이 강조되는 것은, 경찰에게 주어진 법집행의 직무를 수행하는 것을 넘어서 사회의 역할모델이 되어야 한다는 관념에서 출발한다.

그러나 엘리스턴의 견해는 이와 다르다. 그는 경찰이 사회의 역할모델이 되어야 한다는 주장의 논거를 "경찰에게 부여된 사회적 기능을 수행하기 위해서는 역할모델이 되어야만 한다"는 관점과, "경찰은 사회에서 사실상 역할모델로 비춰지기 때문에 그들은 이에 따라야 한다"라는 관점으로 구분하면서, 어떤 관점도 설득력 있는 주장이 될 수 없다고 비판한다.

사회적 역할모델은 경찰보다는 교사나 성직자에게 기대하는 것이 보다 합리적이며, 경찰의 역할은 사회의 평화를 유지하고 법을 집행하는 것일 뿐, 도덕의 책임을 부담할 필요가 없다는 것이다. 경찰이 직무에 있어서 많은 판단의 재량을 가지기 때문에 이를 적절하게 행사하기 위해서 사생활의 통제가 필요하다는 주장에 대해서도 그는 견해를 달리한다. 경찰이 플레이보이 잡지에 모델이 된다고 해서 그의 직무상 판단이 흔들리는 것은 아니기 때문이다.[4]

반면 클라이니히는 경찰의 ― 결코 불법은 아니지만 ― 비도덕적인 사생활에 의한 경찰의 권위상실을 우려한다. 경찰은 물리력을 사용할 수 있지만, 이보다는 경찰에게 부여된 권위에 의해서 직무를 수행하는 경우가 많고, 또 이것이 보다 바람직하다는 것이다. 그런데 비도덕적인 사생활은 경찰의 권위에 대한 손상을 가져오고 경찰의 직무수행을 어렵게 할 수 있다는 점을 지적한다.[5]

5. 성적 문란

● 사생활 미행하는 경찰

   2012년 9월, 인천지방경찰청 소속 감찰담당 경찰관 C는 인천청 소속 A경감과 B경사(여경)가 일과를 마친 뒤 승용차를 함께 타고 가는 것을 뒤쫓기 시작했다. 두 사람이 모텔 5층 객실로 들어가자 C는 모텔 1층에서 인터폰으로 신분을 밝히고 1층으로 내려올 것을 요구하였다. 불륜현장이 발각될 것을 우려한 두 경찰관은 5층 객실에서 바로 옆 건물 옥상으로 뛰어내리다 발을 헛디며 A는 허리부상을, B는 다리 골절상을 입고 병원에서 치료를 받게 된다.

---

   4 Kleinig, The Ethics of Policing, 1996, 200~202면에서 재인용.
   5 위의 책, 203~205.

불륜의 혐의를 받게 된 A와 B는 각기 가정을 가진 경찰관들이었다. 이 사건으로 인해 경찰조직 내부에서는, 비리혐의가 외부로 노출되거나 중요 범죄의 피의자가 아님에도 근무시간이 아닌 일과시간 이후 모텔까지 미행한 것은 과잉감찰이며 사생활에 대한 과도한 침해라는 불만이 일었다.

(2012. 9. 24. 경향신문)

위에서 제시한 불륜의 문제는 물론 우리 현행법에서는 간통죄라는 범죄로 처벌하고 있는 일탈행위이다. 그러나 현행법은 간통죄를 친고죄로 규율하면서, 배우자의 고소가 있거나 최소한 고소의 의사가 있기 전에는 국가가 개입하기 곤란한 사생활의 영역으로 다루고 있다. 그렇다면 아직 외부로 노출조차 되지 않은 이러한 행위에 대해서 미행처럼 심각한 사생활 침해를 수반하는 수사절차를 통해 추적하는 행위는 어떻게 평가해야 할까. 범죄수사도 아닌 사생활의 품위손상을 확인하기 위한 미행과 감시가 과연 특별행정법관계를 통해 법적으로 허용되는 직무수행일까.

여기에서 우리의 관심은 무리한 개별적 감찰행태에 대한 단순한 비난에 그쳐서는 안 된다. 사생활 영역에서 발생하는 개인적 일탈행위마저도 경찰조직 전체의 책임으로 확대하는 그릇된 외부의 시선과 여기에 줏대 없이 흔들리는 내부의 조바심을 동시에 경계해야 한다. 경찰조직체와 상급자들이 경찰의 직무를 넘어서는 조직원들의 사생활의 영역에 관심을 가지게 되는 것은 그들이 부담하는 과도한 책임에서 비롯된다. 최소한 범죄에 해당하지도 않고 외부로 노출되어 사회문제가 되지 않는 범위에서는, 그들의 사생활의 영역을 최대한 보장해주는 노력이 필요할 것이다.

6. 동 성 애

● 성소수자 광고는 미풍양속을 해친다?

2012년 5월 이모씨는 서울 서초동 교대역 전자현수막 게시판에 "차이가 차별이되지 않는 세상, 서울시민 중 누군가는 성소수자입니다. 모든 국민은 성적 지향으로인해 차별받지 않을 권리를 갖습니다."라는 내용의 광고를 게재하려고 했으나 서초구청은 공공의 이익을 위한 행정에 반하고 미풍양속을 해칠 우려와 청소년의 보호선도를 방해할 우려가 있을 뿐 아니라 동성애에 관한 사회적 공감대가 형성되지 않은 현실을 고려한다며 광고게재를 거부했다.

이에 대해 국가인권위원회는 "광고의 내용이 성적 차별을 반대하는 것이고 이 광고가 청소년의 보호나 선도를 방해하거나 공익에 반하거나 미풍양속을 해할 우려가있다고 보기 어렵다"며 서초구청에 재발방지 대책을 마련할 것을 권고했다.

(2013. 1. 23. 경향신문)

가. 시선의 변천

이제 동성애에 대한 사회적 시선은 혐오와 박해에서 점차 관용과이해의 방향으로 변화하고 있다. 16세기 초 영국에서는 동성애를 사형으로 다스리는 법률이 제정되었고, 17세기 유럽에서 혼자 사는 대부분의 여인들은 마녀로 낙인찍혔다.

현대사회에 이르러서도 이러한 탄압은 계속된다. 나치독일에서는단지 동성애가 게르만 민족의 우월성을 저해하고 군사적 힘을 약화시킨다는 이유에서 종교와 무관하게 수만 명의 동성애자들이 처형되었다.1917년 10월 혁명 이후 볼셰비키 정권은 동성애를 합법화했으나, 1934년 스탈린의 출산장려정책으로 다시 수천 명이 체포·구금되었다. 반면1950년대 미국의 매카시즘은 동성애자를 반공주의의 공격목표로 설정하였다. 결국 동성애자들은 독일의 나치, 스탈린, 그리고 미국 등 거의모든 국가에서 지속적으로 탄압을 받았다.[6]

---

6 김진, 동성애의 배려윤리적 고찰, 2005, 39~41면.

최근에 이르러 동성애에 대한 시선은 많이 달라지고 있다. 2001년 네덜란드는 세계 최초로 동성결혼을 합법화시켰다. 이후 벨기에, 캐나다, 스페인, 노르웨이, 스웨덴, 포르투갈, 아이슬란드, 아르헨티나 등이 동성결혼을 합법화했다. 덴마크는 1989년 최초로 동성연인의 법적 권리를 부여하는 '시민결합(civil union)'을 허용했지만 결혼의 합법화까지는 이후 23년이 소요됐다.

아이슬란드에서는 2010년 동성결혼 합법화법안이 발효된 직후, 현직총리가 자신의 오랜 동성연인과 결혼을 발표하기도 했다. 2013년 현재까지 멕시코, 브라질, 미국(이상 일부 주), 우루과이, 뉴질랜드, 프랑스 등 14개 국가가 동성결혼을 합법화하고 있다.7

나. 의무론과 공리주의에서 보는 동성애

칸트는 동성애를 비자연적이고 부도덕한 행위라고 보았다. 그는 기독교적인 전통에 따라 동성간의 섹스가 인간성의 목적과 너무나 상반된다고 비난하였는데, 이는 모든 유형의 혼외정사와 마찬가지로 동성애 역시 다른 인격을 오직 수단으로 사용하기 때문에 그가 주창한 정언명령에 반하는 것이다. 그의 생각은 동성애가 출산을 전제로 하지 않는 비자연적인 행위이므로 부도덕하다는 아퀴나스의 입장을 따른 것이지만, 최근 동성애 옹호론자들은 도리어 동성애자들이 상대방을 인격적으로 대하며 그 어떤 지배수단으로 여기지 않는다고 반박한다.

공리주의의 창시자 벤담은 동성애를 주제로 한 여러 편의 글을 통해서, 동성애자들이 각국에서 가혹하게 취급당하는 것을 불편해 하였다. 쾌락과 유용성의 관점에서 동성애는 다른 사람에게 고통을 주지 않으면서, 어떤 사람들에게는 쾌락을 주기 때문에 사회적으로 해롭지 않고 아무런 문제도 되지 않는다고 생각했다. 인구정책적 측면에서 동성애자들이 산 채로 불태워져야 한다면, 승려들 역시 공평하게 대접해야

---

7 2013. 5. 19. 아시아경제.

한다는 것이 그의 논리이다.[8]

이제 우리는, 자연적·인격적·정상적이라는 척도를 단순히 경향성이나 숫자놀음에 따라 판단할 수 있는 것인지 고민해야 한다. 사회학자 뒤르켐의 인식처럼 개별적 존재들을 집단의 전체의식으로 묶고서 획일적으로 옳고 그름을 판단하는 것이 결국 집단의 건전한 발전을 해칠 수도 있기 때문이다.

다. 동성애자는 경찰에 적합하지 않은가

경찰은 사회의 여타 조직과 상당히 다른 특성을 가진다. 명백한 상명하복의 계급구조를 유지하면서, 위험에 직면하는 직무특성상 조직 구성원들간의 유대관계를 중시하게 된다. 조직내부의 결속문제를 떠나 외부적 관점에서 볼 때, 클라이니히의 지적처럼 시민들이 공감하기 어려운 경찰관의 사생활이 직무수행의 권위를 해치는 부작용을 가져올 수 있다면, 동성애도 여기에 해당할 수 있을까.

공직과 사생활에 관한 기존의 논의들이 여기까지 이르지 못한 것은 아직 우리 사회에서 이를 공개적으로 다루기에 불편함이 많기 때문이다. 하지만 이제 현실의 문제로 등장하고 있다.

2012년 성소수자 인권운동을 하는 이모씨는 국민신문고(www.epeople.go.kr) 민원란에 "동성애자도 경찰이 될 수 있나요?"라고 질문했다. 이에 대해 경찰청에서는 "경찰공무원은 신체 및 사상이 건전하고 품행이 방정한 사람 중에서 임용한다고 규정하고 있습니다. 이 점을 참고하시면 될 것 같습니다."라고 답변을 올렸다.[9] 논란이 불거지자 경찰청은 원칙적인 답변일 뿐 다른 의도가 없었다고 해명했지만, 인터넷 상에서는 차별과 증오범죄에 대응해야 할 경찰이 동성애혐오증을 유발한다는 비판이 거세게 일었다. 아직 경찰의 명백한 입장정리는 없는 듯하

---

8 김진, 동성애의 배려윤리적 고찰, 2005, 46~51면.
9 2012. 5. 27. 한국일보.

다. 그러나 '동성애'의 결격여부를 묻는 질문에 비록 원론적 답변이라도 '신체, 사상 그리고 품행'을 언급한다면, 그 의도를 미루어 짐작하는 것이 그리 어렵지만은 않다.

만일 경찰채용을 위한 면접과정에서 '동성애'에 관한 질문을 한다면 경찰관으로서의 '사상과 품행'에 관한 적절한 질문으로 평가될 수 있을 것인가. 그리고 여기에 대해 솔직한 답변을 하는 공개적 동성애자는 사상과 품행이 결여된 부적격자가 되어야 할 것인가. 이것을 면접관 개인의 재량사항으로 치부한다면, 문제는 더욱 심각해질 수도 있다.

성적 지향에 따른 임용상의 차별을 평등권 침해로 명백히 규정하고 있는 「국가인권위원회법」 제2조 제3호[10]는 이미 해답을 제시하고 있다. 만일 평등권 침해를 정당화할 수 있는 합리적 차별의 근거가 존재한다면, 침묵이나 회피가 아닌 구체적 답변을 경찰이 해야 할 차례이다.

공개적으로 동성결혼을 올리고,[11] 공공장소에 광고를 게재하고자 하는 상황에서, 조만간 커밍아웃(Coming-out)을 하는 경찰관들이 등장할지도 모른다. 경찰관의 커밍아웃은 공직에 대한 권위를 실추시키고 품위를 손상하는 행위로 비판과 징계의 대상이 되어야 할 것인가. 물론 여기에는 숨겨진 개인의 사생활을 억지로 밝혀내는 것이 아니라, 자신

---

10 "평등권 침해의 차별행위"란 합리적인 이유 없이 성별, 종교, 장애, 나이, 사회적 신분, 출신 지역(출생지, 등록기준지, 성년이 되기 전의 주된 거주지 등을 말한다), 출신 국가, 출신 민족, 용모 등 신체 조건, 기혼·미혼·별거·이혼·사별·재혼·사실혼 등 혼인 여부, 임신 또는 출산, 가족 형태 또는 가족 상황, 인종, 피부색, 사상 또는 정치적 의견, 형의 효력이 실효된 전과(前科), 성적(性的) 지향, 학력, 병력(病歷) 등을 이유로 한 다음 각 목의 어느 하나에 해당하는 행위를 말한다. 다만, 현존하는 차별을 없애기 위하여 특정한 사람(특정한 사람들의 집단을 포함한다. 이하 이 조에서 같다)을 잠정적으로 우대하는 행위와 이를 내용으로 하는 법령의 제정·개정 및 정책의 수립·집행은 평등권 침해의 차별행위(이하 "차별행위"라 한다)로 보지 아니한다.
   가. 고용(모집, 채용, 교육, 배치, 승진, 임금 및 임금 외의 금품 지급, 자금의 융자, 정년, 퇴직, 해고 등을 포함한다)과 관련하여 특정한 사람을 우대·배제·구별하거나 불리하게 대우하는 행위.
11 2013년 9월 영화감독 김조광수는 공개적으로 동성결혼식을 올리고 혼인신고서를 구청에 제출했다.

의 의도적 표출에 대한 책임이라는 또 다른 문제가 등장하게 된다. 지배적 다수와 다른, 자신의 성적 지향에 공직자로서 침묵하는 것이 윤리적 덕목이 될 수 있는지의 문제 또한 고민거리이다. 이미 서구사회에서는 공직에 대한 자격을 평가함에 있어서 동성애와 같은 사적 공간에서 벌어지는 일들에 대해서는 더 이상 관심을 가지려 하지 않는 추세이다. 여기에는 물론 타인에게 피해를 가져오지 않는 자신의 사생활의 공개(커밍아웃)까지 포함된다.

　　가장 강력한 규율과 남성성이 강조되는 군에서조차 이런 변화가 일고 있다.

● 미국 동성애자 군복무 금지법의 폐지

　2010년 12월 22일 오바마 대통령은 정부청사에서 동성애자 군복무를 허용하는 법안에 서명했다. 1993년 클린턴 정부시절 제정된 동성애자 군복무 금지법은 동료나 본인의 성 정체성에 대해 '묻지도, 말하지도 말라(DADT: Don't Ask Don't Tell)'는 말로 요약된다. 오바마 대통령은 법안에 서명하면서 '이 나라를 위해 목숨 바쳐 싸워온 동성애자 군인들이 이제 거짓된 삶에서 벗어나게 됐다. 미군은 더욱 강력해질 것'이라고 소감을 밝혔다.

　한국계 게이군인인 댄 최(Dan Choi)는 이런 역사적 사실에 기여한 사람 중 하나다. 그는 웨스트포인트를 졸업하고 이라크전에 참전해 통역장교로 활동했지만, 2009년 모 방송에서 게이임을 커밍아웃한 뒤 동성애자 권익운동가로 스타가 되었고, 결국 군에서 강제 전역되었다. 그가 밝힌 커밍아웃의 이유는 "이라크에서 통역장교로 근무하면서 '진실'이 가장 중요하다고 느꼈지만, 내 성 정체성을 숨기고 있는 게 너무 힘들었고 더 이상 거짓말을 할 수 없기 때문"이다.

　그는 종교에 관한 질문을 받자 이렇게 답변했다. "사람들은 '게이'가 하나님의 뜻에 반(反)한다고 말하더군요. 내겐 종교적 영향이 강하게 배어 있고, 난 예수님이 제일 좋은 멘토이며 롤모델이라고 생각하는데 혼란스러웠어요. 내가 어머니에게 게이라고 밝혔을 때 엄마는 '성경에서 돌로 치라 했다'고 말하더군요. 그래서 나를 돌로 쳐 보라고 했어요. 엄마는 '너 잘못된 거야. 지옥 갈 거야. 성경에서 그렇게 말했어'라고 했어요. 내 종교를 뺏긴 것 같은 느낌이 들었지요. 마치 내 종교에 '강간당

7. 문 신

경찰관이 자신의 신체에 문신을 하는 것은 일반적으로 표현의 자유로서 다루어질 사안이지만, 사안에 따라 사생활의 영역에 해당할 수도 있다. 예를 들어 반소매 복장으로 근무하거나 여름경찰서에서 반바지를 착용할 경우, 외부로 노출되는 문신은 직무와 관련되며 이를 제한하기 위해서는 경찰관으로서의 권위나 품위, 직무의 공정성에 대한 훼손으로 인한 공익침해와 공직자로서의 표현의 자유간의 이익을 고려해야 한다.

2004년 경찰채용 당시 신체검사에서 12명이 문신으로 인해 불합격처리 됐고, 국가인권위원회에서는 문신이 있다는 이유로 불합격시키는 규정에 대한 시정을 경찰에 권고했다.

「경찰공무원임용령 시행규칙」 중 '경찰공무원 채용시험 신체검사 기준표(별표 5)'에서는 "시술동기, 의미 및 크기가 경찰공무원의 명예를 훼손할 수 있다고 판단되는 문신이 없어야 한다"고 규정하고 있고, 이에 따라 신체검사 시 문신의 정도를 검사하고 있으나, 국회 법제실에서 발표한 '행정입법 분석 평가사례'에서는 문신을 신체검사 기준으로 제시한 시행규칙이 업무수행에 필요한 신체조건의 범위를 넘어서 개인의 직업선택의 자유를 법률에 구체적이고 명확한 위임근거 없이 제한하고 있어 법률유보원칙에 반한다고 평가하고 있다.[12]

우리나라는 유교적 전통과 문신형벌의 역사로 인해 아직 문신에

---

12 국회법제실, 행정입법 분석평가사례, 2013, 60면.

대한 거부감이 크고, 사회에서 이를 부정적으로 바라보는 시각이 많기는 하다.13 하지만 이미 젊은 세대에서는 문신이 하나의 트렌드로 인정받고 있다. 경찰관의 채용을 오랜 기간 준비했음에도, 법률에서 언급조차 되지 않은 시행규칙 구석에 자리한 문신에 관한 작은 문구로 인해 신체검사에서 경찰임용이 좌절된 젊은이들이 있다면 그들의 입장도 십분 이해할 수 있을 것이다.

우리나라의 현행법상 의료인이 아닌 타투이스트에게 문신을 시술받는 것이 「보건범죄단속에 관한 특별조치법」 제5조와 「의료법」 제25조에 반하는 불법의료행위라는 점도 문신자 채용제한의 근거로서 제시되기도 한다. 그러나 이 법률들은 불법의료행위를 처벌하는 행정법규이지 문신시술 자체를 불법행위로 규정하는 것도 아닐뿐더러, 합리적 근거 없이 모든 문신을 일응 불법으로 판단해서도 안 된다.

경찰관이 하절기에 성하복을 착용하게 되면, 목이나 팔에 새겨진 문신은 외부로 노출되어 경찰의 이미지나 권위에 영향을 미칠 여지가 있다. 반면 허벅지나 종아리, 기타 제복을 통해 외부로 노출되지 않는 부분에 새겨진 문신은 경찰의 명예와 관련된다기보다는 사생활의 영역으로서 보장될 필요성도 존재한다. 만일 허벅지에 새겨진 큰 문신으로 인해 반바지를 착용하는 여름경찰서의 근무를 제한하는 직무상의 명령을 발한다면, 용인될 여지가 있을 것이나 경찰관의 신체적 조건을 결한다고 단언하기는 쉽지 않다.

또 문신의 문양이 폭력을 상징하거나 범죄와 연관될 수 있고, 직무수행 중 시민들에게 노출될 수 있다면, 이에 대한 제한은 정당화될 수 있다. 그렇지만 언제나 염두에 둘 것은 경찰의 입직을 전면적으로 거부하는 것이 아니라 직무수행의 방식을 제한하는 최소한의 규제방식에 대한 고민이다.

---

13 김형중, 한국 형벌문신의 발전사와 현대적 의미에 대한 소고, 한국경찰학회, 15(3), 2013, 25~52면.

🏵️ 외국경찰의 문신규제

미국 하트포드(Hartford) 시 경찰서장은 팔에 거미줄 문신을 한 경찰관들에게 근무시간 중 복장규정에 따라 밴드타입 또는 긴팔셔츠로 문신을 가리도록 지시했고, 이에 불복한 경찰관들이 소송을 냈으나 법원은 경찰서장의 조치의 합헌성을 인정했다.[14]

독일에서도 유사한 소송사례가 잇따르고 있다. 2012년 11월 29일 독일 아헨(Archen) 행정법원은, 양쪽 어깨에서 팔 아래까지 커다란 문신이 있다는 이유로 경찰채용을 거부하는 것은 기본권 침해라고 판결했다. 비록 경찰직무수행을 위해 경찰입직자의 기본권이 제한될 수 있을지라도, 여름에도 긴팔셔츠를 입도록 의무화하는 방식 등 보다 침해가 적은 수단을 고려할 수 있으므로 채용자체를 거부하는 조치는 비례의 원칙에 위배된다는 것이다.[15]

8. 통 신

🏵️ 개인 휴대전화 통화기록과 은행계좌 동의서

2010년 조현오 서울지방경찰청장은 소속 경찰관들에게 개인 휴대전화 통화기록과 은행계좌 조사에 대한 동의서를 의무적으로 서울경찰청에 제출하도록 명령했다. 잇달아 발생한 비리를 근절하기 위한 초강경 조치였다.

그동안 경찰에서 지급한 업무용 휴대전화는 조회가 가능했지만 개인 휴대전화는 영장없이 조회가 불가능했다. 사전보고 없이 유흥업소 업주 등과 통화하거나 접촉할 경우 '지시사항 위반'으로 인사상 불이익을 받도록 하기 위한 조치이지만, 경찰관들을 잠재적 범죄자로 취급한다는 내부비판이 일기도 했다.

(2010. 2. 1. 동아일보)

---

14 이노홍, 미국의 문신규제에 관한 헌법적 논의, 미국헌법연구 제22권 제1호, 2011, 206~208면.
15 Urt. v. 29.11.2012, Az. 1 K 1518/12.

경찰공무원의 사생활은 일반인에 비해서 제한될 수 있다. 그러나 특별행정법관계를 통해 법적 근거가 필요하다는 인식이 확산되자, 사생활 확인을 위해 경찰관 개개인의 동의를 사실상 강요하는 상황이 발생하고 있다. 과거에도 경찰비리조사나 근무기강을 확립하기 위해 경찰관서 사무실에 시정되지 않은 책상서랍을 뒤져보거나, 시정된 경우 관리자에게 시정장치를 해제할 것을 요구하는 경우가 많았다.

미국에서는 공무원의 기본권을 보호하기 위해 이른바 '위헌적 조건이론(Doctrine of Unconstitutional Conditions)'이 등장했다. 공무원이라는 이유로 공직자의 헌법적 권리를 제한하는 위헌적 조건을 부과할 수 없다는 것이다.

미국 캘리포니아 온타리오(Ontario)시에 경찰관으로 근무하는 제프 퀀(Jeff Quon)은 시에서 지급한 양방향 페이저를 사용하던 중, 경찰당국에서 메시지 용량의 적정성을 알아보기 위해 송·수신 메시지를 확인하고, 공무수행과 무관한 사용에 대하여 징계처분을 하자 소송을 제기하였다. 연방대법원은 경찰관의 프라이버시의 침해주장을 받아들이지 않고 시당국의 손을 들어주었다. 비록 공무원이 문자메시지에 대한 프라이버시의 합리적 기대를 가지더라도 시당국에서 업무용 전자기기에 대해 과도하지 않게 조사를 시행하는 것은 공무원의 프라이버시권을 침해하는 것이 아니라는 취지다.16

공공의 목적으로 지급된 공적 통신장비라 할지라도 그 사용내역에 관한 조사는 경찰관의 프라이버시를 최대한 보호하는 범위에서 신중하게 진행되어야 한다. 그러나 우리나라의 사례에서와 같이 순수하게 사적으로 사용하는 통신기기에 대해서 사실상 강압적으로 사용내역조회에 동의하도록 하는 것은 경찰관에게 위헌적 조건을 부과하는 전형적인 사생활침해 사례가 될 것이다.

---

16 정하명, 공무용전자기기의 사적 사용에 대한 공무원의 사생활보호, 공법학연구 제12권 제3호, 2011, 400~401면.

9. 사생활의 품위

"공무원은 직무의 내외를 불문하고 그 품위가 손상되는 행위를 하여서는 아니 된다"고 규정하고 있는 국가공무원법 제63조는 경찰을 비롯한 공무원들에게 사생활에 있어서도 품위를 유지해야할 책임을 부과한다. 이 조문은 경찰공무원 징계의 근거로서 전가의 보도처럼 사용되고 있다. 문제는 여기에서 말하는 품위가 지극히 다의적이고 추상적이라는 것이다.

판례는 이를 다음과 같이 해석한다.

> "국민으로부터 널리 공무를 수탁하여 국민 전체를 위해 근무하는 공무원의 지위를 고려할 때 공무원의 품위손상행위는 본인은 물론 공직사회에 대한 국민의 신뢰를 실추시킬 우려가 있으므로 지방공무원법 제55조는 국가공무원법 제63조와 함께 공무원에게 직무와 관련된 부분은 물론 사적인 부분에 있어서도 건실한 생활을 할 것을 요구하는 '품위유지의무'를 규정하고 있고, 여기에서 품위라 함은 주권자인 국민의 수임자로서 직책을 맡아 수행해 나가기에 손색이 없는 인품을 말한다."17

대법원은 장황하게 풀이하고 있지만 사실 그 내용을 구체적으로 살펴보면 '품위'라는 개념을 조금도 구체화시키지 못하고 있다. 사생활에 있어서 품위훼손으로 판단된 주요 판례들은 다음과 같다. 교통사고를 일으키고 도주한 경우, 부도덕한 축첩행위, 사통하던 여자와 싸우다가 상해를 가하여 고소를 당한 경우, 아무런 변제대책도 없이 과다채무를 부담한 경우, 불법과외교습, 도박행위, 음주운전 및 음주상태에서

---

17 대법원 1998. 2. 27. 선고 97누18172 판결. 이 판례는 영등포 수도사업소 소속 공무원이 근무지를 이탈, 동료 여직원의 의사에 반하여 성관계를 요구하다가 그로 인하여 형사소추까지 이른 사안으로, 항소심에서 피해자의 반항이 현저하게 곤란할 정도의 유형력의 행사가 있었다고 볼 만한 증거가 없다고 하여 무죄판결이 선고되었으나, 품위유지를 근거로 해임의 징계처분을 받은 사례이다.

교통사고를 야기한 경우.18

　　사례의 대부분은 굳이 품위를 언급하지 않더라도 법령을 준수해야한다는 공무원으로서의 의무를 해태했다는 점에서 징계책임이 부과될수 있다. 공무원의 윤리장전으로서 품위유지의 의무를 선언하는 것은윤리적 책임의 문제로서 그 정당성을 가질 수 있지만, 법적 의무로서의품위유지의무는 신분상의 불이익을 가져오는 징계의 근거이며, 그 해석의 재량범위가 너무 넓고 자의적이라는 문제가 있다. 윤리의 문제인품위를 법의 문제로 확대하는 것은 주의해야 한다.

---

18 최선웅, 경찰공무원 징계재량에 대한 사법심사의 판단 기준, 한국경찰연구 제6권
　　제3호, 2007, 242면.

제 4 절 종교중립

● 경찰청장과 종교중립

2008년, 어청수 경찰청장은 A교회와 경찰청 경목실 주최로 개최하는 '전국경찰 복음화 금식대성회' 기도회에 참석하기로 한다. 동 교회에서는 경찰청장과 목사의 사진이 나란히 부착된 광고지를 제작하여 배포하였고, 경찰서에서는 동 광고지를 경 찰서 외벽에 설치된 게시판에 부착하였다. 불교계에서는 '특정종교 기도회에 공공조 직의 수장이 사진을 올린 것은 명백한 종교편향행위'라고 힐난했으며, 경찰청에서는 '좋은 취지의 행사라 사진게재를 허락했다'고 해명했다.

1. 국가와 종교

우리 현행 헌법은 제20조 제1항에 '모든 국민은 종교의 자유를 가 진다'라고 규정하여 종교의 자유를 보장하고 있으며, 동조 제2항에서는 국교부인과 정교분리를 명문화하고 있다. 법률의 실력적 집행이라는 강력한 국가권력을 상징하는 경찰활동에서 종교적 중립을 유지하는 것 이 중요하다는 사실은 누구나 공감한다. 그러나 아직까지도 무의식적 이거나 의식적으로 공적 직무수행에서 특정 종교에 대한 편향적인 태 도가 나타나기도 한다.

물론 경찰의 문제만은 아니다. 헌법정신과는 달리 국가행정에서 종교적 중립을 지키는 것은 그리 간단한 문제가 아니다. 특정종교의 오 랜 역사적 전통을 간직한 서구의 많은 국가들에서는 정교분립의 구현 과 그 한계가 항상 국가운영의 화두로 등장한 반면, 종교적 관행으로부 터 비교적 자유로운 국가행정을 유지해온 우리나라에서는 공동체 전체

의 문제라기보다는 국가운영자 내지 행정수장의 개인적 신념, 그리고
종교계의 정치적 영향력으로 인해 미묘한 관계가 형성되어 나갔다.

◉ 역대 권력과 종교적 갈등

이승만 전 대통령은 1948년 7월 취임식 선서를 기독교식 기도로 시작했으며 취임
사에서 '하느님과 동포 앞에 나의 직책을 다하기로 맹서한다'고 밝혔다. 1954년에는
대대적인 불교 정화운동이 시작되기도 하였다.

박정희 대통령 집권당시에는 독재정권 타도에 천주교가 선봉에 있어서 갈등관계
를 가졌다. 74년 원주교구 지학순 주교가 민청학련 사건에 연루돼 구속된 것을 계기
로 천주교 정의구현전국사제단이 결성, 민주화 운동을 이끌었다.

전두환 대통령은 불교신자임에도 조계종 총무원장이 신군부에 비협조적이었기 때
문에 불교계 정화라는 미명아래, 80년 군경병력 3만2천명을 동원 전국 5,731개 사
찰과 암자를 일제히 수색하고 불교계 인사 153명을 연행하였다.[1]

김영삼, 김대중, 노무현 대통령은 종교와 특별한 마찰이 나타나지 않았지만 이명
박 정부에서는 특히 불교와의 갈등이 표출된다. 개신교 장로인 이명박은 서울시장
재임시 '서울을 봉헌한다'는 발언으로 불교계의 반발을 일으켰다. 이후 대통령 재임
시 행정업무 수행에서 특정종교 탄압의 비판을 받았다. 국토교통부, 서울시의 교통
정보 시스템에 교회와 성당만 표기하고 사찰을 누락한다거나, 2008년 촛불시위자
검문과정에서 경찰이 조계종 총무원장 차량의 과잉검문으로 종교탄압의 문제가 불
거졌다.

2. 종교중립에 관한 각국의 입장

자유권적 기본권으로서의 종교의 자유는 서구에서 교회와 세속권
력의 투쟁 속에서 발전되었으며, 국가와 종교의 분리라는 결과로 나타
났다. 그러나 서구의 국가들은 정치와 종교의 분리에 있어서 차이를 보

---

1 문화일보, 권력과 종교 … '대통령의 신앙'이 종교갈등 부른다, 2008. 8. 30.

이고 있다. 영국과 스페인의 경우는 국교제도를 유지하면서도 종교적 관용정책을 시행, 국민의 종교적 자유를 보장하고 있다. 독일이나 이탈리아는 국교를 인정하지 않으면서도 종교단체에게는 국가에 준하는 공법인으로서의 독특한 지위가 인정된다. 반면 미국과 프랑스는 국가와 종교를 완전히 분리한 유형에 해당되며, 우리나라도 이에 포함된다고 볼 수 있다.[2]

그러나 오랜 기독교적 전통을 가진 서구에서도 무슬림의 영향력이 확대됨에 따라 정교분리의 원칙이 흔들리고 있다. 실례로 2009년 6월 30일, 미국 뉴욕시의회 앞에서는 이슬람 축일을 학교 휴일로 지정한 의회결의안 통과에 대하여 이슬람 교도들이 '60만 뉴욕 무슬림의 승리'라며 축하하였고, 시행반대 의사를 밝힌 마이클 블룸버그 뉴욕시장에게 '올해 선거가 있다는 것을 기억하라'며 3선을 노리는 시장을 향한 경고의 메시지를 보내기도 하였다.[3]

프랑스 사르코지 전 대통령은 2009년 6월 22일, 의회 연설에서 '부르카는 종교가 아니라 여성의 자유, 존엄성의 문제이다!'라고 부르카 착용을 비난하였는데, 이에 대해 이슬람 테러단체 알 카에다 북아프리카 지부는 프랑스에 대한 보복을 경고하였다.[4]

2009년 11월 29일, 스위스에서는 세계최초로 국민투표를 통해 이슬람 등대탑(Minarett)을 세우는 것을 거부하여 무슬림들의 반발을 사고 있다.[5] 이슬람 문화를 비판하는 측에서는 '무슬림들이 여성평등, 정교분리 같은 서구의 핵심가치를 받아들이지 않는다'고 주장한다. 그러나

---

2 양건, 국가와 종교의 관계에 관한 법적 고찰, 윤세창 교수 정년기념논문집, 1983, 606면.

3 New York Times, 2009. 7. 1.

4 CNN, 2009. 7. 1.

5 미나레트에서는 기도 시보원(時報員)이 하루에 5번씩 이 탑에 올라가 외침으로써 신자들에게 기도하도록 한다. 이러한 탑은 항상 이슬람 사원과 붙어 있으며 발코니나 외부에 노출된 회랑을 1개 이상 갖추고 있다. 예언자 마호메트가 살던 때에는 이슬람 사원 근처에서 가장 높은 건물 지붕에 올라가 기도시간을 알렸는데, 초기에는 그리스 시대의 망루와 그리스도교 교회의 탑을 사용했다.

그 기저에는 서구문화의 근간인 기독교 문화의 희석에 대한 위기의식이 존재한다.

가. 독 일

독일에서는 국가와 종교를 상호협력적인 관계로 규정하고 있다.[6] 공법인의 신분을 가지는 공동체는 교회세를 받을 수 있으며, 대부분의 종교세는 국가의 재무청에서 비용을 받고 교회의 위탁을 받아 징수하게 된다. 또한 기독교적인 휴일은 헌법을 근거로 보호된다. 종교수업은 국립학교 정규 수업과목으로 편성되며 많은 법정과 학교에 십자가가 걸려있다.

그러나 1995년 독일연방헌법재판소에서는 학교교실에 십자가상이나 십자가를 비치할 것을 정하고 있는 바이어른 주의 국립학교 명령이 헌법에 위반된다고 결정한 바 있으며,[7] 히잡을 착용하는 무슬림 예비여성교사의 임용을 거부한 교육청에 대하여, 히잡착용을 금지하기 위해서는 법률에 명확한 근거가 마련되어야 한다는 취지의 판결을 하였고, 이에 따라 주법에서는 히잡착용을 금지하는 법률을 제정하기도 하였다.[8]

가톨릭과 개신교가 지배적인 독일사회에서는 과거 공적 장소에서 기독교의 종교적 상징이 부분적으로 허용되어 왔지만, 위 판결에서 보는 바와 같이, 무슬림 등 기타 종교집단의 세력이 커지고 다원화의 목소리가 높아짐에 따라 정교분리가 보다 엄격하게 적용되는 추세이다.

나. 프 랑 스

프랑스에서는 1905년 '정치와 종교의 분리를 위한 법률'을 제정, 엄격한 정교분리의 원칙을 확립하였다. 이러한 정교분리가 확립되기까

---

6 최우정, 한국헌법학, 2008, 407면.
7 BVerfGE 93, 1＝1995, 2477 ff.
8 BVerfGE 108, 282.

지는 군인, 귀족, 가톨릭 교회의 지지를 받는 보수적 − 반의회주의적 세력과 의회적 − 민주적 공화국 신봉자들간의 갈등이 있었으며, 이러한 갈등이 촉발된 계기가 1894년부터 1905년까지 프랑스 전체를 흔들었던 이른바 '드레퓌스(Dreyfus)'사건9이었다. 이 사건을 통해 결국 드레퓌스는 복권되고 공화주의자들이 승리한다. 1902년 좌파가 의원선거에서 승리하면서 가톨릭의 반근대적 태도는 비판을 받게 되었으며, 국가의 허가를 받지 않은 약 3,000개의 모든 가톨릭 학교가 폐쇄되고, 수도단체를 해산하는 강력한 정교분리(Laizismus)를 시행하였다.

1904년 바티칸은 프랑스와 국교를 단절하였으며 가톨릭에 충실한 시민들은 이러한 법률에 거세게 저항하였으나 수도단체 구성원들은 더 이상 교사로 활동할 수가 없었고, 십자가상과 종교적 상징물들은 학교, 법원 등 공적 건물에서 추방되었다. 다만 군대의 사제직의 경우만 가톨릭, 개신교, 유대교에서 전통적으로 담당하고 있으며 2005년부터는 이슬람도 합세하였다. 정교분리의 원칙에 따라 프랑스 공립학교에서는 히잡, 큰십자가, 유대교 키파모자, 터번 등 눈에 띄는 종교적 상징물의 착용이 금지되었다.10

다. 미 국

1620년 영국 청교도들은 국교거부와 종교의 자유쟁취를 위해 아메리카 대륙으로 목숨을 건 이주를 시작했다. 종교의 자유는 미국탄생의 중요한 기초가 된다. 1791년 제1차 헌법개정을 통해 미국 연방헌법

---

9 1894년 군사정보를 독일측에 통보한 편지의 범인으로 인정된 드레퓌스는 군적과 계급이 박탈되고, 무기유형에 처해졌다. 이후 그의 무죄를 증명하는 유리한 증거가 발견되어 《오롤》지상(紙上)의 E. 졸라에 의한 공개문 '나는 탄핵한다'를 비롯하여, 재심요구 운동이 활발해지고 사건은 우익과 좌익의 정치투쟁으로 전환된다. 1906년 드레퓌스의 무죄가 확정되었으나 프랑스군(軍)은 100년이 지난 1995년에야 드레퓌스의 무죄를 공식적으로 인정한다.
10 신옥주, 히잡착용을 통하여 본 유럽에서의 종교자유에 대한 고찰, 공법학연구 제9권 제3호, 308면.

에는 10개의 기본권 규정이 '권리장전'이라는 이름을 얻어 삽입되었다. 수정헌법 제1조에서는 "연방의회는 국교를 설립하거나 종교의 자유로운 행사를 금지하는 법률을 제정하지 못한다"고 규정한다.

이후 미국에서는 정교분리와 관련한 많은 판례들이 축적되어 그 기준을 제시하였다. 1992년 Lee v. Weisman(505 U.S. 577) 판결에서는 공립 고등학교 졸업식에서 학교의 지원을 받아 성직자가 기도를 이끄는 것이, 비록 기도의 내용이 '비종파적'이고 행사참여가 '자발적 참여'라는 미명하에 이루어진다 하더라도 위헌이라고 선언한다.[11]

한편, 1984년 Lynch v. Donnelly(465 U.S. 668) 판결에서 연방대법원은 예수 강탄(nativity) 장면을 포함하고 있는 시청 크리스마스 장식을 시의 비용으로 설치하는 것이 합헌이라고 선언하였다. 다수의견을 통해 크리스마스 장식의 의미를 시당국이 국가 공휴일을 기념하기 위한 것이라는 문맥 속에서 파악하고자 했고 따라서 예수 강탄 장면이 크리스마스 휴일의 역사적 기원을 상징적으로 묘사하려는 정당하고 세속적인 목적을 지향할 뿐이라는 결론을 내린 것이다.[12]

주의할 것은 5년 후인 1989년 Allegheny County v. American Civil Liberties Union 판결에서는 공공건물에서 다른 크리스마스 장식 없이 예수 강탄 장면만을 장식물로 전시하는 것이 정교분리 조항에 위배되어 위헌이라고 판시했다는 사실이다.

3. 공직과 종교중립

◉ 케네디 vs. 오바마

미국 행정부의 수장으로서 공직과 정교분리에 관한 입장이 대비되는 인물은 케네디와 오바마다. 가톨릭 신자 최초로 미국 대통령이 된 케네디는 종교적 신념과 공적

---

11 임지봉, 공립학교 행사에서의 기도와 정교분리원칙, 법률신문, 2008. 3. 3.
12 임지봉, 크리스마스 장식과 정교분리원칙, 법률신문, 2008. 2. 18.

책임이 무관하다고 선언했다.

"대통령이 되어도 종교적 견해는 사적인 문제로 머물 수 있다고 생각합니다. 대통령이 되어 산아제한, 이혼, 검열, 도박 등 어떤 문제가 닥쳐도 (…) 외부의 종교적 압력이나 지시에 구애받지 않고, 제 양심에 비추어 국익을 위해 결단을 내릴 것입니다."13

케네디와 함께 민주당 소속의 젊은 세대를 상징하는 유능한 대통령으로 언급되는 오바마는 그러나 도덕적·종교적 신념, 그리고 법과 정치의 분리를 인정하지 않는다.

"비종교인이 종교인에게 공개광장으로 들어가기 전에 종교를 문 앞에 내려놓으라고 요구한다면 잘못입니다. (중략) 공공정책을 토론할 때 '개인의 도덕'을 끌어들여서는 안 된다는 주장은 현실적으로 말이 안 됩니다. 우리 법은 모름지기 도덕을 체계화한 것이며, 그 도덕의 상당 부분은 유대 그리스도교 전통을 바탕으로 합니다."14

1983년부터 1994년까지 뉴욕 주지사를 세 번이나 역임한 마리오 쿠오모(Mario Cuomo)는 낙태문제로 개신교와 충돌하게 된다. 독실한 신자였던 그는 뉴욕 주의회에서 의결된 낙태자유보장법을 공표하면서 이렇게 말한다.

"가톨릭 신자인 우리들은 종교의 자유를 보장하는 헌법의 신성함과 위대함을 믿는다. 가톨릭 신자인 공직자들은 그 동안 미국이 지켜 온 역사적 가치들을 구현하고자 노력해 왔다. 이는 우리의 자유를 지키기 위해서는 다른 이들에게도 그런 자유를 보장해 주어야 한다는 것이며, 때로는 우리가 그것이 죄악이라고 생각하는 것일지라도 이를 수용해야 한다. 공직윤리는 공직자 개인이 그의 일상 속에서 지켜

---

13 Address of Senator John F. Kennedy to the Greater Houston Ministerial Association, Houston, Texas, September 12, 1960.
14 Barack Obama, "Call to Renewal Keynote Adress," Washington, D.C., June 28, 2006. 케네디와 오바마 연설의 번역문은 샌델의 책에서 재인용하였다. 마이클 샌델(이창신 역), 정의란 무엇인가, 김영사, 2010, 341~344면.

온 것이냐가 중요한 것이 아니라 모든 사람들이 그 윤리의 옳고 그름에 대해 합의
했느냐가 중요하다. 아무리 종교적 믿음에서 파생되는 가치라고 하더라도 그것이
다수의 공동체 구성원들에 의해서 합의되고 공유되지 않는다면 공직윤리의 일부가
될 수도 없고 또 되어서도 안 된다."

　　공직자 누구에게나 개인의 윤리관은 존재한다. 개인윤리는 인간으
로서의 공직자 개인의 내면 세계에서 울려오는 양심의 목소리이다. 반
면 조직윤리는 공익을 위해 요구되는 규범내지 문화적 관행의 준수를
말한다. 공직윤리와 관련, 자주 제기되는 이 사례에서 쿠오모는 헌법적
절대성이라는 정책윤리를 통해서 가톨릭 신자로서의 개인윤리와 주지
사로서 감당해야 하는 조직윤리간의 갈등을 조정하고자 하였다.15
　　개인윤리와 조직윤리를 구별하는 그의 생각은 그의 아들에까지 영
향을 미친 모양이다. 2011년, 56대 뉴욕 주지사가 된 그의 아들 앤드루
쿠오모(Andrew Cuomo)는 그해 6월 24일, 가톨릭 신자로서 동성결혼에
반대하면서도 동성결혼을 금기시해 온 주의 다수당인 공화당을 설득,
뉴욕 주에서 평등결혼법안을 통과시킨다. 그의 집무실에는 로스쿨 졸
업당시 아버지 마리오가 선물로 준 토머스 모어의 초상화가 걸려있
다.16 유토피아의 저자로 유명한 토머스 모어는 1529년 영국 대법관의
자리까지 올랐으나, 가톨릭 교회로부터 독립하여 영국 교회의 수장이
되고자 했던 헨리8세의 수장권을 거부한 채, 가톨릭 교회의 가르침과
자신의 종교적 윤리만을 따르다 결국 단두대에 오른 인물이다.17
　　공직을 수행함에 있어서 정책적 판단을 필요로 하는 상황을 자주
접하게 된다. 특히 상위직급으로 올라갈수록 그렇다. 정책결정 과정에
서 효율성이나 효과성에 관한 판단은 과학적 분석과 경험을 통해서 객
관적 결정이 가능할 수 있지만, 옳고 그름과 관련한 도덕적 판단은 그

---

15 국가청렴위원회, 부패방지 표준 교육교재, 2005, 14면 이하.
16 http://www.nytimes.com/2011/06/29/opinion/29dowd.html?pagewanted=all
17 박원순, 내 목은 매우 짧으니 조심해서 자르게, 한겨레신문사, 1999, 109면.

렇지 않다. 정책결정자의 의사결정은 자신의 도덕적 인식과 가치기준으로부터 도출되며, 이 과정에서 서사적으로 체득된 종교적 윤리기준이 영향을 미치게 된다.

정치인이나 선거를 통해 선출되는 고위 공직의 경우는 특히 시민들의 의사를 존중하고 반영해야 하는 이른바 정책적 윤리와 개인의 조직윤리 간의 내면적 충돌이 발생할 가능성이 높다. 공직자의 가치판단에서 종교적 신념에서 도출된 개인적 견해가 도외시될 수 없을 뿐만 아니라 그럴 필요도 없다. 선거를 통해 그의 공직수행에 동의한 시민들은 이미 그의 공적 직무수행의 능력뿐만 아니라 도덕적 가치관에까지도 신뢰를 표한 것이기 때문이다. 그러나 이러한 절차적 신뢰획득 과정을 거치지 못한 우리 경찰조직에서 경찰정책결정에 개인적 신념이나 가치관을 주입하는 것은 상당한 문제를 가져온다. 그러한 판단이 특정 종교에 대한 개인적 믿음으로부터 도출되는 경우는 특히 그렇다.

4. 경찰인의 종교

공무원은 헌법 제7조 제1항에 따라 국민전체에 대한 봉사자로서 국민에 대하여 책임을 진다. 공무원도 국민의 한사람으로서 헌법과 법률에 의해서 보호되며 사인으로서의 기본권은 당연히 보장되어야 한다. 여기에는 물론 종교의 자유도 포함된다. 공무원도 사적인 지위에서, 즉 개인신분으로서 종교의 자유를 최대한 보장받는다.

그러나 이러한 사적 자유와 공적 업무의 수행은 명확히 구분되어야 한다. 기본권 수범자로서 개인적 종교의 자유를 향유할 수는 있으나 공적 주체로서 공무수행 중에는 정교분리를 천명하고 있는 헌법정신과 국민전체의 봉사자로서의 공무원의 신분을 고려, 자신의 발언이나 행위가 종교적 중립성을 준수하고 있는지 신중하게 판단해야만 한다. 2009년 신설된 「국가공무원법」 제59조의2는 공무원이 종교에 따른 차별 없이 직무를 수행하도록 하고 있으며, 소속 상관이 이에 위배되는 직무상 명령을 하더라도 이에 따르지 않을 수 있다고 규정한다.

🌀 히잡경찰?

　이슬람교도 여성인 A는 우수한 성적으로 경찰임용 필기시험에 합격한다. 그러나 종교적 신념에 따라 히잡을 착용한 채 면접시험에 참석한 A는 결국 최종시험에서 탈락한다. 종교적 표식인 히잡을 착용하는 것이 공직임용의 거부사유가 될 수 있을까?

　　우리 사회에서 경찰관이 히잡이나 부르카를 착용하는 모습은 생각하기 어렵다. '아직까지는'이라는 단서를 붙인다면 말이다. 앞서 독일에서 히잡을 착용했다는 이유로 교사임용이 거부된 사례를 소개했다. 종교의 자유를 고려한다고 하더라도, 교단에 서는 공립학교의 교사가 특정 종교를 상징하는 표식을 착용

▲ 히잡을 착용한 영국경찰

하는 것은 정당화되기 어려울 것이다. 교사가 종교적 표식으로부터 자유로울 수 없는 것은 교육자로서 특정신앙에 편향된 모습을 학생들에게 보이는 것이 교육적 목적에 부합되지 않기 때문이다.

　　한편, 제복을 착용하는 경찰관은 불특정 다수의 시민들과 접촉해야 하고, 개인의 종교생활과는 별개로 공직수행에서 엄정한 정교분리의 원칙을 유지한다는 차원에서 히잡이나 특정한 종교를 표방하는 장식을 부착하는 것은 허용될 수 없다.

　　물론 간단히 단언할 수 있는 문제는 아니다. 시민들과 직접적인 접촉 없이 내근업무를 하는 경찰관들에게는 종교적 표식이 허용되는지, 또 금지되는 종교적 표식의 정도는 어디까지인지, 이를테면 팔찌형 염

주나 십자가도 허용될 수 없는지의 문제가 남아있기 때문이다. 보다 근본적인 문제는, 경찰복제 규칙에서 정하는 '용모복장단정과 품위유지' 규정을 통해, 히잡의 착용을 제한할 수 있는가 하는 것이다.

우리가 지향하는 다문화사회가 확대될 경우, 이러한 문제가 보다 심각하게 등장하게 될 것이다. 종교적 편향성에 대한 극복, 그리고 관용의 문화가 어디까지 확대될 수 있는지 고민해야 할 상황이다.

◉ **노르웨이의 히잡경찰**

2008년 11월, 노르웨이의 이슬람 여성경찰들은 경찰제복에 히잡을 두를 수 있도록 허가해 달라고 정부에 청원하였다.

이에 노르웨이 정부는 이들의 청원을 받아들이기로 했으나 몇 주 뒤 히잡 착용이 제복의 중립성을 저해한다는 경찰 노조의 거센 항의에 직면하자 결정을 철회하기로 했다. 크누트 스토르베르제 법무장관은 "머리를 가리는 것을 비롯해 복장 규제를 바꾸는 것 자체가 목표가 아니고 중요한 것은 소수 민족의 경찰 채용을 늘리는 것"이라며 허가를 철회하게 된 배경을 설명했다.

그러나 스토르베르제 장관의 갑작스러운 입장 선회가 미디어의 주목을 끌고 정치적 역공을 받게 되면서 장관이 피격 당하고 히잡 '화형식'이 거행되는 등 종교적 갈등으로 비화되고 있다. 이는 역사적으로 노르웨이가 종교에 관대하고 국제 개발 원조와 평화 구축에 적극적이었던 점을 고려할 때 상당히 이례적인 현상이라고 볼 수 있다.

(고은지 기자, 2009. 3. 20. 연합뉴스)

---

5. 경찰활동의 종교중립

◉ **경찰서장의 종교**

사례 1: 불교신자인 경찰서장 A는 부처님 오신 날에 즈음하여 경찰서 예산으로 경

국가는 특정 종교를 특별히 보호하거나 억압해서도 안 되며, 부당
한 대우를 해서도 안 된다. 공무원 임용에 있어서 특정 종교를 우대하
거나 경찰관서 등에 특정 종교의 시설물만을 설치해서도 안 될 뿐만
아니라, 교도소 등과 같은 수감시설에 특정 종교의 시설물만을 설립하
는 것도 종교중립을 해치는 행위이다. 물론 모든 종교를 동등하게 대우
할 수는 없다. 차별의 정당성과 합리성이 인정된다면 평등에 반하지는
않는다.

우리 헌법재판소는 크리스마스나 부처님 오신 날처럼 종교적 기념
일을 공휴일로 하는 문제는 특별한 종교적 의미가 없는 하나의 습속으
로 인식된다는 점에서 헌법에 위배된다고 보지 않는다.[18]

미국의 연방대법원 판례나 우리나라의 헌법재판소의 입장에서 보
듯이 이미 국가의 전통적 행사로 자리잡은 크리스마스나 부처님 오신
날을 공공기관에서 기념하기 위한 일련의 조치들은 정교분리의 문제에
직접 저촉되지 않는다. 다만 경찰서장의 개인적 신앙이 여기에 영향을
미쳐서는 안 된다. 크리스마스 트리를 설치하고자 한다면, 동등한 비중
을 가지고 있는 여타 종교, 예를 들어 불교의 기념일에 있어서도 동일한
배려가 따라야 한다. 여기에 만일 국가예산이 집행된다면 종교적 중립의
중요성을 굳이 언급할 필요도 없지만, 특정 종교의 재정적 지원을 받는
경우라 하더라도 정교분리의 원칙이 훼손될 수 있음을 고려해야 한다.

---

18 헌재 2001. 9. 27. 선고 2000헌마159 결정.

특히 관리자나 지휘계층에 있는 공무원이 특정 종교에 대한 편향성을 내비칠 경우, 하급공무원들은 상사의 종교적 성향으로부터 자유로울 수 없는 것이 현실이며, 결국 타인의 종교의 자유를 침해하는 결과를 가져오기도 한다.[19] 경찰관서 내 종교활동을 위한 경목실·경승실 등의 설치에 있어서도 특정 종교에 편중되거나 차별됨이 없도록 중립적인 입장에서 조직 구성원들의 다양한 종교활동이 이루어질 수 있도록 해야 할 것이며, 특히 이러한 직장 내 종교활동이 직장에서의 공적 직무수행과 연결되어서는 안 될 것이다. 자발적인 참여가 아닌 한, 전 직원이 의무적으로 참여하는 조직의 행사에서 특정 종교를 표방하는 기도와 같은 절차는 정교분리에 반한다. 설사 기도의 내용이 비종교적 색채를 띤다 하더라도 이미 기도의 형식을 통해 정교분리의 원칙은 훼손되는 것이다.

◉ 종교시설의 검문

2008년 불법폭력집회에 참석한 혐의로 체포영장이 발부된 수배자들이 조계사에서 은신하고 있자 경찰은 조계사 주변을 에워싸고 검문검색을 실시하였다. 조계사를 출입하는 모든 차량에 대한 철저한 검문검색이 실시되는 가운데 조계사 총무원장인 모스님이 승차한 차량에 대하여 경찰은 원칙에 입각하여 트렁크까지 검문검색을 실시하였다. 불교계에서는 현 정부의 종교편향적 시각을 극명하게 드러낸 사건으로 보고, 경찰청장의 퇴진을 촉구하였다.

이에 경찰서장 乙는 지역신문 발언대에 기고한 글을 통해 "불법시위에서 불법행위에 대한 경찰의 진압과 총무원장 차량에 대한 검문검색은 법치의 잣대에 비추어 정당하고 합법적인 공무집행이었다"면서 "불교계의 초법적인 처사야말로 법과 현실을 왜곡하고 정당한 법집행을 불법으로 치부하는 환영에 빠져있다고 볼 수밖에 없다"고 주장하였다.

---

19 실제로 공직사회에서는 인사나 승진에 직접 영향을 미치는 관리직 공무원의 종교적 성향에 따라, 직장 내에서 특정 종교활동에의 직원 참여도가 변화되기도 한다.

종교의 자유와 관련한 일체의 내심은 갈등이나 충돌이 발생할 여지가 없으므로 제한될 수 없으나, 실정법에 저촉되는 종교행위나 종교행사에 있어서는 법률유보의 원칙에 따라 제한이 가능하다. 특히 경찰의 경우는 강제력을 행사하는 공적 주체로서 경우에 따라서는 종교단체의 불법적 집단행동이나 위법행위에 대하여 경찰권을 발동하거나 위법사항에 대한 수사를 진행해야 한다. 공정하고 중립적인 입장에서 공무의 집행이 이루어진다고 하더라도, 당해 경찰관이 종교적 편향성을 의미하는 발언이나 행동을 했을 경우, 외형적 이익충돌[20] 양상이 나타나게 된다.

정교분리는 중요한 국가행정의 원칙이지만, 이로 인해 종교의 특별한 사회적 의미와 상징이 함부로 훼손되어서도 안 된다. 특정 종교의 상징적 시설물에 경찰을 배치하는 것 자체가 종교에 대한 일정한 침해가 될 수 있음을 고려해야 한다. 물론 법집행의 필요성이 존재한다면 허용될 수 있지만, 경찰권 행사나 수사에 있어서 종교단체의 특별한 사회적 지위를 고려하여 경찰재량이 인정하는 범위 내에서 그 권위를 존중하고 배려하여 불필요한 사회적 마찰이나 갈등이 생기지 않도록 신중을 기해야 한다.

직무상 종교시설에 경찰력 배치와 검문이 필요가 있다면, 시설주체에게 양해와 협력을 구하고 최소한 상징성을 가지는 종교지도자에 대한 검문절차 등에 배려가 있어야 한다. 법 앞에 평등은 사전적 의미로만 해석될 수는 없다. 법 이전에 사회적 윤리와 정책윤리, 그리고 정의로움을 생각해야 한다. 사회적 정의는 결코 테러리스트도 아닌 몇몇 폭력집회 용의자들의 검거가, 종교지도자의 트렁크까지 뒤질 만큼 절박한 사안이라고 동의하지 않을 것이다.

앞서 살펴본 바와 같이 우리 사회는 정교분리를 공식화하고 있음

---

20 외형적 이익충돌은 실질적 갈등은 없으나 갈등의 기미(소지)가 보이는 경우이다. 즉, 공무원의 사익이 공적 임무수행에 부적절한 영향을 줄 것으로 보여지나, 사실은 그렇지 않은 경우를 말한다.

에도 권력자나 정치인의 종교적 편향성으로 인해 특정 종교가 불이익을 받는 경우가 발생하였고, 이에 따른 종교적 갈등이 나타나고 있다. 적법성과 형식적 평등이라는 기준만으로는 사회의 실질적 통합이나 평등적 정의실현에 한계가 있다.

특히 소수종교에 대한 배려가 실천되어야 하며, 이를 위해서는 우리 사회의 안전과 질서·공서양속에 반하지 않는 한, 다양한 종교적 활동에 대한 포용력, 즉 종교적 관용(똘레랑스)의 실천적 마음가짐이 필요할 뿐만 아니라 아울러 제도적 뒷받침도 요구된다. 예컨대 앞으로 증가될 것으로 예상되는 무슬림 체류자를 고려, 유치장 등에서 돼지고기를 제외한 급식을 제공한다거나, 정기적 기도행위 등과 같은 종교활동이 보장될 수 있는 제도개선과 정책실행자의 포용력 있는 자세가 요구된다.

| 제5장 |

4차 산업혁명시대의
경찰윤리

제5장 | 4차 산업혁명시대의 경찰윤리

⦿ 영화 〈그녀(Her)〉, 스파이크 존즈 감독, 2013

　스스로 생각하고 느끼는 인공지능 운영체제 사만다를 만난 대필작가 테오도르는 자신의 말에 귀를 기울이며 이해해주는 사만다로 인해 조금씩 상처를 회복하고 사랑의 감정을 느낀다. 하지만 사만다는 다중사용자 운영체제로 3천명이 넘는 고객을 일대일로 커스터마이징하여 대화하는 중이다. 사람과 같은 존재가 아님에도 많은 사람들로 하여금 자신만을 위하여 존재하는 인간인 것처럼 착각하게 만드는 것이다.

　미국 MIT에서 제작한 소셜로봇 '허거블'은 곰 모양으로 아이들에게 인기다. 거실을 청소하던 엄마가 로봇인형을 발로 툭 차며 밀어넣는 모습을 본 아이는 울음을 터뜨리고 친구를 학대한 엄마에게 분노한다.

　일본, 유럽에서 판매되는 '배우자로봇'은 주인의 정신적·육체적 필요를 충족하고 있고, 로봇주인들은 배우자 로봇에 대한 법적 신분보장을 요구하고 있다.[1] 오드리 햅번을 본 따서 만든 휴머노이드 로봇 소피아는 2017년 10월 세계 최초로 사우디아

---

1 김명주, 인공지능 윤리의 필요성과 국내외 동향, 정보과학회지, 2017, 47면.

라비아의 시민권을 획득했고, 유럽의회는 한발 더 나아가 2018년 2월 인공지능 로봇의 법적 지위를 '전자인간(electronic personhood)'으로 규정하고 인공지능이 벌어들인 소득에 대해 세금을 부과하는 방안을 마련하고 있다.[2]

다가오는 시대에는 가정내 소셜로봇에 대한 가정폭력 112 신고에 경찰이 대응해야 할지도 모른다.

우리나라의 법원은 수사단계에서 활용하는 거짓말 탐지기의 증거능력을 인정하지 않고 있다. 그럼에도 거짓말 탐지기는 수사과정에서 조사대상자의 신뢰성을 확인하거나 심리적 압박을 주기 위한 수사수단으로 널리 활용되고 있다. 한편 의학분야에서는 생리적 반응으로 정신적 스트레스를 측정하는 기기활용이 일반적이고 그 효과는 경험적·과학적으로 입증되고 있다. 거짓말 탐지기의 과학적 신뢰성이 형사판결의 신뢰성을 압도하는 시점에 이르게 되면 법원이 이를 인정하는 것은 불가피하고 그 시점은 멀지 않은 미래가 될 것이다.

구글의 레이 커즈와일은 2045년 즈음 인공지능이 사람의 지식과 예측, 제어를 뛰어넘는 '특이점(Singularity)'이 도래할 것이라 예측했지만 전문가들은 이러한 특이점 도래시기가 더 단축될 것으로 예견하고 있다.

2016년 6월 스위스에서 열린 다포스 포럼에서 포럼 의장인 클라우스 슈밥(Klaus Schwab)은 처음으로 '4차 산업혁명'이라는 용어를 사용했다. 슈밥 의장은 "이전의 1, 2, 3차 산업혁명이 전 세계적 환경을 혁명적으로 바꿔 놓은 것처럼 4차 산업혁명이 전 세계질서를 새롭게 만드는 동인이 될 것"이라 밝혔다.

4차 산업혁명은 디지털 기술로 촉발되는 초연결 기반의 지능화 혁명을 말한다. 그 핵심적 개념인 인공지능(AI: Artificial Intelligence), 사물인터넷(IoT: internet of things), 자율주행차, 가상현실(VR: Virtual Reality), 드론

---

2 구태언, 인공지능이 범인이라면 처벌은 어떻게 할까?, IT TIMES, 2019. 11. 12.

(Drone) 등은 더 이상 우리에게도 낯설지 않다.

　이미 경찰에서도 R&D분야에 대한 집중적인 투자를 통해 경찰활동을 첨단화하는 작업을 본격적으로 진행 중이다. 4차 산업혁명을 통해 경찰활동이 보다 효율적으로 바뀔 수 있다는 점에는 의문이 없다. 이 책에서 발전하는 경찰의 첨단기술을 소개하려는 것은 아니다. 경찰활동을 보조하고 뒷받침하는 첨단장비 활용정보는 인터넷을 통해서 얼마든지 확인이 가능하다.

　여기서는 4차 산업혁명 시대의 기술발전이 경찰활동에서 어떤 새로운 윤리적 쟁점을 창출하고 있는지 살펴보고자 한다.

우리나라 정보문화포럼 산하 지능정보화사회 윤리분과위원회는 과학기술정보통신부, 한국정보화진흥원과 함께 '지능정보사회 윤리 가이드라인'을 제시했다.

여기에서는 윤리적 공통원칙으로 'PACT'를 제시한다.

① 공공성(Publicness): 지능정보기술은 가능한 많은 사람들에게 도움을 주어야 하며, 지능정보기술에 의해 창출된 경제적 번영은 모든 인류의 혜택을 위해 광범위하게 공유되어야 한다.
② 책무성(Accountability): 지능정보기술 및 서비스에 의한 사고 등의 책임분배를 명확히 하고, 안전과 관련한 정보공유, 이용자 권익보호 등 사회적 의무를 충실히 수행해야 한다.
③ 통제성(Controllability): 지능정보기술 및 서비스에 대한 인간의 제어 가능성 및 오작동에 대한 대비책을 미리 마련하고, 이용자의 이용선택권을 최대한 보장하여야 한다.
④ 투명성(Transparency): 기술개발, 서비스설계, 제품기획 등 의사결정 과정에서 이용자·소비자·시민 등의 의견을 반영하도록 노력해야 하며, 이용 단계에서 예상되는 위험과 관련한 정보를 공개·공유하고, 개인정보 처리의 전 과정은 적절하게 이루어져야 한다.

이상의 대원칙을 전제로 경찰분야에서 등장하는 윤리적 문제를 계속해서 살펴보기로 한다.

영화처럼 장래의 범죄를 완벽하게 예측하지는 못할지라도, 이미 이러한 움직임은 시작되었다.

펜실베니아의 소도시 레딩은 2013년 빅데이터 스타트업 프레드폴 (Pred Pol)이 개발한 범죄예측 소프트웨어를 도입했다. 이후 1년 만에 레딩 시 강도사건이 23% 감소했다고 발표되었다. 뉴욕에서는 컴스텟(Com Stat)을, 필라델피아는 헌치랩(Hunch Lab)이라는 범죄예측 프로그램을 사용한다.

프래드폴은 피부색, 민족성을 구분하는 대신, 핵심변인으로 각 범죄 유형과 발생장소, 발생시점을 분석한다. 범죄발생 위험이 높은 지역에서 경찰이 더 많은 시간을 보내면서 범죄를 예방하면 범죄율을 감소시킬 수 있을 것이다.

문제는 경찰이 집중하는 범죄가 살인, 강도 절도와 같은 이른바 1군 범죄에 한정되는가, 아니면 부랑인, 구걸, 주취 등 경미한 질서위반 행위까지 포함되는가에 있다. 후자를 범죄예측에 활용하게 되면 더 많은 경찰이 가난한 동네로 출동해서 그 지역에서 더 많은 경범죄 단속이 이루어질 것이다. 미국의 수학자 캐시 오닐(CATHY O'NEIL)은 이점에서 범죄예측모형이 피부색이나 소득수준을 고려하지 않더라도 결국 지리적 요소는 인종에 대한 유효적절한 대리 데이터가 된다고 말한다.[1]

범죄예측모형이 경미한 질서위반행위를 고려하는 것은 이른바 깨진 유리창 이론(Broken Windows Theory)이 가져오는 통념에서 비롯되었고, 1990년대 무관용 경찰활동으로 연결되었다. 뉴욕경찰은 무관용 경

---

1 캐시 오닐, 대량살상 수학무기(어떻게 빅데이터는 불평등을 확산하고 민주주의를 위협하는가), 2017.

찰활동을 통해 지하철 무임승차 청소년을 체포하고, 이전에 훈방조치 하던 마리화나 담배를 피우는 사람들을 연행해서 조서를 작성하였다. 하지만 앞서 제1장에서 설명한 것처럼 경제학자 스티븐 레빗은 90년대 미국의 범죄율 하락의 원인이 깨진 유리창 이론이 아니라 낙태합법화에 기인한다고 주장하고 있다.

2013년 영국 켄트경찰은 프레드폴을 시범도입하면서 경범죄 데이터를 범죄예측에 포함시켰고, 무작위 순찰보다 10배나 효율적이라 분석했다. 그렇다면 어떤 범죄를 가장 효과적으로 예측했을까? 당연히 노상방뇨, 주취자소란, 구걸 등의 경범죄다. 빅데이터 연구를 통해서 모든 범죄에 적용될 수 있는 '마술상자'같은 알고리즘은 결코 존재하지 않는다.

결국 범죄지도는 빈곤층을 겨냥하게 되고, 경찰은 기존에 가지고 있던 편견을 객관적이고 중립적이라고 신뢰하는 범죄분석 빅데이터, 범죄지도와 결합시켜 차별적 치안정책의 정당성을 담보받는다.

성매매나 마약거래, 음주운전 같은 범죄는 외국인이나 저소득층 밀집지역에서만 빈번하게 발생하는 것이 아니다. 어쩌면 버닝썬 같은 강남 최고급 유흥가에서도 일탈행위가 만연할지 모른다.

그렇다면 우리 경찰은 불법체류자들이 집단거주하는 것으로 추정되는 전통적 우범지역의 순찰을 강화해야 할까 아니면 ― 버닝썬으로 상징되는 ― 밤마다 고급양주와 마약에 휘청이는 고급유흥가를 단속해야 할까. 대림동을 관할하는 금천경찰서에 대한 치안력 투입도 물론 필요하지만 논현동, 신사동, 역삼동을 관할하는 강남경찰서에 보다 치안력을 집중시켜 단속하는 것이 국민들이 원하는 사회적 정의는 아닐까.

경찰은 언제나 가난한 사람들에게 초점을 맞추고 있고, ― 캐시 오닐에 따르면 ― 프레드폴은 데이터과학자라는 응원군에 힘입어 보다 더 많은 가난한 사람들을 검문하고, 체포하고 교도소에 보낼 수 있는 칼자루를 경찰에게 쥐어준다.

2040년 어느 가을. 영국 런던 시민 해리슨(45)씨는 다니던 회사가 문을 닫아 일자리를 잃었다. 월세가 밀려 다음 달이면 집을 비워줘야 한다. 그는 얼마 전 만취해 길에서 자다가 경찰에게 검문을 받은 적이 있다. 어느 날 길을 걷는 해리슨씨에게 중절모를 쓴 남성 두 명이 다가온다. 한 명은 경찰, 한 명은 사회복지사라고 자신을 소개했다. "심리 상담을 한번 받아보시겠습니까? 전액 국가가 지원합니다." 경찰관은 말했다. "범죄 예측 시스템이 우리에게 알려주더군요. 당신이 몇 달 안에 절도할 가능성이 있다고."

〔조선일보 청년 미래탐험대 100〕 장만평 탐험대원(경위)

최근 영국에서는 NDAS(National Data Analytics Solution) 시스템으로 딥러닝을 통해 범죄자나 희생자가 될 가능성을 예측하는 방법을 개발 중이다. 영국경찰은 나이, 범죄나 구금기록, 사건첩보, 경찰출동기록 등 데이터를 분석한다. 인종, 성별, 국적, 종교 등 신상 관련자료는 차별을 유발할 수 있기 때문에 배제한다. 이미 범죄예측 활용지표 1400개를 확인했다고 한다. 프레드폴이 '지역'을 중심으로 예측하는데 비해, 영국의 NDAS는 한발 더 나아가 '개인'을 예측한다고 한다. 문제는 이러한 시스템이 경찰관들의 차별과 편견을 강화하거나 뒷받침할 수 있다는 점이다. 특정인종에 대한 경찰의 검문과 차별적 법집행의 관행은 NDAS의 분석결과도 차별적으로 만들게 된다.[1]

미국의 경우 빅데이터 분석에 기반한 치안활동이 프레드폴로 대변되는 장소기반형에서 이제는 범죄가해자를 미리 예측하는 사람기반형으로

---

1 AI 수사관이 지목했다 "뒷골목 가방 멘 저 남자, 흉기 휘두를 확률 70%", 2019. 9. 27. 조선일보.

진화하고 있다. Louisiana주, New Orleans시의 Palantir와 California 주, Fresco 시의 Beware 등이 그것이다.[2]

몇 년 전 독일 판례는 열차에 탑승한 연방경찰이 유색인종에 대해서 선별적으로 실시한 검문이 합리적 근거없는 차별적 경찰활동임을 확인하였다. 그러나 이제 이러한 차별적 검문은 빅데이터 프로파일링에 근거한 과학적이고 객관적인 차별로 인정될 수 있을 것이다. 2013년 8월 미국 연방 지방법원에서도 "백인이었다면 검문당하지 않았을 사안으로 흑인과 히스패닉계 사람들을 검문"한 것이 헌법에 위배된다고 판결하였다.

이처럼 기존에는 경찰관의 경험과 관찰만이 합리적 의심의 판단근거가 될 뿐이지만, 이제는 확률론적인 의심(probabilistic suspicion)이 판단근거가 될 수 있을 것이다.[3] 특정장소를 범죄위험지역으로 예측하는 지리적 예측보다 특정인을 범죄자로 예측하는 사람기반형 빅데이터 분석은 경찰윤리적 측면에서 보다 심각한 문제를 유발한다.

여기서 우리는 이 문제를 앞서 살펴본 공리주의와 의무론의 관점에서 고민해 볼 수 있다. 공리주의적 관점에서 빅데이터 알고리즘은 과거 경찰관 개개인이 가지고 있던 경험칙에 근거한 판단보다 확률적으로 훨씬 더 신뢰할 수 있는 예측적 판단을 가능하게 할 것이다. 그렇다면 만일 빅데이터가 범죄발생확률 90%로 특정인을 지목한다면, 그 사람에 대한 경찰의 집중적인 감시와 관찰, 더 나아가 보호조치가 의무론적 관점에서 정당화될 수 있을까. 4차 산업혁명을 통해 안전을 담보하기 위한 실존적 인간의 본질적 가치는 어디까지 훼손될 수 있을까.

앞서 제1장에서 살펴본 마크 하우저의 '철길가설'을 기억하는가. 합리적이고 이성적인 AI는 고장난 열차가 다섯 명의 인부를 향해 달리

---

2 정제용, 미국과 한국 경찰의 빅 데이터 경찰활동에 관한 비교경찰학적 고찰, 한국 경찰연구 제18권 제3호, 2019, 175면.

3 정제용, 미국과 한국 경찰의 빅 데이터 경찰활동에 관한 비교경찰학적 고찰, 한국 경찰연구 제18권 제3호, 2019, 178면.

고 있고, 철길 위 육교에 앉아 있는 덩치 큰 남자를 떠밀어 열차를 세울 수 있다면, 주저없이 남자를 떠미는 공리주의적 판단을 내릴 것이고, 이를 주저하는 인간을 이해하지 못할 것이다.

물론 빅데이터를 통한 분석은 우리가 가지고 있는 근거없는 비합리적인 차별을 과학적인 방법으로 수정, 보완할 수도 있다. 다만 이러한 긍정적 변화를 위해서는 차별이나 편견없는 데이터 분석 시스템이 전제되어야 한다.

제 4 절　불투명한 알고리즘과 폐쇄적 빅데이터의 부정의

　　미국에서 인종문제는 형사재판 양형과정에 지대한 영향을 미치는 것으로 알려져 있다. 텍사스 최대도시인 휴스턴을 포함한 해리스 카운티의 검사들은 동일한 죄목에 대해 흑인과 히스패닉계 범죄자들에게 백인 범죄자보다 각각 세 배와 네 배 정도 높은 확률로 사형을 구형했고, 미국시민자유연맹(American Civil Liberties Union)은 흑인들에게 선고된 형량이 비슷한 범죄를 저지른 백인 범죄자들보다 20% 정도 길다고 주장한다.

　　이러한 문제를 해결하기 위해 미국 24개 주 법원이 컴퓨터 프로그램에 데이터를 입력해 위험을 예측하는 '재범위험성모형(recidivism models)'을 도입했다. 빅데이터 알고리즘에 기반한 재범위험성모형은 인간의 편견을 제거할 수 있을까? 혹시 기술로 편견을 감추는 것은 아닐까. 가장 인기있는 재범위험성모형인 LSI − R(Level of Service Inventory − Revised)에는 범죄자의 가족, 이웃, 친구들을 포함, 범죄자의 출생환경, 성장배경을 세세하게 모두 포함한다. 이런 내용들이 형량을 결정하는데 영향을 미치는 것이 과연 정의일까.[1]

　　만일 재판과정에서 검사가 피고인의 형이 전과자라거나 그가 범죄율이 높은 동네에서 산다는 사실을 언급함으로써 피고를 흠집내고자 한다면 유능한 변호사는 재판장에게 '이의 있습니다!'라고 소리칠 것이고 정의로운 판사는 이를 수용할 것이다. 그러나 범죄위험성모델을 통한 통계적이고 객관적인 예측적 모델에는 이의를 제기하기 힘들다. 대부분의 비전문가들은 어떤 데이터를 통해 결론이 도출되었는지 그 알

---

1 캐시 오닐, 대량살상 수학무기(어떻게 빅데이터는 불평등을 확산하고 민주주의를 위협하는가), 2017.

고리즘 자체를 이해하지 못하기 때문에 과학적 결과 자체만을 신뢰할 수밖에 없다.

우리는 어떤 예측모형에 우리 자신이 포함되는지 그 모형이 어떻게 사용되는지 알아야 할 뿐만 아니라 그 모형이 불투명하거나 비공개적인지 따져보아야 한다. 특히 민간기업이 참여하는 경우 대부분의 빅데이터 산출물은 비즈니스상 중요한 영업비밀로 분류되어 절대적인 비공개 자료가 된다. 물론 범죄자들은 원한다면 자신의 재범위험성 점수를 확인하고 이의를 제기할 수 있다. 그러나 자신의 점수는 알 수 있어도 자신의 대답이 점수화되는 방식은 확인할 수 없다. 그 방식은 미스터리한 알고리즘 안에 블랙박스화되어 있기 때문에 접근할 수 없다. 그래도 투명한 방식이라고 말할 수 있겠는가.

알고리즘은 정서적, 직관적으로 생각하는 것이 아니라 프로그래머가 개발한 알고리즘에 따라 정해진 기준으로 사람들을 수치화하고 분류할 뿐이다. 여기에 직관적인 판단이나 예외란 존재하지 않는다. 입력되는 데이터 자체에 편견이 내재되어 있다면 그 결과물도 당연히 부정의하게 된다. 빅데이터의 공정성은 투명한 접근가능성을 통해서 담보된다. 미국 경찰활동에서 가장 영향력 있는 보고서로 알려진 "The Final Report of the President's Task Force on the 21st Century Policing"(COPS Office, 2015)에서는 경찰이 보관·관리하는 데이터의 공개를 적극 권고하고 있다.[2]

우리나라에서는 아직 범죄자예측의 단계로는 나아가지 못하고 주로 피의자 특정 및 검거와 같은 수사활동에서 빅데이터 활용을 추진 중이서 빅데이터의 윤리적 고민은 아직 이른 단계이다. 대표적으로 '지리적 프로파일링 시스템(Geo Pros)'과 '범죄 분포 이해도구(Crime Layout Understanding Engine, CLUE)'가 있다. 경찰청 수사국에서 개발하고 있는

---

2 정제용, 미국과 한국 경찰의 빅 데이터 경찰활동에 관한 비교경찰학적 고찰, 한국 경찰연구 제18권 제3호, 2019, 172면.

CLUE의 경우 서울대학교 통계연구소와 IBM Watson이 함께 개발하고 있는 것으로 알려지고 있는데, 이처럼 민간이 참여하게 되는 경우 특히 수집되는 데이터 자료와 알고리즘의 투명성을 통해서 결과물을 정당성이 담보될 수 있어야 한다.

　　뉴욕경찰은 '드론 캅' 부대를 창설하고 드론을 인명구조 및 신년전야제 등 행사경비에 투입하고 있고, 이 조직에 불법 드론을 격추할 법적 권한부여를 요구하고 있지만 시민단체들이 이를 반대하고 나섰다. 사생활 침해우려로 이 '드론 캅'은 정기순찰이나 교통단속에는 투입되지 못한다.

　　반면 규제가 느슨한 중국에서는 이미 안면인식기술을 접목한 치안용 드론을 적극적으로 활용하고 있고 비둘기를 모방해 제작한 '비둘기 드론'으로 신장위구르자치구 이슬람 분리주의 운동을 감시하고 있다고 한다.[1]

　　2019년 12월 1일부터 중국은 새로운 번호로 휴대전화를 개통할 때 얼굴인식 스캔을 의무화했다. 정면모습 뿐만 아니라 고개를 돌리거나 눈을 깜빡이는 모습까지 촬영해 등록해야 한다. 중국 정저우시는 2019년 12월 3일부터 전체 지하철 노선에서 얼굴인식 결제 시스템을 가동했다. 얼굴인식 결제 시스템이 시범 도입된 곳은 이미 수십 곳이지만 전체 지하철 노선에 대한 도입은 이번이 처음이라고 한다.[2]

　　심각한 인권침해가 우려되지만 중국은 이러한 규제받지 않는 빅브러더 사회를 통해 가장 완벽한 치안을 유지할 수 있을지도 모른다. 왕성한 빅데이터 수집과 활용을 통해 최소한 AI의 기술영역에서 중국은 이미 미국을 넘어서 있다.

　　드론이나 웨어러블 카메라 등을 활용한 첨단 치안활동이 우리나라에서 상용화된 것은 이미 오래이지만 아직 적법하게 규제할 수 있는

1　전성철, '빅브러더' 드론, 동아일보, 2019. 2. 19.
2　허윤석, 중국서 전 지하철 노선 '얼굴인식 결제' 도입한 도시 탄생, SBS NEWS, 2019. 12. 4.

법률조차 정비되지 못하고 최근에서야 경찰청에서는 법적 효력이 없는 내부 훈령으로 이를 규제하는 수준에 그치고 있다. 이에 따라 웨어러블 카메라의 공식적인 활용은 도리어 점차 줄어들고 있고, 경찰관들이 비공식적으로 웨어러블 카메라를 몰래카메라처럼 사용하고 있는 것이 아닌가 하는 의문이 제기되고 있다.3

우리는 이제 개인정보와 자유의 가치, 그리고 보다 안전한 사회라는 갈림길에 들어서고 있다. 하지만 감히 도전할 수 없는 AI와 빅데이터의 막강한 권위 앞에서 스스로의 길을 선택할 결정권은 이미 사라졌다. 뒤돌아 보면서 그 길을 조금 천천히 걸어갈 것인가 아니면 앞장 서 뛰어갈 것인가의 고민만이 남았다.

---

3 김지예, 필요해서 사놓고 … 지구대 캐비닛서 잠자는 '폴리스 캠', 서울신문, 2019. 9. 3.

산업혁명시대에는 생산라인의 분업화에 따라 더 많은 일자리가 만들어지기도 했다. 그러나 AI는 제조라인의 개인적 사무를 완전히 로봇으로 대체할 것이다. 이는 단지 제조공정에만 적용되는 것이 아니다. 컴퓨터과학자 Kai－Fu Lee는 향후 5년 이내에 텔레마케터, 고객관리원 같은 단순노무직이 인공지능에 의해 대체될 것이라고 말한다. 경찰과 비교적 유사한 직무를 수행하는 Security Guards는 10년 이내에 AI에 의해 대체될 것이라 예상된다.[1]

이미 민간경비 시장의 대부분은 인력경비에서 기계경비로 변화하고 있고 향후 경찰의 시설경비와 같은 단편적 Security 사무는 발빠르게 AI로 대체될 것이다. 다양한 경찰활동 중 반복적이고 일률적인 사무들이 AI에 의해 대체되는 반면, 창의적이고 연민, 감정 등 공감능력을 요구하는 직무는 결코 쉽게 AI에게 자리를 내어줄 수 없다.

1. 경찰입직의 변화

우리는 앞서 제2절에서 '프로페셔널리즘'이라는 주제를 통해 경찰의 전문화 문제를 살펴보았다. 다가오는 미래 전문화된 경찰도 현재와 같은 입직제도를 통해 검증될 수 있을까. 단편적인 법률적용의 문제나 매뉴얼 암기역량은 증강현실(Augmented Reality)을 활용한 경찰장비를 통해 손쉽게 보완될 수 있을 것이므로 더 이상 경찰의 전문적 역량의 측정도구가 될 수 없을 것이다.

미래시대에 요구되는 경찰의 자질은 법학, 범죄학과 같은 현재의

---

[1] Kai－Fu Lee, 'How AI can save our humanity', www.ted.com.

학문적 지식이 아니라 AI가 감히 대체할 수 없는 창의성과 공감역량에 있다. 사회적 갈등상황에서 당사자들을 중재하고 갈등을 순화시킬 수 있는 조정능력, 사회적 소수자나 범죄피해자들에게 공감하고 위로할 수 있는 감성역량, 긴장이 최고조로 치닫는 집회현장에서 물리적 진압을 대체할 수 있는 창의적 대안제시, 인질범과의 대치상황에서 라포를 형성하고 스스로 투항할 수 있도록 유도하는 협상능력 등이 미래의 경찰에게 요구되는 품성이 될 것이다.

이러한 역량을 일시적인 면접이나 필기시험으로 검증하는 것은 불가능하다. 체계적이고 장기적인 고등교육을 통해 인문학적 소양, 사회적 역량을 키우면서 팀플레이, 봉사활동 등을 통해 인성을 검증해 나가는 전문화의 길을 모색해야 한다.

2. 경찰조직의 변화

AI는 엄격한 기강과 상명하복으로 대변되는 경찰의 위계질서를 점차 무력화시킬 것이다. 상급자들의 감독과 지휘는 체계화된 빅데이터의 알고리즘을 통한 판단으로 대체될 것이다. 물론 최종적인 책임과 판단을 AI에게 맡길 수는 없다. AI의 판단을 토대로 상급지휘관이 최종적인 판단을 내리게 될 것이지만, AI의 분석 결과물과 상충되는 판단으로 발생하는 모든 책임은 그 지휘관이 전적으로 부담해야 한다. 예를 들어 심야 해변에서 비행 중인 경비행기의 통신이 두절된 경우 경찰과 소방, 해양경찰의 인력투입과 수색, 예측가능한 추락지점 등을 분석한 AI의 판단을 과연 과거의 경험과 현장의 감을 통해 지휘관이 배척할 수 있겠는가.

결국 형식적인 최종명령권자는 존재하겠지만, 그 실질적인 권위는 AI에게 상당부분 대체되는 상황, 나아가 기존 참모의 역할을 수행하는 중간관리자들이 최소화되고 조직의 계층이 단순화되는 모형으로 점차 변형될 것이다.

3. 경찰활동의 변화

　생활치안의 영역에서 불심검문이나 신원확인, 보호조치, 주거출입 등의 물리적 경찰활동이 대부분 사라지거나 최소화될 것이다. 중국 지하철에서 이미 상용화된 것처럼 안면인식 스캔, 증강현실을 활용한 장비로 물리적 신원확인이나 검문은 대체될 것이고 보호조치나 주거출입도 물리적인 조치가 아닌 디지털 장비로 대체되어 경찰권 행사에 있어서 기존의 물리력이 아닌 디지털 프로파일링, 디지털 관찰, 감청, 투시 등의 법적 권한을 다루는 사이버 경찰권 행사가 새로운 화두로 등장하게 될 것이다.

　현장에서의 위험성 판단이나 경찰의 재량권 행사 등의 판단영역에서도 입력된 법률과 매뉴얼을 토대로 현장에서 산출되는 AI의 결과물을 그대로 집행하는 단순하고 기계적인 법집행이 반복되어 점차 단순화될 것이고 향후 물리적인 순찰도 드론순찰과 기계적 순찰로 대체될 것이다.

　미국 캘리포니아 헌팅턴파크 경찰은 2019년 6월부터 순찰로봇을 활용 중이다. 영화 '스타워즈'의 R2-D2를 닮은 이 로봇은 공원을 순찰하며 고해상도 영상을 실시간으로 전송하고 불법행위 경고와 길안내를 한다. 차량번호 인식시스템으로 분당 300여 대를 확인한다고 한다.

▲ 헌팅턴파크의 순찰로봇

　미국에서는 조만간 교통단속 로봇이 등장할 예정이다. 교통검문과정에서 매년 미국 경찰관 4,500여 명이 폭행당하고 11명 가량이 숨지는데, 이를 대체할 로봇은 차량이 도주할 수 없도록 스파이크 팔을 바퀴 앞에 내려 막은 다음 스캐너를 통해 운전면허증을 검사하고 벌금을 부과한다.

(황성준, 로봇경찰, 문화일보 2019. 10. 2.)

우리 경찰의 직제상 분류되는 직무영역 중 4차 산업혁명을 통해서 전면적인 개편이 요구되는 부서는 정보국을 중심으로 하는 정보부서이다. 문재인 정부 이후 정치정보의 역할이 소멸함에 따라 자생력을 찾기 위해 정책정보로 그 기조를 변화하는 등 노력을 하고 있지만, 현재와 같은 Humint(인적정보) 중심의 아날로그식 정보수집 방식은 산출물의 과학적 검증도 불가능할 뿐만 아니라 치안활동을 위한 조직내부의 수평적 공유가 불가능하고[2] 정치권력자를 위한 수직적·상향적 정보로만 기능함으로써 그 입지가 점차 좁아질 것이다.

경찰정보의 핵심요소는 범죄정보, 테러정보, 위기·안전에 관한 예측이나 예방정보로서 이를 통한 치안활동을 지원하는 패러다임이 이른바 '정보 주도 경찰활동(Intelligence-led policing)'이다.[3]

현재의 정보조직은 4차 산업혁명의 물결속에서 빅데이터를 통해 과학적 검증이 가능한 산출물을 제공하는 Techint(기술정보) 중심으로 과감하게 개편될 것이고 또 변화되어야만 한다. 그리고 그 산출물은 정치권력이나 행정수반을 향해 상향식으로 전파되는 것이 아니라 범죄예방영역, 테러방지영역, 교통안전영역, 수사영역 등 조직내부에서 수평적으로 공유되어야만 본래의 정보 주도 경찰활동(Intelligence-led polic-ing)으로 정상화될 수 있다.[4]

---

2 장광호·김문귀, 영국의 범죄정보 기반 경찰활동에 관한 연구, 한국경호경비학회 제54호, 2018, 118면.

3 James, A., Examining Intelligence-led Policing, 2013.

4 장광호·김문귀, 영국의 범죄정보 기반 경찰활동에 관한 연구, 한국경호경비학회 제54호, 2018, 121면.

| 참고문헌 |

▣ Albrecht, Karl-Dieter. Probleme der Kostenerhebung für polizeiliche Maßnahmen, in: FS Rudolf Samper, 1982.

▣ Arendt, H. Eichmann in Jerusalem: A Report on the Banality of Evil, revised and enlarged edition, Penguin Books, 1994.

▣ Bayley, David H. Police for the Future, New York: Oxford University Press, 1994.

▣ Bittner, Egon. The Capacity to Use Force as the Core of the Police Role, in Elliston and Feldberg(eds), Moral Issues in Police Work, 1985.

▣ Bodin, Jean. Über den Staat (1583), Auswahl, Übersetzung und Nachwort von Gottfried Niedhart, Stuttgart, 1994.

▣ Bracher, Christian-Dietrich. Gefahrenabwehr durch Private, Berlin, 1987.

▣ Brugger, Winfried. Vom unbedingten Verbot der Folter zum bedingten Recht auf Folter?, JZ 2000.

▣ Brugger, Winfried. Gewährleistung von Freiheit und Sicherheit im Lichte unterschiedlicher Staats- und Verfassungsverständnisse, in: VVDStRL, Bd. 63, Berlin, 2004.

▣ Calliess, Christian. Sicherheit im freiheitlichen Rechtsstaat Eine verfassungsrechtliche Gratwanderung mit staatstheoretischem Kompass, ZRP 2002.

▣ Cohen, Howrad. Authority: The Limits of Discretion, in Elliston and Feldberg(eds), Moral Issues in Police Work, 1985.

▣ Cohen, J. The natural goodness of humanity. in A. Reath, B. Herman, & C. Korsgaard(Eds.), Reclaiming the history of ethics: Essays for John Rawls, 1997.

- Delattre, Edwin J. Character and Cops: Ethics in Policing, The AEI Press, 1996.
- Denninger, Erhard. Polizei und demokratische Politik, JZ 1970.
- Dershowitz, Alan M. "Want to torture? Get a warrant," San Francisco Chronicle, 2002. 1. 22.
- Divale, W. T. System population control in the middle and upper Paleolithic: Inferences based on contemporary hunter-gatherers, World Archeology, 4, 1972.
- Donohue John J./Levitt, Steven D. The Impact of Legalized Abortion on Crime, Quarterly Journal of Ecomonics 116, no. 2, 2001.
- Drew, Bill/Wacke, Gehard/Vogel, Klaus/Martens, Wolfgang. Gafahrenabwehr, 8. Aufl., 1977.
- Easton, David. The Political System: An Inquiry into the State of Political Science, 1953.
- Enders, Christoph. Der Staat in Not, DÖV 2007.
- Erbel, Günter. Öffentliche Sicherheit und Ordnung, DVBl, 2001.
- Fechner, Frank. „Öffentliche Ordnung," -Renaissance eines Begriffs?, JuS 2003.
- Fielding, N. Cop canteen culture, in Newburn, T. and Stanko, E. (eds), Just the boys doing the business; men, masculinity and crime, London, 1994.
- Fletcher, George P. Loyalty: An Essay on the Morality of Relationships, 1995.
- Franke, Siegfried. Polizeiethik, 2004.
- Gilligan C. Moral Orientations and Moral Development, in Women and Moral Theory, ed. Eva Kittay and Diana Meyers, 1987.
- Gilligan, C. In a different voice: Psychological theory and women's development, Cambridge, Mass, Harvard University Press, 1982.
- Gintzel, Kurt. Die unlösbare Pflichtenkollision -ein Betrag zur Folterdiskussion und zugleich eine Abgrenzung von Verwaltungszwang

und Aussageerpressung, Die Polizei, 2004.

▣ Götz, Heinrich. Das Urteil gegen Daschner im Lichte der Wertordung des Grundgesetzes, NJW 2005.

▣ Götz, Volkmar. Kostenrecht der Polizei und Ordnungsverwaltung, DVBl, 1984.

▣ Götz, Volkmar. Innere Sicherheit, in Handbuch des Staatsrechts, Bd. III, Isensee, Josef/Kirchhoff, Paul(Hrsg.), Heidelberg, 1988.

▣ Gramm, Christof. Privatisierung und notwendige Staatsaufgaben, Berlin, 2000.

▣ Groß, Hermann/Frevel, Bernhard/Dams, Carsten. Handbuch der Polizisten Deutschland, 2008.

▣ Gusy, Christoph. Polizei- und Ordnungsrecht, 7. Aufl., 2009.

▣ Gusy, Christoph. Rechtsgüterschutz als Staatsaufgabe, Verfassungsfragen der „Staatsaufgabe Sicherheit," DÖV 1996.

▣ Habermas, Jürgen. Die Einbeziehung des Anderen, 1997.

▣ Hall, Richard H. Professionalization and Bureaucratization, American Sociological Review, 33(1).

▣ Haurand, Günter/Vahle, Jürgen. Rechtliche Aspekte der Gafahrenabwehr in Entführungsfällen, NVwZ, 2003.

▣ Heidenheimer, Arnold J. Political corruption; reading in comparative analysis, 1970.

▣ Held, Virginia. Caring Relations and Principles of Justice, in Controversies in Feminism, ed. by James P. Sterba, 2000.

▣ Hill, Hermann. Abschied von der öffentlichen Ordnung?, DVBl. 1985.

▣ Hobbes, Thomas. Leviathan, Erster und zweiter Teil (1651), Übersetzung von Mayer, Jacob Peter, Stuttgart, 1998.

▣ Hoff Sommers, Christina. Who Stole Feminism? How Women Have Betrayed Women, Touchstone/Simon & Schuster, 1995.

▣ Hoffmann-Riem, Wolfgang. Übergang der Polizeigewalt auf Private?, ZRP 1977.

- Huber, Florian. Wahrnehmung von Aufgaben im Bereich der Gefahrenabwehr durch das Sicherheits- und Bewachungsgewerbe: eine rechtsvergleichende Untersuchung zu Deutschland und den USA, Berlin, 2000.

- Huntington, S. P. Political Order in Changing Societies, 1968.

- Isensee, Josef. Das Grundrecht auf Sicherheit, Berlin, 1983.

- James, A. Examining Intelligence—led Policing, 2013.

- James, Gene G. In defense of whistleblowing, Moral Issues in Business, 4th ed., in William H Shaw & Vincent Barry, 1989.

- Jarass, Hans D./Pieroth, Bodo. GG, 5. Aufl., 2000.

- Jeand'heur, Bernd. Von der Gefahrenabwehr als staatlicher Angelegenheit zum Einsatz privater Sicherheitskräfte, AöR 1994.

- Jerouschek, Günter/Kölbel, Ralf. Folter von Staats wegen, JZ 2003.

- Jeßberger, Florian. Wenn du nicht redest, füge ich Dir große Schmerzen zu, Jura 2003.

- Kleinig, John. The Ethics of Policing, Cambridge University Press, 1996.

- Klitgaard, R. Controlling Corruption, University of California Press, 1988.

- Knemeyer, Franz-Ludwig. Polizei- und Ordnungsrecht, 11. Aufl. 2007.

- Kohlberg, L. Essay on Moral Development, volume 1: The Philosophy of Moral Development, New York, 1981.

- Köhler, Gerd Michael / Dürig-Friedl, Cornelia. Demonstrations- und Versammlungsrecht, 4. Aufl. 2001.

- Korsgaard, Christine M. "Introduction," Immanuel Kant, Grundwork of the Metaphysics of Morals, Cambridge University Press, 1997.

- Kugelmann, Dieter. Polizei-und Ordnungsrecht, 2. Aufl., 2011.

- Levitt, Steven D./Dubner, Stephen J. Freakonomics(Revised and Expanded): A Rogue Economist Explores the Hidden Side of Everything, 2005.

- Lisken, Hans/Denninger, Erhard. in Handbuch des Polizeirechts, 4. Aufl. 2007.

- Locke, John. The Second Treatise of Government, ed. by Thomas P.

Peardon, New York, London, 1952.

▣ Merten, Detlef. Konstruktionsprinzipien staatlicher Gewalt im Verfassungsstaat der Bundesrepublik, in Randelzhofer, Albrecht / Süß, Werner. Konsens und Konflikt, 35 Jahre Grundgesetz, Berlin, New York, 1986.

▣ Mill, J. S. Utilitarianism, New York: Liberal Arts Press, 1957.

▣ Müller, Jan-Werner. Constitutional Patriotism, 2007.

▣ Murswiek, Dietrich. in Sachs, Michael Grundgesetz Kommentar, 1998.

▣ Norouzi, Ali B. Folter in Nothilfe-geboten? JA, 2005.

▣ Ottens, Reinhard W./Olschock, Harald/Landrock, Stephan(Hg.). Recht und Organisation privater Sicherheitsdienst in Europa, 1999.

▣ Pitschas, Rainer. Gefahrenabwehr durch Private, "Zur gesetzlichen Neuregelung der Beziehungen zwischen Polizei und Sicherheitsgewerbe," DÖV, 1997.

▣ Quaritsch, Helmut. Staat und Souveränität, Bd. 1, Die Grundlagen, Frankfurt, 1970.

▣ Rawls, John, A Theory of Justice, Cambridge, Harvard University Press, 1971.

▣ Rüping, Hinrich/Jerouschek, Günter. Grundriss der Strafrechtsgeschichte, 4. Aufl. 2002.

▣ Scharr, John. Legitimacy in the Modern State, 1981.

▣ Schulte, Martin. Gefahrenabwehr durch private Sicherheitskräfte im Lichte des staatlichen Gewaltmonopols, DVBl. 1995.

▣ Schulz, D. M. From Social Worker to Crimefighter: Women in United States Municipal Policing, Westport, 1995.

▣ Silvestri, Marisa. Women in Charge: Policing, Gender and Leadership, Portland, OR: Wilian, 2003.

▣ Stober, Rolf. Allgemeines Wirtschaftsverwaltungsrecht: Grundlagen des Wirtschaftsverfassungs- und Wirtschaftsverwaltungsrechts, des Weltwirtschafts- und Binnenmarktrechts, 2008.

▣ Stober, Rolf. Staatliches Gewaltmonopol und privates Sicherheitsgewerbe,

NJW, 1997.

▣ Swamy, A./Knack, S./Lee, Y. & Azfar, O. Gender and Corruption, Journal of Development Economics, 64(1), 2001.

▣ Tecl, Manfred. Frauen in der Schutzpolizei -Privilegiert? Ungeeignet? Konkurrentinnen?, in: Bereitschaftspolizei-heute, Heft 1/1983.

▣ Viroli, Maurizio. For Love of Country, An Essay on Patriotism and Nationalism, 1995.

▣ Walzer, Michael. Spheres of Justice, New York, Basic Books, 1983.

▣ Weber, Max. Wirtschaft und Gesellschaft, Studienausgabe, Tübingen, 1972.

▣ Wilson, James Q. Dilemmas of Police Administration, Public Administration Review, Sep/Oct, 1968.

▣ Wilson, James Q/Kelling, George L. Broken Windows, Atlantic Monthly, March 1982.

▣ Wittreck, Fabian. Menschenwürde und Folterverbot, DÖV 2003.

▣ Würtenberger, Erstattung von Polizeikosten, NVwZ 1983.

▣ 경찰대학. 경찰윤리, 2001.

▣ 곽준혁. 민족주의 없는 애국심과 비지배 평화원칙, 아세아연구 제46권 제4호, 2003.

▣ 국가청렴위원회. 부패방지 표준 교육교재, 2005.

▣ 국민권익위원회. 내부신고자 보호제도의 이해, 2013.

▣ 국회법제실. 행정입법 분석평가사례, 2013.

▣ 김광기 외. 대한민국은 도덕적인가, 동아시아, 2009.

▣ 김광수. 공무원과 기본권, 서강법학 제10권 제1호, 2008.

▣ 김동희. 행정법 Ⅱ, 제18판, 박영사, 2012.

▣ 김만권. '헌법 애국주의', 자신이 구성하는 정치공동체에 애정을 갖는다는 것, 시민과 세계, 2009.

▣ 김명주. 인공지능 윤리의 필요성과 국내외 동향, 정보과학회지, 2017.

▣ 김상호. 경찰 전문직업화에 대한 이론적 고찰, 한국경찰연구, 2006 겨울.

▣ 김상호. 경찰학, 청목출판사, 2013.

▣ 김 욱. 양심의 자유와 법치주의, 공법연구 제33집 제3호, 2005.

▣ 김 원. 사회운동의 새로운 구성방식에 대한 연구, 담론 201, 8(2), 2005.

▣ 김일수. 형법각론, 박영사, 2004.

▣ 김종범. 현행 부패방지제도와 발전방안: 국민권익위원회 제도를 중심으로, 전북대학교 석사학위논문. 2011.

▣ 김 진. 동성애의 배려윤리적 고찰, UUP, 2005.

▣ 김학경·이성기. 영국지방자치경찰의 새로운 패러다임, 경찰학연구 제12권 제1호, 2012.

▣ 김형중. 한국 형벌문신의 발전사와 현대적 의미에 대한 소고, 한국경찰학회, 15(3), 2013.

▣ 김형훈. 생활안전외근론, 경찰대학, 2006.

▣ Gray, John(김경숙 역). 화성에서 온 남자 금성에서 온 여자, 친구미디어, 2004.

▣ Nussbaum, Martha 외(오인영 역). 나라를 사랑한다는 것, 삼인, 2003.

▣ 로버트 영 펠튼(윤길순 역). 용병-전쟁 산업을 실행하는 그림자 전사들, 교양인, 2009.

▣ 레너드 캐스터, L./사이먼 정. 미국을 발칵 뒤집은 판결 31, 현암사, 2012.

▣ 리처드 도킨스(이한음 역). 만들어진 신, 김영사, 2007.

▣ 마이클 센델(안진환·이수경 역). 왜 도덕인가?, 한국경제신문, 2010.

▣ 마이클 센델(이창신 역). 정의란 무엇인가, 김영사, 2010.

▣ 메리 E. 위스너 행크스(노영순 역). 젠더의 역사, 역사와 비평사, 2006.

▣ 박노섭·이동희. 수사론, 경찰공제회, 2010.

▣ 박상기. 형법총론, 박영사, 2007.

▣ 박영주. 여성경찰 임용의 실태 및 문제점에 관한 고찰, 한국치안행정논집 제7권 제3호, 2010.

▣ 박원순. 내 목은 매우 짧으니 조심해서 자르게, 한겨레신문사, 1999.

▣ 박찬구. 개념과 주제로 본 우리들의 윤리학, 서광사, 2006.

▣ 박홍순. 히스토리아 대논쟁 3, 서해문집, 2008.

▣ 베르나르 베르베르(전미연 역). 파피용, 열린책들, 2007.

▣ Broad, C. D.(박찬구 역). 윤리학의 다섯 가지 유형, 철학과 현실사, 2000.

▣ 손재영. 경찰법 — 경찰법의 기본체계와 이론적 기초 — , 박영사, 2012.

▣ 송기춘. 종교 관련 제도의 헌법적 문제점과 그 개선방향, 헌법학연구 제12 권 제5호, 2006. 12.

▣ 수잔 로즈 액커먼(장동진·이인표·정상화·진영재 역). 부패와 정부 — 원 인, 결과 및 개혁 — , 동명사, 2000.

▣ 스티븐 레빗·스티븐 더브너(안진환 역). 괴짜경제학, 웅진 지식하우스, 2007.

▣ 스티븐 레빗·스티븐 더브너(안진환 역). 슈퍼 괴짜경제학, 웅진 지식하우스, 2009.

▣ 신옥주. 히잡착용을 통하여 본 유럽에서의 종교자유에 대한 고찰, 공법학 연구 제9권 제3호, 2008.

▣ 안경환. 법, 영화를 캐스팅하다, 효형출판, 2007.

▣ 에밀 뒤르케임. 종교생활의 원초적 형태, 민영사, 1992.

▣ 엘리엇 프라이드슨(박호진 역). 프로페셔널리즘, 아카넷, 2007.

▣ 오승철. 저항권이론의 재조명, 민주법학, 2009.

▣ 원준호. 애국심의 대상, 요소, 현실성에 관한 숙고, 한국정치학회보 제37 집 제3호.

▣ 원준호. 헌법애국심과 통일 독일의 정체성 문제, 국제지역연구 제6권 제3 호, 2002.

▣ 윌리엄 파운드스톤(박우석 역). 죄수의 딜레마, ㈜양문, 2004.

▣ 유시민. 후불제 민주주의, 돌베개, 2009.

▣ 윤영미. 양심의 자유의 내용과 제한, 인권과 정의 제345호, 2005.

▣ 윤혜진. 내부고발의 윤리적 정당성에 관한 연구, 범한철학 제54집, 2009.

▣ 이계수. 한국의 군사법과 치안법: 군사와 치안의 착종과 민군관계의 전도, 공법연구 제31집 제4호, 2003.

▣ 이기춘. 깨어진 창이론(Broken-Window-Theory)과 무관용경찰활동(Zero-Torelance-Policing)의 경찰법적 문제점에 관한 고찰, 토지공법연구 제34 집, 2006.

▣ 이노홍. 미국의 문신규제에 관한 헌법적 논의, 미국헌법연구 제22권 제1호, 2011.

- 이미정. 한국 여자경찰 발전의 장애요소와 극복방안, 한국경찰학회보 제11호, 2006.
- 이성용. 경찰 정보활동의 법적 문제에 관한 해석론적 고찰, 경찰법연구 제10권 제1호, 2012.
- 이성용. 경찰책임자의 비용상환에 관한 연구, 경찰학연구 제8권 제1호, 2008.
- 이성용. 고권적 권한수탁을 통한 사인의 치안활동, 경찰학연구 제6권 제3호, 2006.
- 이성용. 긴급구조적 고문에 관한 독일의 논쟁과 그 시사점, 경찰학연구 제8권 제4호, 2009.
- 이성용. 독일 경찰법상 공공의 질서개념의 국내법적 수용, 경찰학연구 제12권 제2호, 2012.
- 이성용. 민간경비활동의 헌법적 한계, 헌법학연구 제12권 제5호, 2006.
- 이성용. 민간 총기의 규제법리와 제도적 개선방안, 경찰법연구 제10권 제2호, 2012.
- 이성용. 촛불집회에 대한 법적 고찰, 경찰법연구 제6권 제1호, 2008.
- 이성용. 타자집행에 의한 대집행의 법적 문제, 경찰법연구 제8권 제1호, 2010.
- 이성용, 노동쟁의와 경찰개입의 한계: 경찰 갈등조정활동에 대한 비판적 접근, 한국경찰연구 제15권 제1호, 2016.
- 이종은. 정치와 윤리, 책세상, 2010.
- EBS 지식채널 e. 지식 e SEASON 4, 2009.
- 임지봉. 공립학교 행사에서의 기도와 정교분리원칙, 법률신문, 2008. 3. 3.
- 임지봉. 크리스마스 장식과 정교분리원칙, 법률신문, 2008. 2. 18.
- 장광호·김문귀, 영국의 범죄정보 기반 경찰활동에 관한 연구, 한국경호경비학회 제54호, 2018, 118면.
- 장은주. 민주적 애국주의와 민주적 공화주의: 비판과 문제제기에 대한 응답, 시민과 세계, 2010.
- 전용찬. 미국헌법상의 Police Power의 의미와 제한, 경찰학연구, 2001 창간호.

◩ 전 훈. 행정경찰개념과 공공질서의 의미 — 프랑스 행정판례와 그 시사점 —, 한국프랑스학논집 제51집, 2005.

◩ 정문식. 안전에 관한 기본권의 헌법상 근거와 위헌심사 기준, 법과 정책연구 제7집 제1호, 2007. 6.

◩ 정연재. 프로페셔널리즘의 전문직 윤리교육, 윤리교육연구 제14집, 2007.

◩ 정제용. 미국과 한국 경찰의 빅 데이터 경찰활동에 관한 비교경찰학적 고찰, 한국경찰연구 제18권 제3호, 2019.

◩ 정하명. 공무용전자기기의 사적 사용에 대한 공무원의 사생활보호, 공법학연구 제12권 제3호, 2011.

◩ 정혜정 · 공미혜 · 전영주 · 정현숙. 가족과 젠더, 신정, 2009.

◩ 제임스 레이첼즈(노혜련 · 김기덕 · 박소영 역). 도덕 철학의 기초, 나눔의집, 2006.

◩ 조계원. 한국 사회와 애국심: 공화주의적 애국심의 검토, 시민과 사회, 2009.

◩ 조승래. 공화국을 위하여, 도서출판 길, 2010.

◩ 조우성. Rapport와 Mirroring, 법률신문, 2012. 11. 5.

◩ 조윤오. 경찰의 내부고발 관련 요인 연구: 미국 경찰을 중심으로, 한국공안행정학회보 제41호, 2010.

◩ 조철옥. 경찰윤리론, 대영출판사, 2012.

◩ 직업윤리연구회, 현대사회와 직업윤리, 형설출판사, 2001.

◩ 진종순 · 서성아. 부패에 대한 개인의 인식과 부패행위, 서울대학교 한국행정연구소 행정논총, 45(3), 2007.

◩ 최선우. 민간경비론, 진영사, 2008.

◩ 최선웅. 경찰공무원 징계재량에 대한 사법심사의 판단 기준, 한국경찰연구 제6권 제3호, 2007.

◩ 최우정. 한국헌법학, 2008.

◩ 최준혁. 경찰활동과 시민참여, 경찰법연구 제10권 제2호, 2012.

◩ 최태현. 고문금지에 관한 실체적 국제법규범의 발전, 인권과 국제법, 박영사, 1989.

◩ 캐시 오닐. 대량살상 수학무기(어떻게 빅데이터는 불평등을 확산하고 민주

주의를 위협하는가), 2017.

◉ 케빈 더튼(차백만 역). 천재의 두 얼굴, 사이코패스, 2012.

◉ 케이스 M. 맥도널드(권오훈 역). 전문직의 사회학－의사·변호사·회계사의 전문직프로젝트 연구(The Sociology of the Professons), 1999.

◉ 플라톤(이환 역). 국가론, 돋을새김, 2006.

◉ 피터 싱어(황경식·김성동 역). 실천 윤리학, 철학과 현실사, 1997.

◉ Pieper, A.(진교훈·유지한 역). 현대윤리학 입문, 철학과 현실사, 1999.

◉ 필립 짐바르도(이충호·임지원 역). 루시퍼 이펙트(Lucifer Effect), 웅진 지식하우스, 2007.

◉ Pinker, Steven(김한영 역). The Blank Slate, 사이언스북스, 2004.

◉ 한스 오아힘 슈퇴리히(박민수 역). 세계 철학사, 자음과모음, 2008.

◉ 한승환. '자유주의적 민족주의'와 '헌법애국주의', 사회와 철학, 2010.

◉ 한종욱 외 11인. 비교경찰론, 수사연구사, 2006.

◉ 한희원. 국가정보학원론, 법률출판사, 2011.

◉ 헨리 데이빗 소로우(강승영 역). 시민의 불복종, 은행나무, 2011.

◉ 홍성찬. 법학원론, 2010.

| 찾아보기 |

저자약력

이 성 용

경찰대학 행정학과
독일 Augsburg대학 LL.M.
독일 Augsburg대학 Dr.iur.
현) 계명대학교 경찰행정학과 교수

주요 경력

서울경찰청 노원서/남부서 수사과
경찰청 교육과
경찰청 감사관실 공직윤리반장
경찰대학 치안정책연구소 연구관
2006 독일월드컵 정부합동 대테러안전지원단 파견

주요 저서 및 논문

Die Privatisierung der Inneren Sicherheit durch das Bewachungsgewerbe(Peter Lang, 2006)
비교경찰론(박영사, 2015)
민간조사영업에서의 기본권 보장과 국가개입의 법리
경직법상 경찰수권 규정체계의 입법적 개선
불법사행산업 규제에 관한 연구 — 행정절차적 통제기제를 중심으로 —
긴급전화 시스템 개선모델에 관한 연구
노동쟁의와 경찰개입의 한계 — 경찰 갈등조정활동에 대한 비판적 접근 —
치안 민영화에 대한 법적 고찰
스토킹에 대한 경찰법적 고찰
가정폭력 법제에 관한 비판적 고찰 — 경찰법적 측면에서 —
집시법 개정논의에 대한 고찰 — 발의된 입법안을 중심으로 —
독일의 산업보안 정책과 시사점
정보의 자기결정권에 따른 경찰상 정보보호의 입법원리
민간 총기의 규제법리와 제도적 개선방안
경찰 정보활동의 법적 문제에 관한 해석론적 고찰
민간조사 규제에 대한 법해석론
독일 경찰법상 공공의 질서개념의 국내법적 수용
사인의 경찰작용에서의 국가책임
해상 조난사고에서의 민관협력에 관한 규범적 연구 : 수색구조 및 인양을 중심으로
불심검문 개정논의에 관한 소고
타자집행에 의한 대집행의 법적 문제
주취자 보호조치에 관한 법적 검토
긴급구조적 고문에 관한 독일의 논쟁과 그 시사점
촛불집회에 대한 법적 고찰 — 광우병 촛불집회를 중심으로 —
집시법상의 복면시위 금지
경찰책임자의 비용상환에 관한 연구

제 2 판
경찰윤리
-경찰학의 윤리적 접근 -

초판발행	2014년 7월 30일
제2판발행	2020년 3월 15일
제2판 2쇄발행	2022년 10월 25일

지은이	이성용
펴낸이	안종만 · 안상준

편 집	이승현
기획/마케팅	장규식
표지디자인	이미연
제 작	우인도 · 고철민

펴낸곳	(주) **박영사**
	서울특별시 금천구 가산디지털2로 53, 210호
	(가산동, 한라시그마밸리)
	등록 1959. 3. 11. 제300-1959-1호(倫)
전 화	02)733-6771
f a x	02)736-4818
e-mail	pys@pybook.co.kr
homepage	www.pybook.co.kr
ISBN	979-11-303-0966-8 93350

정 가	23,000원